U0784527

国家社科基金
GUOJIA SHEKE JIJIN HOUQI ZIZHU XIANGMU
后期资助项目

元明嬗代之际中朝政治关系变迁研究

A Study on the Changes of Political Relations between China and Choson in the Late-Yuan and Early-Ming Period

屈广燕　著

中国人民大学出版社
· 北京 ·

国家社科基金后期资助项目
出版说明

后期资助项目是国家社科基金设立的一类重要项目，旨在鼓励广大社科研究者潜心治学，支持基础研究多出优秀成果。它是经过严格评审，从接近完成的科研成果中遴选立项的。为扩大后期资助项目的影响，更好地推动学术发展，促进成果转化，全国哲学社会科学工作办公室按照“统一设计、统一标识、统一版式、形成系列”的总体要求，组织出版国家社科基金后期资助项目成果。

全国哲学社会科学工作办公室

目　录

图表目录

表

图

绪　论

一、本书主旨

关于古代中国与周边国家的关系，越来越多的研究视角专注于对东亚或东北亚的整体性思考，出现了多种体系说或秩序说，如朝贡体系、册封体系、天朝礼治体系、华夷秩序等。

费正清将古代东亚国际秩序解析为以中国为中心的朝贡体系，即“中国的世界秩序”。他认为朝贡体系是古代中国对外交往的媒介，是一个包罗万象的系统，是“夷狄地区”“在这个以中国为中心的无所不包的世界中获得一席之地”的机制，古代中国构建朝贡体系，目的只是“从它的世所公认的文化优势中得到政治上的安全”，而周边国家接受这一制度的动力“似乎明显地与贸易有关”①。

韩国学者全海宗和日本学者滨下武志也都强调朝贡制度在东亚世界的地位，但侧重点有所不同。全海宗将中韩历代朝贡关系划分为三类。(1) 典型的朝贡关系，主要表现形态为贡物和回赐，以封典为主的国家间礼仪形式关系，相互求兵及出兵，年号、年历采用，内政干涉和人质等；(2) 准朝贡关系，主要包括边界及越境问题、经济交易和思想文化诸交流；(3) 非朝贡关系，指两国间敌对关系、朝贡之外的和平交易及往来②。这些结论多来源于定量分析，就古代中朝关系而言，是具有一定的说服力的。滨下武志认为“以中国为核心的与亚洲全境密切联系存在的朝贡关系，以及在此基础上形成的朝贡贸易关系，是亚洲而且只有亚洲才具

---

① 陶文钊. 费正清集. 林海，等译. 天津：天津人民出版社，1992：33，37-38.

② 全海宗. 韩中朝贡关系概观//全海宗. 中韩关系史论集. 全善姬，译. 北京：中国社会科学出版社，1997：133-134.

有的惟一的历史体系”，他强调明清东亚朝贡体系的根本特征在于它的商业贸易行为，即使西方国家进入东亚经济圈，也需要利用这一朝贡贸易体系，因此“亚洲的近代化是以其对朝贡关系如何处理的内容来决定的，而不是由西洋化取代的程度来决定的”，“由亚洲各国、各地区成为整体共同构成的朝贡贸易体系，已是既定的历史事实，和西方发生的新的关系，顶多只能算是亚洲历史发展的契机或手段而已”①。

日本学者内藤湖南曾以“文化移动中心说”来解释东亚历史，他指出“所谓的东洋史就是中国文化发展的历史”，即中国文化向周边国家扩张，以及这些国家对中国的文化扩张做出反应的历史②。西岛定生在此基础上提出了“册封体制论”，认为册封体制在意识形态上是传统的“中国中心论”的反映，在制度上是中国国内身份制度的外延③。

信夫清三郎则提出了“华夷秩序”，他认为这种东亚所特有的国际秩序，其总的关系就是以“中华帝国”为中心，周围夷狄各国接受册封，后者向前者朝贡，前者羁縻后者。这种国际秩序本身并不能由周围各民族国家相互之间的对立和斗争来扩大，秩序的扩大和缩小，完全取决于“中华帝国”皇帝“德化”力量的大小④。中国学者何芳川也认为“华夷秩序”是“自汉代直至晚清在古代世界大大小小国际关系格局中发展得最为完整”的“以中华帝国为核心的古代类型的国际关系体系”⑤。

华人学者黄枝连提出的“天朝礼治体系”概念，主要是从华夏礼治层面考量中国传统文化在东亚的影响，“在十九世纪以前，即西方文化、西方国家、西方殖民帝国主义兴起之前，这里有一个突出的区域秩序，是以中国封建王朝（所谓‘天朝’）为中心而以礼仪、礼义、礼治及礼治主义为其运作形式；对中国和它的周边国家（地区）之间、周边国家之间的双边和多边关系，起着维系与稳定的作用，故称之为‘天朝礼治体系’”⑥。他认为该体系构架中，中华帝国强盛的内在实力和优越的文化

① 滨下武志．近代中国的国际契机：朝贡贸易体系与近代亚洲经济圈．朱荫贵，等译．北京：中国社会科学出版社，1999：5，32．

② 内藤湖南．支那上古史：序言．京都：弘文堂书房，1944：3．

③ 西岛定生．东亚世界与册封体制——六至八世纪的东亚//中国古代国家与东亚世界．东京：东京大学出版会，1983：454．

④ 信夫清三郎．日本外交史：序论．天津社会科学院日本问题研究所，译．北京：商务印书馆，1980：12-13．

⑤ 何芳川．“华夷秩序”论．北京大学学报（哲学社会科学版），1998，35（6）：30-45．

⑥ 黄枝连．天朝礼治体系研究：亚洲的华夏秩序——中国与亚洲国家关系形态论．北京：中国人民大学出版社，1992：2．

是基础，周边各国朝贡和接受册封是政治纽带，朝贡贸易则是经济秩序的保证。

上述对古代东亚国际关系的理论审视角度不一，但目的均是希望构建一个符合古代中国人思维、逻辑性强、易于操作、可以解释古代中外关系的理论范式。无论是朝贡、册封制度还是礼治、华夷观念，其存在都是无可争议的事实，它们都是古代中国对外交往的重要因素，但是却不能包含外交实际的全部内容。众多体系说的出现本身也表明古代中国与东亚他国的交往中存在着复杂多变的动机和战略需求，很难有一种普遍适用的模式能够涵盖所有事实存在的东亚国家关系，因此采用任何一种相对单向度的研究视角，都会在很大程度上简化纷繁复杂的中外关系史，使我们忽略了外交史丰富多元的内涵及形态①。例如在各种体系说中均以典型代表出现的明清与朝鲜的关系，虽然常常被以朝贡制度概而论之，但制度上的延续性难以掩盖明鲜关系与清鲜关系存在的实质性差异，“朝天”和“燕行”字眼充分体现出朝鲜士人对于明清易代的心理定位，朝鲜与明、清两朝关系的内涵显然是不同的。

就本书研究主题而言，从元到明的王朝更替必然导致中国对外政策发生变化，而同时期朝鲜半岛亦出现了丽鲜嬗代，其对华政策也有所调整，由此使得两国四王朝之间的关系变得极其复杂。学界对这段历史过程予以较多关注，《剑桥中国明代史》曾将明鲜朝贡关系的进程划分为几个阶段，其中“第一阶段，朝鲜努力赢得明政府的信任，这是一个困难的时期。至永乐朝末年，双方关系是稳定的”②。造成这个“困难的时期”的直接原因乃是中国与朝鲜半岛的新兴政权之间并不熟悉，导致摩擦不断，外交危机频现。这就需要经历一个相互了解、相互适应的过程。那么在元末至明前期这一阶段中，双方在已经变化的历史条件下针对“史无前例”的新局面是如何不断调整外交政策从而使双方的外交博弈达到一种新的均衡状态，进而形成稳定的、终明一世都未曾发生重大冲突的外交关系，这个问题是值得深入探究的。鉴于元明嬗代、丽鲜更替几乎同时发生所导致的纷乱外交局面，本书在各种体系说的理论基础上，以两国关系变化为经、以重要历史事件为纬，详细论述元末至明前期中国与朝鲜半岛国家关系变迁

① 万明. 明代初年中国与东亚关系新审视. 学术月刊，2009，41 (8)：127.

② 崔瑞德，牟复礼. 剑桥中国明代史：下卷. 杨品泉，等译. 北京：中国社会科学出版社，2006：246.

的实际过程，从而展现出国家关系的复杂性，同时考析双方外交政策的得失，以求有鉴于当代。

二、研究框架及内容

本书研究时段主要限定在1351年至1450年。起始时间于元朝为末年动乱之肇始，于朝鲜半岛为高丽恭愍王继位之时，恭愍王正是借助元末动乱局面展开一系列反元活动，从而动摇了元丽百年关系。下限1450年，即明英宗土木堡之变，这场军事危机是明朝历史的一个转折点，相对朝鲜半岛来说，恰为朝鲜世宗王统治结束之时，朝鲜完成了自建国后的一系列稳定政权、完善国内制度事宜。此时段内，双方外交关系经历了从动荡到稳定的过程，一些重大分歧基本得以解决，形成了两国后世所遵循的交往制度和模式。

在具体研究过程中，本书将元明嬗代之际中朝政治关系变迁细化为五个阶段，以重要历史事件串联起双方关系变化过程，展现外交特征。

1. 1351—1368：元朝“世祖旧制”动摇与高丽部分主权恢复

元末式微，高丽恭愍王以打击奇皇后家族为契机进行反元活动，并以武力反抗元朝对其王位的废黜，元朝初次军事干预失败后没有再坚持另立新王，从而默许了高丽行为，使之获得了部分主权。此后，元朝国内战事不利，周边藩国也只剩高丽朝贡依旧，元朝遂将对高丽的控制欲望转变为拉拢之意。而高丽恭愍王的反元是反对元朝强权造成的高丽“主权丧失”“王权旁落”，并不是挑战元朝的宗主国地位，加上北有红巾军之乱，南有倭寇侵扰，高丽军事上的疲惫不堪也使其不愿与元朝对抗，双方这种共识将元丽关系转变为最基本的朝贡关系。

2. 1369—1388：明朝、北元战局与高丽向背

元室北逃后尚保有一定军事实力，形成了与明廷并存的北元政权，这使得裹挟其间的高丽不得不时刻关注中原战局，以便择机而动。洪武三年（1370）明朝取得应昌大捷，促使高丽称臣纳贡。洪武五年明军岭北失利，陷入与北元的对峙局面，高丽遂实施两端外交，周旋其间。明朝觉察后施以斥责和却贡，直到洪武十八年才因收复东北的战略考虑而重新册封高丽国王，但双方的封贡关系随即因明朝铁岭立卫、高丽举兵攻辽而迅速瓦解，直到高丽灭亡，明朝没有再颁以册封。

3. 1389—1397：时断时续的朝贡与渐行渐远的关系

从威化岛回军开始，朝鲜半岛实际上已进入李成桂主政时期，为确保高丽续祚，名儒李穑及高丽世子皆涉海赴明求援，却因明太祖坚持“不干涉”原则而未得到实质性帮助，高丽遂至灭亡。经过高丽末年的一系列变故，明太祖对李成桂的印象尤为不善，认为李氏朝鲜的建立不符合中国的纲常伦理，从一开始就抱着不与朝鲜密切交往的心态，而对故元辖下土地和人口的争夺导致双方关系进一步恶化，到洪武末年，两国关系降至历史最低点，李成桂未能获得明朝的册封。

4. 1398—1424：从分庭抗礼到亦步亦趋

靖难期间，为防止朝鲜与朱棣接触，建文帝一改前政，结束了洪武末年剑拔弩张的气氛，恢复了正常的朝聘，朝鲜太宗王李芳远对建文朝的怀柔积极响应，获得册封。在双方开展的马匹贸易中，建文朝曾一度被动，朝鲜则以延缓马匹交付的态度静观明朝内乱局势。之后，作为第一个进贺朱棣登基的藩国，朝鲜因“首贺”之功备受礼遇，但明成祖在处理诸如推刷漫散军、招徕女真、拓展边疆等东北事务时是强势作为的，并没有因为与朝鲜的关系而束手束脚。面对这种形势，朝鲜不得不采取“退婴”政策，暂缓北拓计划。

5. 1425—1450：明朝与朝鲜关系的稳定化与制度化

从洪熙朝开始，明朝逐步调整对外政策，处理朝鲜事务的方式也发生变化，即实施有限的怀柔。明朝减少对外用兵，向朝鲜征购马匹也相应锐减；明朝注重民生，亦减轻朝鲜的进献压力，由此明朝外交态度实现了从“威服”向“德绥”的转变。朝鲜国内也逐步将对明“事大”提升到理论高度，成为基本国策。但是明朝北疆政策的失利使得朝鲜对明朝的敬畏之心有所减弱，朝鲜重启北拓疆域计划，陆续建立起沿江四郡六镇，土木堡之变时拒绝明朝征兵，又开启迎诏礼仪争端。但这些事件并没有影响两国关系整体向平稳化、制度化发展的趋势。此阶段内，双方形成的朝贡制度、宗藩礼仪、外交状态延续到明末都没有发生重大改变，据此可以说明朝与朝鲜关系基本实现了规范化。

为了更好地表现两国关系变迁，本书还将从以下三方面进行综合论述：

1. 分歧与认同：理学思想对外交关系的内在影响

元朝中期程朱理学传入朝鲜半岛，造就了最初的高丽理学士大夫，高丽末年之所以倾向明朝，理学观念的认同也起到了重要作用。朝鲜学者在接受儒学经典及价值时，经历过调整、重构的过程，对某些观念的理解与中国学者不同，对“华夷观”的认知差异造成两国在女真问题上的争执。

尽管如此，明朝与朝鲜对儒家经典的理解相较于周边其他国家更为接近，这也使得两国互相理解度更高，摩擦更少。随着中国文化源源不断地输入以及朝鲜统治者实施的政治上、文化上的事大主义政策，进一步引发了朝鲜人羡慕和仿效明朝的心理倾向，这种文化制度上的吸引与归依，使得朝鲜深深嵌刻着儒家文化的印记。

2. 防范与合作：边防安全对外交关系的现实影响

女真、日本问题可谓明鲜关系的双刃剑。明朝和朝鲜都想控制女真，使其成为自己国家的藩属，也都希望与日本积极通好以平息倭患。同时双方也会密切关注对方与女真、日本的关系，以防有变。但现实则是，明朝、朝鲜对女真、日本政策均呈现出暂时的效果而非长久之计，两国长期受到女真侵扰，倭患也无法根除。这种客观情况使得明朝与朝鲜进行有限的军事合作成为一种可能，明朝前期两国边防合作方式主要是交换情报。

3. 现象与本质：数据分析下两国关系的动态变化

明朝与高丽、朝鲜关系始终是处于动态变化的。本书就“马匹和买贸易”“使臣贡赐物品”“使臣往来频率”三项主题进行基本的数据统计和分析，以相对简单、明确的数量关系结合基本的史实描述直观地展现出两国政治关系的变迁历程。（1）明朝与朝鲜半岛的马匹和买贸易始自洪武十九年（1386），止于景泰元年（1450），这项贸易是两国朝贡关系得以维系的有力筹码，其中明朝所制定的马价反映了明朝对丽、鲜政权的重视程度，而丽、鲜筹办马匹效率则展现出其对明朝的敬畏程度。（2）朝鲜将进献事项，如进贡对象、贡物品种与数量等方面都做了细致且严格的规定，其中贡献价值量的变化体现着朝鲜遣使的政治心态。而明朝对朝鲜有针对性的赏赐更是基于政治立场的现实考虑。鉴于此，明朝与朝鲜之间的贡赐往来可以说是一种用物品表现的、以政治利益为导向的外交情怀。（3）明朝和朝鲜使臣承载的出使任务始终是围绕着本国既定外交方针设定的，是外交政策的具体体现。本书将对双方使臣往来次数、出使任务分别进行量化、结构化分析，强调双方经营朝贡关系除了追求朝贡的道德价值外，更是出于固边安邦的现实考虑，明朝、朝鲜各自的政治需求乃是朝贡实现的原动力。

三、学界研究现状

元明更替产生的一系列制度性变革在中国历史上影响深远，如果说明朝前期的政治及社会还呈现出蒙元时期的诸多特征①，那么对外关系方面发生的变化却是十分显著的，这种变化尤其体现在中国对朝鲜半岛政策上，即从蒙元的间接统治迅速转变为朱明的朝贡礼制，这一过程主要包括元丽关系的缓慢解体、明丽关系的几经波折、明鲜关系的持续磨合三个阶段，牵涉的朝代包括中国的元、明两代，朝鲜半岛的高丽、朝鲜两代，此外还涉及日本及其源于其国的倭寇问题，彼此间的相互关系可谓错综复杂，因而引发诸多外交问题，这些外交问题基本涵盖了此时期中国与周边国家交往的诸多特征，这种典型性使得元末明初中朝政治关系变迁一直是学界关注重点。

对此段历史的研究，日本学者池内宏可谓先驱者，他曾发表诸如《高丽恭愍王对元朝的反抗运动》《高丽恭愍王的东宁府征伐考》《高丽辛禑朝的铁岭问题》《高丽末对明、北元的关系》等文章②，为元明更代之际的中朝关系史研究奠定了基础。其后末松保和的《丽末鲜初的对明关系》全面讨论了这一时期的中朝关系变化，涉及耽罗归属、铁岭立卫、尹彝李初狱、表笺作亲等问题，基本涵盖了此时期影响两国关系的重大事件③，由此建立了此问题的学术研究架构，对后来的韩国学者有极大影响。在此基础上，韩国学者亦有较多开拓性研究，如金成俊从恭愍王反元亲明政策、亲元派与亲明派对立等方面论述高丽末年与中国关系；李铉淙从威化岛回军后高丽对明政策、使节往来的目的、悬案问题的解决以及贸易方面来阐述朝鲜初期对明关系④。朴元熇则从明初文字狱与朝鲜表笺问题、明初朝鲜的辽东征伐计划、明初“靖难之役”与朝鲜、明初朝鲜的女真问题四方面论述两国关系⑤。上述日韩学者均把讨论焦点集中

---

① 李治安在《元代及明前期社会变动初探》（《中国史研究》，2005 年增刊）一文中认为在蒙汉二元体制下，元代中国社会在地缘、经济、政治、疆域、文化五方面出现了巨大的、实质性的变动，“多数直接遗留到明前期甚至以后”。美国学者威廉森·默里（Williamson Murray）等人也有相似看法，他们认为明朝所继承的元政权是“南方的华夏政权”与“北方的基于游牧的政权”的统一体，这是中国儒家传统“几乎完全无法驾驭的难题”，因此“初期明王朝远不代表华夏文化的重新弘扬，而是相当于元帝国在新主人治下的继续”（威廉森·默里，等. 缔造战略：统治者、国家与战争. 时殷弘，等译. 北京：世界知识出版社，2004：91-105）。

② 池内宏. 满鲜史地研究：中世第 3 册. 东京：吉川弘文馆，1963.

③ 末松保和. 丽末鲜初的对明关系//末松保和. 青丘史草. 川崎：笠井出版社，1965：295-486.

④ 金成俊. 高丽与元、明关系//韩国国史编纂委员会. 韩国史：第八，1981：177-203；李铉淙. 朝鲜初期的对外关系：对明关系//韩国国史编纂委员会. 韩国史：第九，1974：298-356.

⑤ 朴元熇. 明初朝鲜关系史研究. 首尔：一潮阁，2002.

在高丽、朝鲜的对元、对明外交上，对中国的政治立场没有充分考虑。

研究元明之际中朝政治关系变迁的中文专著并不多，叶泉宏的《明代前期中韩国交之研究（一三六八——一四八八）》是其中较为突出的作品，该书参考中日韩多种文献，简略论述了元明之际中朝关系史的发展，其创新之处在于增加了“朝鲜与明初辽东边防的建立”“明与朝鲜的海防合作”两节，认为“明朝和朝鲜皆面临北进与防倭等问题，无形中在辽东边防与海防上能建立密切之合作关系，更促进两国间的亲近和谐，进而使朝鲜事大政策的内涵更能具体落实，不沦为空谈”①。范永聪的《事大与保国——元明之际的中韩关系》② 和郑红英的《朝鲜初期与明朝政治关系演变研究》③ 等著作都对元明之际中国与朝鲜半岛关系的发展进行了系统性论述，但重于叙述历史进程，对一些重要史实欠缺深入剖析。更多的中文著作则将元末明初中朝政治关系变迁置于整个明代或者古代中朝关系史的整体性研究中，如姜龙范、刘子敏的《明代中朝关系史》，杨通方的《中韩古代关系史论》，蒋非非、王小甫的《中韩关系史（古代卷）》，杨军、张乃和的《东亚史——从史前到20世纪末》等④，这些研究有助于我们理解元末明初中朝关系史的阶段性特征，但宏观论述使得诸多问题未能兼顾，亦未能深入展开。

相对于专著研究而言，专题性论文成果不胜枚举，在此简要介绍本书所涉及主题的研究情况，更多学界成果将在行文中予以介绍。

1. 关于元明嬗代之际两国外交政策的研究

学界研究指出，元明两朝对待朝鲜半岛政策存在明显差别。元朝与高丽关系在古代中朝关系史上的特殊性已是共识，诸多关于征东行省⑤、东宁府⑥、

---

① 叶泉宏. 明代前期中韩国交之研究（一三六八——一四八八）. 台北：商务印书馆，1991.

② 范永聪. 事大与保国——元明之际的中韩关系. 香港：香港教育图书公司，2009.

③ 郑红英. 朝鲜初期与明朝政治关系演变研究. 北京：社会科学文献出版社，2015.

④ 姜龙范，刘子敏. 明代中朝关系史. 哈尔滨：黑龙江朝鲜民族出版社，1999；杨通方. 中韩古代关系史论. 北京：中国社会科学出版社，1996；蒋非非，王小甫. 中韩关系史：古代卷. 北京：社会科学文献出版社，1998；杨军，张乃和. 东亚史——从史前到20世纪末. 长春：长春出版社，2006.

⑤ 高柄翊. 丽代征东行省的研究：上、下. 历史学报，1961（14）：45-76；1962（19）：121-197. 宋炯. 元代的征东行省. 广西社会科学，2002（5）：207-209. 程尼娜. 元代朝鲜半岛征东行省研究. 社会科学战线，2006（6）：157-162.

⑥ 方东仁. 东宁府置废小考. 关东史学，1984（2）：71-83；金九镇. 丽元领土纷争及归属问题：以元代对高丽本土东宁府、双城总管府、耽罗总管府分离政策为中心. 国史馆论丛，1989（7）：65-92.

双城总管府①、王室联姻②等问题的研究从方方面面表明元朝对高丽的控制方式远远超出了传统封贡宗藩关系的范围。元丽关系的变动是伴随着元末动乱局面发生的，高丽恭愍王恰好经历了元明更替阶段，所以恭愍王时期高丽对中国政局变动之肆应就成为学界讨论热点③。韩国学者闵贤九认为恭愍王反元的背景和发端乃是高丽国内亲元势力与亲王势力的角逐④，其中最大的亲元势力即是奇氏家族，但恭愍王诛杀奇氏家族只是反元导火索和表面原因⑤，深层原因则是多方面的，如洪荣义认为高丽反元的历史原因乃是高丽历经元朝百年操控，国家濒临崩溃，需要重建新的政治秩序⑥；金周显强调高丽末年传入的理学思想是恭愍王反元改革的原动力，理学士大夫参与并推动了反元改革⑦。相较于对恭愍王反元政策的种种分析而言，学界对元朝末年对待高丽政策的关注显得不足，这也是本书将要加强的地方。

关于明朝的对外政策学界已有较多研究。学者万明认为朱元璋采取“不征”的外交原则反映了其以农为本、以防御北方游牧民族为主的基本国策，意味着明朝摒弃了存在两千多年的天子至高无上的征伐权，选择了和平外交，表明中国古代对外关系理念与现实发生了重大转折，从而形成了明代外交有别于历朝历代的显著特征⑧。但是这种外交变化并没有从一开始就带来明朝与朝鲜半岛关系的和睦。学者陈尚胜指出，明太祖根据传统的中外关系理论并吸取元朝的历史教训，采取以“德”作为理论基础的

---

① 薛磊．元代双城总管府刍议．中国历史地理论丛，2007，22（3）：87－91；朴延华．关于双城总管府的设置与收复//朝鲜·韩国历史研究：第十二辑．延边：延边大学出版社，2012：52－64．

② 萧启庆．元丽关系中的王室婚姻与强权政治//萧启庆．元代史新探．台北：新文丰出版公司，1983：231－262；乌云高娃．元朝与高丽关系研究．兰州：兰州大学出版社，2011．

③ 朴容淑．恭愍王代的对外关系．釜大史学，1971（2）：1－32；黄云龙．高丽恭愍王代的对元、明关系．东国史学，1980（14）：1－14；金鲜浩．14世纪末蒙、丽关系与东北亚政势变化．江原史学，1996（12）：95－107；李命美．恭愍王后期亲明政策的背景：蒙古隶属期权力结构的创伤．史学研究，2014（113）：83－124．

④ 闵贤九．对高丽恭愍王的反元改革政治的考察：以背景和发端为中心．震檀学报，1989（68）：49－78．

⑤ 闵贤九．对高丽恭愍王代的“诛奇辙功臣”的讨论：反元改革政治的主导势力//李基白先生古稀纪念韩国史学论丛（上）：古代篇：高丽时代篇，1994：900－929．

⑥ 洪荣义．恭愍王初期改革政治与政治势力的推移——以元年、五年的改革方案为中心：上、下．史学研究，1990（42）：45－88；1992（43/44）：117－156．

⑦ 金周显．关于恭愍王代反元运动的考察：以性理学的役割为中心．庆山：韩国大邱大学硕士论文，1985．

⑧ 万明．明代外交模式及其特征考论——兼论外交特征形成与北方游牧民族的关系．中国史研究，2010（4）：27．

和平外交政策；然而由于海外形势复杂，特别是对日本的外交不能解决倭寇问题，使他在对外政策上逐渐强调“威”；最后，因对日外交一再受挫，遂采取了严格限制与海外国家交往的政策。因此，明太祖对外政策的变化过程表现为扬“德”、申“威”、限交三个发展阶段①。

虽然洪武朝奠定了明朝对朝鲜半岛政策的基调，但建文、永乐、洪熙至正统三个时期具体实施的策略还是有一定差异的。短暂的建文朝是明鲜关系的转折点。崔坚认为建文帝在政治上开辟了明鲜关系友好往来的先河，赐予朝鲜国王诰命和印信，废除三年一朝聘的禁令，解决了阻碍发展两国关系的两大障碍，为后面的明朝皇帝在对待朝鲜问题树立了好的榜样，明成祖上台后虽然大反建文时期的政策，但在朝鲜问题上基本遵循了建文时期政策②。永乐朝对待朝鲜的政策并没有专门的理论论述，从学界对永乐朝外交局面的种种定义，如“永乐政权带有回复到元代东亚共同体的强烈特性……明成祖甚至可以视为元世祖的再临”③，不难看出朱棣的强势态度。但这种强势随着朱棣去世而结束，学者陈尚胜在《论宣德至弘治时期（1426—1505）明朝对外政策的收缩》中指出，仁宣以后明政府在对外政策上的调整和收缩对于节约国家财政开支、安定社会和南疆起到了一定的作用，但是，明朝的对外关系也完全衰退下来，未能利用对外关系渠道来谋取自身的经济实力发展，远不及其后的正德至隆庆时期对外政策的改革那样对财政经济直接具有积极意义④。在这种外交收缩的背景下，明朝与朝鲜的关系也进入一个新的阶段。

高丽、朝鲜对明朝的政策本质上是一致的，但也有一定区别。高丽末期因处于明与北元并存的局面而采取了两端外交策略⑤，朝鲜建国初期在事大原则下与明朝形成了宗藩关系，学者叶泉宏认为李氏朝鲜采取事大策略除了源于朝鲜半岛传统对华政策外，更是直接源于对高丽末期政治变局

---

① 陈尚胜. 论明太祖对外政策的变化及失败. 社会科学战线，1991（2）：162.

② 崔坚. 试论建文帝时期明与朝鲜的关系. 延边：延边大学硕士论文，2010.

③ 宫崎市定. 从洪武到永乐——初期明朝政权的性质. 东洋史研究，1965，27（4）：21.

④ 陈尚胜. 论宣德至弘治时期（1426—1505）明朝对外政策的收缩. 山东大学学报（哲学社会科学版），1994（2）：86.

⑤ 于晓光. 元末明初高丽“两端”外交原因初探. 东岳论丛，2006（1）：140-143；孙卫国. 略论明初与丽末之中韩关系//韩国学论文集：第六辑. 北京：新华出版社，1997：33－41；赵现海. 洪武初年明、北元、高丽的地缘政治格局. 古代文明，2010（1）：90-97；张士尊. 高丽与北元关系对明与高丽关系的影响. 绥化师专学报，1997，17（1）：48-50；王剑. 纳哈出盘踞辽东时明朝与高丽的关系. 中国边疆史地研究，2006，16（4）：103-112；李新峰. 恭愍王后期明高丽关系与明蒙战局//朝国学论文集：第七辑. 北京：新华出版社，1998：306-312.

的总结以及对元明改朝换代之因应①。王传奇则指出朝鲜“事大”内涵的阶段性差异，他认为万历壬辰战争以后，朝鲜才由“事大保国”转变为衷心视明朝为“君父之国”②。韩国学者安贞姬进一步对朝鲜初期的事大进行了细致的分类，即“面对与明朝关系的艰难局面（主要指洪武朝）而采取了现实事大和名分事大”“与明朝关系稳定后（主要指永乐朝）采取至诚事大”“当朝鲜确立起儒教统治秩序后（主要指宣德正统时期）谨守人臣事大”③。

2. 关于此时段内重要历史事件的研究

元明嬗代、丽鲜更替双重变革阶段，影响两国关系的历史事件众多，加上正史较多隐晦，致使学界对某些史实结论不一，如铁岭立卫事件，学界对“铁岭卫”地理位置考证不一。一种意见认为明朝欲设立的铁岭卫在高丽境内，如和田清考证的“铁岭”在咸镜道与江原道分界的地方，是高丽原有地名，元朝时在朝鲜半岛设置的双城总管府的南界④。另一种意见认为明朝最初拟设立的铁岭卫在鸭绿江以北，如池内宏考证为黄城，即今天的集安⑤。日本学界的争论显示鸭绿江南北各有一处叫铁岭的地方，由是中国学者王颋认为“明与高丽之间围绕铁岭立卫的争论，似乎是一次因高丽与明朝所指地点不同而引起的误解”⑥。李花子也认为辽东铁岭和高丽铁岭的并存以及对其位置的误解可能是高丽与明朝在铁岭卫问题上发生争执的起因⑦。诸如此类的争议，本书将补充适当的资料以支持相应观点。

整体而言，学界对元末明初中朝政治事件的研究主要集中在女真和边疆问题上，这也是一直影响明朝前期与朝鲜关系的重要因素。早在元廷式微之际，高丽已有北拓疆域的活动，日本学者津田左右吉有系列文章来阐述丽末鲜初朝鲜半岛国家在鸭绿江、图们江流域的领土扩张⑧。这些活动

① 叶泉宏．郑梦周与朝鲜事大交邻政策的渊源．韩国学报，1998（15）：97-114．

② 王传奇．试析李氏朝鲜“事大”政策本质之变化．前沿，2010（16）：124-128．

③ 安贞姬．朝鲜初期的事大论．历史教育，1997（64）：1-33．

④ 和田清．明初的满洲经略//和田清．东亚史研究．东京：东洋文库，1955：260-477．

⑤ 池内宏．高丽辛禑朝的铁岭问题//满鲜史研究：中世第三册．东京：吉川弘文馆，1963：235-264．

⑥ 王颋．鲜祖效变——威化岛回军事件新考//王颋．驾泽抟云——中外关系史地研究．海口：南方出版社，2003：274-290．

⑦ 李花子．明初铁岭设卫之谜//韩国学论文集：第十六辑．沈阳：辽宁民族出版社，2007：18-26．

⑧ 《津田左右吉全集》（岩波书店，1964）收录了《高丽末期的鸭绿江畔领土》《高丽末期东北境的开拓》《鲜初对豆满江方面的经略》《鲜初的鸭绿江上游地方的领土》等文章。

与明朝产生矛盾，刁书仁有多篇文章论及元末明初中国与朝鲜半岛持续的疆界之争①。与此相伴的还有双方对女真的争夺。明朝将女真视为自己的臣属，朝鲜也一直积极招徕女真人口②，朴元熇曾就永乐朝明鲜争夺猛哥帖木儿、宣德朝朝鲜攻伐建州卫的问题进行了专门论述③。柳在春则就明鲜争夺女真的背景与焦点、女真部管辖权转换等问题进行了阐述，并揭示这种竞争对两国关系的影响④。在利益驱使下，女真部族多选择双向朝贡，以便获得更多的物资。中国学者王臻对朝鲜前期与建州女真的关系进行了专门研究⑤。韩国学者金暻绿指出朝鲜前期为了维持与明朝关系而采取了比较灵活的女真人归化政策⑥，韩成周对建州卫女真二重受职情况展开过论述⑦，李炫熙则从朝鲜前期对向化女真人绥抚政策以及向化女真人来朝动机目的、待遇、在朝鲜分布变迁等方面进行过论述⑧。到了正统后期，由于明朝北疆政策失利，导致对东北一域的控制力度有所减弱，朝鲜利用这一机会逐步开拓四郡六镇，初步奠定了以两江作为屏障的边界格局⑨。

由于此阶段历史事件众多，本书对于学界已有深入研究的主题，如女真、边疆、使臣个体等多有定论的问题，将不再过多展开讨论，而将重点放在如德兴君之乱、沈王夺位风波、李穑入明求援、靖难漫散军推刷、朝鲜“金银代贡”、两国礼仪之争等中国学界关注较少的历史事件。这些事件虽不及女真、边疆问题影响深远，但对于当时两国关系的发展却有着重要意义，本书将广泛考证，深入分析，以增进对该段历史的研究深度。

---

① 刁书仁. 明前期中朝东段边界的变化. 史学集刊，2000（2）：22-27；刁书仁. 论元末明初中国与高丽、朝鲜的边界之争. 北华大学学报（社会科学版），2001（1）：51-55.

② 池内宏. 鲜初的东北境及与女真的关系（1～4）//满鲜地理历史研究报告:2、4、5、7，1916、1918、1920.

③ 朴元熇. 永乐年间明与朝鲜间的女真问题. 亚细亚研究，1990，33（2）：237-258；朴元熇. 宣德年间（1425—1435）明与朝鲜间的建州女真. 亚细亚研究，1992，35（2）：135-160.

④ 柳在春. 丽末鲜初朝、明对女真归属的竞争及意义. 韩日关系史研究，2012（42）：37-80.

⑤ 王臻. 朝鲜前期与明建州女真关系研究. 北京：中国文史出版社，2005.

⑥ 金暻绿. 朝鲜初期的归化政策与朝明关系. 历史与现实，2012（83）：213-247.

⑦ 韩成周. 朝鲜初期朝、明二重受职女真人的两属问题. 朝鲜时代史学报，2007（40）：5-43.

⑧ 李炫熙. 鲜初向化野人拾穗：初期对野人交邻政策. 首尔：韩国高丽大学硕士论文，1963.

⑨ 金丙录. 朝鲜初期金宗瑞的六镇开拓考察. 首尔：韩国成均馆大学硕士论文，1996；吴宗禄. 朝鲜初期的国防论. 震檀学报，1998（86）：137-155；姜性文. 朝鲜初期六镇开拓的国防史意义. 军史，2001（42）：95-124.

3. 关于两国关系中理学、日本等问题的研究

儒家思想对推动古代中朝关系发展起着不可忽视的作用。高丽末年统治层因理学正统观而分化为亲明、亲元派，两派斗争影响着高丽末年的外交选择。有学者认为丽鲜更代的发生也是理学作用的结果，尹瑢均的《朱子学的传来及其影响》称朱熹理学的东传造成了高丽的灭亡以及义烈之士的辈出①。朴鸿圭的《朱子学与朝鲜建国：高丽末期朱子学的受容与适用》②《朱子学与朝鲜建国：以郑道传为中心》③、赵南旭的《丽末鲜初朱子学派的政治意识的官化研究》④、邢丽菊的《儒学与社会转型期的新旧对决——以丽末鲜初的社会转型为例》⑤ 都论证了东国士人将理学应用于本国政治实践的情况，进而也影响着对明关系的发展。而朝鲜前期源源不断的贸书活动，则进一步加强了理学在朝鲜半岛的传播，李存熙的《朝鲜前期的对明书册贸易》就指出书册贸易对朝鲜实现儒教立国以及朝鲜制度完备都具有很重要的借鉴作用⑥。

关于日本因素对于元明之际中朝关系的影响，学界主要是围绕倭寇问题展开的。学者陈尚胜认为，高丽在 14 世纪后期与日本南北朝以及明朝之间，在倭寇情报和防范、解救被掳他国人口、帮助缉捕海洋犯罪逃犯等方面，开始有了初步合作。而到 15 世纪初，随着明朝与朝鲜王朝、明朝与日本室町幕府之间封贡关系的建立，三者在防范、控制和打击倭寇活动方面有了进一步合作⑦。朱莉丽认为，朝鲜“己亥东征”是一场表面上看起来与中国毫无瓜葛的战争，但实际上这场日朝之间因倭寇而引发的战争及其背后的外交交涉中，明朝的身影一直若隐若现。尽管当时明朝和朝鲜之间围绕辽东的领土和人口问题屡有纠纷，但当二者面对共同的敌人——日本时，又处在同一立场。使二者紧密结合起来的，或者说在一定程度上

① 尹瑢均. 朱子学的传来及其影响//尹文学士遗稿. 京城：朝鲜印刷株式会社，1933：1-79.

② 朴鸿圭. 朱子学与朝鲜建国 ：高丽末期朱子学的受容与适用. 亚细亚研究，2000，43（1）：215-242.

③ 朴鸿圭. 朱子学与朝鲜建国：以郑道传为中心. 国家学会杂志，1996，109（11/12）：106-172.

④ 赵南旭. 丽末鲜初朱子学派的政治意识的官化研究. 退溪学论丛，1996（2）：27-72.

⑤ 邢丽菊. 儒学与社会转型期的新旧对决——以丽末鲜初的社会转型为例. 管子学刊，2010（3）：76-82.

⑥ 李存熙. 朝鲜前期的对明书册贸易：以输入为中心. 震檀学报，1977（44）：53-78.

⑦ 陈尚胜. 东亚海域前期倭寇与朝贡体系的防控功能. 中国边疆史地研究，2017，27（1）：15-28.

强化了二者同盟关系的，正是日本的倭寇①。吴大昕认为对马岛在连续遭受明朝望海埚之战、朝鲜己亥东征的打击下，精锐损失殆尽，这种情势下，朝鲜放弃原本再征对马与占领对马的计划转以外交方式解决对马问题的主因，是朝鲜君臣长久以来对“明朝征日”的想象。担心明朝征日的行动必定会“道经我疆”。一旦如此，朝鲜必然得付出一定的代价，这个代价可能远比倭寇入侵朝鲜还不能承受②。总之，日本问题对中朝关系的影响颇为复杂，学界关注程度尚不足，还有较多可探讨的余地。

量化方法在元明之际中朝政治关系变迁的研究中应用并不广泛，目前所见集中于明前期与高丽、朝鲜的马匹贸易，但马匹贸易并非单纯的商业贸易，而是关系到边防安全、政治外交等多方面内容。韩国学者南都泳从明朝征马要求以及朝鲜进献马匹方法、数量、马价等方面详细论述了马匹贸易的外交意义③。金顺子在其博士论文中总结了历次马匹贸易概况，并与当时其他领域的马价进行了比较，以体现该贸易中的政治影响因素④。中国学者林金树在《明代洪武年间中朝两国政治游戏中的官方贸易》中以洪武朝马匹贸易为例，分析其数量、价格、交易的变化，从政治层面解析当时两国官方贸易忽冷忽热的原因所在⑤。王薇、林杰的《论中朝两国间最早的谈判贸易——兼及明惠帝的对朝政策》认为建文时的明、鲜马匹贸易因战争原因而在一定程度上弱化了宗藩关系对两国贸易的约束，双方就马匹价格、数量、质量和交易方式进行了成功的商谈，使这次马匹交易具有了明显的商业特征⑥。

简而言之，就目前中、日、韩学界对本书涉及主题的已有研究成果来看，中国学者偏重于宏观研究，日韩学者偏重于微观研究，但可能受立场、观点、方法、史料等限制，元明更替之际中朝两国关系的某些方面尚有待进一步深化和细化，很多史实依然鲜有讨论，这些事件，表面看来虽似末端小节，但实质上却是之前发生大事的症结，也是将在以后掀起波澜

---

① 朱莉丽. 围绕“己亥东征”的朝日交涉及其背后的明朝因素//韩国研究论丛：第三十辑. 北京：社会科学文献出版社，2015：40-55.

② 吴大昕. 朝鲜己亥东征与明朝望海埚之役——15世纪初东亚秩序形成期的“明朝征日”因素. 外国问题研究，2017（1）：44-52.

③ 南都泳. 丽末鲜初马政与对明关系. 东国史学，1963（6）：26-74.

④ 金顺子. 丽末鲜初对元、对明关系研究. 首尔：韩国延世大学博士论文，1999.

⑤ 林金树. 明代洪武年间中朝两国政治游戏中的官方贸易. 大连大学学报，2007（1）：1-11.

⑥ 王薇，林杰. 论中朝两国间最早的谈判贸易——兼及明惠帝的对朝政策. 天津师范大学学报（社会科学版），2003（2）：23-27.

的机缘，其间关系因果，恰为历史重点。因此本书将在前人研究基础上深度发掘中朝之文集、笔记资料，深入分析影响两国关系发展的重要事件，探究元明更替之际中朝关系重新构建过程，以期对该段历史有更全面的认识。

四、研究方法与基本史料

元明嬗代与丽鲜更替先后发生，由此带来中朝关系急剧且复杂的变化，为了更好地体现主旨，本书主要采用案例分析法展开研究，即选取1351年至1450年影响两国关系发展的重要历史事件，以实证的方法、客观的态度，深入剖析事件发生原因、解决过程以及对两国关系的影响。同时本书也将吸取其他学科的成熟理论进行辅助研究。

古代中朝关系史属于国际关系史的一部分，国际关系理论本身也来自对历史的总结，因此利用国际关系理论来诠释古代中朝关系并非盲目地生搬硬套，而是现实可行的。如“意识形态与外交政策”，意识形态对国家外交政策的影响是潜移默化的，明朝与朝鲜均以理学治国，在这种意识形态下所形成的两国关系就与其他历史阶段有着显著的区别。“博弈论”，“在现代社会科学中，博弈论是研究存在冲突与合作的群体互动中理性决策的基本工具。博弈论描述了人们在一个或一束制度（博弈规则）下是如何作出行动决策的，在不同的环境中这些行动相应导致了什么社会结果”①。明朝与朝鲜的交往中也有过对峙、断交的经历，其实就是博弈的过程，双方不断微调外交政策以达到使双方都能满意的均衡状态。“地缘政治”即“根据各种地理要素和政治格局的地域形式，分析和预测世界或地区范围的战略形势和有关国家的政治行为”②。朝鲜半岛的地理位置决定了其战略价值所在，从元明嬗代之际中国两方势力对高丽的拉拢来看，这种地缘认识是显而易见的。此外，量化史学有着历史学传统方法无法比拟的精确性，本书将对史料记载相对完整的数据进行统计和简单的数量分析，避免表达上的主观与刻意，减少研究时的“先入为主”，以期更为直观地展现出国家关系的变化情况。

在史料方面，虽然元朝、明朝是宗主国，但因其附属国或朝贡国数量众多，中国史料关于对外交往方面的记载过于简略。高丽、朝鲜的外交局

① 丁利．制度激励、博弈均衡与社会正义．中国社会科学，2016（4）：135-158.
② 陆俊元．地缘政治的本质与规律．北京：时事出版社，2005：69.

面相对简单且以对华外交为主，文献记载更为详细，所以本书将以朝鲜半岛历史文献为主，主要包括元朝、明朝、高丽、朝鲜的官方史料，如《元史》①《明实录》②《高丽史》③《朝鲜王朝实录》④等。由于两国关系主要围绕着朝贡礼制展开，所以官方礼仪制度文献颇为重要，如明朝的《大明集礼》⑤、正德《大明会典》⑥。《大明集礼》成书于洪武三年（1370），与后来明朝具体实施的礼仪制度有所不同，但此文献反映了明朝建国之初的礼仪形态。朝鲜方面的礼制文献主要有《经国大典》⑦《国朝五礼仪》⑧《通文馆志》⑨等。《经国大典》是朝鲜前期编订的法律文献，被誉为立国磐石，反映出朝鲜建国设想。《国朝五礼仪》草创于世宗时期，历经文宗、端宗、世祖、睿宗，直至成宗朝编订成书，是朝鲜第一部国家礼仪大典，奠定了朝鲜后世的礼制规范。《通文馆志》记述了朝鲜后期对清礼仪规范，包括各科法令、例规、程式、文书格式、惯例等外交活动资料，由于明清与朝鲜的朝贡制度有较强的延续性，所以该文献对于研究明朝与朝鲜交往礼仪规范也是有帮助的。此外，由于王朝更迭，正史编纂者的刻意避讳使得史实愈加扑朔迷离，还需利用文人文集加以补充和考证，如韩国民族文化推进会编印的《韩国文集丛刊》（标点影印）⑩等。

中国和韩国史料由于出发点或侧重点不同，对同一历史事件的记载存在一定差异。若仅是记载详略的区别，可以通过相互补充、印证来进一步完善。但是对于迥然对立的史料记载，偏信任何一方都会使研究成果有失公允。因此必须尽可能多地搜集相关记载，以历史考据学方法加以辨析，去伪存真，尽量做到客观、公允的评述，尽可能接近历史真相。

---

① 宋濂，等. 元史. 北京：中华书局，1976.

② 明实录. "中研院"史语所校勘本，1982.

③ 郑麟趾，等. 高丽史. 奎章阁藏本；另有金宗瑞等编纂的《高丽史节要》（影印奎章阁藏本）与《高丽史》互为补充。

④ 韩国国史编纂委员会. 朝鲜王朝实录，1986.

⑤ 大明集礼. 文渊阁四库全书本.

⑥ （正德）大明会典. 文渊阁四库全书本.

⑦ 经国大典. 奎章阁藏万历四十一年（1613）九月刻本.

⑧ 申叔舟，等. 国朝五礼仪. 早稻田大学图书馆五味均平藏本.

⑨ 金庆门. 通文馆志. 早稻田大学图书馆乐浪书斋藏本.

⑩ 韩国民族文化推进会. 韩国文集丛刊（标点影印）. 首尔：景仁文化社，1990.

第一章 元明时期中朝两国对外政策的基本特点

一国采取何种对外政策受当时国内社会状况、国际环境以及统治层文化心态等多种因素影响，了解国家对外政策的基本特点有助于我们宏观地认识当时的外交关系。古代国家的对外政策可以从三方面去探求：一是圣旨，在“朕即国家”的时代，最高统治者的言语是可以直接视为国家政策的，如明太祖的《皇明祖训》、历代明朝皇帝的“宝训”中“驭夷狄”“怀远人”等都体现了明朝对外交往思想；二是国家正式颁布的法律条文，如元朝的《大元通制条格》《至正条格》、明朝的《大明律例》《大明会典》、朝鲜的《经国大典》都有对外交往制度规定；三是相关政府机构和官员的设置及其职能，如明朝的《礼部志稿》、朝鲜的《通文馆志》所记录的机构职能、制度、大事件都属于具体的外交操作。对外政策的制定初衷常常与实际实施存在一定差异，这一点是无法忽视的，也是一个尚待深入探讨的课题，所以我们还需要将对外政策放在具体历史时期中加以分析。

第一节 元明嬗代与中国对外政策的转变

一、元朝的征服者姿态

元世祖忽必烈对内基本采用了汉法，奠定了有元一代“以儒治国”的基本模式，但他在对外政策方面则承袭了成吉思汗确定的“政治上的世界主义”①，对此，当时的西方传教士有过形象的描述：“他们（蒙古人）应该去征服一切土地，不与任何没有归附自己的民族缔结和约，只要他们自

① 黄时鉴. 元代的对外政策与中外文化交流//中外关系史论丛：第三辑. 北京：世界知识出版社，1991：28.

己未被彻底消灭，无论时间多长也要坚持下去。”①

忽必烈在入继大统尚未控制华夏全境时就开始大规模经略海外，遣使日本、安南、占城、缅甸、爪哇等近四十个国家和地区，谕其国主来朝，使节奉贡。忽必烈在诏书中自称“普天下之汗”，以征服者俯视万邦的口吻命令对方“称臣”、“来朝”、“臣服”或“效忠”②。高丽早在忽必烈建元以前已向蒙古称臣，但其他国家的反应却没有达到“归附”标准，即“凡内属之国，纳质、助军、输粮、设驿、供数户籍、置达鲁花赤”，国主还需“躬亲赴阙”③。其实在蒙元诏谕之后，安南、缅甸、占城等国也曾遣使纳贡，但或没有遵从“君长亲朝”，或不同意“立省抚治”④，以致招来兵祸。忽必烈对这些国家展开征伐活动的动因也直接体现在诏书中，“祖宗立法，凡诸国归附亲来朝者，俾人民安堵如故，抗拒不服者无不殄灭”⑤，“祖宗立法，凡不庭之国，先遣使招谕，来则安堵如故，否则必致征讨”⑥。

自至元十一年（1274）到至元三十一年（1294），忽必烈连续对日本、缅甸、占城、安南、爪哇用兵。虽然元朝最终未能占领这些国家，但也促成了与邻国关系的新局面。缅甸陷入分裂，其中阿瓦王朝（1364—1555）臣服元朝。爪哇发生了辛柯沙利王朝（1222—1292）与满者伯夷王朝（1293—1451）的更替，新王朝定期遣使奉贡⑦。元朝曾一度攻下安南和占城，并派驻达鲁花赤，后因遭受两国顽强抵抗，战事并不顺利，最后也不得不下诏罢征，维持着基本的朝贡关系。元朝两征日本失败后，征日计划也不得不暂停。忽必烈之后的元朝统治者对对外用兵兴趣不大。大德二年（1298）江浙省臣也速答儿提出用兵日本时，成宗回复称“今非其时，朕徐思之”⑧，此后元日之间既无战事也无任何政治联系。大德四年元朝曾因敕封的缅王被杀而发兵征讨，但三个月后就以“天热瘴发”退兵，之

---

① 柏朗嘉宾蒙古行纪．耿昇，何高济，译．北京：中华书局，1985：52-53.

② 高荣盛．关于蒙古征服动因及其“天下观”的思考//元史及民族与边疆研究集刊：第十九辑．上海：上海古籍出版社，2007：6.

③ 王国维．元高丽纪事．台北：广文书局，1972：19.

④ 陈邦瞻．元史纪事本末：卷5．北京：中华书局，1979：33，31.

⑤ 黎崱．安南志略：卷2．文渊阁四库全书本：7.

⑥ 元史：卷210．北京：中华书局，1976：4667.

⑦ 高荣盛．元代中缅关系略述//元史及北方民族史研究集刊：第十二、十三期合刊．南京：南京大学历史系元史研究室，1990：29-36.

⑧ 陈邦瞻．元史纪事本末：卷4：日本用兵．北京：中华书局，1979：29.

后缅甸与元朝续归于好，重新纳贡。整体而言，元中后期战事渐息，中国与周边国家的基本状态就是“疆场宁谧，贡献不绝”①。

纵观元朝周边的附属国、朝贡国，长期置于元廷控制下的可能只有高丽。蒙古用了近三十年时间，通过八次战争才征服高丽。当忽必烈与阿里不哥争夺汗位时，高丽世子王倎主动前来觐见，忽必烈非常高兴，“高丽万里之国，自唐太宗亲征而不能服，今其世子自来归我，此天意也”，遂“厚其馆谷，待以藩王之礼”，之后又专派达鲁花赤护送王倎回国继位，是为高丽元宗（1260—1274 年在位）②，由此，元丽关系进入了一个新时期。

甫登帝位的忽必烈即颁诏大赦高丽境内，提出建立和平藩属关系，“卖刀剑而买牛犊，舍干戈而操耒耜”，“完复旧疆，安尔田畴，保尔室家”③，撤回蒙元驻扎高丽的军队，放还被虏及逃亡的高丽人，禁止蒙古人掳掠。但这种融洽气氛持续的时间非常短暂。按照大蒙古国传统，归附的国家总是要被加以各种苛刻条件，以保证蒙元对它们的控制和剥削，所以忽必烈帝位稳固后，仍要求高丽执行前代大汗规定的各项义务，“凡远迩诸亲附之国，我祖宗有一定之规，则必纳质而籍编民，置陲而出师旅，转粮饷补助军储。今者除已尝纳质外，余悉未行，卿自有处必当熟议，庸俟成言。其封贡之物，依礼入进，毋怠初心，以敦永好”④。这些苛刻条件激发了高丽国内的反元情绪，导致了“林衍废立事件”⑤ 和“三别抄事件”⑥。在元朝的武力干预下，两事件得以平息，也促使高丽王氏朝廷进一步向元朝靠拢，同时元朝进一步加强了对高丽的控制力度，通过设置达鲁花赤操纵高丽内政⑦，置征东

① 元史：卷 209. 北京：中华书局，1979：4652.

② 高丽史：卷 25：元年三月. 奎章阁藏本.

③ 元史：卷 208. 北京：中华书局，1979：4611.

④ 王国维. 元高丽纪事. 台北：广文书局，1972：11.

⑤ 忽必烈加给的各种负担使高丽国内对亲元的元宗颇有不满。元至元六年（1269）权臣林衍（？—1270）废元宗，拥立安国公王淐。忽必烈闻讯遣使前往责问，在元军压力下，林衍被迫拥元宗复位。

⑥ 三别抄军最初是高丽权臣崔瑀（？—1249）以备盗为名建立的具有崔家私兵性质的军队，后发展成为高丽事实上的政府军，包括左别抄、右别抄、神义别抄军，合称三别抄。他们曾与蒙古军对抗，特别是神义别抄军还曾做过蒙古的俘虏，反元情绪比较强烈。至元七年（1270）高丽元宗复位后下令解散三别抄军，三别抄不从其命，拥立承化侯王温为王，占据江华岛，自行署置官吏，拒绝承认开城的高丽朝廷。至元十年（1273）元丽联军进攻江华岛，平息三别抄之乱（杨昭全，等. 中朝关系简史. 沈阳：辽宁民族出版社，1992）。

⑦ 元廷派达鲁花赤常驻高丽王京监督朝政。达鲁花赤地位高于高丽宰枢，职权范围广泛，对高丽政治军事都要加以控制和干涉（赵秉崑. 达鲁花赤考述. 北方文物，1995（4）：64-72）。

行省[①]、东宁府[②]、耽罗总管府[③]等机构进行直接统治，又以元丽政治联姻[④]的形式确保高丽王位继承人对元廷效忠。

韩国学者全海宗将高丽与中国北方民族国家辽、金、元的关系都视为“朝贡关系的蜕变”，辽金与高丽的关系仍属朝贡关系范畴之内，而元朝与高丽的关系强调的是“单方面的支配权”，“存在超过朝贡关系的另一层关系”[⑤]。与辽金时期相比，元朝的层层控制导致高丽国王形同虚设，高丽国事多由元廷决定，这种控制方式大大超出了传统封贡宗藩关系的范围，正如萧启庆先生所说：“十三四世纪的高丽完全为蒙元兵威所笼罩，元廷对高丽内政广泛干预，恣意废立，因而两国间的关系不同于前。高丽的地位，相当于近代殖民制度中处于‘间接统治’之下的一个保护国。”[⑥] 这些论断既表明了元代中朝关系的独特之处，也集中反映了元朝对邻国的政治态度。

---

① 至元十七年（1280）元朝在高丽设征东行中书省作为征讨日本的前沿，高丽负责经办造船、筹备军粮等事务。元廷罢征日本后，征东行省的建制和名号依旧保留下来，但性质发生了变化。征东行省不同于内地行省，元朝一般不直接任命官属，征东行省也不向中央政府交纳赋税。元政府曾多次试图将征东行省内地化，但都未成功，由于征东行省的特殊性质，它对元丽外交和高丽内部的权力斗争产生了一定影响（宋炯．元代的征东行省．广西社会科学，2002（5）：207-209）。

② 林衍政变后，高丽武将崔坦、韩慎等以诛杀林衍为名发动叛乱，纠集龙岗、咸从、三和等地势力，杀地方官吏，占据西京，进而控制西京以北地区，随后投降蒙古。至元七年（1270）元朝设置东宁府，以投靠蒙古的高丽官员管制，形成反高丽性质集团，以牵制高丽（方东仁．东宁府置废小考．关东史学，1984（2）：71-83）。

③ 三别抄曾将耽罗作为根据地，直接影响元朝征伐日本计划，为此至元十年（1273）四月元朝出兵进攻耽罗，大败三别抄。六月元廷设置耽罗招讨司，派驻达鲁花赤，耽罗成为元朝的直辖领地。

④ 元朝与高丽通婚是单方面的，即元廷以蒙古公主下嫁高丽王室，而元朝皇帝却不纳高丽王族之女为妃（偶尔也有进奉元廷的高丽宫女跻身后妃，如顺帝之奇皇后）。元朝规定无论高丽国王是否已经有嫔妃，元朝公主一旦下嫁都立即册为正宫，所生子嗣亦可凭嫡子地位越过长幼次序优先立为世子。下嫁高丽的元朝公主在高丽宫廷中享有崇高的地位，可以建宫府，置官属，广泛干政，朝会、宴会、巡幸、接见使臣无不参与（萧启庆．元丽关系中的王室婚姻与强权政治//萧启庆．元代史新探．台北：新文丰出版公司，1983：231-262）。

⑤ 全海宗．韩中朝贡关系概观//全海宗．中韩关系史论集．全善姬，译．北京：中国社会科学出版社，1997：152，156，155.

⑥ 萧启庆．元丽关系中的王室婚姻与强权政治//萧启庆．元代史新探．台北：新文丰出版公司，1983：25．文中对“间接统治”做了一定解释：间接统治是近代西方帝国主义国家在亚、非、拉等洲所采取的多种统治方式之一。在间接统治之下，当地传统的政治制度大体仍然保存，土著精英分子至少在名义上仍主持政务。理论上言之，殖民国的官员不过扮演顾问性的角色。因而，间接统治区域与“保护国”大体相同。不过间接统治的形态甚多，而且与“直接统治”之间也错综重叠。

二、明太祖奠定的“不征”基调

明军攻入大都标志着元政权对中原统治的结束，但明朝战事依然未宁。元帝所属“引弓之士，不下百万众也，归附之部落，不下数千里也，资装铠仗，尚赖而用也，驼马牛羊，尚全而有也”①，随时可能反攻中原；东南沿海张士诚、方国珍残部伺机卷土重来，加上倭寇海盗出没为患，致使海疆不靖；元明更替所造成的巨大内耗使得新兴王朝国力虚弱。这些现实情况迫使明朝不得不选择一种更为适合的对外政策以确保新政权的稳固。

明太祖朱元璋的对外政策首先是继承了传统的“溥天之下，莫非王土，率土之滨，莫非王臣”的观念，新朝甫立就遣使各国，招徕朝贡，以确定其“天下共主”的地位以及新政权的合法性，以万邦来朝的兴隆局面体现“全抚天下”② 的统治威力。明朝乃是逐元而立，元朝可谓将“大一统”发挥到极致，花费了高昂的武力成本征服周边多国，但是当元政权岌岌可危时，原来臣服之国，或持观望态度，或迅速背驰而去。这些事实使明太祖在处理对外关系时摒弃了传统的武力扩张，强调“德化”作用，“让蛮夷之国接受中国的传统文化熏陶，从心理上达到使蛮夷归化、尊崇中国为天朝上国的目的，并用儒家的纲常伦理道德来约束蛮夷的言行，从而彻底消除蛮夷对中国的安全威胁”③，进而建立一种明朝与周边及海外国家“共享太平之福”④ 的外交模式，由此形成了明初对外政策中的“不征”基调。明太祖将“不征”理念实践了近三十年，即使面对安南、高丽、日本的不恭、不信、扰边等行为也杜绝使用武力，最终证明这是对明朝最有利的政策而纳入洪武二十八年（1395）修订完成的《皇明祖训》中：

> 四方诸夷皆限山隔海，僻在一隅，得其地不足以供给，得其民不足以使令。若其自不揣量来扰我边，则彼为不祥；彼既不为中国患，而我兴兵轻伐，亦不祥也。吾恐后世子孙倚中国富强，贪一时战功，无故兴兵，致伤人命，切记不可。但胡戎与西北边境互相密迩，累世

---

① 谷应泰．明史纪事本末：卷 10：故元遗兵．北京：中华书局，1977：149.

② 明史：卷 325．北京：中华书局，1976：8413.

③ 喻常森．试论朝贡制度的演变．南洋问题研究，2000（1）：55-65.

④ 万明．明代外交模式及其特征考论——兼论外交特征形成与北方游牧民族的关系．中国史研究，2010（4）：32.

战争，必选将练兵，时谨备之。①

从其后所列的不征之国的名单来看，这十五个国家是明朝初年所知晓的全部国家，它们在明太祖眼中或恶或善，但均不施以征伐之举，也就代表了明朝对任何国家都不主动采用武力。

在贯彻“不征”的同时，明太祖也极力避免介入他国内政中去。如果说“不征”的概念直接源于元朝的教训，那么“不干涉”则是他自己根据现实环境逐步形成的认识。在他看来，北方的蒙古人是帝国安全的最大威胁，为了减少国力损耗以确保将更多的精力及兵力投入于建立北边的防御体系，他力求尽量避免卷入任何可能有损明朝自身国力的他国政治、军事斗争中去。当然作为“天下共主”，明朝对朝贡国负有持危扶颠的职责，但这并不代表要像元朝那样占领他国土地或左右他国政权。应该说明太祖很好地把握了这个“度”，对藩国晓以治国之道来履行皇帝义务，又实际上减少了对他国内政的指手画脚。如洪武二年（1369），明太祖曾以“国之大事，在祀与戎”② 劝高丽去释氏而兴王道。当高丽请“讨耽罗”③ 时，明太祖则称：“耽罗已属高丽，其中生杀，王已专之。”④ 当占城因与安南作战向明朝请赐兵器时，明太祖回复道：“所请兵器，于王何惜？但以占城、安南互相争夺，而朝廷独与占城，则是助尔相攻，其非抚安之义。”⑤ 对于琉球中山王、山前王、山北王之间的纠纷，明太祖采取对三个政权都予以承认，均诏赐印信并加以册封，以至于一度出现琉球三王同时向明朝进贡的场景。

在“不征”“不干涉”理念下，明太祖实际上持一种“来者不拒，去者不追”的“不治主义”态度，与此相适应的具体形式就是朝贡制度。朝贡制度本身就是一种以儒家思想为指导的封建礼制在外交政策中的一种表现和延伸⑥。以朝贡为核心的对外政策体现着“和平主义特征”，“早在两千多年以前，孔子已向后世统治者描绘了一幅‘近者说远者来’的治国蓝图，而欲‘远人’心悦诚服地来朝来贡，则要怀之以德，即所谓‘远人不

---

① 朱元璋．皇明祖训//明朝开国文献：第三册．台北：学生书局，1964：1588-1589.

② 明太祖实录：卷46：洪武二年十月壬戌条.

③ 高丽史：卷43：恭愍王世家：二十一年四月壬寅条.

④ 明太祖实录：卷75：洪武五年七月庚午条.

⑤ 明太祖实录：卷67：洪武四年七月辛未条.

⑥ 何亚伟．怀柔远人——马嘎尔尼使华的礼仪冲突．邓常春，译．北京：社会科学文献出版社，2002：20.

服，则修文德以来之’”①。明初对此有了进一步完善和发展，加强了对朝贡中“礼”的追求，认为“礼者，国之防范，人道之纪纲，朝廷所当先务，不可一日无也”，而“夷狄奉中国，礼之常经，以小事大，古今一体”②。这样，明朝的对外关系就被纳入礼制的礼仪范畴，而非武力的军事范畴。在朝贡制度下，明朝皇帝通过向朝贡国派遣使节主持册封仪式和颁发皇帝诏书来承认这些国王的合法地位。朝贡国向明帝表示臣服的形式就是奉明正朔、接受册封并按时进贡。尽管朝贡关系仍然是一种不平等的国家关系，但这种不平等性“主要体现于朝贡表文和一整套繁琐的朝贡礼仪中，是重名不重实，具有形式主义和象征性的特点”③，明朝对朝贡国的内政一般不加干预，保证了后者的独立主权。

总之，明初这种“不主动征伐”的对外思想，表明明太祖不再热衷于扩大垂直的君臣关系，即实质的从属关系，开始承认和接受水平关系的国与国之间的关系，将外国视为稳定的独立国家，具有尊重外国国家主权意识的雏形④。洪武时期所形成的这种外交模式及其特征奠定了有明一代对外交往的基础，后世偶有突破或调整，但整体而言朱氏子孙多遵行这一祖制⑤。

三、明成祖的“广示无外”与“恩威并施”

明成祖得位不正，更希望以万国来朝的繁荣景象淡化人们对靖难之役的记忆，以印证其统治的合法性，稳定国内统治，从这层意义上讲，明成祖与明太祖积极招徕朝贡的目的是一致的。又明太祖早年曾使用过“华夷无间”一词，除了册封藩国，还遣使祭祀安南、高丽、占城等国山川河

---

① 李云泉. 朝贡制度史论. 北京：新华出版社，2004：315.

② 明太祖实录：卷 80：洪武六年三月甲辰条；卷 90：洪武七年六月乙未条.

③ 同①318.

④ 万明. 明代外交观念的演进——明太祖诏令文书所见之天下国家观. 古代文明，2010，4 (2)：84.

⑤ 传教士利玛窦在其日记中写道：“如果我们停下来细想一下，这一点（指明朝不采取军事扩张）似乎很出人意料。在一个可以说是其疆域广阔无边、人口不计其数、物产多种多样且极其丰富的王国里，尽管他们拥有装备精良、可轻而易举地征服邻近国家的陆军和海军，但不论君主还是他的人民，竟然都从未想去进行一场侵略战争。他们完全满足于自己所拥有的东西，并不期望着征服。在这方面，他们截然不同于欧洲人。欧洲人常常对自己的政府不满，垂涎其他人所拥有的东西。现在，西方诸国似乎已被称霸世界的念头消磨得精疲力竭，他们甚至不能像中国在长达数千年的时间里所做的那样，保持其祖先留下的遗产。”（利玛窦日记. 何高济，等译. 南宁：广西大学出版社，2001：55）

流，将三国山河“悉归职方”[①]。在朱棣看来，“先王封山川、奠疆域、分宝玉、赐藩镇，所以宠异远人，示无外也”[②]。于是他效行此法，永乐三年（1405）“赐满剌加国镇国山碑铭”，重新强调“华夷无间”“广示无外”的外交态度，“诸藩国遣使来朝……或有不知避忌而误于宪条，皆宽宥之，以怀远人。今四海一家，正当广示无外。诸国有输诚来贡者，听尔其谕之，使明知朕意”[③]。不过明成祖对待藩国之道与其父有一项重要区别，即不放弃使用武力，“顺者抚之，逆者摧之，所以示无外而一天下也”[④]。在这种对外思想的指导下，明成祖在位的二十二年间，通过恩威并施，将朝贡制度推广至三十多个新国家，创造了明朝对外交往的繁盛局面。

所谓恩，即明成祖对前来朝贡各国封赏丰厚，并且政策宽松，甚至对于外藩买卖金银、武器都秉以宽大的心态，称“毋拘法禁，以失朝廷宽大之意，且阻远人归慕之心”，利益的驱使促使各国乐于奔赴明朝，至于是否真诚来服，明成祖并不计较，“彼或不诚，亦不与较，故或有感激愧服者。孔子尝曰：‘言忠信，行笃敬，虽蛮貊之邦，行矣。’圣人之言，万世可行”[⑤]。明成祖的“广示无外”并不是将明朝与其他国家置于平等的地位上，天朝的自我优越感没有改变，他要求各国尊重中国，同时努力使越来越多的国家得到公平对待，不论这些国家对大明帝国的基本利益是否重要[⑥]。这一特征尤其体现在明朝处理他国之间的纠纷时，总是保持中立，扮演调停的角色。如永乐五年暹罗与占城、满剌加、苏门答腊的冲突，永乐十七年暹罗与满剌加的冲突，永乐十八年哈烈与别失八里的冲突、榜葛剌与沼纳朴尔的冲突，明朝均遣使进行调和[⑦]。

所谓威，即明成祖对不断用武力向外扩张、使周边环境严重动荡甚至危及明朝安全的国家，在劝说无效的情况下，采取强硬措施加以警告，迫其放弃武力扩张。如锡兰国王亚烈苦奈尔曾凭借武力称霸印度洋，“不辑睦邻国，数邀劫往来使臣，诸番皆苦之”，郑和下西洋船队抵达锡兰时，

① 明太祖实录：卷53：洪武三年六月丁丑条；卷48：洪武三年正月庚子条.

② 明太宗实录：卷47：永乐三年十月壬午条.

③ 明太宗实录：卷12：洪武三十五年九月丁亥条.

④ 朝鲜世宗实录：卷22：五年十一月壬午条.

⑤ 礼部志稿：卷2：怀远人之训. 文渊阁四库全书本：25.

⑥ 王赓武. 明初中国与东南亚的关系：背景分析//费正清. 中国的世界秩序——传统中国的对外关系. 杜继东，译. 北京：中国社会科学出版社，2010：49.

⑦ 朱亚非. 明初以德睦邻与劝和息争//中外关系史论文集：第14辑. 兰州：甘肃人民出版社，2010：28.

亚烈苦奈尔“骄倨不恭，令子纳款索金宝，不与，潜发兵数万劫［郑］和船”，郑和将其擒获带回明朝，“礼部择其支属贤者更立之”①。明朝严厉谴责亚烈苦奈尔后又将其释放回国，此后锡兰与明朝一直保持友好往来，海上航路也畅通无阻。又永乐四年，明朝因“陈天平事件”② 出兵安南，实施了长达二十年的直接统治，安南一役虽然违背了明太祖的“不征”祖训，但是对周边各国产生了一种现实有力的震慑。

永乐朝对外局面的形成离不开朱棣个人的性格作风。朱棣是一个英武雄略且好大喜功之人，每次亲征途中刻石记功的铭辞中充分展现出这种心理意识。明人对于成祖的五出漠北、三犁虏庭的功业多有夸耀溢美之词，不过此前汉武帝、唐太宗扬威塞外的业绩多是遣将完成，天子亲征边塞也只有明成祖一人。学者张奕善认为“成祖生就桀骜不驯的个性，是雄才大略的君主，祖训的约束只限于中下之君，绝无法使之就范的”③，所以朱棣采取了一系列不同于祖制的改革，期望超越前代统治以名垂青史。日本学者宫崎市定甚至认为“永乐政权带有回复到元代东亚共同体的强烈特性。而当我们从这样的观点来看的时候，明成祖甚至可以视为元世祖的再临”④。不过朱棣去世后，他的继承者既不具备这种性格，也没有这种雄心，永乐朝开创的外交局面也就难以维系下去了。

四、仁宣以后的外交收缩

明朝的对外交往自洪熙朝开始收缩，其原因是多方面的，其中儒家治国理念的回归是显著特点。虽然明朝初年就确立了程朱理学的正统地位，明太祖强调“一宗朱氏之学，令学者非五经孔孟之书不读，非濂洛关闽之学不讲”⑤，永乐朝亦官修《五经四书大全》《性理大全》等书籍，但士权

① 严从简. 殊域周咨录：卷 9. 余思黎，点校. 北京：中华书局，1993：312.

② 建文二年（1400），安南权臣胡季犛废陈朝少帝自立，国号大虞，后让位于其与陈明宗公主所生之子胡汉苍，遣使赴明朝称：“陈氏已绝，汉苍，明宗外孙，暂权国事。”明成祖册封胡汉苍。永乐二年（1404），安南陈朝旧臣裴伯耆人明申诉，揭发胡季犛弑主篡位的真相，请求扶立陈氏子孙。此时恰有一人自称为陈朝王孙陈天平被老挝护送至明廷，历数胡氏弑主篡位、残害陈氏宗族、攻劫占城、侵扰思明府等罪行。当胡汉苍使臣人明时，明成祖让陈天平与安南使臣相见，从使者的表现，明成祖相信了陈天平与裴伯耆的控诉。永乐三年，安南请求迎还陈天平，明朝遣使护送。次年三月，明使与陈天平行至丘温（今越南谅山北）时遭遇安南伏击，陈天平被杀，明使逃还，明朝遂举兵征讨安南。

③ 张奕善. 明帝国与南海政略//张奕善. 东南亚史研究论集. 台北：学生书局，1976：48.

④ 宫崎市定. 从洪武到永乐——初期明朝政权的性质. 东洋史研究，1965，27（4）：21.

⑤ 陈鼎. 东林列传：卷 2：高攀龙传. 文渊阁四库全书本：14.

却是长期蛰伏于皇权之下的，直到洪熙朝士大夫才开始充分施加政治影响。作为这个时期的士权政治代表，杨士奇、杨荣、杨溥等人处身内阁前后达四十余年，“虽无相之名，而已有均衡之重”①。仁宗、宣宗、英宗即位诏均出自杨士奇之手，目前学界对即位诏书起草情状、行文语气、改革条款的分析表明了明前期士大夫进行政治改革的脉络与思路，即民本主义是士大夫政治改革的精神旨归②。可以说，洪熙朝开始发生的变化乃是明朝统治层因儒教化的增强而在意识形态上与前期的两位皇帝显示出根本的不同，如果太祖、成祖的政治特色用“严”来形容，那么仁宗开始向“宽”转变，倡导以温和手段进行统治，这种特征在对外交往中就表现为外交收缩。

《明史》称：“仁宗不务远略，践祚之初，即撤西洋取宝之船，停松花江造舟之役，召西域使臣还京……不欲疲中土以奉远人。”③ 从其即位诏书中也可以看出强烈的改革意识，涉及外交方面包括停止下西洋，停止往西撒马儿罕等处买马，停止各处修造往诸番船只，停止安南等地的金珠香料的采办等，所用语汇都是“悉皆停止”“尽皆停罢”，语气坚决，“不许”“务必”等程度副词不断出现，改革的急切心态跃然纸上④。仁宗的改革目标是维持现有朝贡局面，不再扩大招抚范围，但因在位不足一年，这些政策未得到具体执行。

宣德时期明朝对外政策有了更清晰的表述，主要体现在明宣宗所作《帝训·驭夷篇》中：

> 四夷非可以中国概论，天地为之区别，夷狄固自为类矣。夷狄非有诗书之教，礼义之习，好则人，怒则兽，其气习素然，故圣人亦不以中国治之。若中国乂安，声教畅达，彼知慕义而来王，斯为善矣。然非我族类，故其心叛服不常，防闲之道不可不谨。故国家置边围，简将帅，励兵甲，严守备，使不能为中国患而已。盖圣人以天下为家，中国犹堂宇，四夷则藩垣之外也。堂宇人所居，有礼乐有上下，藩垣之外草木昆虫从而生长之，亦天道也。夷狄为患，必乘中国之弊。使朝廷之上，君臣同德，法度昭明，中国安，兵食足，边圉固，

① 关文发，颜广文．明代政治制度研究．北京：中国社会科学出版社，1995：26-27．

② 王伟．明前期士大夫主体意识研究（1368—1457）．长春：东北师范大学博士论文，2011：71．

③ 明史：卷332．北京：中华书局，1976：8626．

④ 赵轶峰．明前期皇帝的即位诏——从洪武到正统．求是学刊，2011，38（1）：141-147．

彼虽桀骜，何患之能为？是故能安中国者，未有不能驭夷者也。驭夷之道，守备为上。《春秋》之法："来者不拒，去者不追。"盖来则怀之以恩，叛而去者不穷追之，诚虑耗弊中国者大也。《诗》曰："薄伐玁狁，至于大原。"可为帝王驭夷之法。①

这是中国古代中原王朝最为典型的守中以治边、修内治以攘外夷的思想。据此也就不难理解宣德朝的外交收缩了。明廷对海外国家朝贡的限制、主动派遣使节航行海外的减少、避免介入他国纠纷都表明了这种收缩趋势②。尤其是明朝从安南撤军，结束了强征不能达其目的、每每征讨又损伤惨重的被动局面，并为明廷带来了实际的财政好处——"岁省军兴巨万"③。

洪熙至正统，明朝调整对外政策的目标是逐渐回归到洪武朝"来者不拒，去者不追"的不治主义范围，不再积极招徕朝贡，但也不拒绝主动前来的远方之国，正统七年（1442）明廷就曾规定"凡朝贡使人使卫所属而无印信文字者，照例止之。其远方初至及往来希阔者不在此限，不可概行阻遏，以失远人归向之心"④，依然体现了明朝对于他国朝贡的一种开放接纳态度。与洪武时期不同的是，仁宣以后，明朝对纳贡国的猜疑与指责大为减少，温和的邦交态度使明朝与他国长期保持相对稳定且和睦的关系，外部的和平环境也使明朝得以专心内治，社会经济文化持续繁荣，进一步增加了对朝贡国的吸引力。

不可否认，仁宣以后的外交改革也存在弊端。美国学者威廉森·默里等称，仁宣之后明朝对外政策的逐步收缩乃是儒家思想与国防现实不协调的必然产物，即明朝沿用旧有的内在思想——儒家思想——来统治已经变化的外部环境，导致了正统后期的边疆危机。他们认为，明朝所继承的元政权是"南方的华夏政权"与"北方的基于游牧的政权"的统一体，这是中国儒家传统"几乎完全无法驾驭的难题"，因此"初期明王朝……保留了许多元代建制"，"尤其是它的第一代和第三代皇帝显示了对于在草原上进行战争和操作外交的某种理解。对草原交界地带的牢固控制导致了政策卓有成效的几个时期"。朱棣之后的明朝皇帝，由于儒化的增强而失去了

① 明宣宗实录：卷38：宣德三年二月.

② 陈尚胜. 论宣德至弘治时期（1426—1505）明朝对外政策的收缩. 山东大学学报（哲学社会科学版），1994（2）：85.

③ 明史：卷148. 北京：中华书局，1976：4135.

④ 礼部志稿：卷4：朝贡之训. 文渊阁四库全书本：14.

这种“北方”意识，“明王朝越变得‘中国化’，就越脱离它作为元朝——游牧民族所建王朝——的继承者的根基”。虽然有些明朝官员充分了解“胡人”的情况，但是“无论是他们在其中为官的文化环境，还是明政府的体制构造，都不允许他们对安全政策行使大影响”①。这些论述虽有偏颇之处，但也确实道出了仁宣以后明蒙关系变动对明朝外交政策产生的影响。

仁宣以后明朝对蒙古政策发生了变化，将洪武、永乐年间对蒙古所采取的以攻为守的主动态势，逐渐转变为被动的防御地位，由此导致双方实力的消长，明朝在保持主导地位方面显得力不从心。到了正统后期，洪武、永乐时所积聚的北边防御优势消耗殆尽，蒙古高原势力再次崛起，力图凭借其军事优势改变自洪武至宣德时期以明朝为主导的交往模式。为了应对这种局面，明廷不得不将更多的精力投入到对蒙古的防御中去，而正统十四年（1449）的“土木堡之变”正是北边境防御体系崩溃的集中体现。当明朝统治者不能再像朱元璋、朱棣那样有效地掌握北疆的控制权，那么被动的防御措施必将使明朝疲于应对蒙古势力，从而牵制了其欲经营与周边国家关系的精力，所以我们在研究正统以后的明朝对外关系时，其北疆政策的影响不应被忽视。

第二节　高丽、朝鲜的实利外交本质

一、高丽对华外交的特点

高丽外交领域大体可分为三部分：以中国为对象的北方外交，对日本外交，与琉球等国的交往，其中北方外交是中心。

自918年建国后，高丽就一直加强与中原王朝的交往，当时中国处于五代十国阶段，政权林立，相互征伐，高丽与中国诸政权的关系可能并不稳定，虽然史称“王氏三世，终五代常来朝贡，其立也必请命中国，中国常优答之”②，但实际上高丽初期保持着高度的自主外交，以高丽光宗（949—975年在位）为例，“他时而使用自主的年号，自称皇帝，炫耀高

① 威廉森·默里，等. 缔造战略：统治者、国家与战争. 时殷弘，等译. 北京：世界知识出版社，2004：91-105.

② 新五代史：卷74：高丽传. 北京：中华书局，1974：919.

丽的国威；时而使用在中国大陆的群雄争霸中有可能掌握霸权的国家的年号，欲与之保持友好关系，以防御辽国与女真这两大宿敌的入侵，或者与之制订前后夹攻辽国与女真的计划”①。待赵宋立国，整饬内政，逐渐完成中原统一，实力强大到可以与契丹相抗衡时，高丽才开始使用北宋年号，并且关系一度非常密切，高丽诗“汉皇东注意偏深，美我君王事大心。八道诏书天上降，九霄星骑日边临。云蒸紫殿浮佳瑞，雷动彤庭布德音。多幸微臣在朝列，不胜欢庆贡巴吟”②，即是对双方这种关系的盛赞。

高丽积极与中原王朝交往一方面是承袭自新罗对李唐的事大主义，始终视北方少数民族为蛮夷；另一方面，当时契丹正在崛起，阻碍了高丽向北扩张领土计划，因此高丽希望与中原国家结盟以制约契丹发展。但事与愿违，契丹、女真等北方民族先后建国，东北亚局势日趋复杂，高丽不得不向辽、金称臣，其国自述称“事大邦，由汉唐已来，暨辽金而下”③，“自历世已来必行事大之礼，然后能保有其国家，故顷尝臣事于大金，及金国鼎逸，然后朝贡之礼始废矣”④。

辽金凭借强大的军事实力迫使高丽纳贡，高丽则根据形势变化，不断调整着外交政策，借以平衡与宋辽、宋金、辽金等多重关系以自保。在宋辽并存阶段，高丽甚至出现同时使用两国年号的情况，学者魏志江将高丽这种做法称为“二元”朝贡，“辽通过三次大规模的征伐，迫使韩半岛的王氏高丽政权向其‘称臣纳贡’，从而确立了辽在高丽的宗主权。由于宋朝和高丽两国各自对辽政策演变之不一致，因而始终未能达成对付契丹的军事联盟。在辽宋丽三国关系中，宋朝基本上是实行‘联丽制辽’的政策，但高丽却对辽、宋两国奉行‘二元’朝贡的体制。在这一朝贡体制的规范下，辽取得了东亚国际秩序的中心地位”，“［高丽］对宋朝奉行的朝贡外交则主要倾向于加强两国的经济、文化交流，政治上并不具有对宋臣属的意义”⑤。女真兴起后，辽丽关系又发生了变化。高丽密切关注辽国政局变动和辽金战况，于睿宗十一年（1116，辽天庆六年，金收国二年）

---

① 卢启铉．高丽外交史．紫荆，金荣国，译．延边：延边大学出版社，2002：23.

② 崔承老．奉贺圣上受大尉册命初袭王封//徐居正．东文选：卷12．京城：朝鲜古书刊行会，1914：225.

③ 金坵．止浦先生文集：卷20：告奏表//韩国文集丛刊：第2册．首尔：景仁文化社，1990：343.

④ 李奎报．东国李相国全集：卷28：邻国交通所制表//韩国文集丛刊：第1册．首尔：景仁文化社，1990：588.

⑤ 魏志江．中韩关系史研究．广州：中山大学出版社，2006：54.

停用辽之年号，从而结束了对辽的臣属关系，但高丽并没有中断与辽的交往，同时也与金国通使往来。当金灭掉辽和北宋后，高丽选择自动称臣。鉴于南宋实力比北宋更弱，高丽与南宋之间官方遣使频率非常低，多为民间经贸往来。

纵观高丽与宋辽金三国的交往史，其外交中心多集中于辽金，而非文化昌盛的宋朝，对于这一点，我们从地缘政治角度可能更容易理解。“地缘政治是政治行为体通过对地理环境的控制和利用来实现以权力、利益、安全为核心的特定权利，并借助地理环境展开相互竞争与协调的过程及其形成的空间关系”①。对于宋辽金来说，高丽所处的战略位置十分重要，由此成为三方争夺对象。对于高丽而言，其边防安全的威胁主要来自北方少数民族，因国力羸弱，高丽不得不依附周边大国以保存社稷。这里所指的大国，并不能以文明程度或经济状况来衡量，而应以军事实力为先，即中国政治主导权是高丽发展外交关系之决定性因素。鉴于此，高丽对中国政治变化十分敏感，并基于各方实力对比关系而不断变换朝贡对象，以求自保。据此，韩国学者卢启铉认为高丽外交政策“就是因势利导，以熟练的手腕，对强者刚柔相济，或刚或柔，对弱者则施以怀柔，进而保全和发展国家的政策”②，这种实利外交，也可以称之为随机应变的适应外交，在保存高丽社稷方面确实发挥了重要作用。蒙元帝国以武力征服他国时，常常以彻底摧毁为目的，高丽则在蒙古兵力笼罩范围内得以保存其宗庙，可谓“万国独一焉”③。

二、朝鲜“事大”政策的内涵

高丽、朝鲜的对华外交政策有较大的继承性，均秉承“事大之礼”，二者的差异在于，前者所对应的中国历史时期常处于多个政权并存局面，高丽不得不时常变换依附对象，择一而事，朝鲜对应的主要是中国统一王朝时期，专一“事大”特征更为显著。

朝鲜奉行“事大”的现实原因，学者叶泉宏归纳为两点：高丽末期国内政局的演变、对元明改朝换代之因应。他指出高丽末年恭愍王（1352—1374 年在位）身处内外交侵的大变局，“力求振作实施维新政治，借着变

① 陆俊元. 地缘政治的本质与规律. 北京：时事出版社，2005：86.

② 卢启铉. 高丽外交史. 紫荆，金荣国，译. 延边：延边大学出版社，2002：中译本序言.

③ 姚燧. 牧庵集：卷 3：高丽沈王诗序. 四部丛刊初编本. 上海：上海书店出版社，1989：18.

更服饰、官制、学风，倡导儒家思想，用为中兴之举”，“诛杀亲元派奇氏等家族，以摆脱元朝的控制”，并且“高丽密切观察中国政局的转变，来采取因应之道”，此后“高丽依违在北元与明朝之间，为巩固国内政局的安定，更需讲求事大外交的技巧”①。李成桂本身也是“事大”的执行者，当高丽禑王（1374—1388年在位）因明朝“铁岭立卫”决意出兵攻打辽东时，他就提出“不可以小逆大”，“以小事大，古今之通义，与其得罪上国，贻祸生民，岂若除去权臣，以安一国”②，遂威化岛回军，废黜高丽国王，由此也奠定了朝鲜对明事大外交的基础。

朝鲜君臣在高丽末年就已经切实体会到明朝与他国的交往方式乃是“理性的回归”，明朝以和平为基调，以不征为准则的态度与蒙元的武力征伐、严格操控有着本质区别。并且朝鲜认为高丽末年正是因为“事明”不诚才致失国，通过对高丽一朝的总结，朝鲜君臣充分认识到“今当中国堂堂无事之时，我国亦无汲汲危难之变”③，即中国的安宁与东国的稳定可谓唇齿相依。之后，随着朝鲜理学的发展，“事大”逐渐被上升到理论高度，“君臣之分，如天尊地卑之不可紊也，则事大之礼，固不可以不谨矣。大小之势，如白黑之不可以相混也，则事大之礼，亦不容于不谨矣”④，“天无二日，民无二王，春秋大一统者，乃天地之常经，古今之通义也。大明为天下宗主。海隅出日，罔不臣服”⑤，由此，对明“事大”成为了朝鲜基本国策。

朝鲜秉承“事大”乃是需要维持与明朝的朝贡关系，并且在这种朝贡关系下获得政治权力的正统性、合法性及稳定性。从实用主义角度来看，朝鲜需要不断加强国防建设，稳定社会秩序，发展经济和文化，以此来巩固统治地位，增强国家实力。这就需要同先进国家保持密切联系，增加交流。而明朝是当时唯一的强国、先进国，与明朝保持良好的关系是引进中国先进文化、技术的唯一途径，因此朝鲜平时在名分、礼仪及文书中很注

---

① 叶泉宏. 郑梦周与朝鲜事大交邻政策的渊源. 韩国学报，1998（15）：97-114.

② 权近. 阳村先生文集：卷39：建元陵志石文//韩国文集丛刊：第7册. 首尔：景仁文化社，1990：339-340.

③ 权近. 阳村先生文集：卷32：上书//韩国文集丛刊：第7册. 首尔：景仁文化社，1990：286.

④ 卞季良. 春亭先生文集：卷6：封事//韩国文集丛刊：第8册. 首尔：景仁文化社，1990：89.

⑤ 李滉. 退溪先生文集：卷8：礼曹答日本国左武卫将军源义清//韩国文集丛刊：第29册. 首尔：景仁文化社，1990：261-262.

重表现事大形态，在制度和人事上都加以调整和规范。

首先，朝鲜完善司译院，提升汉语学习水平，防止译官传译不实造成误解。朝鲜半岛最早的翻译机构始于泰封国之史台①，高丽忠烈王二年(1275)设立通文馆教授汉语，恭愍王改为司译院②。朝鲜太祖二年(1393)，朝鲜认为“汉吏之文，事大要务，不可不重”③，将司译院列为正三品衙门，“置禄官及教官，教授生徒俾习中国言语、音训、文字、体式，上以尽事大之诚，下以期易俗之效”④。其次，朝鲜对出使官员的选派非常慎重，“朝聘贡献，岁时遣使，所以修侯度而述所职也。苟非学问之富，辞命之善，足以专对命而扬国美者，畴克当是选哉”⑤。对失职使臣亦有严惩，以儆效尤。朝鲜还非常注重礼仪形式上的事大表现。朝鲜建国初期即遇明太子朱标去世之事，李成桂率群臣服皇太子丧，又以白银二锭、黑白细布各百匹就祭于魂殿，并遣使慰吊，此举有助于明朝承认李成桂建国之事实。朝鲜世宗（1418—1450 年在位）时修建“慕华馆”，“盖取畏天事大之义也”⑥。朝鲜前期正是因为“事大交邻皆得其道”，所以国家政权得以保持稳定，社会经济也有了较快发展，正所谓“外无受敌战争之事而五兵韬戢，内无权奸跋扈之患而朝廷清明。仓廪富实，庶司效职，朝野升平。盖将四十年于兹矣，实为吾东方不可逢之盛际也”⑦。

朝鲜的对明外交本质上仍属于实利外交。朝鲜取代高丽，也继承了高丽时期扩展疆土、招抚女真的传统北拓政策，对于现实利益的追求使得朝鲜前期与明朝矛盾迭生，外交风波不断。尤其在李成桂时期，朝鲜与明朝的关系趋于恶化，正如韩国学者李元淳所说的那样：“[朝鲜] 对明朝的事大政策，从李成桂威化岛回军后便持续着，但这仅止于外交礼仪的让步，内部仍与明朝维持着紧张关系，并追求实利与扩张版图。但

① 朴大容. 增补文献备考：卷 222：司译院. 日本国立国会图书馆藏隆熙二年（1908）刊本：11. 泰封国（901—918）是新罗贵族弓裔在朝鲜半岛建立的短暂政权。

② 高丽史：卷 76：百官：通文馆.

③ 权近. 阳村先生文集：卷 31：论文科书//韩国文集丛刊：第 7 册. 首尔：景仁文化社，1990：280.

④ 朝鲜太祖实录：卷 6：三年十一月乙卯条.

⑤ 郑道传. 三峰集：卷 7：朝鲜经国大典上：礼典//韩国文集丛刊：第 5 册. 首尔：景仁文化社，1990：430.

⑥ 崔溥. 锦南集：卷 1：慕华馆记//韩国文集丛刊：第 16 册. 首尔：景仁文化社，1990：370.

⑦ 卞季良. 春亭先生文集：卷 7：封事//韩国文集丛刊：第 8 册. 首尔：景仁文化社，1990：100.

是成宗（1469—1494 年在位）以后抛弃追求实利与扩张版图，只固守现状，与明朝保持着和平关系。”① 所以，朝鲜的“事大”政策在不同时期的表现是有一定差别的。当“事大”与本国既定发展目标相冲突时，朝鲜也会断然奉行追求实利、进行抗议甚至不惜卷入战争的路线，所以我们需要在具体的历史分期中结合史实去充分理解朝鲜的“事大”内涵。

本章小结

古代中国处理对外关系始终是围绕着朝贡观念展开的，历代沿袭有所损益，元朝和明朝都使朝贡制度发生了重大变化。“蒙元以武力征伐来强制推行朝贡，使得朝贡制度较以往更具君臣主从关系的实际内涵，礼仪性降到次要地位”，“明朝则将朝贡制度向礼制方面进行大力拓展，有明一代来华朝贡的国家数量之多、朝贡规模之大、手续之缜密、组织管理之完善，皆为历代所不及”②。

元朝和明朝推行朝贡制度的行为差异就使中国对外关系局面发生了根本性变化。蒙元追求的朝贡目标是控制周边国家，进而获得更多的物资来源和军事支持。而明朝长期维持朝贡，主要是为了稳定边防，同时获得来自朝贡国的尊重。虽然明太祖、明成祖在登位初期积极遣使招徕朝贡包含着获取他国对自身政权合法性的支持，但这种支持对于维护朱明统治的作用程度还有待进一步探讨。对于元朝和明朝来说，国内统治的稳定主要还是依靠国家实力与对内政策。

由于朝鲜半岛国家均不构成对元、明政权的直接威胁，所以我们在元、明官方史料中很少看到针对高丽、朝鲜制定的外交策略。相比之下，高丽、朝鲜针对元、明所制定的措施于史料中俯拾皆是。在国家实力不对称的情况下，高丽、朝鲜更为在意与中国王朝的关系，稍有变化，它们的得失程度比中国更为剧烈。韩国学者卢启铉在《高丽外交史》中对高丽五百年间面对中国宋、辽、金、元王朝更替的政治反应有过论断式的描述，即“高丽对中国政治形势的变化很敏感，这种外交（指实利外交）是善于

① 李元淳，等. 韩国史. 詹卓颖，译. 台北：幼狮文化事业股份有限公司，1987：166.
② 李云泉. 朝贡制度史论. 北京：新华出版社，2004：55，61.

适应既成事实而随机应变的适应外交"①。因此，高丽、朝鲜时刻关注中国王朝的活动，以便能够更快地做出反应。这种过度关注带来了两方面结果，其一，高丽、朝鲜时刻具有危机感，明初在辽东地区的任何军事举动都可能会被解读为针对其国，从而造成持续的心理隔阂和猜疑；其二，在功利主义的驱使下，当中国王朝采取怀柔政策时，高丽、朝鲜就会尽力攫取利益，从而形成一次次外交纠纷和危机，这也是为何明朝采取了比元朝更温和的外交政策后，并没有立即换来与高丽、朝鲜关系的和睦和平稳。

整体而言，在元明嬗代之际，朝鲜半岛国家对元、对明的外交肆应有其本国历史传统及现实原因造成的外交取舍，但更为重要的是明朝实施的对外政策较元朝发生了极大变化，更适应高丽不断增长的民族意识的需要，可以说明朝的对外政策是决定明、丽（鲜）关系发展趋势的主导因素。明朝和朝鲜所实施的交往政策使对方获得了所期望的尊敬与认可。明朝的外交政策明确表明其不会去入侵或者统治朝鲜，使朝鲜的自主权、民族利益得到了基本保障。而朝鲜的对华政策既有利于明朝辽东边防稳定，也使明朝的大国地位得到敬重。因此当我们分析明朝与朝鲜能够长期保持稳定的朝贡关系时，两国实施的外交政策应该成为解读核心。

① 卢启铉．高丽外交史．紫荆，金荣国，译．延边：延边大学出版社，2002：中译本序言．

第二章　1351—1368：元朝“世祖旧制”动摇与高丽部分主权恢复

元末式微，高丽恭愍王以打击奇皇后家族为契机进行反元活动，并以武力反抗元朝对其王位的废黜。元朝军事干预失败后没有再坚持另立新王，从而默许了高丽行为，使之获得部分主权。高丽恭愍王的反元是反对元朝强权造成的高丽“主权丧失”“王权旁落”，不是挑战元朝的宗主国地位，加上北有红巾军之乱，南有倭寇侵扰，高丽军事上的疲惫不堪使其不愿再与元朝对抗，而元朝国内战事不利，周边藩国也只剩高丽朝贡依旧，元朝遂将对高丽的控制欲望转变为拉拢之意。双方这种共识将元丽关系转变为最基本的朝贡关系。

第一节　元丽特殊关系在恭愍王初年的延续

高丽恭愍王王颛（1330—1374），原名祺，蒙古名为伯颜帖木儿。十二岁入元廷充宿卫之职，曾“陪书端本堂”①。端本堂是元朝皇太子的学宫，这为正处于成长期的王祺提供了一个很好的学习各种知识的机会。因非蒙古公主所出，王祺继承高丽王位可谓一波三折。忠惠王（1330—1332年、1339—1343年在位）去世后，世子王昕（即忠穆王）继位，作为忠惠王之弟的王祺未被选为王位继承人。忠穆王（1344—1348年在位）在位仅四年即夭折，忠惠王庶子、亦非蒙古公主所出的忠定王（1348—1351年在位）被元廷指定为国王，王祺再次落选。

忠穆、忠定皆年幼嗣位，不能处理政务，国事由忠惠王后、元德宁公主（？—1375）把持，引起高丽本土势力的不满。忠穆王去世时，高丽国

① 高丽史：卷40：恭愍王世家：十二年四月条.

内已有了立王祺的呼声，“今有王祺，普塔实里王之母弟，已尝入侍天庭，年十九岁……伏望陛下，简在帝心，以从民望”①。即使忠定王即位后，支持王祺的高丽朝臣仍不懈地努力为其争取，“忠定元年，[尹] 泽与李承老献书中书省请立王（即王祺）”②。对于王祺后来成功继位的原因，《高丽史》写道：“忠穆、忠定皆以幼冲即位，德宁、禧妃以母之尊用事于内，奸臣外戚用事于外，二君虽有颖悟之资，何能为哉？且当忠定之时，江陵君亲为叔父，得国人之心，又有上国之援……”③ 所谓“上国之援”指忠定王元年（1348）王祺娶元朝魏王之女宝塔失里公主（？—1365）④，魏王家族乃是元顺帝所倚重的朝臣，这桩婚姻极大地提升了王祺的政治资本，所以朝鲜后世亦称：“忠肃第二子江陵大君祺，被征入元，娶鲁国公主有力，元册为王，改名颛。”⑤

恭愍王即位之初就针对高丽国内种种弊政进行了一次改革，主要包括强化王权，整顿国内秩序，增加国家财政收入，巩固国防，奖励抗倭斗争等，其目的是恢复以国王为中心的政治秩序。同时恭愍王亦积极讨好元顺帝奇皇后（？—1369）以稳固王位。奇皇后为高丽奇子敖之女，入元廷为宫女，“奇氏性慧黠，有宠于帝”⑥，赐蒙古名完者忽都，后至元五年（1339）生皇子爱猷识理答腊，母以子贵，被册立为皇后⑦，由此奇氏家族在高丽国内迅速崛起，肆意妄行，逐渐引起高丽权臣不满。恭愍王元年（1352）权臣赵日新等人斩杀奇辕，“[赵日新] 夜与前赞成事郑天起及崔和尚、张升亮等募闾里恶小，谋去奇辙、奇轮、奇辕、高龙普、朴都罗

---

① 高丽史：卷 37：忠定王世家：即位年十二月己卯条.

② 高丽史：卷 38：恭愍王世家：卷首总述.

③ 高丽史：卷 37：忠定王世家：史臣赞曰.

④ 学界对于鲁国公主宝塔失里的身份还有争议，主要存在两种意见，一种意见认为宝塔失里为元魏王阿木哥之女，如萧启庆的《元丽关系中的王室皇姻与强权政治》。另一种意见认为宝塔失里是阿木哥子孛罗帖木儿之女，如孟古托力的《蒙元与高丽关系述论》（《北方文物》，2000 年第 4 期）、张岱玉的《元朝魏王家族史事钩稽》（《内蒙古大学学报》（哲学社会科学版），2011 年第 5 期）。

⑤ 尹愭．无名子集诗稿：册 6//韩国文集丛刊：第 256 册．首尔：景仁文化社，1990：181.

⑥ 权衡．庚申外史//学海类编：第 27 册．扬州：广陵书社，2007：2.

⑦ 元顺帝共有三位皇后。第一位为钦察伯牙吾氏答纳失里，系燕铁木儿之女，元统元年（1333）立，后至元元年（1335）因其兄弟“谋不轨”而被鸠杀。第二位为蒙古弘吉剌氏伯颜忽都，武宗皇后真哥侄孛罗帖木儿之女，后至元三年（1337）立，被废时间不详。第三位即是奇氏。

大、李寿山等，分捕之，唯执［奇］辕斩之，余皆逃”[①]。赵日新也是亲元派，他与奇氏家族的矛盾表明高丽亲元集团内部也存在着激烈的派系斗争。未等元廷责问，恭愍王就将赵日新斩首以示有所为。为了进一步巩固与奇氏家族的关系，从恭愍王二年开始，高丽对元朝节日进献增加皇后千秋一项，是年五月“遣密直使李也先帖木儿、鹰扬军上护军安佑如元贡方物，仍献皇后诞日礼物。皇后诞日之贺始此”[②]。当奇皇后之子爱猷识理答腊被正式册立为皇太子后，恭愍王亦封赏奇氏家族成员，“拜［奇］辙政丞，封德城府院君，［奇］辕，德阳君”[③]。

恭愍王初期，元丽关系继续延续着“世祖旧制”，并没有发生多少变化，最有力的证据即是高丽派兵协助元朝征讨张士诚。至正十三年（1353）三月，张士诚攻占泰州城，五月再下高邮城，次年二月称王，国号大周。元丞相脱脱决定亲自南下讨伐张士诚，为此从各行省调集兵力，亦征兵高丽。至正十四年（1354，恭愍王三年）六月，元使至高丽宣旨：“召柳濯、廉悌臣、权谦、元颢、罗英杰、印珰、金镛、李权、康允忠、郑世云、黄裳、崔莹、崔云起、李芳实、安佑等四十余人及西京水军三百且募骁勇，期以八月十日集燕京，将以讨高邮贼张士诚。又遣工部寺丞朴赛颜不花赍宝钞六万锭赐赴征将卒。”[④] 这些被征诏将士乃是当时高丽军事精锐所在，“帝所召皆将相之有名望者，且精兵锐卒皆从征，宿卫虚弱”[⑤]。对此，恭愍王没有提出任何异议，并积极提供马匹支援，“令百官出马，官以钞买之，给征高邮军士。三品以上诸君、宰枢以下出马三匹，六品以上、四品以下出马一匹，僧徒亦随所住寺高下出马”[⑥]。据高丽史料显示，参加高邮之战的高丽人共计二万余人，且为作战先锋，“太师脱脱领兵攻高邮城，柳濯等赴征将士及国人在燕京者总二万三千人，以为前锋”，此战高丽将士死伤较多，“李权、崔源等六人战死，崔莹力战，身被数枪”[⑦]。高丽军的表现受到元廷的夸奖，恭愍王被赐功臣号曰“亲仁保义宣力奉国彰惠靖远”[⑧]。高丽履行“助军”义务就表明元朝依然有效地

① 高丽史节要：卷 26：恭愍王一：元年九月乙亥条.
② 高丽史：卷 38：恭愍王世家：二年五月乙酉条.
③ 高丽史：卷 131：叛逆：奇辙.
④ 高丽史节要：卷 26：恭愍王一：三年六月.
⑤ 高丽史：卷 38：恭愍王世家：三年七月癸亥条.
⑥ 高丽史：卷 82：兵志：马政.
⑦ 高丽史节要：卷 26：恭愍王一：三年十一月.
⑧ 高丽史：卷 39：恭愍王世家：五年二月辛未条；五年五月戊子条.

控制着高丽，但高邮之役的失败也使高丽亲见元朝颓势，恭愍王开始筹划反元活动。

第二节　默认、清算、拉拢：元朝对高丽反元活动的态度变化

一、恭愍王反元活动与元朝暂时默认

恭愍王讨好奇皇后、助战高邮都是为了稳定来之不易的王位，由于高丽国内亲元势力极度活跃，尤其是奇氏家族势力膨胀使王权受到严重威胁，恭愍王遂于继位的第五年以诛杀奇氏家族为契机开展反元活动。

高丽国内除了奇氏家族之外，另有权谦、卢頙皆纳女于元，且有宠于帝，三个家族时常联合行事，骄横无度，对恭愍王亦傲慢不逊。据《高丽史》记载，奇辙、卢氏、权氏等人“恐一朝势去难保，预谋自安，以亲戚腹心布列权要，阴树党援，将图大逆，阅诸道兵器，诈为诏使，扇动讹言，密谕期会，约以举事”。这些罪名有多少属实尚无法考证，但都成为恭愍王铲除奇氏等人的理由。至正十五年（1355，恭愍王五年）恭愍王以宴飨为名，招奇、卢、权三家成员赴宴，奇辙、权谦先至，恭愍担心错失良机，提前行动，“伏壮士，出不意，椎击［奇］辙……［权］谦走避，追杀于紫门，血溅宫门……奇、权麾下狼狈四散，禁卫四番军士，一时俱发……［姜］仲卿等率兵至［卢］頙家，捕杀之”。随后恭愍王布告全国，历数三家族罪行，“今有奇辙、卢頙、权谦等……潜图不轨，欲危社稷，幸赖天地祖宗之灵，辙等俱已伏辜，凶党之在逃者奇有杰、完者不花、卢济、权恒、和尚等，罪在不原，韩可贵、具贞等不从国令，故纵反者，是用俱置典刑。有能捕告反者，以本人家财量功充赏，余人所犯一切除之”[①]。此事件即为高丽历史上的“丙申之祸”。

奇氏家族蔑视王权应是事实，就连奇氏族人亦认为“丙申之祸，实我家盛满，不知止足之致然耳”[②]。但是从“诸奇伏诛”经过来看，这不是突发事件，而是恭愍王精心策划的结果。奇辙被诛的主要罪名是结交双城路官员，“时奇氏族倚后势，暴横，人有密告‘奇辙潜通双城叛民，结为

---

① 高丽史：卷 131：叛逆：奇辙.

② 高丽史节要：卷 28：恭愍王三：十二年三月.

党援，谋逆’。［恭愍］王谕桓祖（李成桂之父）曰：‘卿宜归镇吾民，脱有变，当如我命。’”① 双城路即高丽登、和等州，自宪宗八年（1258）归属蒙元，“龙津县人赵辉、定州人卓青以和州迤北附蒙古。蒙古置双城总管府于和州，以辉为总管，青为千户”②。又有“至元元年十一月，［帝］禁登州、和州等处并女直人入高丽界剽掠”③，这都表明当时双城总管府已处于元朝的直接统治之下。而奇辙被诛杀时正值“辽阳行省平章”④ 任上，双城路本就在其权辖之内，所以“潜通双城叛民”的罪名只不过是恭愍王欲反元的借口而已。

以“丙申诛奇氏”为导火索，恭愍王实施了一系列反抗元朝、恢复王权的重大举措。是年五月，高丽罢征东行中书省理问所，攻鸭绿江以西八站；六月，攻婆娑府（今丹东市九连城古城）三站，停用元朝至正年号；七月，革除元朝官制，攻破双城总管府（今朝鲜咸镜南道永兴），收复和、登、定、长、预、高、文、宜等州。

元朝获悉恭愍王的种种行为后立即囚禁高丽在京使臣，声称欲以八十万兵来讨伐，不过这只是一种言语上的威慑。当时元军四处镇压起义，已无兵力调到鸭绿江。但恭愍王也做了应对准备，一方面加强西北面军备，另一方面遣人“相地于南京”，有迁都避难之意。最终元朝派魏王太子而来，“［七月］魏王太子到鸭绿江，王命许慊从二人渡江”。魏王太子乃是恭愍王妃鲁国公主之兄弟，此举显然是元朝要缓和双方关系。随后，元帝传旨称：

> 迩者，奸民遽生边衅，越我封疆，扰我黎庶，焚我传舍，阻我行人⑤，揆诸天宪，讨戮何疑！尚虑蕞尔贼徒，或得罪尔邦，逋逃啸聚，或从他国，妄称汝民，盗用兵戈，以间世好。若不询问情伪，大兵一临，玉石俱焚，诚所不忍。特遣撒迪罕等前去，尔其毋生疑贰，发尔士卒就便招捕，或约我天兵并力挟攻。⑥

---

① 高丽史：卷39：恭愍王世家：五年三月条.

② 高丽史：卷24：高宗世家：四十五年十二月条.

③ 元史：卷5：世祖本纪. 北京：中华书局，1976：100.

④ 《元史》卷44《顺帝本纪》记有“［至正］十五年春正月戊午朔，以……辽阳行省左丞奇伯颜不花（即奇辙）升本省平章政事”，“十六年……夏四月……辽阳行省平章政事奇伯颜不花加大司徒”。

⑤ 《高丽史》卷39《恭愍王世家》五年六月癸亥条载：“元使直省舍人赍奇辙大司徒宣命印章而来，西北面兵马副使辛珣遇诸道，夺宣命印章，囚舍人，杀傔从三人，舍人夜逃。”

⑥ 高丽史：卷39：恭愍王世家：五年七月乙卯条；五年七月丁酉条.

元朝将高丽出兵辽东、囚禁元朝行人等活动视为奸民作歹或他国人冒充高丽人所为，主动为高丽开脱罪名。恭愍王顺势称“虑边鄙之民乘衅妄动，或有奸人往来乱我情实，故置关防，以谨出入，而其吏士过江劫掠，实非本意，考其罪人以正邦典”，并将西北面兵马使印珰斩首，以示对杀害元朝使臣有所交代。恭愍王又解释了诛杀奇辙的缘由：“今年五月十八日，［奇辙等］召集无赖，一时俱起，舟载兵器，已至江口，又令数辈诈为天使，称有诏旨已至宫门，将欲歼我君臣以逞己欲，安危死生，间不容发。尚赖圣德，粗能应变。既获贼徒，恐有他变，不暇申闻，俱致于法，诚惶诚恐，无地措躬。”①

十月元使再至，朝廷圣旨称：“事既已往，况能悔罪陈情，兹示宽容，特释尔咎。自今伊始，小心敬慎，率顺彝章，抚我黎庶，固我东圉”②。这些措辞表明元朝暂不追究以往之事。高丽立即遣使谢恩，同时也提出了自己的要求，“左右司官令臣保举，勿蹈前弊，其理问所等官司一切革去”，“除三万户镇守日本外，其余增置五万户府及都镇抚司，乞皆革罢”，“枢密院所差体覆使亦宜停罢，宣徽院、资政院、将作院、大府监、利用监、太仆寺诸衙门所差人吏一切禁断。其方物可充用度者，明立额数，听本国自献”，“归我旧疆，双城、三撒以北许立关防。女真人等于泥城等处山谷之间，越境来居，扰百姓，掠牛马，导本国犯罪之人，逃闪莫追，即与双城、三撒无异，乞立禁约，毋得擅入”，“今有塔思帖木儿③，自谓忠宣王孽子……奔于京师，诱致本国群不逞之徒，扇起讹言，眩惑人心……乞将此人及其党羽发还本国”④。

元朝没有解送塔思帖木儿，至于其他要求，亦未见明确回复，可能是默许，也可能是搁置，对于元廷来说，处理肆虐的农民起义更为重要，这使恭愍王反元改革成果暂时得以保存。随着高丽沿海倭患加剧以及红巾军转战辽东并进入朝鲜半岛⑤，抗击倭寇和红巾军迅速成为高丽国事重点，高丽也没有再开展更深层次的反元活动，这种背景下，元丽矛盾没有进一步激化，而是保持着基本的朝贡关系，如表 2-1 所示：

---

① 高丽史：卷 39：恭愍王世家：五年七月戊申条.

② 高丽史：卷 39：恭愍王世家：五年十月甲寅条.

③ 塔思帖木儿为恭愍王叔父。恭愍王即位后对威胁其王位的王室成员多有行动，退位的忠定王被赐死，忠惠王另一子释器被流放到万德寺，塔思帖木儿则逃到元朝，被封为德兴君。

④ 高丽史：卷 39：恭愍王世家：五年十月戊午条.

⑤ 从 1359 年 12 月至 1362 年 3 月，红巾军两次渡过鸭绿江征伐高丽，恭愍王一度逃离开京避难。

表 2-1 1356—1362 年高丽对元朝贡情况

公元纪年	高丽纪年	贺正	贺圣节	贺皇后千秋节	贺皇太子千秋节	其他遣使
1356	恭愍王五年①	有	—	—	有	
1357	恭愍王六年	有	—	有	有	
1358	恭愍王七年	有	有	有	有	进献人参
1359	恭愍王八年	—	—	—	—	
1360	恭愍王九年	—	—	—	—	告平红巾军，道梗而还
1361	恭愍王十年	有	—	—	—	贺道路复通
1362	恭愍王十一年	有	有	—	有	献方物、告平红巾军、谢赐衣酒

应该说自恭愍王继位后，高丽与元朝的关系就发生了一系列变化。首先，高丽结束了国王亲朝的历史，纵观入元之后高丽诸王，忠烈、忠宣、忠肃、忠惠皆有数次亲朝之举，忠穆、忠定年幼继位且政权短暂可忽略不计，而恭愍王作为忠惠王之子曾入质元廷，二十岁左右得以继位回国，此后再也没有前往过元朝。恭愍王五年以后，高丽不再完全执行元世祖时期规定的子弟入质、出军役、输粮纳税等义务。表 2-1 显示的七年间，高丽仅在节日朝贺以及禀报重大事项时才会遣使，次数稀少，这既是恭愍王革除前朝弊政、减少元廷操控决心的体现，也与红巾军北伐造成道路不通畅有关，朝贡次数减少也就意味着贸易机会减少，为此恭愍王加强了与江浙地区的沟通（见表 2-2）。

表 2-2 1358—1363 年元江浙势力集团遣使高丽情况

公元纪年	高丽纪年	遣使方	使臣	事由
1358	恭愍王七年五月	方国珍		献方物
	恭愍王七年七月	张士诚	实剌不花	献沉香、水晶、玉带、铁杖、彩段
	恭愍王七年七月	丁文彬		通书
1359	恭愍王八年四月	张士诚		献方物
	恭愍王八年四月	丁文彬		献方物
	恭愍王八年四月	张士诚	范汉杰、路本	献彩段、金带、美酒
	恭愍王八年七月	丁文彬		献土物
	恭愍王八年八月	张士诚		献方物
	恭愍王八年八月	方国珍		献方物

① 只统计恭愍王五年十月至十二月的情况。

续表

公元纪年	高丽纪年	遣使方	使臣	事由
1360	恭愍王九年三月	张士诚		遣使来聘
	恭愍王九年七月	江浙李右丞	张国珍	献沉香、匹段、玉带、弓剑
1361	恭愍王十年三月	张士诚		献彩段、玉斝、沉香、弓矢
	恭愍王十年三月	淮南右丞王晟①		献彩帛、沉香
	恭愍王十年七月	张士诚	傅德	来聘
	恭愍王十年七月	张士诚	赵伯渊不花	来聘
1362	恭愍王十一年七月	张士诚		献沉香、佛玉、香炉、彩段、书轴等物
1363	恭愍王十二年四月	张士诚		贺平红贼，献彩段及羊、孔雀

张士诚、方国珍等人遣使高丽的直接目的是希望“商贾往来，以通兴贩”②，此时高丽正与红巾军交战，辽东贸易通道受阻，又有南迁都城避难的准备，遂更加重视南方的海路贸易，多次主动遣使前往江浙寻找贸易机会，如至正十九年（1359，恭愍王八年）四月高丽遣金伯环、权仲和报聘于张士诚，七月又遣金伯环报聘江浙李右丞，至正二十三年遣李成林、李韧报聘于张士诚，遣田禄生、金方砺“修聘浙东”③。

元丽关系虽然不再完全循“世祖旧制”，但可能依然不属于传统的朝贡关系。一方面，高丽可能还有助军义务。如至正二十二年四月“辽阳行省同知高家奴邀击红贼余众”，五月“辽阳省平章高家奴遣使来请兵”，八月“帝有挟攻之命”④。红巾军北伐同时威胁着元朝和高丽，高丽本身也非常愿意与元朝共同击之，所以借兵和挟攻之举也可能是军事合作。另一方面，恭愍王五年以后的朝贡内容属于高丽单方面实施的，元朝并不心甘情愿地接受，即这种朝贡关系极不稳定，属于临时关系，待平息红巾军

① 陈高华在《元朝与高丽的海上交通》（收录于《元史研究新论》，上海社会科学院出版社，2005）中对“江浙李右丞”“淮南右丞王晟”有一定推测，他们应是张士诚之部下，“王晟是张士诚的亲信将领之一，‘江浙省李右丞’应是张士诚的另一亲信李伯升”。

② 高丽史：卷39：恭愍王世家：七年七月甲辰条.

③ 田禄生．壄隐先生逸稿：卷6：壄隐先生历官略//韩国文集丛刊：第3册．首尔：景仁文化社，1990：418.

④ 高丽史：卷40：恭愍王世家：十一年四月丙子条；十一年五月乙丑条；十一年八月庚戌条.

北伐后，元朝开始计划废黜不受控制的恭愍王，以使元丽关系重回“世祖旧制”。

二、元朝清算与高丽德兴君之乱

留在大都的高丽王室成员众多，元廷选择德兴君塔思帖木儿来替代恭愍王是源于在元高丽人崔濡等人的建议，“［崔］濡在元，谄事丞相搠思监及后宫宦者本国人朴不花……知［奇］后怨王，又恃金镛杀安佑等诸将而为内应，遂与群不逞说［奇］后谋废［恭愍］王立德兴君，妄奏‘红贼之难，高丽失国印，擅铸新印用之’”。据此来看，元廷废黜恭愍王应该与奇皇后势力支持有关，于是至正二十二年（1362，恭愍王十一年）“元立德兴君为［高丽］王，以奇三宝奴为元子，金镛判三司事，［崔］濡自为左政丞，凡国人之在都者，咸署伪官”①。

消息很快传到了高丽，恭愍王一面派人打探确切消息，一面部署边境军备，“王闻元立德兴君塔思帖木儿为国王，疑朝臣有贰，遣吏部尚书洪师范为西北面体覆使审察情伪”②。至正二十三年三月，高丽派“奇后内兄”李公遂前往大都就德兴君一事进行陈情。李公遂顺利见到奇皇后，劝其“复吾王，逐奸臣”③，没有收到任何效果。此时，高丽国内的奇后党羽企图直接刺杀国王以促使德兴君继位，亦未成功④。之后恭愍王又派数批使臣前往元廷，广泛展开游说，以保王位，依然没有成效。五月，恭愍王得知“元使李家奴赍递位诏来”⑤，决心以武力抗拒元朝命令，备军于西北边界。十二月，德兴君兵至鸭绿江。次年正月，崔濡以元兵一万围义州，高丽坚决进行了反击，“［恭愍］王遣赞成事安遇庆军御之，败绩，退保安州。王复命赞成事崔莹将精兵急趋安州节度诸军，命太祖（李成桂）自东北面率精骑一千赴之。临战，贼分为三队，太祖与手下老将二人各当其一队奋击之。塔思帖木儿之兵仅余

---

① 高丽史：卷 131：叛逆：崔濡.

② 高丽史：卷 40：恭愍王世家：十一年十二月癸酉条.

③ 高丽史：卷 112：李公遂.

④《高丽史》卷 131《叛逆·金镛》记载，恭愍王十二年（1363）闰三月辛未，“贼金守、曹连等五十余人，夜至行宫兴王寺，斩门者直入，相呼为宰臣，称帝旨，杀侍卫汉龙及佥议评理王梓、文睿府左司尹金台权、宦者姜元吉、卫士七八人，径至寝殿。宦者李刚达负王匿太后密室，贼入寝殿。宦者安都赤貌类王，代王卧于寝内，贼认为王，杀之”。事后恭愍王逮捕九十余名参与此事者，除掉了奇后在高丽的部分内应。

⑤ 高丽史：卷 40：恭愍王世家：十二年五月.

十七骑得还”①。《元史》亦有相似记载：“[至正二十二年] 帝以谗废高丽王伯颜帖木儿，立塔思帖木儿为王。国人上书言旧王不当废、新王不当立之故。初，皇后奇氏宗族在高丽恃宠骄横，伯颜帖木儿屡戒饬，不悛，高丽王遂尽杀奇氏族。皇后谓太子曰：‘尔年已长，何不为我报仇！’时高丽王昆弟有留京师者，乃议立塔思帖木儿为王，而以奇族子三宝奴为元子，以将作同知崔帖木儿为丞相，以兵万人送之国。至鸭绿江，为高丽兵所败，仅余十七骑还京师。”②

兵败的德兴君向元廷求援，企图结兵再战，并保证“如得还国，尽发丁壮，以充天子卫兵，又献粮饷及女子，岁以为常。且于庆尚、全罗置倭人万户府，招诱倭人，授金符，使为上国之援”③。此时元廷相位发生更迭，新上任的丞相孛罗帖木儿（？—1365）与太子、奇后一派有隙④，并不支持德兴君，认为“‘高丽王有功无罪而为小人所困，盍先治之’，于是奏帝，命王复位，槛送崔濡”⑤。颁布的复位诏书称：“崔濡阴萌险谲，妄希进用，倚权臣搠思监为葭莩，构阉官朴不花为媒孽，蒙聋奏请诏旨，无辜易位，爰及干戈……今公论昭著，重以台评……命伯颜帖木儿仍复旧爵，绥辑其民，为朕东藩。”⑥ 元朝将所有罪名推至崔濡身上，并将他交由高丽处理，但将德兴君继续留在大都。至此，恭愍王王位危机得以解除，同时也基本保全了之前反元改革成果。

入元以后，高丽国王欲通过改革恢复主权者，恭愍王并不是第一人，忠宣王⑦二十四岁继位时也进行过一次改革，“任贤使能，去邪革弊”，朝政有所改观，但他年轻气盛，兴革过速，在一些方面给元朝造成专擅印象，导致在位仅八个月就被元廷废黜，“[忠宣] 莅位以来，颇涉专擅，处决失宜，众心疑惧，盖以年未及壮，少所经练，故未能复朕亲任之意”，召其“入侍阙庭，使之明习于事”，由已退位的忠烈王“依前统理

① 龙飞御天歌：第 37 章//韩国国语国文学资料丛书. 首尔：亚细亚文化社，1973：491-495.

② 元史：卷 46：顺帝本纪. 北京：中华书局，1976：962.

③ 高丽史：卷 131：叛逆：崔濡.

④ 至正二十四年（1364）三月，太子爱猷识理答腊曾迫使元顺帝解除孛罗帖木儿职位，但孛罗帖木儿拒不受命，出兵与太子及扩廓帖木儿军队交战，太子失利，退奔冀宁，孛罗帖木儿再度入京为丞相。

⑤ 高丽史节要：卷 28：恭愍王三：十三年九月条.

⑥ 高丽史：卷 40：恭愍王世家：十四年十月辛丑条.

⑦ 忠宣王王璋（1275—1325）是高丽忠烈王与忽必烈之女齐国大长公主忽都鲁揭里迷失的长子，为高丽第二十八代国王。

国政”①。当元朝处于强盛期时，有这种控制高丽的能力，所以我们看到元廷数次干预高丽王位继承问题，三位国王（忠宣、忠惠、忠定）皆遭到被废黜的命运，四位国王（忠烈、忠宣、忠肃、忠惠）都具有两次即位的奇特经历。而元末动乱之际，朝廷无暇东顾，高丽反抗元朝成为可能之事。但恭愍王没有在即位之初就立即实施反元改革，而是蓄聚自身力量，并任由奇氏家族膨胀，之后借铲除奇氏家族掀起反元的活动，这一过程体现了他政治上的成熟。此时，风雨飘摇中的元朝欲像从前一样废黜不合作的高丽国王已力不从心，武力干预的失败彻底松动了元朝近百年来对高丽的政治控制，恭愍王的复位就表明元朝主观上同意高丽获得部分主权，这也使得恭愍王阶段成为入元以来高丽王权最为强盛时期。

需要强调的是，恭愍王反元主要是反对元朝强权造成的高丽“主权丧失”“王权旁落”，而不是摆脱与元朝的宗藩关系。可能他所追求的目标就是恢复到元代以前高丽与辽金那样的交往模式。并且恭愍王也清楚地知道以高丽的实力仍无法与衰落的元廷相抗衡，经历了红巾军之乱，面对愈演愈烈的倭寇侵扰，高丽军事早已疲惫不堪，能保住目前成果已属不易，所以为了防止与元朝关系进一步恶化，恭愍王直到元室北逃后才再次实施较为深入的改革。至于元朝，不是不想对高丽进行讨伐，只不过国内战事不利，不可能再调派紧张的兵力去解决高丽的王位纠纷，若陷入东征泥潭，元朝的战争局面将更加艰难，并且当时周边藩国只剩高丽朝贡依旧，元朝遂将对高丽的控制欲望转变为拉拢之意。

三、顺帝退守计划与元朝对高丽的拉拢

德兴君之乱平息后，元朝与高丽关系进入稳定期，使臣往来依旧，情况如表 2 - 3 表示：

表 2 - 3　1365—1369 年元朝（北元）与高丽的使臣往来情况

公元纪年	元使至高丽	丽使至元朝
1365.2	—	贺圣节
1365.2	—	告鲁国公主丧
1365.2	—	至辽阳馈赠黑驴白金及鞍
1365.3	册封高丽国王为太尉	—

① 王国维. 元高丽纪事. 台北：广文书局，1972：30.

续表

公元纪年	元使至高丽	丽使至元朝
1365.3	—	谢册封
1365.4	—	向皇太子、扩廓帖木儿、沈王等赠送礼物
1365.9	皇太子遣使赐衣酒	—
1365.10	—	贺千秋节
1365.10	诏皇太子讨平孛罗帖木儿	—
1365.11	诏以伯撒里为右丞相、扩廓帖木儿为左丞相	—
1366.3	—	聘于河南王扩廓帖木儿
1366.3	—	贺皇太子定难还都
1366.5	—	聘于河南王扩廓帖木儿
1366.8	沈王脱脱不花遣使来聘	—
1366.8	辽阳平章高家奴献鹞	—
1366.8	—	请更名为颛
1366.10	淮王遣使献羊	—
1366.11	河南王扩廓帖木儿遣使报聘	—
1367.1	追谥忠惠、忠穆、忠定及元公主	—
1367.2	皇太子遣使赐恭愍王衣酒	—
1367.2	赐彩帛锦绢五百五十匹	—
1367.3	—	谢恩、贺圣节
1367.3	辽阳平章洪保保、知辽阳沿海行枢密院事于山帖木儿遣使来聘	—
1367.5	—	聘于河南王扩廓帖木儿
1367.5	告以“倭贼入寇，必经高丽，宜出兵捕之”	—
1367.8	告以完者帖木儿为左丞相	—
1367.9	告罢扩廓帖木儿，命皇太子总天下兵马	—
1367.10	纳哈出遣使来献马	—
1368.1	辽阳平章洪保保等告以“大明兵势甚盛，请悉心备御”	—
1368.7	辽阳于山帖木儿遣使来聘	—
1368.9	辽阳平章洪保保遣使来聘	—

续表

公元纪年	元使至高丽	丽使至元朝
1368.10	—	贺千秋节
1368.11	—	聘于吴王
1368.11	诏高丽待命出兵	—
1368.11	—	贺正
1369.1	辽阳纳哈出、洪保保遣使来聘	—
1369.2	赐恭愍王衣酒	—
1369.3	授高丽国王为右丞相	—
1369.3	—	贺圣节兼谢恩

表2-3显示，在正式称臣明朝之前，高丽向元朝（北元）遣使频率要远远低于元朝（北元）向高丽遣使，这表明最后阶段中，元朝拉拢高丽之意十分明显，恭愍王亦有所回应，并与两位“宿敌”——太子爱猷识理答腊和沈王关系大为改善。

爱猷识理答腊是奇氏家族在高丽权势强弱的直接影响因素，之前太子势力败于孛罗帖木儿部，本人不得不逃离大都，寄居冀宁，失去依靠的奇氏集团也无法在高丽继续兴风作浪，更立德兴君计划没能得到元廷统治层的后续支持。沈王乃是高丽忠宣王拥立元武宗（1307—1311年在位）继位有功而得的封号①，辖治辽沈。后来忠宣王将高丽王位传于其子，即忠肃王，而将沈王之位传给侄子王暠。王暠的父亲是忠宣王长兄，因非蒙古公主所生，未能承袭高丽王位。忠宣王收养王暠，视如己出，留居大都期间一直将他带在身边。王暠娶元梁王之女，又深得英宗（1320—1323年在位）信任，在元廷颇有势力，数次对高丽国王发难，意图取得王位。至治元年（1321），王暠奏称忠肃王“手裂”元帝敕书②，英宗将忠肃王拘留在大都，收其国王印并进行讯问。亲附王暠的高丽官员上表请求废忠肃而立沈王，适逢英宗遇刺，泰定帝（1323—1328年在位）即位，王暠的计划才没有实现。至治三年高丽官员柳清臣、吴潜为帮王暠夺位，“上书都省，请立省本国，比内地”③，元廷果真提出一个将征东行省改立“三韩省”“制式如他省”的初步计划。当时在大都的高丽士人纷纷上书中书省极力反对，一些元朝官员也对此持有异议，认为“高丽去京师四千里，

① 高柄翊．高丽忠宣王拥立元武宗事件．蒙古学信息，2002（3）：12-16.

② 高丽史：卷91：宗室：王暠.

③ 高丽史：卷125：奸臣：柳清臣.

地瘠民贫，夷俗杂尚，非中原比。万一梗化，疲力治之，非幸事也。不如守祖宗旧制"[①]，最终元廷取消了这一方案。忠肃王去世后，元丞相伯颜曾提议由王暠继位，但在高丽群臣的请求下元朝还是让忠肃王之子忠惠王继位。元顺帝废恭愍王时首先考虑立王暠之孙、沈王脱脱不花为高丽国王，但脱脱不花予以拒绝，称"叔父无子，百岁后，国将焉往？今叔父无恙，吾而可夺叔父位耶?"[②] 元廷才改为德兴君塔思帖木儿。

太子爱猷识理答腊、沈王脱脱不花都是影响恭愍王王位的关键人物，恭愍王主动与之交好是出于稳定王位的考虑。果然，高丽这种"投资"很快就有了回报。当孛罗帖木儿被刺杀，太子重回大都掌权后，没有重提更换高丽国王之事，沈王亦未对高丽王位显示觊觎之意。

至于元顺帝本人，对高丽更为倚重，授予恭愍王太尉之职。在此之前，高丽国王被授予太尉者只有忠烈王和忠宣王。忠烈王是元朝要求他禅位于忠宣王时加封的职位，忠宣王则因拥立元武宗继位有功被册封太尉。而经历了反元改革、德兴君事件后，元朝仍加封恭愍王为太尉，其拉拢之意不言而喻。此外，元顺帝对高丽的封赏可能与他避难耽罗的计划有关[③]，对此《高丽史》有两条记载：

> [恭愍王十六年（1367）二月] 癸亥，元使高大悲来自济州。帝赐王彩帛、锦绢五百五十匹，宰枢亦有差。时帝欲避乱济州，仍输御府金帛，乃诏以济州复属高丽。
>
> [恭愍王十八年（1369）九月] [恭愍] 王召元朝梓人元世于济州，使营影殿。世等十一人挈家而来，世言于宰辅曰："元皇帝好兴土木，以失民心，自知不能卒保四海，乃诏吾辈营宫耽罗，欲为避乱之计，功未讫而元亡，吾辈失衣食。今被征，复衣食，诚万幸也。"[④]

元顺帝作为蒙古黄金家族的后裔，败退之际不选择回归漠北而意欲避难济州，除了他本人成年之后主要生活在汉地且有居留高丽的经历外，也体现出顺帝对于回归漠北能否很好地控制蒙古诸王信心不足。"蒙元分封诸王，使宗王贵戚掌握重兵，列镇地方，遇到对外战争或平定国内叛乱

---

① 元史：卷178：王约. 北京：中华书局，1976：4142.

② 高丽史：卷91：宗室：王暠.

③ 李岭. 元顺帝企图避乱济州岛发微//北大史学：16. 北京：北京大学出版社，2011：346-355.

④ 高丽史：卷41：恭愍王世家：十六年二月癸亥条；十八年九月.

时，常常需要征调诸王军队作为支援。但是宗王位高权重，容易拥兵自大，产生与中央分庭抗礼的倾向，甚至发生反叛事件”①。如至元二十四年（1287）东北爆发了以乃颜为首的东道诸王叛乱，至正二十年（1360）发生了漠北阳翟王阿鲁辉叛乱。而且元代诸帝多由宗王大臣推拥而立，失国的元顺帝还能否在蒙古诸王中具权威性和号召力是值得怀疑的。

从当时耽罗情况来看，元顺帝将其选为避难地也是有可能的。耽罗即今韩国济州岛，位于朝鲜半岛最南端，元初曾设置达鲁花赤，作为征伐日本的前沿要地。元朝停征日本后，耽罗战略地位下降。至元三十一年元朝应高丽要求归还耽罗，高丽设立济州牧，定期向元朝贡马。大德四年（1300）左右，元朝又以管理牧马场为由，设立耽罗总管府，重新驻派达鲁花赤，于是耽罗出现元、丽双重管辖体制，元朝达鲁花赤主要管辖牧场，高丽牧使管辖牧马场以外地区。恭愍王五年（1356）实施反元改革时没有涉及耽罗，所以此地属于元朝影响力较强的地区。

明军北伐势如破竹，切断了顺帝东逃路线，迫使其不得不北逃，避难耽罗没能实现。在北逃途中，元顺帝依然选择信任曾经反元的高丽，而不信任西北诸宗王。刘佶《北巡私记》中就载有，至正二十八年八月“初九日，车驾至中都，以李仲时为兵部尚书，征兵于高丽”，九月十九日“诏高丽王发兵至上都，听候调遣”。至正二十九年正月初六日“平章政事李百家奴上疏陈恢复大计，以兵力太弱，请征西北诸藩兵入援。疏入，寝不报”。有臣下奏“高丽心怀两端，不可恃为外援。疏入，不报”②。后来的史实证明高丽的确是“心怀两端”，始终没有为北元提供任何实质性帮助。

本章小结

蒙元以强权为基础建立的元丽关系从一开始就危机四伏，高丽国内反元活动一直没有停止，只不过因元朝实力尚盛而未能成功。恭愍王继位初期，元丽关系承袭“世祖旧制”并没有发生多少变化，高丽曾出兵高邮，

---

① 程尼娜．元代对蒙古东道诸王统辖研究．辽宁师范大学学报（社会科学版），2004，27（5）：117．

② 刘佶．北巡私记．续修四库全书本．上海：上海古籍出版社，2002：1-3．

助战这场与其自身利益毫不相关的战役。高邮之役使“元朝丧失了军事与政治的主动权，几乎马上就要平息的起义又采取新的形式复苏了”①，这种局面成为高丽摆脱元朝控制的有利时机，恭愍王遂实施了一系列反元改革，元朝武力干涉失败后不得不政治松绑，使高丽恢复了部分主权。不过高丽的“反元”只是反对元廷对其内政的干涉，并不是反对元朝宗主国地位，尤其是红巾军之乱造成的冲击，使高丽倾向于继续对元朝采取事大政策，于是恭愍王五年以后，元丽关系发生了一些变化。元廷改变了过去高压强权、横征暴敛的控制方式，高丽国王名义上仍供职于元廷，但无任何实质性职责。高丽取消国王亲朝，固定于正朝、圣节、皇后千秋节、皇太子千秋节遣使进贺，除此之外，仅重大事项遣使向元廷呈报。

这种形式上的朝贡关系非常不稳定，它不是以宗主国的意愿为前提的，是元朝鉴于国内动乱不得不暂时接受的交往模式，德兴君事件以及下文将论及的沈王夺位事件都表明元朝（北元）希望以改立高丽国王的方式迅速结束被动局面的想法从来没有改变。至于高丽则一直在“对元事大”与“主权独立”之间寻找平衡点，近百年的密切关系以及事大传统的影响，高丽无法立即与元朝断绝往来，所以元室北逃后，高丽仍有主动遣使朝贡行为。不过随着明朝与高丽的接触以及明与北元战事的发展，高丽开始频繁调整对外政策，开启两端外交。

① 傅海波，崔瑞德. 剑桥中国辽西夏金元史. 史卫民，等译. 北京：中国社会科学出版社，1998：583.

第三章　1369—1388：明朝、北元战局与高丽向背

元室北逃后尚保有一定军事实力，形成了与明朝并存的北元政权。这使得夹在两国之间的高丽不得不时刻关注中原战局，以便择机而动。洪武三年（1370）明朝取得应昌大捷，促使高丽奉明正朔。洪武五年明军岭北失利，陷入与北元的对峙局面，高丽遂实施两端外交，周旋其间。明朝觉察后施以斥责和却贡，直到洪武十八年才因收复东北的战略考虑而重新册封高丽国王，但封贡关系随即因明朝铁岭立卫、高丽举兵攻辽而迅速瓦解，直到高丽灭亡，明朝没有再颁册封。

第一节　明太祖的“积极招徕”与恭愍王的隐性中立

一、明朝主动遣使与高丽犹豫称臣

洪武元年七月，元顺帝率后妃、太子逃到上都。八月，明军进入大都，元朝对中原地区的统治被推翻。明太祖急切希望得到周边国家的认可，以确立王朝的正统性，遂遣使通告周边各国，宣扬国威，招徕朝贡。

明朝认为高丽与元朝近百年的姻亲关系及其所处地理位置，随时都可能为元朝反攻中原提供军事援助，及早与之建交，晓以利害是非常必要的事情，遂于洪武元年十二月派遣偰斯前往高丽通报“建元洪武”一事：

> 自有宋失御，天绝其祀，元非我类，入主中国百有余年，天厌其昏淫，亦用殒绝其命。华夷扰乱十有八年，当群雄初起时，朕为淮右布衣，暴兵忽至，误入其中，见其无成，忧惧弗宁，荷天地眷祐，授

以文武，东渡江左，习养民之道，十有四年。其间西平汉主陈友谅，东缚吴王张士诚，南平闽粤，戡定八番，北逐胡君，肃清华夏，复我中国之旧疆。今年正月，臣民推戴即皇帝位，定有天下之号曰大明，建元洪武，惟四夷未报，故遣使报王知之。昔我中国之君与高丽壤地相接，其王或臣或宾，盖慕中国之风，为安生灵而已。朕虽不德，不及我中国古先哲王，使四夷怀之，然不可不使天下周知，余不多及。①

明太祖选择偰斯首使高丽是经过深思熟虑的。偰斯于至正二十六年（1366）归降朱元璋，之前曾任嘉定州知州，“[偰] 斯，溧阳人。岁丙午，以故元嘉定州知州来归。洪武元年，授兵部员外郎，寻擢符宝郎，改尚宝司丞”②。而元末江浙地区与高丽多有往来，偰斯可能对高丽事务较为熟悉。此外，偰斯长兄偰逊避乱于高丽，因与恭愍王有故旧之谊，颇受礼遇，“偰逊……顺帝时中进士，历翰林应奉文字、宣政院断事官，选为端本堂正字，授皇太子经，为丞相哈麻所忌，出守单州，居父忧，寓居大宁。红贼逼大宁，恭愍七年避兵东来。[恭愍] 王之在元也，侍从皇太子于端本堂，与逊有旧，由是待之甚厚，赐第，封高昌伯，改封富原侯，赐田富原”③。使偰氏家族在高丽声名鹊起的是偰逊的子孙辈，“长寿，中至正壬寅第，为判三司……福寿、延寿，皆至枢宰”④，明太祖知“逊、长寿父子有声于其国，使其宗人偰斯来”⑤，期望利用偰家良好声誉与高丽顺利缔结友好关系。

1.《明史》《高丽史》对偰斯颁册封的记载差异

洪武二年四月偰斯到达高丽，恭愍王相当重视，“率百官，出迎于崇仁门外”⑥。高丽随即停用至正年号，但是直到洪武三年七月，高丽才开始正式使用洪武年号，其中原委并没有显著的史实予以解释。我们尝试通过对比《明实录》《高丽史》关于这一年中两国交往事件的记述差异来分析其中原因（见表 3－1）。

---

① 明太祖实录：卷 34：洪武元年十二月壬辰条.

② 明太祖实录：卷 132：洪武十三年六月甲申条.

③ 高丽史：卷 112：偰逊.

④ 张维. 溪谷集：卷 3：书偰氏家传后//韩国文集丛刊：第 92 册. 首尔：景仁文化社，1990：73.

⑤ 屠寄. 蒙兀儿史记：卷 45：偰百僚传. 上海：上海古籍出版社，1989：354.

⑥ 高丽史：卷 41：恭愍王世家：十八年四月壬辰条.

表 3-1　1369—1370 年明与高丽之间遣使概况

序号	遣使事由	出发时间	到达时间	备注
1	明使偰斯通报建国	1368.12	1369.4	《明实录》记出发，《高丽史》记到达
2	明朝送还高丽流寓者 160 余人	1369.4	1369.6	《明实录》记出发，《高丽史》记到达
3★	高丽遣洪尚载贺即位、贡方物（请封爵）	1369.5	1369.8	《明实录》记有“请封爵”，《高丽史》无
4	明使偰斯颁册封	1369.8	1370.5★	《明实录》记出发，《高丽史》记到达
5	高丽使臣成准得进贡方物、贺圣节	1369.8	1369.9	《高丽史》记出发，《明实录》记到达
6★	高丽使臣张子温贺正朝、请赐朝贺仪注（谢封爵）	1369.9	1369.12	《明实录》记有“谢封爵”，《高丽史》无
7	高丽使臣成准得辞归	1369.10	1370.5★	《明实录》记出发，《高丽史》记到达
8	明朝送还高丽国王侄女	1369.12	1370.4	《明实录》记出发，《高丽史》记到达
9	明遣使祭祀高丽山川	1370.1	1370.4	《明实录》记出发，《高丽史》记到达
10	明遣使颁封建诸王诏	1370.4	1370.6	《明实录》记出发，《高丽史》记到达
11	明遣使颁科举诏	1370.5	1370.6	《明实录》记出发，《高丽史》记到达
12	明遣使至高丽捕兰秀山叛贼	1370.5	1370.6	《明实录》记出发，《高丽史》记到达
13	明遣使颁章正神号	1370.6	1370.7	《明实录》记出发，《高丽史》记到达
14	明遣使通告应昌之役	1370.6	1370.7	《明实录》记出发，《高丽史》记到达
15	高丽遣使谢赐冕服，贡方物，纳前元所授金印	1370.7	1370.8	《高丽史》记出发，《明实录》记到达

注：★表示同一事件在《明实录》《高丽史》中记载不一致。

按照《明实录》记载，偰斯首使之后，高丽派“礼部尚书洪尚载等奉表贺即位，请封爵且贡方物”，即请求册封，所以洪武二年八月明朝再遣偰斯册封恭愍王："咨尔高丽国王王颛世守朝鲜，绍前王之令绪，恪尊华夏，为东土之名藩，当四方之既平，尝专使而往极，即陈表贡，备悉衷诚，良由素习于文风，斯克勤修于文职，允宜嘉尚，是用褒崇。今遣使赍印仍封为高丽国王，仪制服用许从本俗。"十二月，高丽遣张子温上表谢封爵①。

但是按《高丽史》的记载，洪尚载前往明朝的任务只有贺即位、贡方物，并无封爵之请，而洪武三年五月才有偰斯前来颁册封的记录，"帝遣尚宝司丞偰斯来锡王命，王率百官郊迎"②，在此之前，找不到任何关于高丽请册封的记录，但《高丽史・辛禑》则明确记有："玄陵（即恭愍王）于洪武二年服事大明，其表云：'子孙万世，永为臣妾。'"③

如果按《明实录》记载的出发日期和《高丽史》记载的到达日期，偰氏册封之行耗费九个月时间似乎不太可能，在他之后出发前往高丽祭祀山川的徐师昊三个月就到达了，并且明朝祭祀高丽山川的前提乃是明太祖认为"安南、高丽皆臣附，其国内山川宜与中国一体致祭"④，"臣附"的标准应该就是完成了册封程序，以安南为例，洪武元年十二月，明朝颁诏安南告知建国，安南随即请册封，洪武二年六月明朝册封陈日煃为安南国王⑤。也就是说安南、高丽皆接受了册封，明朝才会派人前往两国祭祀山川、颁科举诏等。

种种迹象表明，《明实录》的记载可能更为真实，明朝的册封诏书很可能于洪武二年就到达高丽，但高丽接受册封后，仅仅是遣使"谢封爵"，既没有交纳故元颁给的金印，也没有使用洪武年号，这样的局面直到洪武三年五月以后才发生改变，所以《高丽史》将偰斯颁册封时间移至洪武三年五月可能是为了强调高丽是在明朝册封后就立即奉明为正朔的。而产生这种时间差的原因无疑是高丽国内对事明、事元争论不休，无法达成一致。

高丽与朱明政权可谓陌生，明朝建立之前双方并无接触，尚不及与张士诚、方国珍等熟稔。早在顺帝北逃时，高丽曾考虑"通使大明"，但是一直没能统一意见。当明朝册封到达时，"恭愍王虽以义主事之，一时议

---

① 明太祖实录：卷44：洪武二年八月甲子条；洪武二年八月丙子条．明太祖实录：卷47：洪武二年十二月甲戌条.

② 高丽史：卷42：恭愍王世家：十九年五月甲寅条.

③ 高丽史：卷137：辛禑：十四年五月丙戌条.

④ 明太祖实录：卷47：洪武二年十二月壬午条.

⑤ 明朝册封使到达中越边境时才知道陈日煃已于是年五月去世，陈日熞嗣位，遂更换册封表文。

论，多以不可轻绝北元为言。郑道传、朴尚衷等诸人主事明；李仁任、池奫等诸人主事元，互相诋斥”①。高丽国内亲元势力深厚，并与北元保持着联系，《高丽史》中多见北元及辽东故元势力频繁遣使“来聘”的记载②。当北元“诏高丽王发兵至上都听候调遣”③，力图整合力量重返中原时，高丽亦表示愿意追随④，可惜这份“赤诚”因道路阻塞而未能通达至元帝面前。虽然高丽所谓的“追随”只停留在口头上，并未向北元提供过任何实际支持，但当时高丽“奔问惟勤”、岁贡如旧却是事实，只不过因“东史讳之”而鲜见记载⑤。就高丽恭愍王个人而言，摆脱元朝控制是他长久以来的想法，但是明朝册封恭愍王时尚未完全拥有天下，元亡而实未亡，主力尚存，是否卷土重来，尚不得而知。这种情况下，恭愍王暂时搁置了新君旧主的选择，而是效仿宋辽对峙时期那样，以“二元”朝贡的方式周旋于明与北元之间，暂观时局。

对于高丽称臣却不使用洪武年号的情况，明朝可能也有所了解。洪武二年明朝开国元勋常遇春去世时，高丽遣使祭拜，时任礼部主事的曾鲁取高丽祭文观之，“外则袭以金龙黄帕，内则不书洪武之号”，遂责斥道：“龙帕固疑误用，若纳贡称藩，而不奉正朔，君臣之义，果安在耶？”⑥

2. 应昌大捷与高丽奉明正朔

促使高丽决心奉明正朔的直接原因即是明朝的应昌大捷。明军对故元的追歼一直没有停止，顺帝丢失上都后移至应昌（今内蒙古克什克腾旗）。洪武三年明军兵分两路，由徐达率西路军自潼关出西安，进兵定西（今甘肃定西市）；由李文忠率东路军由北平经万全，过野狐岭，直逼应昌。四月，李文忠部获悉顺帝病逝于应昌，太子爱猷识理答腊嗣位，即昭宗。于

① 沈光世．休翁集：卷 3：海东乐府：攻辽误//韩国文集丛刊：第 84 册．首尔：景仁文化社，1990：362.

② 恭愍王十八年（1369，洪武二年）八月，元中书省及太尉丞相奇平章使到来；九月，北元吴王、淮王、双哈达王遣使报聘；十一月，纳哈出遣使献马。十九年二月，纳哈出献方物、求官；三月，鞑靼王哈剌八秃、也先不花、北元吴王、淮王遣使来。

③ 刘佶．北巡私记．续修四库全书本．上海：上海古籍出版社，2002：1.

④ 《高丽史》卷 41 恭愍王十八年三月甲寅条载：“臣者系出馆甥，恩叨袭爵。当天弋月捷南土，恨未报于分毫，值龙驭冬巡上都，诚不辞于糜粉。想方召中兴周室，思郭李再造唐家，抗表出师，非敢后也。”

⑤ 李瀷著、安鼎福编《星湖僿说类选》卷 9 下《经史篇八》“贡使航海”条载：“恭让三年冬，李詹白王曰：‘元末北迁上都，而奔问惟勤，此臣之所亲见也，固守臣节，他国莫及。’”（朝鲜古书刊行会，1915：305）刘佶的《北巡私记》也称“高丽国遣使贡岁币如旧例”。

⑥ 宋濂．宋文宪公集：卷 10：大明故中顺大夫、礼部侍郎曾公（鲁）神道碑铭．四部备要校刊本；明史：卷 136：曾鲁.

是李文忠率部兼程赶路，五月攻破应昌，元昭宗已先期与数十骑北撤至和林，明军“俘获买的立八剌暨后妃、宫人、诸王、将相、官属数百人，及宋、元玉玺金宝十五，玉册二，镇圭、大圭、玉带、玉斧各一”，“擒国公江文清等，降三万七千人”，“降杨思祖之众万六千余人”，所得金银珠宝与驼马牛羊无数①。同时，徐达所率西部军与扩廓帖木儿（？—1375/1376）部激战于定西，扩廓帖木儿兵败，亦退往和林，与元昭宗会合。自此以后，北元汗廷迁至漠北。

元室受此重挫，复起希望更加渺茫，高丽再无顾虑，遂于洪武三年七月“纳前元所降金印”，始行洪武年号②。为表达忠心，高丽还将兰秀山叛民送交明朝。

朱元璋政权平定张士诚、招降方国珍，但浙江沿海并没有因此迅速安定，洪武二年曾发生兰秀山之乱，“兰秀山贼突至，夺县治，执县丞王茳、前蒙古字学录王刚甫袭杀之”，“初山贼叶希戴、王子贤等作乱，自相忿斗，既而合力拒官军。驸马都尉王恭歼其魁，其入象山者乃余党也”③。之后，部分参与兰秀山之乱的人逃到了高丽境内生活。洪武三年六月，明朝遣使至高丽缉拿兰秀山叛贼，“[陈] 君祥等积年在海作耗，大军克平浙东之后，本贼既降复叛，劫杀将官。已尝调兵往讨，其贼畏罪逋逃。今有明州人鲍进保自高丽来告：‘君祥等挈其党，见于王京古阜，匿罪潜居。’王国必所未知，抚以为民，其贼诡计偷生，奸心实在。若使久居王国，将见染惑善良，为患匪轻，忽然复归其穴，则往来既无少阻。请将贼徒解来，明正其罪，庶绝奸恶”。高丽将陈君祥等人“并其妻子及赀产，凡百余人”交给明使④，还将涉及此事的高丽人也押送明朝⑤。兰秀山之乱的发酵并未就此停止，洪武五年明朝得知高丽宰相韩仲礼曾购买过兰秀山船

---

① 明史：卷 126：李文忠. 关于所俘获的买的里八剌的身份有两种说法：一为元顺帝之孙、昭宗之子；一为元顺帝之子、昭宗之弟。进而也引起了关于北元第二位皇帝脱古思帖木儿是否为买的里八剌的争论。薄音湖. 买的里八剌与脱古思帖木儿. 黑龙江民族丛刊. 2003（4）：66-68；宝音德力根. 15 世纪中叶前的北元可汗世系及政局//蒙古史研究：第六辑. 呼和浩特：内蒙古大学蒙古史研究室，2000：131-155.

② 高丽史：卷 42：恭愍王世家：十九年六月辛巳条；十九年七月甲辰条.

③ 史鸣皋. 象山县志. 乾隆二十三年（1758）刊本：449. 关于兰秀山之乱的研究，可参见：藤田明良. 兰秀山之乱与东亚海域世界——14 世纪的舟山与高丽、日本. 历史学研究，1997（698）。

④ 高丽史：卷 42：恭愍王世家：十九年六月辛巳条.

⑤ 末松保和. 训读吏文：卷 2：兰秀山叛贼干连人高伯一发回咨//吏文：吏文辑览附. 京都大学图书馆藏：3-5.

只，遂表示不满，“[韩] 仲礼买兰秀山贼人唐船，帝闻之曰：‘宰相不当买贼船，宜速推还。’”于是高丽“下政堂文学韩仲礼于巡军”①。总之，高丽处理兰秀山事件的态度有利于稳定刚刚建立起来的朝贡关系，但是高丽的目的不仅仅限于此，更希望在明朝与北元对峙中获得实质性收益，即招徕人口、拓展疆域。

二、高丽“绝元”意识展现与北拓疆域实质

1. 高丽三次攻伐辽东

恭愍王对元朝的抵触情绪积蓄已久，希望借元廷北逃之机彻底摆脱其控制。但是鉴于北元朝廷尚在，决定先铲除集结于东宁府的反高丽势力，以观北元反应。东宁府最初设立于平壤，“忠烈庚寅（1290）悉罢而归之高丽”②，此后元朝在鸭绿江北重设东宁府，目的是在这一地区形成反高丽性质集团，以牵制高丽国内，达到以夷制夷的统治目的③。至于此东宁府所在，李朝学者丁若庸认为“设于鸭水之地也，距我薛罕｛雪寒｝岭七百余里，则其地在今昌城之西、玉江堡之东北矣”④，日本学者池内宏推测在今辽宁省本溪市“山城子”一带⑤。

洪武三年（1370，高丽恭愍王十九年）正月，李成桂率骑兵三千、步兵一万，自东北面踰黄草岭至雪寒岭，渡鸭绿江进入辽东地界，“东宁府同知李吾鲁帖木儿闻太祖（李成桂）来，移保亏罗山城，欲据险以拒”。保亏罗山城即为兀剌山城，在今辽宁桓仁满族自治县内⑥。高丽军则驻扎于距兀剌山城一日路程的也顿村。随后出现戏剧性的一幕，“吾鲁帖木儿来挑战，俄而弃甲再拜曰：‘吾先本高丽人，愿为臣仆。’率三百余户降”。守城高安慰抵抗了一番后“缒城夜遁”，于是“诸城望风皆降，得户凡万余。以所获牛二千余头、马数百余匹，悉还其主，北人大悦，归者如市。

---

① 高丽史节要：卷 29：恭愍王四：二十一年六月.

② 成海应. 研经斋全集续集：册 16：东宁府说//韩国文集丛刊：第 279 册. 首尔：景仁文化社，1990：426.

③ 方东仁. 东宁府置废小考. 关东史学，1984（2）：71-83；오기승（吴基胜，音译）. 高丽末东宁府的形态变迁与高丽流民. 韩国历史民俗，2014（46）：91-129.

④ 丁若庸. 与犹堂全书：第 6 集：疆域考：西北路沿革续//韩国文集丛刊：第 286 册. 首尔：景仁文化社，1990：325.

⑤ 池内宏. 高丽恭愍王朝的东宁府征伐考. 东洋学报，1918，8（2）：1-44.

⑥ 谭其骧，等. 中国历史地图集. 元朝辽阳行省篇；明朝奴儿干都司篇. 北京：中国地图出版社，1982. 成海应. 研经斋全集外集：卷 51：兀剌城//韩国文集丛刊：第 277 册. 首尔：景仁文化社，1990：385.

东至皇城，北至东宁府，西至于海，南至鸭绿，为之一空”[①]。但是盘踞辽东的故元诸势力对数以万计的高丽军渡江作战竟然毫无反应，交聘往来依旧，《高丽史》载同年二月“纳哈出遣使来献方物”，三月“达靼王哈剌八秃及也先不花遣使来聘”“吴王、淮王遣使来献方物”。据此来看，是否真的存在那场“击东宁府”战役还有待商榷。东宁府本就聚集了大量高丽人，“诸城望风皆降”也许是在元朝失国的情况下，高丽人、辽东流民、散军逃难式地投奔高丽，就如同前文提到的李吾鲁帖木儿。《高丽史》编纂者可能为了增加李成桂的传奇色彩而将一次并不激烈的“战事”进行了夸大。无论事实怎样，高丽军进入辽东既让明朝感受到其有“绝元”之意，又实际上未对故元势力造成任何实质性损害，其自身则收获颇丰。因此，将高丽这次行动称为军事试探更为合适。

在获知明朝应昌大捷仅三个月后，即洪武三年八月，高丽再次出兵辽东，“[奇] 赛因帖木儿与辽沈官吏平章金伯颜、右丞哈剌波豆、参政德左不花等，招集亡元遗众，割据东宁府，憾其父诛，将寇我北鄙”，恭愍王“命我太祖（李成桂）及西北面上元帅池龙寿、副元帅杨伯渊等往击东宁府”。十一月，高丽军攻陷辽阳城，俘获金伯颜，奇赛因帖木儿逃遁，后因粮饷不继撤出辽阳城[②]。

恭愍王与奇氏家族的争斗由来已久，奇皇后随顺帝北逃途中尚不忘向恭愍王报复，“至正二十八年（1368）八月……皇后欲寻仇于高丽，语皇太子‘曷使纳哈出问高丽之罪’，皇太子 [曰] ‘不可’”[③]。恭愍王此时欲彻底铲除奇氏家族也是可以理解的。同样是李成桂参与的战事，史料却极力淡化。《高丽史·池龙寿传》记载：“师至螺匠塔，去辽城二日程，留辎重，赍七日粮以行……使裨将洪仁桂、崔公招等领轻骑三千进袭……我步兵冒矢石，薄城急攻，遂拔之（指辽阳城），赛因帖木儿遁，虏金伯颜……初城陷，我军仓廪殆尽，由是军中乏食……士卒大饥，杀牛马而食，军不得成列……遂取径而还，恐有追兵，野宿必令士卒各作溷厕马厩。纳哈出[④]果蹑后行二

---

① 高丽史：卷 42：恭愍王世家：十九年正月.

② 高丽史：卷 42：恭愍王世家：十九年八月；十九年十一月.

③ 刘佶. 北巡私记. 续修四库全书本. 上海：上海古籍出版社，2002：1.

④ 纳哈出（？—1388）为蒙古开国元勋木华黎后裔，元末曾出任太平路（今安徽当涂）万户，为朱元璋所生擒，劝降不成，礼送回元朝。后被元廷任命为辽阳行省左丞相，镇守辽东，又被加封太尉、开平王。元室北逃后，部分故元文臣武将投奔纳哈出，由此成为元室恢复中原统治的重要倚靠力量。洪武二十年（1387）八月，明军发动“金山之役”，纳哈出出降，被明廷封为“海西侯”，次年病逝于出征云南途中。

日，曰：'作厕与厩，师行整齐，不可袭也。'乃还。三日，师至松站，镇抚罗天瑞得谷数百石以饷之，师遂以济。"① 可见，高丽军伤亡惨重却未俘获奇氏，此战应是十分狼狈。

以丽籍仕元的奇赛因帖木儿、金伯颜等人所具有的双重身份使高丽这一次略具反元情绪的军事行动被罩上了一层保护色，此次出兵究竟包含着多少惩处本国叛徒的因素不得而知。为防止与辽东故元势力发生冲突，高丽军在攻打辽阳城时再三强调"唯为赛因帖木儿一人而已，蒙古汉人并无干涉"②。但奇、金二人毕竟是元朝的官员，辽阳又是重镇，可能奇赛因帖木儿逃跑途中"渲染"了高丽出兵缘由，引起故元势力不安，不过确认高丽军对他们并无侵扰后，也不愿因高丽"内务"而与之发生冲突，所以才出现纳哈出部"蹑后行二日"而收兵的一幕。

高丽第二次攻辽之战彻底暴露出辽东故元诸将有如一盘散沙的局面，于是明朝开始采用招抚手段尝试处理辽东问题。应昌之役已使元朝在漠南地区的势力崩溃，高丽奉明正朔又使北元及辽东诸将借兵希望破灭，因此明朝招抚很快见效。洪武四年二月，辽阳行省平章刘益首先奉表来降，明朝于得利赢城（今大连瓦房店）置辽东卫指挥使司，以刘益为卫指挥。不久刘益被元将洪保保等杀害，派至纳哈出处的明使也被扣留，为此明朝决定实施小规模武力打击，派马云、叶旺率兵由"登莱海道"直抵旅顺，屯兵金州，随后"破高家奴于老鸦山寨（今辽阳市东）"，继而攻占辽阳等地。同年七月，明朝于辽阳城设辽东卫指挥使司，总辖辽东诸卫，"固保辽民，屏卫疆圉"③。

明军入驻辽阳城两个月后，高丽军第三次渡江作战，"遣西京都万户安遇庆、安州上万户李珣，往伐五老山城"，五老山城即兀剌山城，十月"克五老山城，虏元枢密院副使哈剌不花"④。史料记述仅见于此。高丽如此紧急出兵，可能担心明军会迅速收复东北而失去进入辽东的机会，也可能是趁明军对辽东故元势力造成恐慌之机欲有所为。无论何种目的，这次行动却真正体现了高丽的反元之意。所俘虏的哈剌不花世系不详，但非高丽人氏。不仅如此，高丽还向纳哈出等部发起了进攻，"伯颜帖木儿王

① 高丽史：卷114：池龙寿.

② 高丽史：卷42. 恭愍王世家：十九年十二月丁巳条.

③ 辽东志：卷8：国朝太祖. 辽海丛书本. 沈阳：辽沈书社，1986：464；明太祖实录：卷61：洪武四年二月壬午条.

④ 高丽史：卷43：恭愍王世家：二十年九月辛亥条；二十年十月丙戌条.

（即恭愍王）遣年少李将军击我（指纳哈出），几不免”①，由此招致了对方的军事报复。洪武五年正月“于山不花、纳哈出、高家奴、古提豆、王曹丞等来侵泥城、江界等处”，二月“胡拔都、张海马等来侵泥城、江界等处”，三月“有佥院曹家儿、万户高铁头等引军潜入阴童口子”②，但四月又出现了“纳哈出遣使来献土物”记载，可能双方于四月前后展开过谈判，进而达成类似互不侵扰的协议。纳哈出等部所面临的来自明朝的压力使他们更愿意与高丽和平相处。对高丽而言，其实力难以与纳哈出等人抗衡，停战也是最好的选择。

2. 高丽东北面领土的扩张及明朝的反应

高丽三次出兵辽东是与恭愍王个人性格及王权强盛分不开的，当时高丽朝臣“多以不可轻绝北元为言”③。李朝文人更直接地批评了恭愍王的攻辽行动，“辽东尚为元所据，与我壤地相接，倡奋余烬，东顾而甘心，将何以抵敌。不然者，即幸耳。非长算也”④。事实也确如朝臣所担心的那样，高丽出兵辽东既损伤了国力，又招致辽东势力的报复。庆幸的是，明朝带给辽东故元势力的巨大压力使他们没有更多精力投诸高丽方面，制止高丽的军事进攻即止。不过高丽的攻辽行动表明了其在明朝与北元斗争中所持的中立立场，既不向任何一方提供实质性的支持，也不与任何一方为敌，高丽则从中追求国家现实利益的最大化，这完全符合高丽一贯的对华实利外交传统。学者陈文石认为“恭愍王之进兵辽东，当然并不是有意助明收复，乃因其国久受元朝积威压抑，屡遭凌辱，今见元朝瓦解，乘机报复泄愤，并思借以扩张领土”⑤。领土扩张是高丽历代国王乃至朝鲜前期都孜孜以求的目标，这也是恭愍王力排众议、甘冒风险坚决出兵辽东的真正原因。

在高丽君臣心中，北界继承高句丽时期的领土是理所当然的事情。高丽与契丹发生边界争执时曾说：“我国即高句丽之旧也，故号高丽，都平壤。若论地界，上国之东京皆在我境……且鸭绿江内外亦我境内，今女真盗据其间。”⑥ 高丽前期一直致力于北拓疆域，“成宗（982—997 年在

---

① 高丽史：卷 133：辛禑：二年十月.

② 高丽史：卷 43：恭愍王世家：二十一年正月；二十一年一月；二十一年二月.

③ 沈光世. 休翁集：卷 3：攻辽误//韩国文集丛刊：第 84 册. 首尔：景仁文化社，1990：362.

④ 李瀷. 星湖僿说类选：卷 9 上：绝北元. 京城：朝鲜古书刊行会，1915：355.

⑤ 陈文石. 明代前期辽东的边防（洪武四年—正统十四年）//“中研院”历史语言研究所集刊论文类编（历史编，明清卷三）. 北京：中华书局，2009：45.

⑥ 高丽史：卷 94：徐熙.

位）……分境内为十道，就十二州……其所管州郡共五百八十余，东国地理之盛，极于此矣”，“显宗（1010—1031 年在位）……定五道、两界……西北自唐以来以鸭绿为限，而东北则以先春岭为界。盖西北所至不及高句丽，而东北过之”①。

高丽受制于蒙元后，鸭绿江以南大片土地被纳入元辽阳行省管辖范围。当元廷式微，高丽即开始收复失地，恭愍王五年（1356）七月“攻破双城总管府，收复和、登、定、长、预、高、文、宜州及宣德、元兴、宁仁、耀德、静边等镇诸城”，六年“遣泥城万户金进等击走之（指林土、碧团所居女真人），改林土为阴潼，以碧团隶焉，抄南界人户以实之”②。这次拓疆活动因红巾军转战辽东及朝鲜半岛而暂停。元帝北逃，辽东崩乱，高丽重启拓疆进程。恭愍王三次攻辽的目标均设定在兀剌山城附近，这一地带是高句丽早、中期的政权中心，对高丽具有重要的象征意义，高丽军所宣扬的“辽沈是吾国界，民是吾民”深刻体现出恭愍王依然秉持着继承高句丽疆界的梦想。

是时，辽沈地区遍布故元诸将割据势力，高丽即使有扩张的愿望，恐怕也难以实现，明朝也早已视辽沈为必取之地，高丽不会为抢夺该地而自树两个强敌，所以高丽得辽阳空城、两克兀剌山城后均选择迅速撤离。高丽军三次进入辽东并非想占据土地，而是以招徕人口为主，沿途一直宣传“凡辽河以东本国疆内之民大小头目等，速自来朝，共享爵禄”，“其愿渡江为民者，官给粮种，各令安业”③。其中，第一次攻辽得“三百余户”④，第二次大概获得千人以上⑤。

李朝学者丁若镛记有“大明御宇，议绝北元，得以其时，内展疆土”⑥，说明高丽三次攻辽期间确实扩展了疆域，既然高丽对西北面的辽沈之地无能为力，那么丁氏所说的“内展疆土”只能是东北面。

从高丽军攻辽所走路线来看，黄草岭、雪寒岭一带皆属故元辽阳行省

① 高丽史：卷 56：地理志：篇首.

② 高丽史：卷 58：地理志：北界.

③ 高丽史：卷 42：恭愍王世家：十九年十二月；高丽史：卷 114：池龙寿.

④ 《高丽史》卷 42 恭愍王十九年二月条载：“戊寅，我太祖以元枢密副使拜住及吾鲁帖木儿、李伯渊、李长寿、李天佑、玄多士、金阿鲁丁等三百余户来献。”

⑤ 《高丽史》卷 134 辛禑五年元月载，洪武十二年辽东都司向高丽索还人口，咨曰：“洪武三年十一月，高丽军所虏辽阳官民男妇千余人及各卫军人逃往彼处者，悉发解送。”洪武三年十一月即为高丽第二次攻辽时期。

⑥ 丁若镛. 与犹堂全书：第 6 集：疆域考：西北路沿革续//韩国文集丛刊：第 286 册. 首尔：景仁文化社，1990：324.

合兰府（今朝鲜咸镜南道咸兴城南）辖下女真人居所。很可能高丽军先在这些地区施以军威，招抚女真部族。在高丽攻辽期间，的确有合兰府地面上女真人相继“来归”的记载，恭愍王十九年（1370，洪武三年）正月，海洋（今朝鲜吉州）地区女真万户弓大以部落一百户归附；十一月，女真达麻大遣使献地，被封为大将军镇边都护府使。恭愍王二十年二月，参散地区颇有影响的女真千户李豆兰帖木儿以一百户投奔高丽。《高丽史·地理志》也有相应记载，“[吉州] 没于元，称海洋（一云三海阳），恭愍王时收复旧疆”，“[端州]（位于今朝鲜端川）没于元，称秃鲁兀，及恭愍王时收复旧疆”①。这些地区远离辽东政治中心，属于北元统治的薄弱环节。高丽无力向西北面挺进时，选择向北元无暇顾及、明朝尚未涉及的鸭绿江上游至日本海之间的女真居住地扩张。也可以说高丽采取“声东击西”之法，三次“袭击”西北面，将明朝与北元的注意力集中在辽东的同时大力向东北面开疆拓域，进而取得了部分故元辖下土地的控制权。

对于高丽三次攻伐辽东，明朝可能持赞同态度。当明朝势力尚未到达辽东时，在该地占有控制优势的不仅是各故元势力，高丽与元朝的甥舅关系及征东行省的历史原因使其在辽东也具有较强的影响力。明太祖力图将高丽这种影响力化为己用，以助其解决辽东故元势力的威胁。明太祖曾致书恭愍王称：“今胡运既终，沙塞之民，无所总统，朕兵未至辽沈，其间或有强暴者出，不为中国患，必为高丽扰；况倭人出入海岛十有余年，必知王之虚实，此亦不可不虑也。王欲御之，非雄武之将、勇猛之兵，不可远战于封疆之外；王欲守之，非深沟高垒、内有储蓄、外有援兵，不能以挫锐而擒敌。由是言之，王之负荷亦重矣。”② 这些言辞表示明太祖希望高丽增强国力，能够北御残元，南抵倭寇，减轻明朝压力。明朝对高丽三次攻辽期间招抚女真人并未表态，可能是对那些“遥远”地区尚无准确的地理概念，或者因兵力所限而鞭长莫及。但明朝也看到高丽攻辽过程中显示出对辽东人口的觊觎，遂在高丽第二次攻辽后即开始广设卫所，经略辽东。

三、基本的和睦与渐露的矛盾

高丽奉明正朔加上“绝北元”的军事行动，使其“弃元亲明”的态度

① 高丽史：卷58：地理志：东界.

② 明太祖实录：卷46：洪武二年十月壬戌条；高丽史：卷42：恭愍王世家：十九年五月.

彻底明朗化，这些军事行动客观上也确实有助于削弱故元势力，基本达到了明朝所希望的结果，故而明朝也给予了高丽受制蒙元百年间一直期盼的主权独立与礼制尊重（见表 3－2、表 3－3）。

表 3－2　明朝皇族与高丽国王冕服比较

	皇帝 洪武二十六年	皇太子 洪武二十六年	亲王 洪武二十六年	郡王 永乐三年	高丽国王 洪武三年
冠	五彩玉珠 十二旒	五彩玉珠 九旒	五彩玉珠 九旒	三彩玉珠 七旒	青珠 九旒
服	玄衣纁裳 十二章	玄衣纁裳 九章	青衣纁裳 九章	青衣纁裳 七章	青衣纁裳 九章
圭	一尺二寸	九寸五分	九寸二分五厘	九寸	九寸

资料来源：明史：卷 66：舆服．北京：中华书局，1974：1615－1631；高丽史：卷 72：舆服；朝鲜世宗实录：卷 128：冠冕图说.

表 3－3　明朝诸王品级与宝印信

对象	种类	方寸	厚度	纽
皇太子	金宝	五寸九分	一寸七分	龟纽
亲王	金宝	五寸二分	一寸五分	龟纽
郡王	镀金银印	五寸九分	—	龟纽
正一品	银印	三寸四分	一寸	直纽
正二品（六部、都察院、在外各都司）	银印	三寸二分	八分	直纽
正三品（顺天府、应天府）	银印	二寸九分	六分五厘	直纽
高丽	金印	三寸	—	龟纽
安南	镀金银印	三寸	—	驼纽
占城	镀金银印	三寸	—	驼纽

资料来源：明史：卷 68：舆服．北京：中华书局，1974：1657－1667.

从明朝颁赐高丽国王的冠服、印信等级来看，明朝待以亲王之礼，且高丽地位显然在其他朝贡国之上。洪武三年，明朝开设科举，亦允许高丽、安南等国参加，“高丽、安南、占城等国，如有经明行修之士，各就本国乡试，贡赴京师会试，不拘额数选取”①。次年即有三名高丽人赴明朝参加科举，一人中榜并授予官职，“洪武辛亥，高丽国人入试者三，金涛登三甲第五，其国之延安人也，授山东安丘县丞，归为其国相”②。明

① 高丽史：卷 42：恭愍王世家：十九年六月辛巳条.

② 王世贞．弇山堂别集：卷 18：外国人进士．北京：中华书局，1985：336.

太祖还准许高丽子弟入明朝学习，“高丽欲遣子弟入学，此亦美事，但其涉海远来，离其父母，未免彼此怀思，尔中书宜令其国王与群下熟议之。为父兄者果愿遣弟子入学，为弟子者果听父兄之命无所勉强，即遣使护送至京，或居一年或半年，听其归省也”①。对于高丽使臣的贸易行为颇为宽容，如洪武三年十月，明朝中书省进言“高丽使者入贡，多赍私物货鬻，请征其税”，明太祖认为“远夷跋涉万里而来，暂尔鬻货求利，难与商贾同论，听其交易，勿征其税”②。甚至还准许高丽购买硫黄焰硝，“高丽来关军器火药造船捕倭，我看了好生欢喜，却不似已｛以｝前坐视民病，方才有救民之心……早发文书去教那里扫得五十万觔硝，将得十万觔硫黄来。这里着上那别色合用的药修合与他去”③。当高丽恭愍王生辰之际，明皇太子也曾遣使赍礼庆贺，“王处海东，称藩奉贡于朝廷者，五年于兹矣。皇帝嘉王来庭，待遇之意甚渥。闻王生辰在夏五月，特出内府之币以赐予，亦上体宸衷，复以纱若罗各十四端遗王”④。

明太祖与恭愍王交往的六年间保持着基本的和睦，明朝、高丽之间初步构建起传统模式的宗藩关系，二者之君臣关系以忠诚、勤修职贡为基础，高丽定期朝贡，明朝对高丽内政不加干预，以颁布诏书等方式晓以治国之道。但和睦的表象下，矛盾也开始逐渐显露出来，洪武六年（1373，恭愍王二十二年）明太祖致书高丽，围绕着“事明不诚”“打探消息”，历数其“罪责”。

其一，高丽使臣和商人打探明军情报。明朝称：“一只船……到来我这龙江……姓李的火者并达达、回回诸色人都来推做买卖打细，李火者来了两三番，也见达达说达达话，见一般火者说高丽话，见汉儿说汉儿话，这般打细呵。”⑤ 明朝还认为洪武五年（1372）纳哈出进攻明军牛家庄粮草基地⑥也与高丽商人有关，“恁每使人辽东等处与吴王相抬茶饭并布一百匹……那里是把茶饭，正意打细。恁将着千余匹马来贩卖，又夹带着纳哈出的伴当来看我军营里事，恁透与他消息，抢了我牛家庄马头十万粮，更折了三千军马”。对于高丽这些打探行为，明太祖怒责道：“既然疑惑我

---

① 明太祖实录：卷73：洪武五年三月.

② 明太祖实录：卷5：洪武三年十月丁巳条.

③ 高丽史：卷44：恭愍王世家：二十三年六月戊申条.

④ 宋濂. 宋文宪公集：卷1：皇太子与高丽王书. 四部备要校刊本. 上海：中华书局，〔年代不详〕：56.

⑤ 高丽史：卷44：恭愍王世家：二十二年七月壬子条.

⑥《明实录》和《辽东志》对牛家庄事件均有记载，当时明军损失粮草十万余石。

呵，修理城郭，囤粮，准备弓箭炮石军马便敢相敌，你这般使人来打细济甚事……恁那里与将廉干识字人二三百名来……我委付它省台六部各卫里做官人，不强如恁使人来做买卖打细我。”① 对于高丽商队夹杂纳哈出人员打探情报之说，高丽解释为故元吴王诬陷，“彼亡元之遗种，与纳氏之比邻，[高丽与之] 已绝交通……以朝觐之骏奔，谓觇伺之狙诈，缘疑饰似，嫁祸图危”②。

其二，孙内侍之死。洪武四年（1371）五月，明朝派延达麻失里及孙内侍护送陈理、明升家人③至高丽，不久孙内侍被发现自缢于开城，明太祖怀疑是高丽打探情报不成、毒杀孙内侍后伪装成自缢的，而另一使臣延达麻失里可能因透露了情报而无恙，“我差人呵，不肯差汉儿人，都是你那里本国人。恁每问我这里事体动静，它不敢不说……延达麻失里院使，它是元朝的火者……差恁那里去来，那里肯不说我这里动静备细”④。对于孙内侍之死，高丽辩解称：“两内侍既连床而共眠，何从鸩杀？”⑤ 关于使臣延达麻实里，《高丽史·地理志》“宁越郡”还有如下记载：“宁越郡，本高句丽奈生郡，新罗景德王改奈城郡，至高丽更今名来属。恭愍王二十一年，以乡人延达麻失里院使在大明有功于我，升知郡事。”⑥ 所谓“有功于我”可能是指在延达麻失里的解释下，孙内侍之死并没有对明丽关系造成严重影响，也可能指延达麻失里透露了重要情报。由于死去的使臣本就是高丽人，明太祖亦未深究，只是说：“我中国使臣使将去了打死了，我再不使将人去，恁有心来呵来，无心来呵休来。”⑦ 不久果然就发生了高丽杀害非丽籍明使事件，导致双方断交。

造成明朝诸多指责的原因，除了明朝与高丽接触不多、了解尚浅之外，更与北元的存在密切相关。恭愍王追求的只是“绝北元”而不是“反北元”，未能及时肃清高丽国内的亲元势力，而北元的现实存在使得相当数量的高丽朝臣对故元心存眷恋之情，与北元及辽东故元势力多有接触。

---

① 高丽史：卷44：恭愍王世家：二十二年七月壬子条.

② 李穑. 牧隐文稿：卷11：事大表笺//韩国文集丛刊：第5册. 首尔：景仁文化社，1990：91.

③ 陈理为元末农民起义领袖陈友谅之子，明升为元末农民起义领袖明玉珍之子，他们所继承的大汉、大夏政权先后被朱元璋击溃，二人投降。

④ 高丽史：卷44：恭愍王世家：二十二年十月乙酉条.

⑤ 同①.

⑥ 高丽史：卷56：地理志.

⑦ 同①.

虽然我们在高丽史料中看不到高丽向北元遣使的记录，但北元和辽东故元势力遣使高丽的情况却屡屡出现（见表 3 - 4）。

表 3 - 4 入明以后北元及辽东故元势力集团向高丽恭愍王处遣使情况

年份	月份	《高丽史》的记载
洪武二年（1369）	八月	北元中书省及太尉丞相奇平章遣使来聘
	九月	北元吴王、淮王、双哈达王皆遣使报聘，献马四十余匹
	十一月	纳哈出遣使来献马
洪武三年（1370）	三月	纳哈出遣使来献方物，求官。以黄金八两求妇人腰带。高丽授三重大匡司徒之职，赐细布二匹、妇人金带一腰，还其金
		鞑靼王哈剌八秃及也先不花遣使来聘
		吴王、淮王遣使来献方物
	九月	北元丞相扩廓帖木儿遣使来
	十一月	纳哈出遣使来朝
洪武四年（1371）	五月	吴王遣使来聘
	六月	东平王遣使来
洪武六年（1373）	二月	北元遣波都帖木儿及于山不花来
		纳哈出遣文哈剌不花来

北元遣使于洪武五年中断，又于洪武六年恢复，应与明军岭北之战有关。应昌大捷后，明朝曾希望借机将北元一举消灭，遂于洪武五年以十五万兵力分三路进攻北元，虽有小胜，但伤亡亦多，特别是由徐达率领的中路军为扩廓帖木儿部所败，损失严重①。总体来看，洪武五年的明军北伐以失利告终，短时期内未再深入北方草原作战，由此陷入与北元的拉锯战，正如《剑桥中国明代史》所说："1372 年虽然不是明代历史上最有戏剧性的转折的一年，但是确切地说，它标志着王朝建立时期军事阶段的结束。在北方边境上尤其如此。在 1372 年的战败以前，朱元璋似乎要进而征服整个元帝国，其中包括长城以北的大草原和沙漠地带。1372 年以后，明王朝对内蒙古主要是在其变化不大的边境取守势，而以新整修的长城为依托。"② 北元争取到了喘息时间，转危为安，遂遣使高丽，诏其协助

① 严从简．殊域周咨录：卷 16．余思黎，点校．北京：中华书局，1993：522-523.

② 牟复礼，崔瑞德．剑桥中国明代史：上卷．张书生，等译．北京：中国社会科学出版社，1992：116.

"复正天下"。恭愍王本欲杀北元使，群臣皆曰"不可"，恭愍王权衡利弊后同意接见，"王夜见元使曰：'予眼疾，见日则大剧，故以夜待之。'盖畏朝廷知也"[①]。稍后，纳哈出亦遣文哈剌不花来，但"江界万户康永杀从者十余人而掠其财，哈剌不花以数骑逃去"，恭愍王派人招还文哈剌不花，并将康永"赎杖百七"[②]。可见由于明与北元战事变化，高丽国内亲元势力再度活跃，恭愍王的态度也发生了些许动摇。明朝可能了解到上述情况，遂加以斥责以示警告。

虽然两国之间存在外交摩擦，但此时双方尚能通过沟通得到解决，因此，恭愍王时期可以说是洪武朝与高丽（朝鲜）关系最友好的阶段，随着洪武七年（1374，恭愍王二十三年）九月"亲明绝元"的恭愍王遇弑[③]，高丽迅速转投北元，两国之间较为和睦的关系亦随之结束。

第二节　明太祖的"自为声教"与高丽禑王的两端外交

一、金义杀使与明丽封贡关系的中断

1. 恭愍王遇弑与高丽王位危机

恭愍王被属下弑杀，这在重视礼法的明朝看来是以下犯上、大逆不道的行径。但是从洪武五年（1372）明朝处理安南陈叔明事件[④]来看，明朝更在意的是安南新王的恭顺态度，确认安南没有威胁后，明朝也就默认了王位的更替，允许"以前王印视事"[⑤]，观以后效，再做定议。但是高丽对恭愍王遇弑的一系列处理方式，不仅没能消除该事件对两国关系的不良

① 高丽史：卷44：恭愍王世家：二十二年二月乙亥条；二十二年二月戊寅条；二十二年二月乙酉条.

② 高丽史：卷44：恭愍王世家：二十二年二月.

③ 按《高丽史》记载，恭愍王"暴薨"的直接原因乃是"患无嗣，既取他人子为大君，而虑外人不信，密令嬖臣污辱后宫，及其有身，欲杀其人，以灭其口"，而"嬖臣"洪伦、崔万生等人先发制人，将恭愍王杀害。韩国史学家则强调恭愍王之死与亲元派有关，如韩国国史编纂委员会编《韩国史》8"高丽后期社会和文化"之"恭愍王的反元亲明政策"一节。

④ 洪武三年，明朝册封陈日熞（越史称杨日礼）为安南国王。传闻其并非前王陈裕宗之嫡传，实为优人之子，加上陈日熞继位后骄纵淫逸，遂被恭定王陈叔明（越史称陈暊）废为昏德公，陈叔明即王位，史称陈艺宗。明朝获悉后致书斥责，陈叔明或许慑于明朝强硬态度，于洪武五年禅位于弟陈曔（即陈睿宗），但仍以太上皇身份掌握安南实权（陈文源. 明朝与安南关系研究. 广州：暨南大学博士论文，2005）。

⑤ 明太祖实录：卷78：洪武六年正月.

影响，反而导致进一步恶化。

洪武七年（1374）十一月，高丽告讣使与明朝选马官员林密、蔡斌等人同时起程前往南京。有高丽臣向执宰李仁任（1312—1388）进言："自古国君见弑，为宰相者先受其罪，帝若闻先王之故，兴师问罪，公必不免，莫如与元和亲，仁任然之。"[①] 之后的事情《高丽史》是这样记载的："朝廷使臣林密、蔡斌等还，命［金］义护行，斌酗酒，每欲杀义，义不能堪，欲害之。李仁任亦恐朝廷问恭愍之故，遣安师琦密谕义，杀斌等以灭口。至开州站，义遂杀斌及其子，执密以甲士三百人、进献马二百匹，奔于纳哈出。"[②] 告讣使等人则逃回。

由于明使被杀，高丽不得不商议对策，遂于同年十二月先遣使赴北元告恭愍王丧，直到次年正月才派崔源前往明朝告讣并解释明使被杀缘由，"去年九月国王王颛卒，已遣使讣闻于朝，为盗高铁头者邀于路，因不得达"，又言"有金义者，奉使贡马，行至只县，遇朝使蔡斌、主事林实周，遂杀斌而执实周，已还，罪当死，已诛义而籍其家"[③]。明太祖震怒于明使被杀，将崔源扣留并最终拷问出实情[④]。至此，明丽断交。而北元获悉恭愍王去世后的举动则给刚刚建立的禑王政权带来更大冲击。

逃往纳哈出处的金义建言："王薨无嗣，愿奉沈王为主。"[⑤] 实际上恭愍王有子牟尼奴，即时年九岁的禑王。禑王出生在大臣辛吨家中，六岁才被带回宫中抚养，"有美妇在［辛］吨家，［恭愍王］闻其宜子，遂幸之，乃有此儿"[⑥]，其身世在当时就引起颇多质疑，这也成为后来李成桂废黜禑王及其子昌王的理由，《高丽史》更将其姓名记为"辛禑"。北元不知禑王的存在，遂封"沈王暠孙脱脱不花为王"。如果脱脱不花继位，就意味着高丽将再次完全置于北元控制之下，这是高丽朝廷上下均无法接受的事情。

之前沈王王暠几次夺取高丽王位均没有成功，既与元朝内部斗争有关，也与高丽自主意识的增长密不可分，即高丽不愿再完全受制于蒙元。

---

① 朴世采．南溪集外集：卷 16：锦城府院君潘南先生事迹//韩国文集丛刊：第 142 册．首尔：景仁文化社，1990：74.

② 高丽史：卷 131：叛逆：金义.

③ 明太祖实录：卷 98：洪武八年三月丁卯条.

④ 崔源被明朝扣留四年放还，回到高丽后即受到宪府参劾，称明太祖讯问金义杀使、恭愍王被弑时，"源不遵使旨，不讳国恶。乃下源狱，鞫之不服，竟杀之"，可见崔源透露了实情（高丽史：卷 133：辛禑：四年九月）。

⑤ 高丽史节要：卷 30：辛禑一：元年四月.

⑥ 高丽史：卷 133：辛禑：卷首.

尤其是恭愍王时期为摆脱元朝控制曾引发“德兴君之乱”，高丽进行军事反击才得以保存反元成果，现在距平息“德兴君之乱”不过十年，当年参与战事的主要将官多凭此次战功步入高丽决策层，李仁任也是其中之一，这些人自然不会轻易接纳沈王。虽然李仁任可能为求自保而唆使金义杀明使来示好北元，但沈王嗣位绝非其所愿。恭愍王遇弑后，太后洪氏与部分朝臣欲择年长宗亲为王，李仁任费尽心机才使年幼的禑王得立，从而把持了高丽朝政。无论是出于维护高丽社稷还是自身利益，作为百官之首，李仁任拒纳沈王的态度客观上也表明了高丽将与北元抗争的立场。高丽上表元廷强调恭愍王有子，但北元依然护送沈王前来争位，高丽不得不加强西北边界军备，“以备北元”①。

2. 沈王风波与高丽两端外交

禑王元年（1375，洪武八年）八月，沈王到达信州（今吉林怀德县秦家屯古城），高丽国内“汹惧”，不断“征诸道兵”以增援西北界。由于高丽将大部分兵力集中在西北边界，以至于倭寇侵扰沿海时竟无兵可派，“[九月] 倭舶大集德积、紫燕二岛。时将卒悉赴北征，乃签坊里丁及诸陵户为兵”②。高丽可能与沈王军队发生过局部战争并取得胜利，《高丽史》载有“往者沈王之变……诸将仗义奋忠，辄率偏师，昼夜倍道，逆战却逐，使朝野宁谧”③ 之语。

虽然一度击败沈王军队，但高丽深知仅依靠军事行动不可能获得最终胜利，更愿意以外交手段来解决王位继承问题。禑王二年二月，高丽“遣李原实聘于纳哈出”，希望通过纳哈出与北元进行有效沟通。对纳哈出而言，高丽向背关乎其切身利益，如果禑王政权臣服北元，既可以使其避免对明、对高丽两面作战的局面，又可以在必要的时候联合高丽抵抗明军。可能得益于纳哈出的积极斡旋④，五月，北元使吴抄儿志前来了解高丽国内情况，高丽“待之厚”。十月，北元兵部尚书孛哥帖木儿携丞相扩廓帖木儿书信到来，“去岁，或传令先君无嗣，朝廷以尔邦久未有君，必致危

① 高丽史：卷 133：辛禑：元年四月.

② 高丽史：卷 133：辛禑：元年九月.

③ 高丽史：卷 133：辛禑：二年十月.

④ “沈王风波”平息后，高丽论功行赏，遣使报聘纳哈出，《高丽史》卷 133 辛禑三年三月载：“遗麻布各十五匹，鞍子一面，胡床豹皮屏风等物。娘子姐姐至麾下官人各遗纻麻布有差。又送纳哈出宴饯回礼白纻布八十匹。以纳哈出翁主文哈剌不花、豆亇大等尝遥受本国官爵，皆遗禄俸布，纳哈出五百匹，翁主文哈剌不花俱三百匹，豆亇大五十匹。”这表明纳哈出在解决沈王争位风波中起到了一定作用。

乱，是以，遴尔族世，往承其祀。诏使既行，彼则有梗。当此之时，朝廷非乏树立之策，失问罪之举也，特念天戈一临，不无玉石俱焚。是以，脱脱不花暂馆辽西，不令一卒一马渡江，以俟彼之觉悟”。之后提到吴抄儿志的汇报，“兹者，所遣抄儿志至，深陈彼情，以为寔不悖德。又知伯颜帖木儿王有子牟尼奴在，国人见推领务”，进而又分析高丽事明之害，“彼设若不归大朝，亦当南事朱寇，则吞噬无厌。汝虽尽其事之之礼，则彼之亲汝安汝未必能如汝心。掊尔财力，迁尔人民，改尔社稷，不知其何所不至矣”，最后希望高丽君臣弃明亲元，“诚能改图，以副上命，厉兵秣马，共成掎角，庸赞我国家中兴之业”，并要求高丽迅速答复，“书到，可善审利害轻重，速令使来朝廷”①。这份信函表明只要高丽新王臣服，北元就不再坚持由沈王继位。这种转变，究其原因乃是北元担心以武力强行使沈王继位很难迅速实现，如果深陷高丽战争泥潭将影响对明朝的战事，当时北元不可能再调派更多兵力解决高丽问题。即使沈王得以继位，平息高丽国内的抵抗情绪还需要较长时间。北元派沈王前来争位的目的是控制高丽，进而为己所用，只要高丽能倾向自己，助其对抗明军，何人继位并不重要。不过《高丽史节要》称沈王已于禑王二年二月去世，“安州副元帅王安德报沈王薨”②，这与八个月后北元书信中“脱脱不花暂馆辽西，不令一卒一马渡江”之语相矛盾，所以可能是误报。其实脱脱不花只是争夺高丽王位人选之一，即使此人去世，北元仍可以派其他留在漠北的高丽王室后裔前来争位。

为确保禑王政权稳固，高丽不得不慎重考虑北元的要求，最终李仁任选择了转侍北元的政治策略，以百官联名方式为禑王请求北元册封，以示诚心归降。学者李新峰认为高丽“南有为元牧马之野的耽罗，海上倭寇猖獗，北与纳哈出等隔江相望，其四临强部，在明军不利时结元自保，亦在情理之中”③。禑王三年二月北元册封了禑王，高丽停洪武年号，行宣光年号，争位风波就此平息。

不过，高丽与北元的封贡关系从一开始就只限于礼仪性质，当北元要求高丽出兵夹攻明军时，高丽以“天寒草枯不可出师”④ 等借口来掩饰其

---

① 高丽史：卷133：辛禑：二年十月.

② 高丽史节要：卷30：辛禑一：二年二月.

③ 李新峰. 恭愍王后期明高丽关系与明蒙战局//韩国学论文集：第七辑. 北京：新华出版社，1998：306-312.

④ 高丽史：卷133：辛禑：三年八月.

不愿出兵的心态。可以说禑王初年高丽转侍北元只是为平息沈王争位风波、减轻军事压力的权宜之举。纵观禑王时期高丽向明朝、北元双向遣使情况（见表 3－5），可以清楚地看到高丽外交重心明显地倾向于明政府。

表 3－5 禑王时期高丽与明朝、北元互相遣使情况

<table>
<tr><th rowspan="3">明朝与北元战事发展阶段</th><th colspan="3">高丽与明朝往来</th><th colspan="2">高丽与北元往来</th><th rowspan="3">备注</th></tr>
<tr><th colspan="2">丽→明</th><th rowspan="2">明→丽</th><th rowspan="2">丽→元</th><th rowspan="2">元→丽</th></tr>
<tr><th>成行</th><th>阻还</th></tr>
<tr><td>对峙初期（1375—1379）</td><td>14</td><td>2</td><td>6</td><td>9</td><td>15</td><td>1377 年北元册封禑王，高丽行宣光年号。1378 年高丽复行洪武年号</td></tr>
<tr><td>明朝平定西部（1380—1383）</td><td>2</td><td>7</td><td>2</td><td>1</td><td>3</td><td>1380 年北元封禑王为太尉</td></tr>
<tr><td>明朝平定东北（1384—1388）</td><td>24</td><td>4</td><td>8</td><td>0</td><td>2</td><td>1385 年明朝册封禑王</td></tr>
<tr><td>合计</td><td colspan="2">53</td><td>16</td><td>10</td><td>20</td><td></td></tr>
</table>

注：1. 明朝与高丽互派使臣包括辽东都司与高丽之间的人员往来。
2. 北元与高丽互派使臣包括辽东故元割据势力与高丽之间的人员往来。

禑王时期高丽采取典型的两端外交，表 3－5 显示，即使受沈王争位风波以及明朝军事失败的影响，禑王政权在明朝与北元军事对峙初期对明遣使次数也多于北元，只不过赴明使臣或不得入境，或被明朝扣留①。明太祖认为高丽杀害明使挑战了明朝权威，转侍北元背弃了宗藩礼制，因此“却贡”态度十分强硬，无丝毫缓和余地，直到明朝将收复东北提上日程，双方才重新展开有效沟通。

二、金山之役与明丽封贡关系的重建

岭北之役后不久，中国国内战局又开始朝着有利于明朝的方向发展，扩廓帖木儿病逝后，北元军队无力再进发中原，纳哈出多次进攻辽东州城亦被明军击退。鉴于此，高丽更为积极地派出使者与明朝沟通，由于使臣多被扣留，高丽专门派出“皇亲”周谊前往明朝开展“亲情外交”。

1. 高丽亲情外交与明朝严密防范

周谊与其父周英赞多次被高丽派往明朝源于他们的特殊身份，“[周]

① 如禑王元年正月高丽派崔源赴明告丧、请谥、承袭，崔源被扣留；十二月遣金宝生贺正，被扣留；二年遣李之富前往定辽卫沟通，被扣留；等等。

英赞女曾入元，为大明兵所掳，选为宫人，有宠于帝”①。学界对周氏女的身份未有统一结论②，从高丽多次派周氏父子出使的情况来看，此女应受到明太祖宠爱。洪武六年周英赞海难溺死后，周谊接替父职继续出使。《明实录》中对洪武十年（1377，禑王三年）周谊出使记载如下：

> [洪武十年正月] 是月……高丽遣使至京师，为其故王王颛请谥号。上以颛为其下所弑。敕中书宰相臣曰：朕起寒微，实膺天命，君主中国。当即位之初，遣报四夷酋长，使知中国之有君。而高丽国王王颛闻命即称臣入贡，斯非畏力也，心悦故也。其王输诚数年，乃为臣下所弑，又几年矣。今始来请谥，将以假吾朝命镇服其民，且以掩其弑逆之迹耳。所请非诚，不可与也。前所留使则归之。
>
> [五月] 丙戌，高丽世子王禑遣其礼仪判书周谊等贡马六十四及方物，却不受。③

明太祖没有同意高丽的请谥，也未接受贡物，但放还了部分之前被扣留的高丽使臣，同时送还了高丽人口三百五十八名，由这一点可以看出明朝的态度开始有所缓和，这也算是周谊出使的重大突破。

洪武十一年三月，高丽再次派出周谊，目的仍是请谥、请承袭，兼谢发还人口。明太祖仍未同意册封，但又放还了一批高丽使臣。同年九月，高丽复行洪武年号，十月，遣使入明贺正及谢恩，使臣团中一名叫周谦的护军，可能是周谊家族中人，他在明朝时被周氏女盘问过现任高丽国王的情况，“帝令周姐 [询问]，姐见我又问：‘你国王是前王子耶?’谦对曰：‘前王正妃鲁国公主无后，今王乃宫人所出也。’”④ 恭愍时代并没有册封过世子，明朝难免会对禑王的身世产生怀疑，这次询问也表明明朝对高丽事务一直保持着关注态度。

明太祖向前来贺正的高丽使臣提出缓和两国关系的条件，“杀无罪使者之仇，非执政大臣来朝及岁贡如约，则不能免他日取使者之兵”。岁贡

---

① 高丽史：卷44：恭愍王世家：二十二年七月甲辰条.

② 也有史料记载称此女为周谊之女，如田汝成《辽纪》载：“洪武十六年夏五月，高丽入贡，敕辽东守将唐胜宗等绝之。先是元主尝索女于高丽，其臣周义有女入宫。元主出奔，上获其女，蓄之。义数来朝贡，上厌之。”又《殊域周咨录》载：“初，元主常索女子于高丽，得 [周] 谊女纳之于宫中，后为我朝中使携归（明宫中美人有号高丽妃者，疑即此女）。”《明史》卷116《诸王一》有“周妃生岷王楩、韩王松”，《国榷》卷1“天俪条”，太祖妃嫔中，周氏唯有一人。这个周氏是否就是周英赞之女还有待进一步考证。

③ 明太祖实录：卷111：洪武十年正月；洪武十年五月.

④ 高丽史：卷134：辛禑：五年四月.

标准由恭愍王时期的“土产一二”提高为“贡金一百斤，银一万两，良马百匹，细布一万匹”，又要求“将所拘辽东之民，无问数万，悉送回还”。明朝派邵垒、赵振与高丽使臣同往高丽宣谕，两位明使行至甜水站（今辽阳市东南甜水），听闻高丽依然与北元互通使节，遂称：“昔杀行人，今又怀二心。吾与其死于高丽，宁死于我土!”① 中途折还南京，明丽关系再次陷入困境。

此时，明朝已在考虑解决东北问题，不能不关注高丽与北元的动向。洪武十二年（1379，禑王五年）春，辽东都司借索还逃军的名义前往高丽境内查看，“时辽东人传言‘高丽遣兵助北元’，故托以遣诚来觇虚实”②。八月，辽东都司派人告诫高丽：“近闻，纳哈出遣人经由哈剌、双城潜往高丽行礼，胡主帖古思台帖木儿亦遣使驰驿前往高丽会议公务切详。本国累尝遣使宾贡我朝，臣礼既施，异谋难畜。纳哈出等虽差人潜往本国，岂意复与交通，可将胡使差人押送以表忠诚。不然则奸宄自昭，后悔无及。”③ 受交结北元影响，高丽派至明朝的使臣皆被阻于辽东，不得入境。为此，洪武十三年高丽又遣周谊出使。

明太祖很清楚周谊此来目的，敕辽东都司曰：“高丽数以谊来使，殊有意焉。卿等不可不备。”周谊抵达南京后，“别有以处之，毋使入窥中国”④。为防止高丽再打皇亲国戚这张牌，明太祖将周谊留在南京授以官职，“谊之生长本于朝鲜，心何离之，奈群逆强差，安敢弗行。既行且嘱托以虚诳。果使谊诉于朕前，谊必不得已为彼饰非，若不止之，使尽饰其非，将后我不谊悦；假使谊不饰彼之非，则谊必不利于身家。斯两难之道，孰能决之？人皆弗决，吾将以为谊舍彼而就此，脱高丽驱役之患而从斯之乐，不亦可乎”⑤。后世认为明太祖“严防女戎如此，又安得褒女、骊姬之祸”，同时明太祖仍命辽东边将不许高丽使臣入境，“自今［高丽］入境者皆止于边，不许入见，虽有贡赋亦不许入献”⑥。

周谊最后一次出使还是发挥了一些作用，在其寄回高丽的书信中显示，最初明太祖态度十分强硬，“曩者，弑其主，中国已与绝交，有敕谕

① 高丽史：卷134：辛禑：五年三月.
② 高丽史：卷134：辛禑：五年正月.
③ 高丽史：卷134：辛禑：五年八月.
④ 严丛简. 殊域周咨录：卷1. 余思黎，点校. 北京：中华书局，1993：13.
⑤ 明太祖文集：卷16：述周谊驱无宁日. 文渊阁四库全书本：31-32.
⑥ 沈德符. 万历野获编：高丽女见疑. 元明史料笔记丛刊本. 北京：中华书局，1997：75.

'高丽限山隔海，似难声教，使彼自为尔'。乃诡诈多端，数来愿听统属，及至，约以效贡，姑定常贡之例以为验，却乃弗从，果愿统属者欤？抑奸诈现然欤？"之后明太祖又提出恢复朝聘的条件，"前所需马一千，已贡若干，今再取辏作一千，明年，金一百斤，银五千两，布五千匹，马一百，以为常贡之例，则赦尔东夷杀使及内使之罪"①。

虽然两国关系尚有缓和余地，但高丽无力履行如此高额岁贡，并且与北元依然交往的事实使得明朝不得不对高丽继续施以却贡并不断发出警告，如洪武十六年正月，辽东都司移咨高丽称："高丽臣事大明，不宜与纳哈出通好。今闻纳哈出遣文哈剌不花请好，高丽厚礼以慰之，其于臣事大明之意，如何？如欲免罪，莫若槛送文哈剌不花，以效其诚。不然，虽有后患悔之何及？"②

随着明朝与北元战事越来越不利于后者，高丽急切地希望与明朝恢复朝贡，在频频受阻辽东的情况下，洪武十六年八月，高丽使臣由海路直抵南京，明朝拒纳贡物，并将使臣扣留，仅放还译官传达旨意："[高丽] 愿听约束，前五年未进岁贡马五千匹、金五百斤、银五万两、布五万匹，一发将来，乃为诚意，方免他日取使者之兵至彼。"③ 高丽难以筹措岁贡，双方关系再度陷入尴尬境地。不久，郑梦周的出使终于使两国关系得到实质性改善。

2. 明朝东北战略规划与郑梦周事大外交

郑梦周（1337—1392），字达可，号圃隐，高丽末期著名政治家、外交家。他学宗程朱，二十一岁时"中监试第三"，二十四岁时"连魁三场，遂擢第一"。作为高丽朱子学的集大成者，郑梦周可谓"亲明事大"的首倡者，"皇明之肇兴也，公力请于朝，首先归明，大为高皇帝所嘉"。金义杀明使后，高丽"国人汹惧，不敢通使朝廷"，郑梦周"首陈大义"，建议尽早遣使，"迩来变故当早详奏，使上国释然无惑。岂可先自疑贰，构祸生灵"，于是高丽派崔源前往明朝。恭愍王遇弑后，北元遣使高丽，权臣李仁任等"欲复事元，议迎其使"，郑梦周等人上书强烈反对，"抗章论列，请却不纳，词甚剀切"，由此被流放一年多④。

由于已有诸多使臣被明朝扣留南京，所以高丽官员视出使明朝为畏

---

① 高丽史：卷 134：辛禑：六年八月.

② 高丽史：卷 135：辛禑：九年正月.

③ 高丽史：卷 135：辛禑：九年十一月.

④ 咸傅霖. 圃隐先生行状//韩国文集丛刊：第 5 册. 首尔：景仁文化社，1990：632-633.

途。洪武十七年（1384，禑王十年）圣节使的人员本定为密直副使陈平仲，陈平仲贿赂权臣，改任郑梦周，对此郑氏称："君父之命，水火尚不避，况朝天乎？然我国去南京凡八千里，除候风渤海，实九十日程。今去圣节才六旬，脱候风旬浃则余日仅五十，此臣恨也。"于是当日出发，终于在圣节前到达南京。洪武五年郑梦周曾以书状官身份前往明朝恭贺平定四川并请弟子入学，回程时遭遇飓风，"梦周濒死乃生，割韂而食者十三日。事闻，帝具舟楫取还，厚加恩恤遣还"。当明太祖再次见到他时，仍记得其海难往事，"'尔得非往者以贺平蜀来者乎？'梦周悉陈其时船败状，帝曰：'然，则应解华语。'特赐慰抚，敕礼部优礼以送"①。

郑梦周此行除了贺圣节还兼请谥、请承袭，明太祖虽没有同意册封，但允许恢复正常朝聘，并将之前扣留的高丽使臣放还，"金庾、洪尚载、金九容等入朝皆被拘留，朝聘道绝。卿（郑道传）与［郑］梦周入贺圣节，倍日兼行，帝乃嘉之，遣还庾、尚载等。我国不失事大之礼，宗社生灵之永赖，惟卿（郑道传）与梦周之力也"②。由于史料的缺乏，我们无法了解郑梦周具体的沟通情况，这次出使的成功，与郑梦周自身的儒学造诣及出使过程中所体现的事大之意应有一定关系，但更重要的是明朝出于解决东北问题的考虑而对高丽的态度发生转变。

对于驱逐版图内的故元势力，朱元璋的战略部署是先南后北，先难后易，分别轻重，次第解决③。当洪武十五年明军击溃据守云南的十余万元军后，完成统一大业只剩东北一隅。自洪武四年设立辽东都司后，明朝不断强化辽东驻军，至洪武十七年，已设置了盖州卫、定辽右卫、定辽左卫、定辽前卫、定辽后卫、金州卫等十二卫。明朝收复东北的阻力主要来自盘踞金山的故元太尉纳哈出，明太祖曾多次招降，均未成功，遂决定武力进攻金山。当时纳哈出阵营大概有二十万之众，如果高丽支持纳哈出，明军取胜的机会将十分渺茫。为了避免高丽介入即将到来的明军与纳哈出之战，明太祖于洪武十八年（1385，禑王十一年）同意高丽诰印之请，颁旨册封。高丽曾担心"专事驰骋，不闲礼度"的禑王无法胜任册封礼仪，不过整个过程中禑王还算动止中节，"王服先王所受法服，

---

① 高丽史：卷117：郑梦周.

② 高丽史：卷119：郑道传.

③ 张士尊. 明代辽东边疆研究. 长春：吉林人民出版社，2002：8.

率臣僚备仪仗郊迎。开诏接诰，三叩头，呼万岁。焚黄告庙，悉如朝廷所降仪注”①。

洪武十九年，郑梦周再次出使明朝请求蠲减岁贡。明太祖称“岁贡之设，中国岂倚此而为富？不过知三韩之诚诈耳”，同意免除过去五年未纳之贡，重新订立岁贡标准，“三年一朝，贡良骥五十匹，以资钟山之阳牧野之郡，永相保守”。此外明太祖还重新允许高丽人入明经商，“不问水路旱路，放你做买卖，不问辽阳、山东、金城、太仓，直到陕西、四川，做买卖也不当｛挡｝”②。

明朝实施的一系列友好措施使得高丽彻底断绝了与北元及纳哈出的联系，减轻了明军的后顾之忧，出兵金山的时机业已成熟。洪武二十年（1387，禑王十三年）正月，明朝二十万大军北征纳哈出，六月，明军渡辽河到达金山以西，派俘获的纳哈出爱将乃剌吾前去劝降，同时又攻至金山以东，纳哈出部将观童投降。面对明军压境、下属动摇以及乃剌吾的劝说，纳哈出放弃抵抗，举众出降。值得感叹的是，导致明丽断交的杀明使“罪人”金义也在纳哈出军营，投降以后加入明军成为指挥官，随军参战③。

利用辽东形势的剧变，明军继续北上征讨，“肃清沙漠，在此一举”。洪武二十一年四月，明军于捕鱼儿海一役大败脱古思帖木儿部，俘获地保奴、嫔妃公主一百二十三人、官员三千余、人口七万七千人，以及马驼牛羊十五万多头和大量印章、图书、兵器、车辆等物。脱古思帖木儿与太子天保奴、丞相失烈门等数十人逃往和林方向，行至土剌河（今蒙古乌兰巴托西图拉河），脱古思帖木儿及天保奴为部下缢杀④，蒙古进入分裂期，一时不足以与明军抗衡。

三、铁岭立卫与明丽封贡关系的瓦解

明丽朝贡关系的恢复并非建立在相互信任及深入交往的基础上，只是

---

① 李穑. 牧隐文稿：卷 11：事大表笺//韩国文集丛刊：第 5 册. 首尔：景仁文化社，1990：98.

② 高丽史：卷 136：辛禑：十二年七月.

③ 权近《阳村先生文集》卷 6《奉使录》第 69 页记有“仪真舟上遇其卫郑（郎只夕）、金义二指挥，立谈而别”。自注：“二人皆本国人也。郎只夕尝在前元，与崔濡等谋立本国庶孽为王，来侵边境，兵败而足。金义杀朝使蔡斌而逃，皆投纳哈出。又从明朝得为指挥，征蛮之役，二人皆赴。时义母在本国，义问之，无戚容。”

④ 曹永年. 蒙古民族通史：第三卷. 呼和浩特：内蒙古大学出版社，1993：71－72；蔡美彪. 明代蒙古与大元国号. 南开学报（哲学社会科学版），1992（1）：43-51.

出于各自战略的现实考虑。高丽数次请封源于其特殊地理位置所形成的寻求大国庇护的历史传统，禑王本人似乎有着浓重的蒙古情结，其德行历来为明、丽文人所诟病，对于增进明丽关系毫无作为。明太祖自恭愍王被弑后对高丽一直无好感，认为“其俗尚诈，其性多顽”且叛服无常①，册封禑王更多是因备战纳哈出的需要，因此双方防备之心始终强劲。明太祖只允许高丽将进贡的马匹输送至辽东，始终不同意高丽使臣经辽东至南京朝贺，担心高丽使臣侦知辽东军情。高丽禑王政权对明朝的防范从对待册封使臣可见一斑。明使张溥、周倬希望见到高丽名将崔莹和李成桂，禑王“令莹出屯于郊，以我太祖（李成桂）为东北面都元帅，不令溥等见之”②。张溥等“欲观城隍，朝议以为‘不可登高遍瞰国都’，给以净事色为城隍，以示之”；明使“欲观籍田，朝议沮之”③。由于当时金山之役在即，明朝与高丽之间的诸多问题暂时被搁置。当北元成为历史名词后，关于故元土地、人口的争夺加剧了双方的不信任，现实矛盾开始凸显。

故元辽阳行省管辖范围包括今鸭绿江、图们江以南的部分区域，所以人口归属问题颇复杂。明朝设立辽东卫指挥使司后即开始招还故元辖下遗民。洪武九年（1376，禑王二年）明军“征哨鸭绿江与东宁、黄城等地方，所获人口、马牛无算”④。洪武十五年“故元遗民一百四十八人自黄城即该来归，诏给以衣粮，俾屯田于析木城”，同年亦有“辽东东宁、草河千户所招降故元合罗城万户府校卒及鸭绿江东遗民凡二千六百八十六人送至辽阳，诏以衣粮给之”⑤。洪武二十年六月，纳哈出部二十万之众投降，辽东的故元势力基本扫清，所属人口亦进行收编。洪武二十一年“[明军]至黄城，招致江界万户金万奇等二千七百余口”⑥。

在安顿辽东故元军民的同时，明朝还向高丽索要流入其境内的辽东人口。洪武十年冬，明朝要求高丽“将所拘辽东之民，无问数万，悉送回还”⑦。洪武十二年辽东都司连续移咨高丽，称“洪武三年十一月，高丽军所虏辽阳官民男妇千余人及各卫军人逃往彼处者，悉发解送”，“发还同

① 明太祖实录：卷125：洪武十二年六月甲戌条；明太祖实录：卷140：洪武十四年十一月乙丑条.

② 高丽史：卷113：崔莹.

③ 高丽史：卷135：辛禑：十一年九月.

④ 辽东志：卷5. 沈阳：辽沈书社，1986：428.

⑤ 明太祖实录：卷147：洪武十五年四月辛丑条；洪武十五年八月辛丑条.

⑥ 同④.

⑦ 明太祖实录：卷116：洪武十年十二月乙巳条.

知李兀鲁思帖木儿等三十三人，又令刷还黄城等处移来人民”[①]。当时，高丽正值两端外交，与北元联系密切，并未回应明朝的要求。待明、丽恢复正常朝聘后，这些问题再次被提起。洪武十八年明朝要求高丽“推还元季流民李朵里不歹等四十七人”，次年又要求高丽刷还“己亥年（1359）避寇东来沈阳军民四万余户”。为此，高丽派偰长寿赴明申辩，“当己亥、辛丑之岁，贼兵（指红巾军）入辽东、沈阳之间，俘掠一空，分离四散，或有一二之来寓，安能四万之得多”，并称这些流民多数为高丽人。偰长寿熟知大明律令，择“凡民户逃往邻境州县躲避差役者，其在洪武七年十月以前流移他郡，曾经附籍当差者，勿论”之规定，又援引明朝册封高丽禑王诏书中“一视同仁，不分化外”之语，进而认为高丽既已称臣，应属明朝范围，那么元末迁入的人口亦遵循“洪武七年十月”时限，不应再被追究[②]。最终高丽只归还“辽沈流民李朵里不歹等户四十五、口三百五十八”[③]。由于明朝没有确切的户籍记载，也未再追讨洪武七年之前流入高丽的辽东人口，这样明朝与高丽就元末辽东流民的归属问题达成默认：以洪武七年十月为时间界限，彼此承认了此前形成的人口归属事实，无关乎民族差异。

关于土地问题，洪武二十年十二月明朝咨谕高丽：“以铁岭北东西之地，旧属开元，其土著军民、女直、鞑靼、高丽人等，辽东统之。铁岭之南，旧属高丽人民，悉听本国管属。疆境既正，各安其守，不得复有所侵越。”[④] 由此引发了历史上著名的“铁岭立卫”事件，该事件不仅仅是明丽关系史上的重要事件，更直接导致了朝鲜半岛的改朝换代。学界对“铁岭立卫”尚无定论，主要源于对“铁岭”地理位置的考证不一。和田清等人认为“铁岭”位于咸镜道与江原道分界的地方，是高丽原有地名，元朝时在朝鲜半岛设置的双城总管府的南界[⑤]。稻叶岩吉也认为在高丽境内，但具体位置则为江界[⑥]。而池内宏认为明朝最初拟设立的铁岭卫在鸭绿江以北的黄城，即今天的集安[⑦]。鉴于鸭绿江南北各有一处名为“铁岭”的

① 高丽史：卷134：辛禑：五年元月；五年三月.

② 高丽史：卷135：辛禑：十一年六月. 高丽史：卷136：辛禑：十二年十二月；十三年二月.

③ 明太祖实录：卷181：洪武二十年三月癸酉条.

④ 明太祖实录：卷187：洪武二十年十二月壬申条.

⑤ 和田清. 明初的满洲经略//和田清. 东亚史研究. 东京：东洋文库，1955：260-477.

⑥ 稻叶岩吉. 铁岭卫位置质疑. 青丘学丛，1934（18）：120-122.

⑦ 池内宏. 高丽辛禑朝的铁岭问题//满鲜史研究：中世第三册. 东京：吉川弘文馆，1963：235-264.

地方，中国学者王颋、李花子都认为铁岭立卫事件可能是由两国所指地点不同而引发的误解①。

高丽理解的“铁岭”是鸭绿江以南的铁岭，如果以此为边界，意味着高丽将失去恭愍王时期取得的领土，为此高丽专遣朴宜中前往明朝进行沟通，表文称：

> 切照铁岭迤北，历文、高、和、定、咸等诸州以至公崄镇，自来系是本国之地。至辽乾统七年，有东女真等作乱，夺据咸州迤北之地，睿王告辽请讨，遣兵克复，就筑咸州及公崄镇等城。及至元初戊午年间，蒙古散吉大王普只官人等领兵收附女真之时，有本国定州叛民卓青、龙津县人赵晖，以和州迤北之地迎降，闻知金朝辽东咸州路附近沈州有双城县，因本国咸州近处和州有旧筑小城二座，蒙聋奏请，遂将和州冒称双城，以赵晖为双城总管、卓青为千户，管辖人民。至至正十六年间，申达元朝，将上项总管千户等职革罢，以和州迤北还属本国。至今除授州县官员管辖人民，由叛贼而侵削，控大邦以复归。今钦见奉‘铁岭迤北迤东迤西，原属开元路所管军民仍属辽东，钦此’。铁岭之山距王京仅三百里，公崄之镇限边界非一二年，其在先臣，幸逢昭代，职罔愆于侯度，地既入于版图，还及微躯，优蒙睿泽，特下十行之诏，俾同一视之仁。伏望度扩包容，德敦抚绥，遂使数州之地仍为下国之疆。②

李朝学者成海应（1760—1839）认为此份表文虽然“精析”，可惜未提及两个铁岭的情况，“辽东有咸州双城铁岭，我咸镜南道亦有咸州双城铁岭，案图考经，易致滋惑。然蒙古据咸兴以南、铁岭以北，特闯而暂据也。至若辽东之铁岭，实邻蒙古诸部，结屯无边。[朴]宜中之辞尽精析而但未能及是也”③。这说明朝鲜后期学者也认为“铁岭立卫”事件乃是地名相同而造成的误解。

明太祖似乎从来没有考虑将明朝势力扩展至朝鲜半岛内，这一点从其屡屡强调以鸭绿江为界即可得知。洪武十七年，明太祖敕谕辽东都司：

---

① 王颋．鲜祖效变——威化岛回军事件新考//王颋．驾泽抟云——中外关系史地研究．海口：南方出版社，2003：274；李花子．明初铁岭设卫之谜//韩国学论文集：第十六辑．沈阳：辽宁民族出版社，2007：18-26.

② 权近．陈情表//徐居正．东文选：卷40．京城：朝鲜古书刊行会，1914：330-331.

③ 成海应．研经斋续集：册16：双城辨//韩国文集丛刊：第279册．首尔：景仁文化社，1990：425.

“辽壤东界鸭绿，北接旷塞，非多算不能以御未然。”① 洪武十八年，明朝致高丽敕谕中记有：“你那里合做的勾当，打紧是倭子，倒不要别疑虑。只兀那鸭绿江一带沿海，密匝匝的多筑些城子，调些军马守住了，一壁厢多造些军船，堤备着百姓些福，至至诚诚的做着行呵，虽百万兵也难近你。”② 明太祖强调鸭绿江为界的同时又将铁岭卫设在高丽国境内，这是很令人费解的。所以当明太祖看到高丽对“铁岭立卫”存有异议时，颇为愤怒，“高丽地壤旧以鸭绿江为界，从古自为声教，然数被中国累朝征伐者，为其自生衅端也。今复以铁岭为辞，是欲生衅矣”③。

据《高丽史》记载显示，明军似乎真的欲进入高丽强立铁岭卫，“李元吉自定辽卫逃来曰‘定辽卫点兵，将向我国’”，又有西北面都安抚使崔元沚报“辽东都司遣指挥二人，以兵千余来至江界，将立铁岭卫，帝豫{预}设本卫镇抚等官皆至辽东，自辽东至铁岭，置七十站，站置百户”④。但是明朝史料却未见丝毫踪迹。可能事实正如韩国学者金龙德所说的那样，高丽禑王当时之所以对此事反应强烈，大概是攻辽派崔莹的心腹有意捏造事情、作虚伪报告所致⑤。李朝文人认为，主战派崔莹并不是真的要攻打辽东，只是希望借此机会引发明朝责问，推诿于李成桂，“崔莹智勇过人，清廉勤劳，为王氏柱石之臣，而倡议伐辽以速其祸者何也？盖是时，我太祖（李成桂）威德日盛，民心归附…… ［崔莹］欲去之而无隙可乘。会皇朝有复建铁岭卫之议，故因裨太祖侵辽，而待明朝致诘欲委罪于太祖而去之……不然，以莹之智而不量大小强弱逆顺而为此举哉！”⑥ 可见，并无实权的禑王对于明朝铁岭立卫之事是无决策权的，高丽攻辽之举似乎成为了武将权臣政治斗争的工具。虽然高丽已于禑王十四年二月派朴宜中前往明朝交涉，未待有结果，高丽就于同年四月停用洪武年号，以崔莹为统帅，曹敏修和李成桂为副统帅，率领十万大军向辽东进发。较之于崔莹攻辽的初衷，这一行动没有引来明朝的责问反而导致了李成桂威化岛回军、禑王和崔莹被囚的逆变。

威化岛回军一个月后，朴宜中携礼部咨文回到高丽，咨曰：“高丽表

① 明太祖实录：卷 163：洪武十七年七月己未条.

② 高丽史：卷 136：辛禑：十三年五月.

③ 明太祖实录：卷 190：洪武二十一年三月辛丑条.

④ 高丽史：卷 136：辛禑：十三年六月；高丽史：卷 137：辛禑：十四年三月.

⑤ 金龙德．铁岭卫考//金龙德．韩国制度史研究．首尔：一潮阁，1983.

⑥ 姜再恒．立斋遗稿：卷 10：崔莹寇辽//韩国文集丛刊：第 210 册．首尔：景仁文化社，1990：174.

云铁岭人户事，‘祖宗以来，其文、和、高、定等州本隶高丽’。以王所言，其地合隶高丽。以理势言之，其数州之地曩为元统，今合隶辽东。高丽所言，未可轻信，必待详察然后已。”① 明朝可能已感觉到双方对铁岭地名理解有误，需待查验。《朝鲜世宗实录》中记有：“洪武二十一年间钦蒙太祖高皇帝圣旨，准请公崄镇迤北还属辽东，公崄镇迤南至铁岭，仍属本国事因。”② 这一内容不见于明朝史料。据学者李花子考证，公崄镇在今朝鲜吉州附近③，而吉州正是恭愍王时期拓展疆域的最北端，若以此作为两国对故元开元路辖下土地归属的划分标准还是符合当时历史状况的。据此推测，可能后来明朝了解到除了辽东之外高丽腹地尚有一铁岭。虽然不清楚双方消除误会的细节，但高丽末年及朝鲜初期再无关于铁岭的争执，足以证明这一事件可能就是源于地理名词的误解，而这一情况又被高丽国内权臣所利用，使“铁岭立卫”事件持续发酵。只可惜禑王没有耐心等待明朝回复而贸然发动军事行动，导致丢命失国的结局，也为明丽关系发展带来消极后果。

本章小结

1368 年至 1388 年中国处于明与北元两个政权并存时期，高丽针对这种局面主要采取两端外交。学界对禑王时期显性两端外交予以较多关注，而很少涉及恭愍王时期的隐性两端外交。本章分析显示，恭愍政权与明朝交往的六年间是与北元有接触的，虽然明军应昌大捷后恭愍王一度显示出“绝元”态度，不主动与北元沟通，但是明军岭北之役失利后，恭愍王有所动摇，亦曾接见北元使臣。此外，恭愍王并没有及时肃清国内亲元势力，为他突然去世后高丽政权的混乱局面埋下隐患。禑王政权实施明显的两端外交固然与其国内强大的亲元势力有关，却也不能忽略沈王争位造成的直接冲击，当时高丽军事压力不仅仅来自北元，南部耽罗叛乱频起，沿海倭患更是极其严重，高丽转侍北元从其自身环境来看属于保国之举。

整体而言，高丽在明与北元并存时期采取两端外交，始终保持中立，

① 高丽史：卷 137：辛昌：即位年六月.

② 朝鲜世宗实录：卷 84：二十一年三月甲寅条.

③ 李花子. 高丽末朝鲜初对公崄镇的历史记忆//新视野下的中外关系史. 兰州：甘肃人民出版社，2010：37.

没有直接介入到双方战争中。由于高丽两端外交主要是倾向于明朝的，加速了与北元关系的解体，但两端外交的事实也导致新建立的明丽关系极不稳定，双方猜忌有增无减。待北元退出历史舞台、高丽结束两端外交后，明丽关系因缺乏信任基础并没有迎来良好的发展。此前因明朝忙于统一战争而搁置的诸多问题集中爆发，尤其是明与北元对峙期间，高丽积极北拓，不仅将西北面疆域恢复到蒙元之前的状态，还取得了东北面故元辖下地区的大量土地和人口。明朝收复东北后，视故元遗产为理所当然的继承，这就与高丽北拓计划产生了冲突，由此导致两国关系波折不断，无论“铁岭立卫”真相如何，都表明了明朝与朝鲜半岛关系的磨合才真正开始。

第四章　1389—1397：时断时续的朝贡与渐行渐远的关系

从威化岛回军开始，朝鲜半岛实际上已进入李成桂主政时期，为确保高丽续祚，名儒李穑以花甲之龄涉海赴明求援，却因明太祖坚持“不干涉”原则而未获得实质性帮助。经过高丽末年的一系列变故，明太祖对李成桂的印象尤为不善，认为李氏朝鲜的建立不符合中国的纲常伦理，从一开始就抱着不与朝鲜密切交往的心态，并且对故元辖下领土和人口的争夺导致明鲜关系进一步恶化。明朝欲完全接管故元统治下的东北领地，而朝鲜以恢复高句丽疆域为理想，北拓领土是其既定国策，这种国家现实利益的冲突注定双方关系将趋于紧张。到洪武末年，两国关系发展至历史最低点，李成桂始终未能获得明朝的册封。

第一节　明太祖的“不干涉”与高丽“事大保国”希望的破灭

一、高丽政权危机与李穑出使明朝

威化岛回军后，作为主将之一的曹敏修（？—1390）得以按照从政资历暂时领导高丽朝政。早在回军之初，他与李成桂就排除禑王子嗣继承权之事达成一致。但禑王被废后，曹敏修改变了主意，谋立禑王之子，即“[李] 仁任外兄弟李琳女谨妃之子昌”①。为防李成桂质问，曹敏修在朝堂上提议王位候选人问题应该听取名儒兼“砥柱之宿臣”的意见。当时能

① 高丽史：卷126：曹敏修.

担当此名者只有李穑[①]和郑梦周，后者出使日本未还，李穑则“辞职在外而谢客杜门”。曹敏修认为“[李穑] 虽在外，惟近，可往以质，以定大议”。面对群臣的询问，李穑称：“王之子、玄陵之孙而惟在，则岂敢取宗族他子？当立前王之子。”[②] 于是九岁的昌王即位。李穑后来辩称“无首劝擅立之语”[③]，但作为坚持正统的儒者，李穑按理不应支持拥立“闰位”之后的昌王继位，禑王身世本来就是一件历史悬案，暂不去追究身世传闻的真伪，当年恭愍王遇弑，李穑曾力主恭愍唯一子嗣禑王继位，此时提出“当立前王之子”也确为臣下应当之言。

曹敏修拥立昌王主要是为了召还昌王姻亲、曾权倾朝野的李仁任，希望借助其雄厚的政治资本以掌控政局。禑王攻辽前，李仁任因“林、廉事件”辞官暂居京山府[④]，不久即病逝，该消息直到征召李仁任时才得知，这不仅导致曹敏修的计划全部落空，更将他置于众矢之的的位置，成为李成桂欲除去的首要目标。很快曹敏修就因攘夺民田的罪名遭到流放，李穑接任门下侍中，李成桂居其下为守侍中兼督总中外诸军事。早在议立昌王时，李穑就已做好担当的准备，“群恶当路，王既被毒，我等何为？欲将正义，王祸愈极。故断定允位，我罪难释。然伊尹则放而还奉，今王亦必惩前致悔，吾将为伊尹”[⑤]，由此李穑肩负起捍卫高丽王室的重任。

从当时高丽国内情形来看，李成桂一派已掌握军权，正逐步控制政权，其势力遍布高丽朝廷上下，取代王氏之势昭然。作为传统事大政策的拥护者，李穑将高丽政权续祚的希望寄托于明朝，决定以贺正为名亲身出使，旨在得到明朝的干预以抑制李成桂势力的发展。李穑自请入朝，高丽群臣皆阻止，盖因禑王时期，明丽关系一直处于比较尴尬的境况，明朝收

---

① 李穑（1328—1396），字颖叔，号牧隐。十四岁中成均馆试。因其父李谷在元朝为官，李穑以朝官之子入元大都国子监学习三年，“得受中国渊源之学”，“尤邃于性理之书”。二十六岁中元征东行中书省乡试，次年中会试，东归高丽后屡任要职，对高丽性理学的发展及其正统地位的确立起着不可磨灭的作用。

② 申贤．华师海全：卷 7：后王诰忠情辞//域外汉籍珍本文库：集部第 10 册．重庆：西南师范大学出版社，2011：185.

③ 《高丽史》卷 115《李穑》载：“回军议立之际，敏修问穑‘宗亲与子昌孰当?’时敏修以主将领兵还，且与昌外祖李琳为族同心，穑不敢违，以‘禑立已久，当立子昌’为对，无首劝擅立之语。”

④ 《朝鲜太祖实录》卷 1 总序载：“辛禑十四年戊辰正月。时，侍中李仁任用事，其党领三司林坚味、左使廉兴邦、赞成事都吉敷等分据要途，卖官鬻爵，夺人田丁，肆其贪虐，公私匮竭。太祖与崔莹愤其所为，同心协力，导禑除之，三韩大悦，道路歌舞。”之后崔莹进言：“仁任决谋事大，镇定国家，功可掩过。”李仁任得以免于刑罚，辞官退隐。

⑤ 同②.

复东北后仍不允许高丽使臣经由辽东入境，其实也是对高丽不信任的表现。现在受到册封的禑王被本国自行废黜，明朝态度难以估计，之前也曾多次出现高丽使臣或被枷囚，或遭杖流的情况，加上涉海的危险，李穑此次出使可谓凶险难测。对此，李穑称："位极人臣，常欲以死报之，设死道路，以尸将命，苟得达国命于天子，虽死犹生。"① 李穑除了具有深厚的儒学造诣外，还在明朝拥有高丽无人能及的良好声望。明朝建立后，他虽不曾涉足中原，但依然为明朝士人所敬仰，前来册封禑王的明使张溥、周倬就曾专门问安于李穑，"彼精粹有道人也得非李先生某耶，深加敬礼"②，这种背景也是李穑坚持出使的原因所在。

李成桂明白李穑此行目的，但其力量尚不足以阻止这次出使，昌王继位已表明李成桂在朝廷中的支持者远不及军中那样有力，虽然他大力提拔新人，但时间尚短，还未能完全取代传统权门贵族势力，当然李成桂也希望通过李穑出使了解明朝对威化岛回军及禑王被废的反应。

《高丽史》记载："辛昌即位年（1388）十月，遣门下侍中李穑、签书密直司事李崇仁、同知密直金士安如京师贺正，且请王官监国，子弟入学。"③ 实际上，李穑的出使任务有四项：贺正、请昌王亲朝、请王官监国、请子弟入学。核心任务是请"昌王亲朝"。高丽国王亲朝在元代非常普遍，忠烈、忠宣、忠肃、忠惠王都曾频繁往来元廷，甚至长期居住在大都。高丽正是通过这种国王亲朝的行为来彰显对元朝的忠心，才能在蒙古兵力笼罩的范围内得以保存其宗庙社稷。入明之后，高丽国王或世子均未有过此举，李穑希望以昌王亲朝的行动向明朝表达"事大至诚"之意，进而使现任高丽国王得到明朝的保护。为此李穑设计了双重保障，他自己先入明贺正，面禀亲朝之事，再由随后入朝的姜淮伯专奏以示诚意。

请王官监国表曰："保国在于事大，绥远在于置监。兹殚卑忱，庸渎聪听。窃惟，小邑邈处边陲，虽蒙声教之渐，尚昧礼义之习。冀王官之来莅，惟圣化之是宣。伏望陛下度扩兼容，仁推一视，命设员吏，俾安要荒。臣谨当守侯度以罔愆，祝皇龄于有永。"④ 除了元代，高丽历史上并无接受中国"王官监国"的传统，因此李穑的这项构想其实源于蒙元时期

① 安鼎福. 东史纲目：第17上：后废王昌. 京城：朝鲜古书刊行会，1915：247.

② 崔锡鼎. 明谷集：卷14：平山云峰书院请额疏//韩国文集丛刊：第154册. 首尔：景仁文化社，1990：140.

③ 高丽史：卷137：辛禑（昌）：昌王即位年十月.

④ 同③.

向高丽派驻达鲁花赤的行为，其根本目的是希望压制李成桂一派。不过元时达鲁花赤常驻王京，对高丽国政多有控制和干涉，极大地损害了高丽国家独立性，恭愍王借元明鼎革之机，几经努力才将此废除，现在高丽主动提出由明朝监国，可以说是牺牲了一定国家主权。

请“子弟入学”之事，洪武五年明朝曾表示过同意，未及实施就发生恭愍王遭弑、明使被杀事件，之后高丽采取两端外交周旋于明与北元之间导致明丽朝贡关系时断时续，子弟入学之事也被搁置下来。李穑重提此事，是为了使高丽重新获得学习中原文化的机会，培养更多儒士以加强与明朝的关系。

此外，出使队伍的构成也体现了李穑的良苦用心。李崇仁①是李穑得意门生，在明朝也有良好形象，其文章典雅有古文风，高丽事大表笺多出自其手，“恭愍得谥、上王袭爵，皆崇仁文章之力也。得免岁贡金银马布，亦崇仁之力也。皇帝屡称文章之美，谓我国有人物者亦是崇仁之功也”②。李穑担心出使期间“未还而有变”，要求李成桂同行，“公（李成桂）举义以尊中国，然非执政亲朝，则公之忠诚无以白于天下”，李成桂不愿前往，“吾与公一时并使，国事谁任？我择一子从公而行，犹吾往也”③，遂以第三子李芳远（1367—1422，朝鲜第三任国王）为书状官随行出使。

二、明朝的“不干涉”态度

《明实录》对李穑的到来只作为一次普通的贺正来记载：“洪武二十一年（1388）十二月壬子，高丽遣其臣李穑等上表贺明年正旦，贡金龙头双台盏一、金盂一、镀金银莲花台盏二、银盂三十八、镂金银樽一、镀金盆六、银壶三、镂金银丝龙头镫二、黄白黑布八十匹、花席四十领。诏赐穑等绮钞有差。”④ 较之以往，此次朝贡的礼单可谓厚重。洪武二年，高丽第一次进贡之物为：“上位方物，鞍子、黄纻丝、黑麻布、白纻丝、帘席、方席、别纹踏席、同纹踏席、满花寝席、人参、豹皮；中宫方物，黄纻丝、白纻丝、粉红布满花初始席、方纹上席、同纹踏席、方席；东宫方

---

① 李崇仁（1347—1392），字子安，号陶隐，恭愍朝登第，著有《陶隐集》五卷。

② 权近. 阳村先生文集：卷31：上书//韩国文集丛刊：第7册. 首尔：景仁文化社，1990：275.

③ 权近. 阳村先生文集：卷37：有明朝鲜国承仁顺圣神懿王后齐陵神道碑铭（并序）//韩国文集丛刊：第7册. 首尔：景仁文化社，1990：325.

④ 明太祖实录：卷194：洪武二十一年十二月壬子条.

物，鞍子、白纻丝、黄纻丝、黑麻布、帘席、方席、别纹上席、同纹踏席、豹皮、人参。”① 之后历次朝贡所进之物大致如此，多为方物土产，鲜有金银之类。这次李穑备厚礼贺正旦，其寓意不言自明。

正如所料想的那样，李穑的声望使他在南京获得与明太祖直接对话的机会，“帝素闻穑名，引见数四，礼待甚厚。从容赐语曰：‘汝在元朝为翰林，应解汉语。’穑乃以汉语遽对曰：‘请亲朝。’帝未晓曰：‘说甚么?’礼部官传奏之。穑久不入朝，语颇艰涩。帝笑曰：‘汝之汉语，正似纳哈出。’”② 李穑自元至正十六年（1356）东归高丽后，三十多年未入中原，汉语生疏可想而知。后世曾惋惜道：“王氏祚短，方当汉语从容之际，帝不谛听矣，既无以导其志。”③ 明太祖即使不能与李穑直接对话也会看到高丽表笺，明白李穑所关注的问题，但是既然李穑不能面禀，明太祖也就避开不谈，为此李穑说“今皇帝心无所主之主也，我意帝必问此事，则帝不之问，帝之所问，皆非我意也”④。

明朝虽然没有正面回答李穑，但是对随后入明专奏“昌王亲朝”的姜淮伯则予以明确答复：

> 高丽限隔山海，风殊俗异，历代以来，虽通贡中国而向背不常，言多不信。迩年以来，臣执国柄，废立自由，既囚其父而立其子，今请入朝，此岂其王之意，必执国柄者之所为也。诡诈之情昭然可见。自昔贤哲之君，若此非为，耳不欲闻，何也？盖为坏彝伦，废君道，无人臣礼，大逆不道，非中国之所有。尔使者归语，尔高丽既自立童子，不必来朝。尔国中之贤者自知是非，中国无所与焉。⑤

昌王年幼即位乃是“囚父立子”的结果，明太祖从这令人“匪夷所思”的事件中看出昌王只不过是高丽权臣的傀儡，鉴于是非曲直难以明辨，明朝拒绝了昌王亲朝之请，并清楚地表明了“中国无所与焉”的态度。

李穑愿望落空是多方面原因共同作用的结果，最主要的是他没有参透明朝和元朝对外政策的本质区别。高丽与明朝接触始于洪武二年，但洪武

---

① 大明集礼：卷31：蕃使朝贡．文渊阁四库全书本：10.

② 高丽史：卷115：李穑.

③ 成海应．研经斋全集：卷58：故实考异//韩国文集丛刊：第275册．首尔：景仁文化社，1990：208.

④ 同②.

⑤ 明太祖实录：卷195：洪武二十二年正月庚寅条.

七年恭愍王去世后，双方联系时断时续，并无多少实质性交往，高丽对明朝外交事务也不甚了解。而李穑也没有出使明朝经历，此次贺正，无论是厚重的贡物，还是国王亲朝、王官监国的任务设置都是遵循元朝外交思维，这种“投元所好”的出发点从根本上注定了其出使的失败。

明朝是逐元而立，前朝的穷兵黩武使明太祖在处理对外关系时强调“不征”的准则且重视“德化”的作用。虽然洪武朝与周边国家的关系并没有因“不征”的和平政策而顺利发展，但是鉴于王朝初建，百废待兴，北方蒙古势力又咄咄逼人的现实状况，明太祖始终没有对他国进行军事征讨，也避免卷入他国的政治、军事斗争中去，秉承“不干涉”政策。

这种“不干涉”态度既源于北边界的防御压力，也包含了明太祖对周边国家，特别是对安南、高丽政权的逐渐“失望”。面对安南、高丽出现的王位非正常更替，最初明太祖还曾表示过愤怒，毕竟这些以下犯上的行径与明太祖所奉行的传统君臣观大相径庭。如洪武五年明太祖斥责安南陈叔明“篡位”，欲遣“十万大军水陆俱进，正名致讨以昭示四夷”①，陈叔明被迫退位并遣使入明谢罪。洪武七年高丽恭愍王遇弑，明朝当即以却贡待之。随着时间的推移，鉴于安南、高丽政权一直吊诡多变，明太祖也不再贸然干预而是实施“自为声教”的冷漠政策，他并非不想对高丽、安南这种行为进行武力干预使其符合纲常伦理，但因国力所限，明太祖采取“却贡”这样的举措也是无奈之举。明人高岱就曾指出：“夫以当时熊虎之将，席百战之威，其于蕞尔小夷，岂为难克？然于敝中国多矣。彼既不足为中国患则已，又何必涂炭吾赤子而邀无益之功邪？”② 但是出于边疆安全的考虑，洪武朝对于高丽（朝鲜）、安南之政治、外交实际上也并非完全置身事外，凡切己者必加干预。

李穑既未领悟明太祖的外交之道，也没有认清明丽之间早已冷淡的朝贡关系。明太祖册封禑王乃是出于备战纳哈出的战略考虑，而高丽禑王数次请封则是源于其寻求大国庇护的历史传统，因此两国再次建立朝贡关系并非建立在基于信任和深入交往的基础上，其脆弱性在高丽禑王举国攻辽事件中已充分体现出来。另外，禑王被废一事早有投诚的丽籍将领进行过事实描述，高丽却掩饰为“[禑王] 逊位于其子昌”。明太祖认为“前者闻

① 宋濂. 文宪集：卷 1：奉制谕安南国诏. 文渊阁四库全书本：37.
② 高岱. 鸿猷录：卷 6. 上海：上海古籍出版社，1992：20.

其王被囚，今表请逊位，必其臣李成桂之谋。东夷狡诈多类此”①。李穑未对明朝坦陈事实，只希望用不菲的贺礼来表达忠心，以期改观高丽在明太祖心目中的形象，但这恰恰正是明太祖所轻视的。

对明朝来说，“王官监国”的诱惑可谓不小，这意味着唾手得以治他国，但明太祖亦明白“得其地不足以供给，得其民不足以使令”② 的道理，从未考虑过像元朝那样将高丽纳入版图范围。相反，明丽建交后，明太祖一直希望高丽强兵将、固城池以北御残元、南抵倭寇，“王（指恭愍王）欲御之，非雄武之将、勇猛之兵，不可远战于封疆之外；王欲守之，非深沟高垒、内有储蓄、外有援兵，不能以挫锐而擒敌”③，这固然是出于减轻明朝边防压力的考虑，却也是真诚希望高丽增强国力，因此明太祖是不会考虑监国的。至于子弟入学之请，明朝认为高丽屡次发生以下犯上的行径，早已“人伦斁”“礼义亡”，不具备入学资格。

三、高丽政局的加速灭亡

李穑的出使目标均没有实现，但也并非毫无收获。明太祖允许高丽今后自辽东入贡④。之前高丽前往明朝只能从朝鲜半岛直接渡海，经太仓抵南京。此后高丽使臣可由辽东半岛的旅顺过海至登州，再陆路到南京，大大降低了涉海的危险。又明朝礼部认为“逐父立子，天下安有是理”，李穑据此建议李成桂将禑王流放之地内迁至骊兴，“可免放君之名”⑤。另外他还带回明朝作亲的要求，“我这里有几个孩儿，恁高丽有根脚好人家女孩儿与将来教做亲”⑥，若能与明皇室结成婚姻，对于保护王氏也是有帮助的。但是这些出使成果很快付诸东流，李成桂却成为李穑出使的最大受益者。

最初李穑携李芳远赴明乃是作为挟制李成桂的筹码，但李穑“每入帝廷”，李芳远“必与偕焉”，基本掌握了李穑与明朝君臣交往的细节。之后李成桂长子李芳雨又随姜淮泊入明奏请“昌王亲朝”，进一步了解了明朝态度。通过先后入明的两子，李成桂清楚地看到明朝与蒙元的区别。至元

① 明太祖实录：卷194：洪武二十一年十月庚申条.

② 朱元璋．皇明祖训//明朝开国文献：第三册．台北：学生书局，1964：1588.

③ 高丽史：卷42：恭愍王世家：十九年五月.

④ 李穑出使期间，明太祖敕辽东都司曰：“如高丽王至辽东，宜燕待之，命还其国，若使者来勿阻。”（明太祖实录：卷195：洪武二十二年正月庚寅条）

⑤ 高丽史：卷115：李穑.

⑥ 高丽史：卷137：辛禑（昌）：昌王元年四月.

六年（1269），高丽曾发生武臣林衍逼元宗让位于王弟淐的事件，元宗世子诉于忽必烈，蒙元即遣兵压境责问擅自废立之事，林衍不得已迎元宗复位。现在明朝明确表示不干预，李成桂消除了除去禑、昌王的最大顾虑，开始有所行动。

昌王元年（1389，洪武二十二年）六月，高丽派尹承顺、权近赴南京再请“亲朝”兼禀“作亲”之事，表笺内容不详，但从《高丽史》所载明朝回文来看，事态发生逆转，回文如下：

> 高丽国中多事，为陪臣者，忠逆混淆，所为皆非良谋。君位自王氏被弑绝嗣后，虽假王氏，以异姓为之，亦非三韩世守之良法。古有弑君之贼，由君恶贯盈，凡弑君者，虽在乱臣贼子，亦有发政施仁，以回天意，以安有众。今高丽陪臣等阴谋迭诈，至今未宁，设使以逆得之，以逆守之，可乎？若以逆为常，则逆臣继踵而事之，皆首逆者教之，又何怨哉？礼部移文前去，童子不必赴京。果有贤智陪臣在位，定君臣之分于上，造妥民之计于国，虽数十岁不朝，亦何患哉！连岁来朝，又何厌哉！①

“作亲”之事也因此被暂停。

但《明实录》的记载则完全不同：

> 高丽国复遣使来奏权国事王昌乞入朝，上不许，谓礼部尚书李原名曰：高丽国中多故，陪臣忠逆混淆，所为皆非良谋。废立自由，岂三韩世守之道哉！彼既囚其主，来言童子入朝，必有隐谋，不可信也。彼苟以逆为常事，皆继踵而为之，则人伦斁而礼义亡矣。尔礼部其谕高丽，使童子不必来朝。果其国有贤智之臣，明君臣之分，妥民安国，虽数世不朝亦无所责，不然虽连岁来朝亦何益哉！②

《明实录》的记载始终没有提到“异姓为王”。虽然明朝也曾对禑王身世有所怀疑，但直到次年高丽奏禀“废昌立瑶”时，明朝才正式被告知所谓的“国王王昌非王氏后，实辛旽子禑之子”③。

按《高丽史》所述，尹承顺、权近出使目的是“请亲朝”兼禀“作亲”之事，明朝又怎会知道昌王非王氏子孙？如果高丽表文中提及禑、昌

① 高丽史：卷137：辛禑（昌）：昌王元年九月.

② 明太祖实录：卷197：洪武二十二年八月癸卯条.

③ 明太祖实录：卷199：洪武二十三年正月癸未条.

身世，又何必再次请求昌王亲朝呢？诸多矛盾之处表明这篇回文可能系伪造。朝鲜后世也认为“中朝有言立异姓云……中朝所言实不出于中朝，乃其时二心者做出也。自唱自和，有同鬼语，事系废立，人莫敢言，机穽之惨，未有甚于此时”①。

明朝“回文”到达高丽前，李穑仍然在为保护禑、昌二王而努力。他先独自谒见禑王，“其独见之际，所言公欤私欤？是未可知也”②。之后不顾明朝禁令，欲让昌王径直前往明朝，终未成行，“[昌王元年] 九月，昌将亲朝，以领三司事洪永通、判门下府事李穑、判三司事沈德符、门下评理偰长寿、厚德府尹李种学为从行官。既而，昌母李氏悯其年幼，言于都堂，寝其行”③。

明朝“回文”到达后，在李成桂授意下，谏官参劾李崇仁随李穑出使期间，“身亲买卖，有同商贾，以浼我侍中之行，而使中国之人唾我三韩士大夫之面”④，李崇仁被“夺告身，流牛峰县”⑤，李穑亦不自安，“解职归长湍别业”⑥。李穑的离开使禑王危机感倍增，欲有所为，“前大护军金伫、前副令郑得厚潜往黄骊谒见禑。伫，崔莹甥也，随莹日久，颇用事。得厚，亦莹族党。禑泣谓曰：‘不堪郁郁居此，敛手就死。但得一力士害李侍中，吾志可济也。吾素善礼仪判书郭忠辅，汝往见啚之。’”⑦ 郭忠辅将此事密告李成桂，于是“金伫狱”起，众多拥护禑、昌之人或被处死或遭流放。随后李成桂利用明朝“责异姓为王”咨文，名正言顺地将昌王废为庶人，迎立定昌府院君王瑶，是为恭让王。禑、昌父子分别被放逐江陵、江华两海岛。

拥护禑、昌王的朝臣不甘于此，他们暗中遣人赴南京，不惜捏造事实以期换得明朝出兵干预，“有尹彝、李初者来诉于帝，言：‘高丽李侍中立瑶为主，瑶非宗室，乃姻亲也。瑶与李成桂谋动兵马，将犯上国，宰相李穑等以为不可，即将李穑等十人杀害，将禹玄宝等九人远流。其在贬宰相

① 申钦．象村稿：卷46：汇言五//韩国文集丛刊：第72册．首尔：景仁文化社，1990：320.

② 徐居正．东文选：卷53：论李穑疏．京城：朝鲜古书刊行会，1914：188.

③ 高丽史：卷137：辛禑（昌）：昌王元年九月.

④ 南在．龟亭遗稿：卷上：劾艺文提学李崇仁疏//韩国文集丛刊：第6册．首尔：景仁文化社，1990：622.

⑤ 高丽史：卷115：李崇仁.

⑥ 朝鲜史略：卷12：高丽纪恭让王．文渊阁四库全书本：1.

⑦ 高丽史：卷137：辛禑（昌）：昌王元年十一月.

等潜遣我等来告天子。'仍请亲王动天下兵来讨"。此时恰逢高丽奏禀"废昌立瑶"的使臣到达南京，"抗言明辨，帝疑乃释"，明朝要求高丽使臣"速还国，语王及宰相，将彝书内人等诘问来报"。李成桂诛杀此事主谋金宗衍①，并借机再次清洗了反对他的大臣。高丽将事实澄清之后，尹彝、李初也被明朝"远流于溧水县"②。至此，高丽寄予明朝干预的愿望彻底落空，李成桂取代王氏只是时间问题了。

高丽末期历史纷繁复杂，《高丽史》编纂者的刻意避讳使得史实越发扑朔迷离，"丽史所予夺皆未可信，末年事迹尤乖谬，此虽局于讳避，然传信之书，岂容尽没其实而盖覆之也。如立昌、见禑、送彝初三件事为大罪案，元臣故老，颠顿流落，卒移其国"③。丽末诸贤被祸就是从"牧隐立昌"开始，为巩固昌王王位，李穑以花甲之龄涉海赴明朝贡可谓不易。李朝文人称"牧老之朝京一节，即是大力量。使此计得成，则本朝事未可知也"，"王官监国则本朝之化家为国，岂易易乎"④，道出了李穑出使对于当时高丽政局的重要意义。三年后，郑梦周又仿效李穑，派恭让王世子定城君王奭前往明朝贺正旦，明朝继续持不干涉态度，虽然王奭在明廷颇受礼遇⑤，但丝毫无以挽救几个月后李成桂取而代之的局面。

第二节 两位开国者的对峙

一、明朝对丽鲜更代的默认

恭愍王去世后，明太祖就已不愿再与高丽有深入交往，对于高丽内政种种真伪莫辨之情况，"皆听其自为"，"一旦变更，尽为虚妄，必将祸起

① 高丽史：卷45：恭让王世家：二年五月癸巳条. "尹彝、李初"事件的发起者还有待进一步考证，《高丽史》记载"金宗衍为谋首"。

② 高丽史：卷45：恭让王世家：二年七月庚子条.

③ 申钦. 象村稿：卷46：汇言五//韩国文集丛刊：第72册. 首尔：景仁文化社，1990：320.

④ 成海应. 研经斋全集：卷58：故实考异//韩国文集丛刊：第275册. 首尔：景仁文化社，1990：207.

⑤ 《高丽史节要》卷35恭让王四年三月载："乙巳，王世子至自京师，都堂迎于金郊，百官班迎于宣义门外。帝特加宠待，序世子于公侯之次，赐宴内殿者凡五。又命千官日开宴慰，赐黄金二锭，白金十锭，表里百匹。从官以下赐银帛有差。"

不测，皆自取也”①，所以明太祖得知高丽接连废掉禑王、昌王另立恭让王时，并没有表示愤怒，因此恭让王时期明丽关系反而呈现出平稳状态，并没有因高丽王位的连续更替而恶化，也没有发生高丽使臣被禁止入境的情况（见表4-1）。

表4-1 恭让王时期高丽遣使明朝情况

高丽纪年	事由	高丽纪年	事由
元年十一月	奏废昌立瑶	三年八月	送马二千五百匹
二年四月	祭鲁王	三年九月	世子王奭贺正旦
二年闰四月	送六十奴、火者卜尼入朝	三年十月	献火者二十人
二年六月	贺千秋节	三年十二月	送马一千匹
二年六月	贺天寿圣节	四年二月	谢恩
二年九月	进献马匹	四年二月	送马一千匹
二年九月	贺正旦	四年五月	送马两千匹
三年六月	送马一千五百匹	四年六月	贺圣节
三年六月	贺圣节	四年六月	贺千秋节，使臣听闻皇太子薨而折还
三年六月	贺千秋节	四年六月	请诰命，使臣得知恭让王被废而折还

恭让王期间，明朝曾两次主动遣使前往高丽，皆为马匹。洪武二十四年（1391，恭让王三年）三月“诏于高丽市马一万匹，并索阉人二百人”②。同年十月遣使问政，“旧岁来告王瑶嗣立，乃王氏苗裔，宜遣使以礼物劳之，观其署政何如！如是遣元来降承徽院使康完者笃等赍礼物往赐高丽”③，其真实目的仍是督办马匹贸易。可以说，马匹贸易是当时两国关系得以正常运行的重要因素。

明朝数年征战，马匹需求量极大，而高丽耽罗曾是元朝牧场，马匹多，品质好，所以明太祖将高丽作为马匹的重要来源。早在洪武十九年（1386，禑王十二年）十一月，明太祖就曾向高丽提出买马要求，“我要和买马五千匹……肯不肯时便动将文书来。我这里运将一万匹段子、四万匹绵布去。宰相的马一匹，价钱段子二匹、绵布四匹；官马并百姓的马一

① 明太祖实录：卷199：洪武二十三年正月乙丑条.

② 明太祖实录：卷208：洪武二十四年三月己丑条.

③ 明太祖实录：卷213：洪武二十四年十月甲寅条.

匹，段子一匹、绵布二匹。和买，你休忘了”。十二月，明朝又买马三千匹，“每一匹给大绵布八匹、段子二匹。各官差家人送马到辽阳，取价回还”①。正是这种具有军事意义的马匹贸易的存在，在一定程度上减轻了随后发生的丽鲜更代对明鲜关系的冲击。

李成桂通过观察明朝对李穑出使的态度以及对禑、昌王被废杀的反应，已充分估量到改朝换代将面临的来自明朝的压力，因此洪武二十五年(1392)七月，李成桂以“市不易肆、兵不血刃”② 方式成功化家为国。他并没有像当年安南陈叔明那样为篡位千方百计地寻找借口，废禑王时遮遮掩掩的态度到废恭让王自立时已经不见了，直接以“[王氏] 宗亲，无可以当舆望者”向明朝表明了丽鲜更嬗的事实：

> 本国自恭愍王薨逝，无嗣，权臣李仁人{任}以辛旽子禑主国事，昏暴自恣，多杀无辜，至欲兴师侵犯辽东。其时大将李成桂以为不可而回军，禑自知负罪，惶惧逊位于其子昌。国人弗顺，启请恭愍王妃安氏，择立宗亲定昌国院君王瑶权国事。及今四年，亦复昏迷不法，听信谗说，离间勋旧。其子奭复痴骏无知，纵于酒色，与禑党玄禹宝等潜谋复禑位。守门下侍中郑梦周尝以前者欲攻辽东为李成桂所阻，致令朝廷索取马匹，以此谮于王瑶，谋害成桂及赵俊、郑道传、南訚等，国中臣民多被杀戮。群臣国人以社稷生灵为虑，谓瑶不足以治民。今年七月十七日，以恭愍王妃安氏之命，退瑶于私第，择于宗亲，无可以当舆望者，惟门下侍中李成桂，中外人心夙皆归附，于是臣等与国人耆老共推成桂主国事，伏望圣裁，俯从舆意，以安小国之民。③

李成桂很清楚自己的行为属于“篡国”，虽然明太祖此前对“监国”的无动于衷已将“不干涉”态度表现得淋漓尽致，李成桂也坚信明朝不会挥军东来帮助王氏复位，但对于呈入这份表笺的使臣来说却是凶险难测，最终这项通报任务落在赵胖身上。

赵胖(？—1401)，精通华语。《朝鲜王朝实录》称，赵胖十二岁时跟随父亲“赴燕都，主从姊夫段平章家，遂学汉文兼通蒙古书语。丞相脱脱

---

① 高丽史：卷136：辛禑：十二年十一月；十二年十二月.

② 朝鲜太祖实录：卷4：二年九月庚申条.

③ 明太祖实录：卷221：洪武二十五年九月庚寅条.

一见奇之，奏辟中书省译史。戊申（1368），以亲老东归”①。《海东杂录》载：“赵胖妹选入元，胖随其妹往见其家……及大明兵来迫，元帝北狩……东还。”②《青坡剧谈》则记：“赵宰臣胖，有其姑为元脱脱丞相夫人，以故幼从姑养于脱脱氏，脱脱败，公……避祸本国。”③ 三份史料均显示赵胖是少年时入居燕都显宦之家，至元朝灭亡才回归高丽，因此他的汉语几乎与汉人无异。在此次出使之前，赵胖曾参与过三次重要的出使。高丽禑王八年（1382，洪武十五年）赵胖与郑梦周一起赴明，此为明丽关系的破冰之行；禑王十一年，前往明朝“请谥请承袭”，顺利为禑王取得册封；恭让王元年，入明奏禀高丽“废昌立瑶”。三次出使险象环生却最终平安归来，特别是第三次，赵胖在南京时，“适有名尹彝、李初者，诈称高丽宰相，构我太祖，请亲王动天下兵。胖抗言明辨，帝疑乃释”④。赵胖汉语娴熟且反应机敏，应该是被选中前去通报建国的主要原因。朝鲜君臣担心赵胖此行可能凶多吉少，因此在赵胖出发一个月后，朝鲜又派赵琳携同样的表笺并押解一千匹战马前往辽东，继续完成恭让王时期的马匹交易，希望以此博得明帝欢心，减轻丽鲜更代造成的冲击，不过，此时赵胖已有惊无险地完成了通报建国的任务。

明朝和朝鲜正史均没有记载明太祖听到李成桂“自篡其国”后的反应，但可以推测，明太祖不可能平静地接受这件事情。据《勉庵集》记载：“[赵胖] 及到京师，高皇帝召责之，因命斩之，公大声呼曰：‘愿得一言死。自古应天顺人，革命创业，非徒小国也。’帝善其对，因问曰：‘汝何以解华语。’对曰：‘臣少游中国，曾见陛下于脱脱军中。’因历陈当时事，帝下榻执手曰：‘卿乃朕之故人。’待以客礼，曰：‘脱脱若在，朕何得至此。’”⑤《海东杂录》记有：“洪武壬申，[赵胖] 以奏闻使朝京。高皇帝引见诟辱，胖曰：‘生长中国，曾见陛下于脱脱军中。’帝下榻执手曰：‘卿，朕之交友。’以礼待之。胖曰：‘历代创业之主，皆顺天革命，非独我国也。’微指大明之事。”⑥ 关于赵胖与朱元璋会面于脱脱军中之事，还有待进一步考证，但明太祖没有“震怒”则与赵胖应对得当有很大

---

① 朝鲜太宗实录：卷 2：元年十月壬午条.

② 权鳖. 海东杂录：赵胖. 大东野乘本. 京城：朝鲜古书刊行会，1911：94.

③ 李肯翊. 燃藜室记述：卷 2：太祖朝名臣. 京城：朝鲜古书刊行会，1913：104.

④ 同①.

⑤ 崔益铉. 勉庵集：卷 25：福兴君赵公神道碑铭//韩国文集丛刊：第 326 册. 首尔：景仁文化社，1990：29.

⑥ 同②.

关系，“历代创业之主，皆顺天革命，非独我国”之语即是指明政权也是推翻元朝才得以建立的。最终明太祖默认了朝鲜的建立，“从其自为声教，果能顺天道、合人心，以妥东夷之民，不启边衅，则使命往来，实彼国之福也”①。《朝鲜实录》记载为：“其三韩臣民，既尊李氏，民无兵祸，人各乐天之乐，乃帝命也。自今以后，慎守封疆，毋生谲诈，福愈增焉。”由是赵胖被赐“开国功臣之号”②，“太祖始开国，有臣赵胖奉使上国，高皇帝善其奏对有礼，遇我加厚，胖遂为功臣第一”③，权近亦有诗赞赵氏“深谋克赞开邦运，专对偏留奉使功”④。

得到了明朝的承认后，李成桂又借着太子朱标去世大行事大之礼，率群臣服皇太子丧，遣使陈慰帝廷，又迅速完成了高丽末年的马匹贸易⑤。这些举措颇得明太祖好感，遂为李氏择定国号“朝鲜”，并于洪武二十七年（1394，朝鲜太祖三年）四月再次购马一万匹⑥。清人夏燮曾批评明太祖因马匹贸易而不能主持正义，贪图小利，为朝鲜所轻，“成桂当更号易名之际，一岁之贡多至九千八百余匹，太祖所酬不及其十之一。而李旦之所以尝｛偿｝太祖者，不禁怀易与之心，前恭而后倨。二十七年以后之表文，始而谩语，继涉讥讪，虽太祖不欲称兵招衅，而已为外邦所轻矣”⑦。有学者认为明朝不追究李氏的代立并迅速赐予国号，与李成桂自洪武二十四年开始不断向明朝进贡马匹有关⑧。

应该说明太祖承认朝鲜立国与马匹需求有一定关系，李成桂为获得明朝的承认而积极迎合明朝的马匹贸易，明朝所偿之值低于马匹实际价值，确实包含了政治因素在内（第九章将着重论述）。李成桂也的确对明朝有所轻慢，在平稳地渡过了丽鲜更替可能引发的严重外交危机后，李成桂更坚信明朝不会轻易对朝鲜动用武力，由此制定了徘徊在明太祖容忍边缘的拓展疆域及招抚女真的政策，进而完成一系列有利于朝鲜国家利益的活

① 明太祖实录：卷221：洪武二十五年九月庚寅条.

② 朝鲜太宗实录：卷2：元年十月庚午条；元年十月壬午条.

③ 南有容. 雷渊集：卷22：孝子赠刑曹正郎赵公墓碣铭//韩国文集丛刊：第217册. 首尔：景仁文化社，1990：428.

④ 权近. 阳村先生文集：卷8：哭复兴君赵公//韩国文集丛刊：第7册. 首尔：景仁文化社，1990：95.

⑤ 恭让王时已交付八千匹，朝鲜太祖元年交付两千匹（朝鲜太祖实录：卷1：元年八月丙子条；元年十一月丙戌条）。

⑥ 朝鲜太祖实录：卷5：三年四月癸酉条.

⑦ 夏燮. 明通鉴：卷10. 北京：中华书局，1980：504.

⑧ 许振兴. 洪武朝明与朝鲜半岛政权的关系. 东方文化，1994，32（1）.

动。正如韩国学者所说的那样，“对明朝的事大政策，从李成桂自威化岛回军后便持续着，但这仅止于外交礼仪的让步，内部仍与明朝维持紧张关系，并追求实利与扩张版图”①。由于边疆和女真问题的争执，明鲜关系持续恶化，朝鲜使臣屡被明朝禁止入境。到洪武二十九年，明朝主动中止马匹贸易，李成桂希望借助马匹交易争取明朝册封的愿望落空。从这些史实来看，明太祖并未因获取马匹而对朝鲜无限度容忍，对朝鲜的态度也没有因马匹贸易而发生较大改变，他始终不同意册封李成桂。据此而言，明太祖默认丽鲜更代可能正是体现着其对待他国“不征”“不干预”的外交理念以及“听其自为”的政策。但是李成桂招抚女真、拓展疆域的活动与明朝利益产生严重冲突，李成桂执政七年间，明鲜之间始终无法达成基本的政治互信，外交危机频现，甚至达到战争一触即发的地步。

二、持续不断的外交风波

明太祖对辽东战略防御体系设想为：以辽河流域为中心区，以辽阳、广宁为支撑，东至朝鲜半岛北部，北至黑龙江下游，西到大宁以北，广建卫所，附以塞王，中夹羁縻卫所。清除纳哈出势力后，明太祖封皇子韩王松于开原，沈王模于沈阳，辽王植于广宁，皆处锁钥咽喉重地，统率护卫精兵，坐镇边陲，以为屏藩捍卫。但是在实际推行过程中遇到种种困难，这个构想只是得到部分的实现②，明朝除了在辽东西部的建设颇为成功外，对于辽东东部、北部的建设均不如意。明太祖将获得的故元辖下、鸭绿江两岸的人口全部内迁至辽阳附近，而未在沿江地区驻军，明朝直接管辖地界仅至连山关，自连山关至鸭绿江北岸的数百里设为无人区，这种状况直到正统年间才有所转变。造成上述情况的原因是明朝兵力部署方面捉襟见肘，难以各处把守，加上连年征战和灾荒不断，国家粮食储备严重不足，这些问题都制约着明朝对辽东地区的有效管理。至于图们江流域，洪武朝更是鞭长莫及，而故元势力退去的女真地界则因缺乏统一管理而混战不断。

洪武五年，野人女真袭击了训春河口的故元奚关总管府奚关城（今吉林珲春县高丽城村），斡朵里首领挥厚（猛哥帖木儿之父）、崔也吾乃与火儿阿部首领阿哈出等率领部众抵抗，反击失利后，斡朵里同火儿阿部逃离

① 李元淳，等. 韩国史. 詹卓颖，译. 台北：幼狮文化事业股份有限公司，1987：173.
② 张士尊. 明代辽东边疆研究. 长春：吉林人民出版社，2002：25.

奚关城，大批故元女真官民也随之南移，迁往辽东地区和朝鲜半岛，这一事件被称为“壬子事件”。当时明朝尚未完全接管东北，在辽东的统治也不稳固，对女真地区发生的这一事件并没有给予足够的重视，致使后来形成建州女真主体的斡朵里、火儿阿部迁往了朝鲜半岛。彼时，迁至图们江流域的阿哈出和继承父职的猛哥帖木儿未接受高丽的官职，他们以元朝的豆漫作为官职号令部众。到了朝鲜时期，李成桂的扩张疆域热情远胜高丽时代，尤其东北面乃是其祖上发源地，高祖之德陵、安陵尚在孔州（即庆源府）①。朝鲜建国之初即制定了“北进政策”，这就与明朝的东北战略发生了冲突，导致外交风波不断。

1. 朝鲜王子亲朝与女真、间谍问题的暂时解决

明朝与朝鲜的和谐气氛仅仅维持了不到一年，明朝的斥责就接踵而至。洪武二十六年（1393，朝鲜太祖二年）、二十七年，明廷连发几道诏谕，指责朝鲜暗诱女真、贿赂边将、私交藩王、表笺不敬、派遣间谍等②，朝鲜对此逐一申辩（见表 4-2）。

表 4-2 洪武时期明朝与朝鲜关于私诱女真、派遣间谍等问题的对质

明朝质问	朝鲜申辩
以布帛金银之类，假以行礼为由，意诱边将	凡遣使赴京，必须经由辽阳，特以朝廷为重，或以土产布匹行礼，此乃出于人情
使臣至齐王处行礼，自谤彼国，意在觇王动静	或有言辞之失，盖是承差员人之过失，非小国所知
暗诱女真五百余名，潜渡鸭绿江	小国军民接续逃往辽东，投充军丁者或暂居住者，本无诱引，怀思乡土，还复逃来。已据辽东都司来文，将相关人口送还
高丽海州张葛买等人诈做买卖，哨探声息且沿路劫掠	不知葛买是何等人，恐系不逞之徒……望将见获劫贼张葛买发来，与国人辨对
每以马至，皆驽下及乘乏劳倦者	小国所产马匹本矮小驽下，贡献之时，尽力选办进献，盖由道路窎远，虑恐瘸病疲弱者有之

---

① 据《朝鲜太祖实录》所载，李成桂高祖李安社于“至元元年甲子五月钦受宣命，仍充斡东千户句当。至元十一年甲戌十二月薨，葬于孔州城南五里”，即德陵。李成桂即位后曾往东北面祭四代陵室，上陵号：“皇考曰定陵，皇妣曰和陵，皇祖曰义陵，皇祖妣曰纯陵，皇曾祖曰智陵，皇曾祖妣曰淑陵，皇高祖曰德陵，皇高祖妣曰安陵。”当时定陵、和陵、义陵、纯陵皆在咸州，智陵在安边，淑陵在文州，德陵、安陵在孔州。

② 朝鲜太祖实录：卷3：二年五月丁卯条．朝鲜太祖实录：卷5：三年元月壬子条；三年二月己丑条；三年四月甲午条．

续表

明朝质问	朝鲜申辩
既更号朝鲜，表文仍称权知国事	未蒙颁降国王名爵，未敢擅便称王
使臣先至辽、宁王处行礼，称朝鲜国权知国事。一月之后方才进表谢恩，尊卑之分，故意先后	使臣赍表笺礼物赴京谢恩。闻知辽王、宁王受封到来，差使赴辽王、宁王殿下行礼。盖缘京师道路窎远，又兼将赍进献鞍子礼物，以致迁延到京
王瑶之子爽来朝。及至朝廷遣还，却称其父子不道，遂行弑逆。观其数请来朝者，意恐中国征伐，故假此以取信耳	王爽与其父恣行不道，国人厌之，退归私邸。国人咸共推戴于臣，奏达朝廷。其王瑶父子，见令团圆完聚，保养天年
更国号谢恩表笺内，杂以侵侮之辞	小邦僻处荒远，言语不通，闻见不博，粗习文字，仅达事情。其于制作未谙体格以致错误，非敢故为侮慢
高丽劫贼崔秃伊等人假做买卖打听消息	或因职役之相似，或因声韵之偶同，推类以求，发解已去
贼人胡德等假冒倭寇，劫掠沿海，打听消息	胡德等所供“打听消息”尤为诬妄

明朝的种种指责实际上是围绕着“暗诱女真”和“派遣间谍”展开的。虽然明太祖晚年性格多疑，但其对外施政目标依然是“不启边衅”，应该不会主动捏造这些事情。

“暗诱女真”主要指朝鲜招抚东宁卫辖下的女真人。明朝认为当“辽东乏粮，军士饥困”时，朝鲜却“自国中至鸭绿江，凡冲要处所储军粮，每驿有一万二万石或七八万十数万石”，“东宁女直皆使人诱之入境”①。朝鲜虽然称这些女真人“隶于东宁，既皆作军而当差，安肯遣人而说诱”②，但也不得不推刷泥城、江界等地滞留的东宁卫女真人，将“李闲你等并妻子二十三名”“朴龙等三百八十八名”解付辽东都司交割了讫③。明朝也明白“人劳乃易乱之源”，于是开仓赈粮，停造宫室，休养生息，希望从根本上制止辽东军民逃入朝鲜的现象。

“间谍问题”较为复杂。高丽末年倭患严重，常有一些高丽人冒充倭寇进行劫掠，朝鲜初期百姓乔装倭人也是常有之事，因此朝鲜极力否认派遣间谍，全部推脱为百姓个人行为，明朝并不相信这种解释，要求“将解

① 明太祖实录：卷238：洪武十八年四月辛未条.

② 朝鲜太祖实录：卷3：二年六月乙亥条.

③ 朝鲜太祖实录：卷5：三年二月己丑条.

到贼人胡德等供出来的人姓名开写去……长男或次男亲自解来”①。李成桂不得已派李芳远前往南京，解送的人员身份模糊不清，“所据刘肚儿等，究求本邦之人氏，并无此等之姓名。唯任葛龙义之为林举轮与藜均皮力之为李君必，或因职役之相似，或因声韵之偶同，推类以求，发解已去”，也就是说解送的两个人是不是明朝缉拿之人尚不能确认。不过李芳远在南京期间举止颇为得体，缓解了两国的紧张关系，当明太祖要求“自今朝贡进贺，免进表”，李芳远则答“小邦以小事大之礼，必因进表得达微诚，况正旦、圣节，华夷会同，莫不奉表进贺，难比其余，不敢不进”②。这种恭谨的态度令明太祖颇为满意，“引见再三，殿下敷奏详明，帝优礼遣还……上国士人见殿下，皆称朝鲜世子，甚敬之”③。“间谍”一事由此平息，明鲜恢复朝贡。但是两国产生外交摩擦的根源并未消除，明朝就“暗诱女真”“间谍事件”发出的警告并没有影响朝鲜继续实施北拓疆域计划。

2. 郑道传的激进政策与明鲜关系的恶化

李成桂时期朝鲜内外政务多由赵浚（1346—1405）、郑道传（1342—1398）等人主持。有朝鲜大臣曾称：“自古政权兵权不可兼任一人。兵权宜在宗室，政权宜在宰辅。今赵浚、郑道传、南誾等既掌兵权，又掌政权，实为不可。”李成桂则认为“此数人皆我股肱之臣，终始一心者也。如或可疑，则谁可信者”④，因此，郑道传、赵浚等人的政治动向成为我们了解李成桂时期对明外交的切入点，其中，郑道传的激进政策导致明鲜关系进一步恶化。

郑道传，号三峰，在朝鲜建国过程中起到重要作用。史载其“天资聪敏，自幼好学，博览群书，议论该洽，常以训后生辟异端为己任”⑤。高丽禑王时曾因拒迎北元使而被流放，寻宥结庐讲书，“学者多从之”，后受李成桂赏识，追随左右，与赵浚等人一起策立恭让王、实施田制改革、助李成桂取代高丽，“卒成大业，诚为上功”⑥，李成桂迁都汉城、景福宫的规划、东北面领土的开拓以及《经国大典》的编纂，都体现着郑道传的影响力。郑道传与郑梦周都曾受教于李穑，不过郑道传在政治上与其师门背

① 朝鲜太祖实录：卷5：三年四月甲午条.

② 明太祖实录：卷234：洪武二十七年九月乙卯条.

③ 朝鲜太祖实录：卷6：三年十一月乙卯条.

④ 郑道传. 三峰集：卷14：附录//韩国文集丛刊：第5册. 首尔：景仁文化社，1990：534.

⑤ 朝鲜太祖实录：卷14：七年八月己巳条.

⑥ 高丽史：卷119：郑道传.

道而驰，成为朝鲜初期激进派的代表。

郑道传制定的拓疆计划包括攻取辽东和征服东北面女真人居住地。为此，他撰写《五阵图》和《搜狩图》，“令各节制使、军官、西班各品、成众爱马习《阵图》，又以通晓人分遣各道教之”①，同时增强武备，密切关注边境事务，探听明军动向。郑道传的计划和种种活动可能被明朝侦知，李芳远出使、双方恢复朝贡仅一年后，“表笺风波”再起，矛头直指郑道传。

（1）权近出使与表笺风波的平息

朝鲜太祖四年（1395，洪武二十八年）十月派去的贺正使柳珣、郑臣义等被扣留在南京，原因是“正朝表笺文内，轻薄戏侮”，明朝要求“将撰文者［送］至，使者方归”。朝鲜只解送了部分人员，“正朝表文系成均大司成郑擢修撰，贺东宫笺文系判典校寺事金若恒修撰。为缘郑擢见患风疾病证｛症｝，不能动履，难以起遣……管送撰文人金若恒赴京”。同年十一月朝鲜使臣郑摠赍去的请诰表笺也出现问题，“奏请印信诰命状内，引用纣事，尤为无礼。或国王本意，或臣下戏侮，况无印信所拘，或赍奉使臣中途改换，皆不可知。以此，来使未可放回。若将撰写校正人员尽数发来，使者方回”，这次明朝专门派人至朝鲜缉拿撰表人郑道传以及郑摠等使臣家眷②。

明太祖晚年臣下因文字触犯忌讳而获罪下狱者很多，为此明廷颁布《庆贺谢恩表式》等规章，尽量减少此类事情发生，朝鲜进贺表笺自然也按规定书写。可能朝鲜的表笺确有不妥之处，此前，明朝也曾斥责朝鲜表笺不敬，但没有如此严厉。从明朝直接索要郑道传来看，应是掌握一定证据显示郑道传是朝鲜北进政策的始作俑者，欲借“表笺”问题将郑道传缉拿至南京审问。但李成桂拒绝交出郑道传，“［郑道传］于郑擢所撰表文不曾改抹校正，事无干连。又缘本人患鼓胀脚气病症，不能起送”，同时又以“各官家小等亦因违离乡土，哀号切至，诚可怜悯”，拒绝交出使臣家眷，只将“撰表笺人艺文春秋馆学士权近、右承旨郑擢、当该启禀校正人敬兴府舍人卢仁度”交给明使③。其中权近为自请入朝。

权近（1352—1409），字可远、思权，号阳村，丽末鲜初著名的哲学

① 朝鲜太祖实录：卷 11：六年六月甲午条.

② 朝鲜太祖实录：卷 9：五年二月丁酉条；五年二月癸卯条；五年三月丙戌条；五年六月丁酉条.

③ 朝鲜太祖实录：卷 10：五年七月甲戌条.

家、政治家，生于“一家九封君”的安东权氏家族，其曾祖为高丽大儒权溥（1262—1346），权近师承李穑，李穑曾受教于著名的朱子学家李齐贤（1288—1367），李齐贤又是权溥的女婿。这样的家世、学术渊源使得权近的理学功底深厚。高丽末年，他因私拆明朝礼部“责异姓为王”咨文而屡遭贬斥，谪官徙流之际潜心著述，对朝鲜儒学发展产生重要影响①。权近的流放生活在朝鲜太祖二年结束，“太祖幸鸡龙山，特召［权］近赴行在，命与郑摠撰定陵墓碑。甲戌秋，拜中枢院使”。经历了改朝换代的磨炼，权近更谙为官从政之道，受封吉昌君。权近本不在明朝索要人员名单中，乃是自请赴明，李成桂以“非有征命”止之，权近称：“臣于前朝之季身被重谴，几不保首领，幸赖殿下钦恤之仁，获保性命。及今国初，又蒙收用，再造之恩如天罔极，而臣未有报效。愿乞赴京，如天之福庶得辨明，少｛稍｝答圣恩之万一。”② 恰恰是权近的出使平息了这场表笺风波。

在南京的朝堂之上，权近强调朝鲜对明朝的事大至诚没有任何改变，但是“小国事大，不可不用表章。臣等生长海外，学不通方，使我王忠诚不能明白以达，实臣等之罪，非我王所知”③。权近勇于承担过错，维护自己国王的表现，正符合朱元璋奖励臣下忠诚的精神，于是得到赦免，“待以优礼”。明太祖命权近题赋诗十八篇，“每进一篇，帝嘉叹不已，仍敕有司备酒馔具妓乐，使之游观三日，亦命赋诗以进”。权近以应制诗表达事大之意，通过描述金陵繁荣景象来歌颂皇恩浩荡，获得明太祖回应诗三首，这也是明朝皇帝唯一一次与朝鲜使臣诗歌唱和，权近由此成为“太祖皇帝之所致敬者”，此后明朝使臣至朝鲜时“必先问［权］近动静，及相接，加以礼貌”④。这种氛围下，明朝同意恢复朝贡，并放还两名使臣，但郑摠、卢仁度、金若恒被禁止回国，明太祖认为这三人“若在朝鲜必郑道传之羽翼”，“留之京师，别授微职，以杜绝王左右之祸”⑤。

其实此次表笺风波的平息是有迹可循的，明使前来缉拿郑道传时还传

① 《高丽儒学思想史》称：“权近奠定了朝鲜儒学的基础，也是打开学问探究新纪元的先进学者。他的儒学范围打下了五经四书并重，广泛研究儒学的圆通博大的根基。他的学问趣向重视分析与综合，以图精深而雄浑的设计。尤其，他不拘先贤既成学说，而以自得为贵，建立了创造性发展性的学风。”（东大图书公司，1991：336）

② 朝鲜太宗实录：卷17：九年二月丁亥条.

③ 权遇．梅轩集：卷6：阳村先生墓志//韩国文集丛刊续：第1册．首尔：景仁文化社，2005：97.

④ 叶泉宏．权近与朱元璋——朝鲜王朝事大外交的重要转折．韩国学报，2000（16）：1-15.

⑤ 朝鲜太祖实录：卷11：六年四月己亥条；明太祖实录：卷247：洪武二十九年九月丁卯条.

达了一项“作亲”的旨意，“俺这里去的到那王的内园里，到处行走看一看，明日好做亲家”，朝鲜“以帝许做亲，告宗庙”①。李成桂正是从中看出明朝态度尚有缓和余地，才力保郑道传。权近在南京时，明太祖又强调“我和尔做亲，恁只要至诚，不要生事”②。此时明朝可能尚未完全掌握朝鲜动向，只是以表笺问题再度施以警告，而权近的表现恰好是明太祖所希望看到的“至诚”。不过洪武三十年明朝在朝鲜进献的马鞍中发现倒写的“天”字，虽然使臣应对得当免于刑责，但明朝认为朝鲜未显示诚意，“罢姻亲之议”，并再次强调“毋生边衅”③。

（2）赵浚与朝鲜攻辽之议的寝息

表笺风波平息后，明朝依然对朝鲜未将郑道传送至南京耿耿于怀，多次咨谕李成桂，“［王］左右所用皆轻薄小人，不能以德助王，撰述表笺，搜求构祸之言，置王于无容身之地，此徒用之何益”，“如郑道传等乃小人之尤者，在王左右，岂能助其为善”④。鉴于北拓计划可能被明朝获悉，并被指为误国祸首，郑道传遂将攻辽之事提上日程，“［郑道］传得罪天子，与南訚结好，谋攻辽东，规免一己之祸”⑤，“使［南］訚上书曰：‘士卒已炼，粮饷已备，可以乘时复东明之旧壤。’太上（李成桂）殊不以为然。訚屡言之，太上问道传，道传历论往古外夷得王中原者，深以訚言为可信，且援引图谶，傅｛附｝会其说”⑥。李成桂权衡之时，政丞赵浚站出来极力反对。

赵浚，字明仲，平壤府人，曾祖赵仁规因有功于高丽，昌王时配享宗庙。赵浚师承可视为白文宝一脉⑦，其入仕之初抗倭政绩显著⑧，因权臣

---

① 朝鲜太祖实录：卷9：五年六月丁酉条；五年六月乙亥条.

② 朝鲜太宗实录：卷10：五年十一月丁丑条.

③ 朝鲜太祖实录：卷11：六年四月己亥条.

④ 明太祖实录：卷249：洪武三十年正月丙辰条；明太祖实录：卷250：洪武三十年二月丙戌条.

⑤ 朝鲜定宗实录：卷2：元年八月庚子条.

⑥ 朝鲜太宗实录：卷9：五年六月辛卯条.

⑦ 《高丽史》卷120《尹绍宗》载“［赵浚］尝从［尹］绍宗学”，其座主为溪堂李茂方，因此赵浚一直自称“溪堂门下士”，《白文宝门人录》载有李茂方、尹绍宗名字，因此可将赵浚视为师承白文宝一脉。

⑧ 高丽禑王朝，赵浚先被选为江陵道按廉使，其间勤于政务，“吏民畏爱，豪猾屏息”，累迁至典法判书。后至倭寇猖獗的庆尚道督监军务，到任后整顿军纪，斩不战之将帅，“号令严明，诸将股栗，连战告捷，一道之民，赖以稍安”，因抗倭政绩被擢为密直提学、商议会议都监事。禑王拟派其赴杨广、庆尚道往察军机，赵浚要求“两道……将帅逗遛败绩者听臣区处”，最终因“将帅族党忌之”被转派江陵交州道都检察使。

当国，仕途受阻，四年杜门不出，以经史自娱，后为李成桂赏识，“举为知密直司事兼大司宪，事无大小悉咨之”①。赵浚自己也说：“臣始事玄陵，侍奉帷幄，中遭否运，杜门读书，欲以终身。殿下龙潜，一见如旧，是天以臣遇殿下也。”② 赵浚是李成桂的忠实追随者，被视为朝鲜开国第一功臣。李成桂对赵浚也非常信任，即位之日就曾仿效“汉文帝夜拜宋昌为上将”，将五道军马皆付予赵浚，封门下右侍中，总揽政事，赵浚亦多次表示“为国当尽忠”“不负明主知”③。李成桂在位七年间一直由赵浚主持朝政，为朝鲜初期国家稳定立下了汗马功劳。

最初，郑道传与赵浚乃是政治盟友，但二人却在对明外交上分道扬镳。赵浚所追求的是与明朝互不侵扰，各守其政，实现朝鲜自保即可，并不希望与明朝为敌。明使前来缉拿郑道传时，赵浚认为“不可不遣”。当得知郑道传等人鼓动李成桂进攻辽东后，赵浚力谏攻辽之举无论于“理”还是于“力”都不可能取胜。从名义上，朝鲜秉承“事大至诚”，并且“今天子明圣，堂堂天朝，无衅可乘”，出兵辽东乃是以下犯上，于理不容；从实力上，虽然自高丽末年开始的改革使朝鲜国力有所增强，但改革并不彻底，加之时间未久，粮饷储备并不能保障攻辽之战；从民愿上，高丽末期兵乱不断，百姓普遍厌战，朝鲜建国后又一直忙于修建新都，“民困土木之役，未见仁爱之施，怨咨斯极……安有率其怨民而能济事者哉”；从士气上，朝鲜军队应对北方女真、南方倭寇的侵扰已经乏力，而明军在与东北故元残势交锋中屡屡获胜，士气正盛。据此，赵浚认为“以疲极之民，兴不义之举，不败何疑?”“以下犯上，不义之大，国之存亡，在此一举”，“吾恐身亡国败，不及辽而至矣”④。最终李成桂听取了赵浚的意见，攻辽之议遂寝。这件事也成为赵、郑关系破裂的开始，“臣（赵浚）与［郑］道传、南訚同功一体，初无纤毫之隔，自道传得罪天子，与南訚结好，谋攻辽东，规免一己之祸。臣当是时病卧于家，太上遣二人往咨于臣，臣力疾作气上谒天门，奋发愚衷，得回天意，邪谋遂沮，由是。二人与臣猜隙，势不相容”⑤。

---

① 高丽史：卷 118：赵浚.

② 赵浚. 陈情笺//徐居正. 东文选：卷 40. 京城：朝鲜古书刊行会，1914：328.

③ 赵浚. 松堂先生文集：卷 2：宿圣灯庵；次昌城君汝完，贺金政丞诗轴//韩国文集丛刊：第 6 册. 首尔：景仁文化社，1990：414，417.

④ 朝鲜太祖实录：卷 14：七年八月壬子条；朝鲜太宗实录：卷 9：五年六月辛卯条.

⑤ 朝鲜定宗实录：卷 2：元年八月庚子条.

应该说朝鲜国内对于攻伐辽东的积极性并不高，赵浚的意见正是顺应了统治层中绝大部分人的意愿，“犹幸太祖听用政丞赵浚之献言，其议虽萌，而其事乃寝，使吾东民之类不至于糜烂”①。郑道传专为攻辽创置的《五阵图》等，虽以国家行政命令进行推广，但上自王室，下至诸道官员皆无热情，“不自讲习，废厥职矣”②。朝鲜普遍认为攻辽是不可能实现之事，对此朝鲜文人丁若庸曾有形象描述，“苟以愿顺不武之邦而拥有辽东，其害可胜言哉。和附则使价供亿之费，兵丁调助之役，竭一国之力而不能支也；失和则四面受敌而兵革无已时，竭一国之力而不能支也”，“得荒卤无益之地，而增敌于天下者，英主不为也”③，因此朝鲜后世不再轻谈攻辽之事。

（3）朝鲜北拓图们江与明朝征伐论的提出

李成桂向东北面地界开拓及招抚女真人的活动早在高丽末年就开始了。据《高丽史》所载，恭让王二年（1390，洪武二十三年）“置雄、吉州等处管军民万户府”，又“虚川府久为女真所据，屡经兵火，无人居。恭让王三年，始称甲州，置万户府”④。恭让王三年“招谕东女真地面诸部落，于是女真归顺者三百余人”⑤。至朝鲜建国前，原元朝合兰府南部的女真人可能大多已归附⑥。朝鲜建国后亦向周边女真各部通报，并进一步加强招抚，其中最有成效的即是使阿哈出和猛哥帖木儿部向朝鲜朝贡。《剑桥中国明代史》称：“野人女真发动的一次毁灭性战争（指1372年壬子事件）迫使建州左卫的女真人从松花江地区南逃至图们江两岸，并以此为基地发动对朝鲜的袭击。军队数次威胁和反击迫使建州左卫女真人的头领猛哥帖木儿屈服，并于1395年向朝鲜进贡，此后十余年，他一直承认朝鲜名义上的宗主权。建州头领阿哈出也从满洲北部迁移至高丽边境，同样被迫向李朝统治者进贡。”⑦

---

① 卞季良. 春亭先生文集：卷6：封事//韩国文集丛刊：第8册. 首尔：景仁文化社，1990：89.

② 朝鲜太祖实录：卷14：七年八月壬子条.

③ 丁若庸. 与犹堂全书：诗文集：卷12：辽东论//韩国文集丛刊：第281册. 首尔：景仁文化社，1990：251.

④ 高丽史：卷58：地理三：东界.

⑤ 高丽史：卷46：恭让王世家：三年七月.

⑥ 《元史》卷59《地理二》载：“合兰府水达达等路，土地旷阔，人民散居……其居民皆水达达、女直之人，各仍旧俗，无市井城郭，逐水草为居，以射猎为业。故设官牧民，随俗而治。”由此可知，元代女直水达达路包括金亡以后留居本土的女真人地区。据《东国舆地胜览》所载，合兰府故城在朝鲜咸镜南道咸兴城南五里的古城。

⑦ 崔瑞德，牟复礼. 剑桥中国明代史：下卷. 杨品泉，等译. 北京：中国社会科学出版社，1992：232-233.

到洪武二十八年（1395，朝鲜太祖四年），朝鲜基本完成了东北面女真人的招抚工作，“野人酋长远至移阑豆漫，皆来服事，常佩弓剑，入卫潜邸，昵侍左右，东征西伐，靡不从焉。如女真则斡朵里豆漫夹温猛哥帖木儿，火儿阿豆漫古论阿哈出，托温豆漫高卜儿阏……”[1] 这里的斡朵里、火儿阿、托温为三城，豆漫为元代万户官职，夹温、古论、高为姓，猛哥帖木儿、阿哈出、卜儿阏为名[2]。朝鲜自称“自孔州迤北至于甲山，设邑置镇，以治民事，以练士卒……延袤千里，皆入版籍，以豆满江为界。江外殊俗，至于具州，闻风慕义，或亲来朝，或遣子弟，或委质随侍，或请受爵命，或徙内地，或进土物者，接踵于道”[3]，这种描述多有夸耀之意，孔州即后来的庆源府，甲山则位于虚川江流域，从甲山至孔州，相当于后来朝鲜咸镜道的范围，当时这些地区并没有完全纳入朝鲜的版图范围，不过该区域内的女真部族多向朝鲜进贡应是事实，可能还包括了图们江以北的具州（可能为今黑龙江宁安市内）等地的女真部族。

对于图们江流域女真部族向朝鲜朝贡的情况，明朝自然知晓，但当时无法直接干预尚未臣服的女真部族。虽然明朝借洪武二十八年六月出兵征讨海西地区的西阳哈部[4]、洪武二十九年三月追击故元残余势力[5]的机会，在上述地区增加了一定影响力，却依然无法阻止这些地区的女真部族继续向朝鲜纳贡。

朝鲜并不满足于只接受女真朝贡，还希望将东北面区域正式纳入版图。洪武三十年，郑道传被任命为东北面都宣抚巡察使，他将东北面女真驻地进行规划，以便日后能纳入朝鲜版图，“缮完城堡，以安居民，量置站户，以便往来。区画〔划〕州郡之境，以杜纷争；整齐军民之号，以定等级。自端州尽孔州之境，皆隶察理使治内，其户口额数、军官材品，具悉以闻。所有便民条画〔划〕从宜举行”[6]。次年二月，郑道传基本上完成了上述活动，“安边以北、青州以南称永兴道。端州以北、孔州以南称吉州道，令东北面都巡问察理使统治之。又置端州以北州府郡县及各站路

---

① 朝鲜太祖实录：卷 8：四年十二月癸卯条.

② 谭其骧. 中国历史地图集释文汇编：东北卷. 北京：中央民族学院出版社，1988：57.

③ 同①.

④ 陈建《皇明实记》卷 4 载：“女直部野人入寇辽东，命都督宋晟、刘真率兵讨之。”洪武二十八年六月，为防止残元与女真联合反明，明军水陆并进，进军忽剌温江（今呼兰江），讨伐降而复叛的女真野人头目西阳哈（薛虹. 中国东北通史. 长春：吉林文史出版社，1991：323）。

⑤ 明太祖实录：卷 245：洪武二十九年三月甲子条.

⑥ 朝鲜太祖实录：卷 12：六年十二月庚子条.

官吏”[①]。《朝鲜世宗地理志》显示，咸吉道重镇庆源、镜城均设于此时。李成桂称赞郑道传之功：“浮于尹瓘矣。瓘只是筑九城树碑而已，卿区画{划}州郡站路，以至官吏名分，莫不定制，令朔方道无异诸道，功不细矣。”[②] 尹瓘（？—1111）是高丽史上以武力攻伐女真、拓展疆域的代表人物，郑道传的行政规划虽不能代表朝鲜已对这些地区实施了直接统治，却也属于朝鲜开疆拓域的现实活动，由此明朝兵部提出征伐朝鲜。

洪武三十一年四月，五军都督府及兵部上奏请求攻伐朝鲜，“朝鲜国虽奉贡不绝，而叠生衅隙，请［讨］之”。已是垂暮之年的明太祖权衡利弊，依然秉承“不征”的原则，认为“兴师伐之，固不为难，得无殃其民乎！但命礼部移文责之，彼若不悛，讨之未晚”。明朝再次通过饬责的方式劝谕李成桂，希望他以前朝王氏政权丧失为鉴，谙识治国之道，使两国能够在和平的环境下休养民生，并再次指责郑道传的“误导”之罪，“王之左右皆佻㑊憸巧，不务以道导王，专构祸以殃民，其得罪于上下神祇昭昭矣。郑揔至京，罪已承伏，而郑道传者，王尚信用，岂非王无悛过之乎！王宜深思熟虑以保三韩，毋贻后悔”[③]。不过这一问题尚未得到解决，明太祖和朝鲜太祖就几乎同时离位，将此事留给了继任者。

本章小结

没有“北元因素”的明丽（鲜）关系依然波折不断，加上丽鲜更代的发生，局面愈加复杂。对于高丽国内的种种争斗，明太祖始终秉持“不干涉”态度，即使高丽接续派出李穑、世子王奭前往求援，明朝亦不肯介入其中。禑王、昌王、恭让王政权更替虽然属于高丽内政问题，但禑王毕竟是受到明朝册封的国王，受到册封的国王被任意废黜一事，在宗主国看来是难以听之任之的。如果明太祖听任各朝贡国臣下任意将受册封的国王弑逆，实际上等于承认国内的犯上作乱。所以禑王废黜之后，终洪武之世，高丽末年的两任国王和朝鲜开国太祖都没能得到明太祖的册封。

明朝与高丽、朝鲜关系不断恶化主要还是根源于双方对土地、人口的

① 朝鲜太祖实录：卷13：七年二月庚辰条.

② 朝鲜太祖实录：卷13：七年三月丁卯条.

③ 明太祖实录：卷257：洪武三十一年四月庚辰条.

争夺。明朝欲完全接管故元统治下的东北全境，而朝鲜以恢复高句丽疆域为理想，这种国家现实利益的冲突注定两国关系紧张。明太祖在不征的原则下继续对朝鲜施以“自为声教”的政策，只要朝鲜不生事端则互通往来。李成桂虽然也坚持对明事大，但在具体施政方面则强调朝鲜的独立性，减少对明朝的依附，他所追求的是与明朝不启边衅，实现朝鲜自保即可。因此，朝鲜虽然能够顺利地化解一次次外交危机，但对于明鲜关系并无实质性增进，仅保持着礼仪性外交。总之，这一时期两国关系可谓渐行渐远。

第五章　1398—1424：从分庭抗礼到亦步亦趋

靖难期间，为防止朝鲜与朱棣接触，建文帝缓和了洪武末年剑拔弩张的气氛，恢复了正常的朝聘往来，朝鲜太宗王李芳远则对建文朝的怀柔积极响应。在这一短暂时期内，明朝与朝鲜的关系不同于其他阶段，其显著特点是明朝曾一度颇为被动，而朝鲜则较少受到来自宗主国明朝的约束，其内政外交均享有较大的自主权。之后，作为第一个进贺朱棣登基的藩国，朝鲜因“首贺”之功而备受明成祖礼遇。但是明成祖在处理诸如推刷漫散军、招徕女真、拓展边疆等东北事务时是强势作为的，并没有因为与朝鲜的关系而束手束脚，面对这种形势，朝鲜不得不采取“退婴”政策，暂缓北拓计划。

第一节　建文朝对明鲜关系的心余力绌

一、靖难之役前后明朝对朝鲜态度的转变

随着朱元璋去世、李成桂退位，朝鲜新君定宗王李芳果（1398—1400年在位）希望借建文帝继承大统之机改善洪武末年形成的尴尬外交局面，他亲率百官以大行之礼拜祭明太祖，又派使臣赴明朝贺新帝登极。但是建文帝对于朝鲜使臣的到来并没有表现出多大兴趣，也没有改变“祖训”的迹象，仍称：“已先太祖皇帝诏谕本国，仪从本俗，法守旧章，听其自为声教。今后彼国事务，亦听自为。”① 丝毫没有体现出新皇帝对于明鲜关系的任何思考，这对于期望明廷“新朝用新政”的朝鲜而言不得不说是一种无奈，或者说只是未逢其时。当时建文帝已将所有精力都投诸削藩之

① 朝鲜定宗实录：卷1：元年六月丙寅条.

事，对外事务即使有心改革也无力实施，维持洪武末期的外交局面是最好的选择。但从另一方面来看，建文初期也缓和了洪武末年与朝鲜剑拔弩张的气氛，两国关系没有继续恶化，明朝也未质问朝鲜王室内乱造成的李成桂被迫禅位之事①。

得到明朝平淡的回文后约一年的时间里，朝鲜未再遣使，盖因当时朝鲜国内李成桂各子仍忙于争夺世子之位，直到朝鲜定宗二年（1400，建文二年）正月，李芳远被立为世子才使王室内斗最终平息②。同年八月，朝鲜遣使贺圣节，九月又遣使贺正旦、献马三十匹兼请印诰。相比洪武期间的数次请册封，这次显得很不正式，只是贺正使"兼行"的任务，可能朝鲜对请诰并没有抱以希望，只是想借机深入南京了解明朝早已开始的内战情况。

始于建文元年（1399，朝鲜定宗元年）七月的靖难之役并没有像建文帝最初预测的那样迅速结束，燕军屡次战胜官军，使得这场"叛乱"被无限期地拖延下去。官军直到第二年六月才取得第一次胜利，暂时遏制了燕军南下的势头，战场形势稍为改观。建文帝欲乘胜北进，与辽东兵合围北平。当时辽东兵压力堪重，东向需防女真各部③，西向准备伐燕，北面已出现鞑靼人欲侵扰辽东的苗头④，如果南部的朝鲜此时发难，辽东地区四面临敌将影响到合围燕军的计划，由此建文帝开始关注朝鲜。恰逢此时朝鲜节日使到达，建文帝遂"待慰甚厚"，称赞李成桂"戊辰年振旅之功莫大"⑤。

建文帝所处的环境，使他对朝鲜的态度做出令人"始料不及"的转变，这不是年轻皇帝一个人的突发奇想，而是明廷自上而下群臣意识的转变，如果没有靖难之役这个催化剂，明朝与朝鲜的关系可能依然维持着洪

---

① 朝鲜史称"第一次王子之乱"。李成桂立继妃康氏子李芳硕为世子，有功于朝鲜建国的嫡子李芳远对此不满，于1398年8月趁李成桂病中发动政变，杀死李芳硕、郑道传及康氏另一子李芳蕃，对外宣称"李芳硕、郑道传谋反，图谋杀害王子"，李成桂被迫禅位，因嫡长子李芳雨已病逝，二子李芳果继位，即定宗。

② 即第二次王子之乱。由于定宗李芳果无嫡子，欲择弟而立，1400年，李芳远与李成桂第四子李芳乾为了争夺王位继承权而展开斗争，最后李芳远获胜，李芳乾遭到流放。李芳远即位后，吸取教训，废除了由王子统领私兵的制度，确立了王位父子相传与嫡子优先的继承法则。

③ 洪武二十八年发生过海西女真人寇辽东事件，当时由燕王率兵平定，建文帝担心女真中有亲燕王的部族会被利用，再次侵扰辽东。

④ 《国榷》《皇明大政记》均载有关于鞑靼寇铁岭卫、犯开原的记载。《朝鲜太宗实录》卷3二年三月己丑条记载"又有鞑靼兵乘间侵掠燕、辽之间，中国骚然"。

⑤ 指威化岛回军之事，见《朝鲜太宗实录》卷1元年正月辛巳条。

武末年的局面，至少不会转变得如此之快。靖难之役迟迟不能结束，建文及其臣僚的焦虑毫无掩饰地表现出来，为此专派礼部主事陆颙、鸿胪行人林士英前往朝鲜了解情况。

陆颙，字伯瞻，生卒年不详，今江苏兴化人，以明经荐为礼部主事，史载其“嗜古训，习礼、慎言，周典官仪既饰且娴”，“秀达而文献”①。徐泌《明画录》称：“[陆颙] 工诗，精画法，官礼部员外郎。善画人物，精采奕奕，时称三绝。”② 建文治国贯以儒家风范，挑选陆颙应是看重其诗画文史才能，以期不失礼于以“小中华”自居的朝鲜君臣。明廷还为陆颙举行了盛大送行仪式，王绅的《送陆伯瞻主事使朝鲜》记载了这一场面：“皇明受天命，海静波不惊。一统大无外，万国皆来庭。圣人坐法宫，端拱思穆清。朝鲜古名国，畏天慕仪刑。仁贤遗德化，礼义为干桢。至今数千载，文献犹足征。陆君汉臣裔，儒林蚤蜚英。星轺奉丹诏，使节下青冥。殊方固云远，王事式有程。朔风袭重裘，祖道列都城。橐金岂足羡，专对夙所能。相期圣化宣，庶以承家声。”③ 诗中先交代了陆颙奉诏往谕朝鲜的缘由，“陆君汉臣裔，儒林蚤蜚英”点明陆颙被选中出使的原因，“朔风袭重裘，祖道列都城”表明了送别的时节、地点，“相期圣化宣，庶以承家声”代表着出使期望。同僚仕友赠送的诗文多被整理收录于陆颙的《颐光先生外集》，从中可以看出明廷上下对此次出使寄予厚望，将陆颙比之陆贾，期待“重续东方传”④。

二、明朝对朝鲜的考察与册封

陆颙一行于建文二年十一月十五日出发，由山东登州渡海至旅顺口，再经辽东前往朝鲜，于次年二月初六到达王京。朝鲜称“小国不见使节久矣”⑤，因此陆颙受到隆重接待。此时，朝鲜王位已发生更替，定宗王于建文二年十一月禅位于李芳远（1400—1418 年在位），但明朝诏书宣谕对象仍是定宗王：

---

① 陆颙. 颐光先生外集：卷 2. 北京图书馆古籍珍本丛刊本. 北京：北京图书馆，1988：541.

② 徐泌. 明画录：卷 1：人物//画史丛书：第三册. 上海：上海人民美术出版社，1962：6.

③ 王绅. 续志斋集：卷 3：送陆伯瞻主事使朝鲜. 文渊阁四库全书本：3.

④ 《颐光先生外集》有王汝玉诗：“重续东方传，谁论汉将名。”胡远诗：“陆贾承恩重出使，朝鲜又识汉威仪。”

⑤ 朝鲜世宗实录：卷 22：五年十一月丙申条.

惟尔权知国事李曔，能敦事大之礼，以朕生辰复修贡篚，心用嘉之。今遣使赍赐建文三年《大统历》一卷、文绮纱罗四十匹，以答至意。尔尚顺奉天道，恪守藩仪，毋惑于邪，毋怵于伪，益坚忠顺，以永令名，俾后世谓仁贤之教，久而有光，不亦休乎！①

除了颁赏，陆颙更重要的任务乃是详细考察朝鲜动向。自朱棣就藩北平后，因其藩国位于高丽、朝鲜入贡必经之路，双方多有接触。丽末鲜初史料中关于使臣拜访燕府的记载屡见不鲜。高丽恭让王时，赵浚入明贺圣节，"道经北平府，太宗皇帝（指朱棣）在燕邸，倾意待之。浚退语人曰：'王有大志，其殆不在外藩乎！'"② 洪武二十九年（1396），权近出使时曾在燕府停留③。就连朝鲜太宗王李芳远本人也与朱棣有过直接接触，洪武二十七年，李芳远出使明朝时路过北平，"王过燕府，太宗皇帝迎见之，礼待甚厚。及王在道，太宗皇帝乘舆疾行，王下马见于路侧，太宗皇帝为停驾，手开舆帷，温言良久，乃过行"④。太子朱标去世后，高丽认为朱棣可能会成为帝位的继承者，派人"聘于燕王"以探知这种可能性⑤，朱棣回复称："迩以礼物来，安敢易纳？古人云'臣子无外交之理'，却之，必艰人意，故物留使还。谨以状闻于父皇，以通三韩之意。"⑥ 这些交往历史让建文帝颇为不安，正如诏书中所写，他希望朝鲜不要与朱棣接触，"恪守藩仪，毋惑于邪，毋怵于伪"。

陆颙在朝鲜停留二十多天，具体活动不详，大致可以想象朝鲜君臣必定极尽事大之能，谨慎细致地接待，陆颙也发挥了他诗画特长，与朝鲜文人多有交流并留下数篇唱和之作⑦。最终陆颙确信朝鲜不会对建文帝的战略布局产生不利影响。从之后的史实来看，此时陆颙的判断无疑是准确的。

朝鲜太宗王李芳远在短时间内通过发动两次王室斗争才取得王位，统

---

① 朝鲜太宗实录：卷1：元年二月乙未条.

② 朝鲜太宗实录：卷9：五年六月辛卯条.

③ 权近有诗《到燕台驿，进见燕府。先诣典仪所，所官入启，以是日先大〔太〕后忌，不受礼，命奉嗣叶鸿伴接到馆。七月十五日也》《十七日将辞燕府，王命叶奉嗣馈食如前，令留赐宴》（阳村先生文集：卷6：奉使录//韩国文集丛刊：第7册. 首尔：景仁文化社，1990：63，64）。

④ 黄景源. 江汉集：卷23：钦差刘璟、杨善谕祭文//韩国文集丛刊：第224册. 首尔：景仁文化社，1990：484.

⑤ 高丽史：卷45：恭让王世家：二年六月.

⑥ 高丽史：卷45：恭让王世家：二年十一月丙午条.

⑦ 朝鲜太宗实录：卷1：元年二月辛丑条；元年二月癸卯条；元年二月己未条. 陆颙《颐光先生外集》也有部分收录。

治根基尚未稳固，对他来说，目前最重要的就是获得明朝册封来确认其政治权力的正统性、合法性，以稳固国内统治基础。靖难之役毕竟是朱姓子孙一家之争，朝鲜是不会主动参与到明王室内斗中去的，对其最有利的方式即是静观以待。李芳远似乎也将对册封的渴求明白无疑地表露在明使面前，陆颙回国前信心十足地承诺“至诚事大，吾将奏闻，必赐诰命”。陆颙很清楚建文帝对于结束战争的急切心情以及为取得胜利所愿付出的政治筹码，而他的出使只不过是寻找证据来印证朝廷对朝鲜期望的现实性，当确认了朝鲜不会支持燕王后，陆颙的出使任务已算圆满完成，为此他自道“归奏龙颜应有喜，功勋定敕史书传”①。

陆颙顺利带回了朝廷所期盼的结果，被同僚盛赞为张骞乘槎之功：“逾江蹈海，御鲸波涉骇浪，张帆乘风一瞬千里，殆亦若乘夫槎之谓欤!”“揆之事，势虽非有俟于乘槎之张骞，其风韵矩度殆尽亦有不减于是，不与之齐驱而并驾乎?”他在朝鲜的事迹在同僚间广为传颂：“伯瞻之至朝鲜，俾其国之君臣凛□屏气喘息，莫不交舄骈圭，抑首就位，降陛趋庭，下拜王命。翼翼乎兴俯跪起之容，锵锵乎环佩御牙之节，目眩气夺，莫敢仰视。得非□伯瞻申命之严、戒谕之谨，有若淡河汉轰雷霆者然欤!”②借着这种态势，陆颙完成了两件事，一是消除了建文帝对册封朝鲜国王的疑虑，二是促成了明朝与朝鲜的马匹贸易。

陆颙出使期间，朝鲜奏禀国王更位及请印诰的使臣到达了明朝，建文帝获悉朝鲜定宗王在位一年多就禅位于李芳远后表示出疑虑：“李曔之以疾让弟，果出于诚心欤? 抑其父李旦宠其少子而易之位欤? 无乃其弟阴为不义欤? 或者尝试朝廷而有侮玩之意欤? 岂其国中有内难而然欤?”对于朝鲜的印诰之请，明廷认为“立者未定，未可轻付”，又称“前者所遣使臣想已至其国，待其回日更为区处”③，这样，陆颙的回奏就显得至关重要。

陆颙是赞同册封李芳远的，而李芳远也颇识时务，在陆颙回国时进献良马三千匹助战辽东。此举果然讨得建文帝欢心，甚至以越裳氏助周成王平管蔡之乱的典故称赞朝鲜“礼意恭顺”，“昔周盛时，内有管蔡之乱，而越裳氏万里入贡，成王、周公喜之，其事著于传记，越裳氏之名荣华至今。朕德不逮古，而朝鲜为国，视越裳为大，入贡之礼有嘉”。据此，陆

① 朝鲜太宗实录：卷1：元年二月己未条；元年二月辛丑条.

② 陆颙. 颐光先生外集：卷2. 北京图书馆古籍珍本丛刊本. 北京：北京图书馆，1988：544-545.

③ 朝鲜太宗实录：卷1：元年三月乙丑条.

颙提议册封与购马并举，“朝鲜产马之邦也，若以绮绢市良马，可备戎事”①。早在洪武十八年（1385），明太祖出于解决辽东纳哈出的战略考虑而册封了高丽禑王，并首次采取官方和买的方式从高丽获取战马，从而保障了金山一役的顺利进行。既有先例可循，又对战况有利，建文帝采纳了陆颙的建议，先遣章谨、端木礼册封朝鲜太宗王，再派祝孟献与陆颙一起赴朝鲜购买战马，“朝鲜国多产马匹，前日国王好意思进马三千匹，已命辽东都司给与官军骑坐了。如今再用些堪战的马，差人运着段匹布绡药材，就教太仆寺少卿祝孟献、礼部主事陆颙去易换好马一万匹。恁兵部行文书教国王管事的官每知道，于官民有马之家，照依那里时价易换将来，不要亏着他”②。

以册封为开始，以马匹贸易为依托，明鲜使臣往来频繁，这不仅仅是两国朝聘的简单恢复，更意味着明朝对朝鲜态度发生了根本性转变。现将建文朝与朝鲜互派使臣情况梳理如下（见表 5－1 和表 5－2），以便展开分析。

表 5－1　建文朝向朝鲜派出使臣情况

明朝纪年	到达时间（朝鲜纪年）	人物	事由	备注
建文三年	太宗元年二月	陆颙、林士英	赐赏	同年二月还
	太宗元年六月	章谨、端木礼	颁册封	同年六月还
	太宗元年九月	祝孟献、陆颙	马匹贸易	同年十二月还
	太宗元年九月	宋镐、相安、王威、刘敬	送马价	同年十月王咸押初运马一千匹还 同年十月刘敬押二运马一千匹还 同年十月宋镐押三运马一千匹还 同年十一月相安押四运马一千匹还
	太宗元年十月	董暹	送马价	同年十二月还
	太宗元年十一月	郭瑄、柳荣	送马价	同年十二月还
建文四年	太宗二年正月	端木智	代陆颙	同年五月还
	太宗二年二月	祝孟献、董暹、柳荣	送马价	同年二月柳荣押五运马一千匹还 同年三月董暹押六运马一千匹还 同年五月祝孟献还
	太宗二年二月	潘文奎	赐九章冕服	同年三月还
	太宗二年三月	栗坚、张缉、朱规等	送马价	同年五月栗坚、张缉等押七运马还

① 朝鲜太宗实录：卷 2：元年九月丁亥条；元年八月己卯条.

② 朝鲜太宗实录：卷 2：元年九月丁亥条.

表 5-2　朝鲜向建文朝派遣使臣情况

明朝纪年	朝鲜派出（朝鲜纪年）	人物	事由	备注
建文元年	定宗元年正月	金士衡、河仑、偰长寿	贺登基、陈慰、进香	同年六月回
建文二年	定宗二年八月	李至	贺圣节	次年二月回
	定宗二年九月	禹仁烈、李文和	贺正兼请印诰	次年三月回
	定宗二年十一月	李詹、朴子安	奏定宗禅位	次年闰三月回
建文三年	太宗元年二月	李稷、尹坤	谢恩	同年五、六月回
	太宗元年闰三月	禹仁烈	谢恩	
	太宗元年六月	李舒、安瑗	谢恩	同年十二月回
	太宗元年八月	赵温	贺圣节	次年正月回
	太宗元年九月	李詹、闵无疾	谢恩	
	太宗元年九月	崔有庆	贺正	次年三月回
	太宗元年十二月	朴经	奏易换马匹数	路遇明使端木智而回
建文四年	太宗二年三月	吕称	奏马匹难以筹办	
	太宗二年三月	卢嵩	谢赐冕服	中途遇贼而回
	太宗二年五月	朴惇	谢赐冕服	因路梗中途而回
	太宗二年八月	柳龙生	贺圣节	途中得知朱棣登基而回

建文初年，朝鲜因王室争斗而无暇顾及按时遣使，明朝也因新帝继位，内乱待发，并未强求朝鲜的朝贡。靖难之役爆发后，为防止朝鲜与朱棣接触，建文帝一改前政，热情对待朝鲜使臣，而李芳远比其父李成桂更趋向于采取稳健的外交政策，奉行事大保国的方针，对建文朝的怀柔积极响应，两国重现和睦。可见，良好国家关系的运行从来都不是单方面的，而是双方积极互动的结果。但是建文朝与朝鲜关系仍与传统朝贡关系有一定差别，盖因此阶段内宗主国明朝曾在马匹贸易中一度处于被动地位。

三、朝鲜的两手准备与波折的马匹贸易

陆颙二次出使的最大贡献在于稳定了马匹贸易价格。之前，明、鲜官员几经交涉将马价定为“上等马，段子则四匹，绢则十匹；中等马，绢则八匹，绵布则十二匹。以白花蛇、木香、乳香等诸般药材并给之”。交易之初，朝鲜并未遵循既定价格而是按“段子六匹可得上马一匹”折算。陆颙指出：“李稷右使在朝廷时论马价曰‘上等马段子四匹，中等马绢十匹’，今马价，何其高也?”参与定价过程的朝鲜通事李玄予以否认，“右

使固无此言”，陆颙道：“入鸿胪寺，以此数书之，其书在矣。”① 核验之后，朝鲜将通事治罪，并依照既定价格补送了马匹。但是此次马匹贸易出现的波折远不止于此。

由表5-1可以看出，最初朝鲜对马匹筹办颇为用心，迅速交付了四千匹。随着官军不断失利，朝鲜开始延缓交付，向明使告以筹措之难，“我国本非多产马匹且三面滨海，倭寇来往必使骑兵守御，故难备万匹，仅可办五千匹耳”②。朝鲜所言也确为事实，其国素有南倭北虏之患，马匹消耗量比较大，但是相比于之后朝鲜能顺利完成永乐朝数万匹马的贸易要求，此时言语就显出推诿之意。

建文朝廷迟迟不见后继战马的到来，遂催促祝孟献、陆颙抓紧督办马匹，同时也获知了陆颙在朝鲜的不良状况。陆颙二次出使因“心疾”所扰而与首次出使时“气专而容秀，言温而色和，周旋进退，安详雅重”③ 之态判若两人。其“心疾”源于他的“欺君之言”。陆颙首次出使回国后，建文帝曾问：“旧闻朝鲜之事元也，以女乐惑使臣，今亦有乎?”陆颙答：“无之。今朝鲜礼乐与中朝无异。”后来册封使章谨亲历朝鲜以女乐进献，其回程途中与陆颙相遇，质问道：“朝鲜有女乐，汝以无对，何也? 予将上奏。”这条史料也充分说明建文帝册封朝鲜国王是在听取陆颙汇报以后才做出的决定，不然章谨何以得知陆颙的回答? 由于担心会被参奏，陆颙在朝鲜多有失态之举，“不进酒食，动静无节，或发狂言”，“夜欲自缢”，并对朝鲜国王说“愿殿下奏帝，颙已死矣”④。明朝将陆颙召还回国，代以端木智继续督办马匹，端木智曾以“不集其事”责备陆颙，不过他也没能改变朝鲜拖延交付战马的情况。

面对明使提出的“易马太缓”，朝鲜以没有马匹回应，“天使今亲见之，若有马则藏之何处?”明使要求“以马价先至之数易换以归”，朝鲜则强调“待马价尽来毕易换，然后以次作运入送”。马价全部运抵后，朝鲜筹措的马匹又因品质不符合要求而被退回，朝鲜再次阐述困境：“我小邦本不产马，前日尽数进献，今又奉命尽心竭力备二千余匹，天使初见而退

---

① 朝鲜太宗实录：卷2：元年十月辛未条；元年十二月庚午条.

② 朝鲜太宗实录：卷2：元年十月辛未条.

③ 卞季良. 春亭先生文集：卷5：送礼部主事陆公（颙）伯瞻使还诗序//韩国文集丛刊：第8册. 首尔：景仁文化社，1990：76.

④ 朝鲜太宗实录：卷2：元年八月己卯条；元年九月戊子条；元年九月戊戌条；元年十月戊午条.

之。如此，则马非一二日所办之物也，如之何？”已离开京师近一年的祝孟献建议朝鲜直接向朝廷奏明情况，“易马虽少，及时奏闻，使吾等还可也”。朝鲜没有贸然上表，当时靖难战局尚未完全明朗，朝鲜不得不慎重考虑，毕竟奏请蠲免马匹是有损朝鲜“事大至诚”形象的。恰好此时明朝颁赐了九章冕服，借着这股动力，朝鲜又交付战马二千匹。随着入明使臣不断带回中原战报，朝鲜判断建文政权已是末日黄花，遂奏禀马匹“难于易换”，明朝回复称：“朝鲜不能充一万匹则不可强易。使臣可回来。”①明使匆匆离开朝鲜，贸易暂行中止，后来永乐朝用遗留在朝鲜的马价继续易换，最终这次马匹贸易历经建文、永乐两朝才得以完成。

第二节　永乐朝对明鲜关系的强势主导

一、朝鲜的“首贺”之功与明朝安南之役的现实震慑

前文已述，朱棣就藩北平后曾与东国使臣多有接触，特别是朱棣与李芳远的会面，这在明朝和朝鲜历史上都是绝无仅有的事件，也为朝鲜后世留下了很多想象空间，“我太宗（指李芳远）之朝京师也，太宗文皇帝以燕王在藩邸，太宗过谒，文皇帝与言大悦，宠遇款至。及太宗还国，我朝士大夫问太宗曰：‘天下其大定乎？’时高皇倦勤，建文为太子。太宗曰：‘我观燕王，天日之表，龙凤之姿，恢廓大度，非久为藩王者也，天下之定未可知也。’未几，文皇帝以燕王有天下，人皆服太宗先见之明。文皇帝登极，眷佑我太宗异常数，每语国人曰：‘朕尝见汝国主，真天人也。’”② 这些言语颇多附会之意，但不难看出，朝鲜君臣对朱棣性格以及继位的可能性都曾有过讨论和关注，对明朝时局的把握也具有一定前瞻性，所以朝鲜在靖难之役末期就做好了两手准备，怠于建文政权的马匹贸易，以图建文下台后仍可受宠于明朝新君。

由于信息传递迟缓，建文四年（1402，朝鲜太宗二年）八月朝鲜仍遣使进贺朱允炆寿辰，使臣途中获知“六月十三日燕王战胜，建文皇帝命焚奉天殿而自缢于殿中，后妃宫女四十人自死。是月十七日，燕王即皇帝

① 朝鲜太宗实录：卷3：二年正月己酉条；二年二月乙亥条；二年三月丁未条；二年三月辛丑条.

② 徐居正. 笔苑杂记：卷1. 大东野乘本. 京城：朝鲜古书刊行会，1909：254.

位，遣都察院佥都御史俞士吉、鸿胪寺少卿汪泰、内史温全、杨宁等赍诏书，已于今月十六日越江而来”①，遂折还。朝鲜立即停用建文年号，在明使尚未到达时已做好进贺的准备。为了给新皇帝留下良好的第一印象，朝鲜对于出使人选颇为重视。由于入明沿途“群盗未息，道途多梗，一国臣僚为之疑惧”②，道路凶险只是表面原因，群臣规避乃是担心朱棣责问朝鲜与建文政权的马匹贸易而祸及使臣，毕竟洪武时期被扣留的使臣仍有部分人员尚未回国，最后河仑“挺身许国，再三固请”，于是朝鲜“以［河］仑为左政丞，贺登基”③。

河仑（1347—1416）曾参与两次王子之乱，对李芳远登上王位功不可没。并且他也有多次出使明朝的经历，高丽禑王时期曾以谢恩使的身份出使过明朝④，在表笺风波时作为启禀使与权近一起入明，“敷奏详明，事果得解”，明太祖去世时又作为陈慰进香使前往致祭，这些历练及其个人“善谋能断，算无遗策”⑤ 的能力，使朝鲜太宗王相信他能够完成这次出使任务。

宣告朱棣登基的诏书到达朝鲜的第二天，即建文四年十月十五日，贺登基使河仑、贺正使赵璞等同时起程，只用了四十天即到达南京，成为第一个进贺朱棣登基的藩国，其他国家，如琉球、安南的进贺使分别于永乐元年二月、四月才到达。朝鲜的入贺对于得位不正的朱棣而言可谓意义重大，“帝见仑等喜曰：‘使到翌日即来矣。’赐六表里，钞三百五锭”⑥。河仑了解到朱棣去“建文化”意向后，认为“天子既与天下更始，则吾王之爵命印章独不可因旧也”，当即决定为朝鲜太宗王呈请新的诰命印章，朱棣“嘉其识时通变，宠待优厚，乃以诰命印章授廷臣都指挥使高得、左通政赵居任来锡命”⑦。前来册封的明使携带了丰厚赏赐，令朝鲜君臣受宠若惊，诧异于“皇帝何以厚我至此极也”，明使答曰：“新登宝位，天下诸侯未有朝者，独朝鲜遣上相进贺，帝嘉其忠诚，是以厚之。”⑧

---

① 朝鲜太宗实录：卷4：二年九月戊申条.

② 朝鲜太宗实录：卷5：三年五月丁亥条.

③ 朝鲜太宗实录：卷4：二年十月甲寅条.

④ 高丽史：卷135：辛禑：十一年十月.

⑤ 河仑．浩亭集：卷4：太宗丙申赐祭文//韩国文集丛刊：第6册．首尔：景仁文化社，1990：482.

⑥ 朝鲜太宗实录：卷5：三年四月甲寅条.

⑦ 同⑤481.

⑧ 朝鲜太宗实录：卷6：三年十一月丙子条.

朝鲜的“首贺”之利很快就显现出来。明成祖对朝鲜关于请赐冕服与书籍、放还被扣留使臣、开放贸易等大多表示同意，“恁礼部便查考父皇已先欲行放回之人，除犯该重刑的不取，其余的都取来分割，放他回去。他又奏请国王冕服及书籍，这是他知慕中国圣人之道、礼文之事，此意可嘉。冕服照依父皇旧例体制造，书籍整理给与他。将来布匹等项，从他货买，不要阻挡”①。

朱棣嗣位未久，其对外政策还没有完全表现出来。不过很快，朝鲜就感受到朱棣与朱元璋、朱允炆的巨大差别，即永乐四年（1406，朝鲜太宗六年）明朝出兵征讨安南，此役对朝鲜产生了较大震慑。在朝鲜看来，明成祖对不诚的外邦也会动用武力，“以天下之兵，伐此小国，谁敢有敌之者”，“我皇帝本好大喜功，如我国少失事大之礼，必兴师问罪”，当务之急“一以至诚事之，一以固城垒蓄粮饷”②。为此，朝鲜太宗王于永乐五年专派世子李禔③赴明贺正，以示事大之意。明成祖厚遇朝鲜世子，除了赏赐众多外，还称“朕犹尔父”，并赐诗一首：

> 浿水东边旧封域，八教畴能遵古式。
> 简篇自足鉴安危，渊薮何须更藏匿。
> 乾坤覆载靡不容，栽培蹙拔皆天工。
> 时来难得苦易失，三韩挥霍空遗踪。
> 右渠肆诱逞憸谲，过眼相看曾一瞥。
> 沟娄树绿草青青，云拥玄菟汉封埒。
> 尔家摅悃事朝廷，男耕女织疆域宁。
> 吹芦挝鼓日为乐，旷野应无佩犊行。
> 鸭绿江流似卮酒，马邑诸山连培塿。
> 试看往迹已荒凉，名誉光华可长久。
> 秉心安得如金石，坚确惟当慎朝夕。
> 骄盈只患鲜永终，孰解沉潜到幽赜。
> 昔年王子来朝享，车骑萧萧出平壤。
> 清霜杀柳水凝冰，回首寒郊连莽苍。
> 尔禔修贡万里来，年过十五堪成才。

---

① 朝鲜太宗实录：卷6：三年九月甲申条.

② 朝鲜太宗实录：卷13：七年四月壬辰条.

③ 李禔（1394—1462），朝鲜太宗李芳远嫡长子，后被废世子之位，封为让宁大君。

读书学道勿自弃，勉旃毋使家声隤。
从来祸福无扃钥，倚伏之几乘善恶。
高山可砺海可移，万古忠诚是郛郭。①

诗中强调“尔家摅悃事朝廷”“万古忠诚是郛郭”，体现了明成祖对朝鲜的定位和期望。朝鲜太宗李芳远亲历洪武、建文、永乐三朝，对于明成祖执政的显著变化体会深刻，因此李芳远及其子李裪（即朝鲜世宗王）对明成祖甚为恭顺，对明朝的要求都积极予以配合，甚至明朝强买数万匹牛马这种严重损害朝鲜国力的要求都没有丝毫拒绝之意。

当朝鲜世子李禔在明朝时，明成祖首次提出易马要求：“恁国里是出马的去处，如今朝廷要些马用。恁回去说与国王知道，换马三千匹。尔就送将来，价钱着户部家运将布绢去辽东还恁。”② 朝鲜迅速交付。永乐七年（1409）明成祖希望向朝鲜大量购买马匹，却没有提出具体数量，只是说“王处有马，随进多少，以资国用，当酬以直”③，朝鲜进马一万匹。永乐十九年、二十一年明朝又购马两万匹。虽然朝鲜国内对明成祖频繁的马匹贸易颇有微词，认为“以褊小之土，有限之马，填无穷之欲，则臣等恐马尽而力亏矣”，“中国去年求马一万匹，今又求一万匹。本国之马比旧为减，又未强壮。往时士大夫家有马不下数匹，庶民皆有实马。今士人之家不过一匹，亦皆疲弱，况庶民乎”④，但鉴于明朝国力的强盛，马匹贸易都是迅速完成，这就与建文朝的交易效率形成鲜明对比。

相对于马匹贸易对朝鲜造成的冲击来说，明成祖在东北事务上的强势更使得朝鲜不得不暂停北拓计划，采取退让政策。

二、明朝东北事务的强势作为与朝鲜的“退婴”政策

1. 明朝推刷靖难漫散军

建文帝削藩主要是针对燕王朱棣，因此离北平最近的辽东都司士兵的劳役逐渐增多。建文元年（1399）辽东东宁卫辖下的一名朝鲜籍士兵不堪其苦，跑回朝鲜寻求庇护，这是史料记载的第一起逃兵

① 徐居正. 东文选：卷8：应制文皇帝赐本国世子诗. 京城：朝鲜古书刊行会，1914：145-146.

② 朝鲜太宗实录：卷14：七年九月庚申条.

③ 朝鲜太宗实录：卷18：九年十月己未条.

④ 朝鲜世宗实录：卷21：五年八月庚戌条.

事件①。之后由于燕军和官军互有胜负，战争持续胶着。为牵制燕军，辽东守军被调入关内者越来越多，当地士兵不再屯田，粮食亦少。燕王控制北平，使朝廷由陆路运粮至辽东已成妄想，海路运输又时常受暴风影响，缺粮造成的难民和散兵集团逐渐增多，加之鞑靼的骚扰，辽东局势变得越来越不稳定，大量难民和不受控制的散兵集团逃入朝鲜，特别是辽东都司辖下人口流失严重。据《朝鲜王朝实录》记载，靖难之役期间，朝鲜接纳的辽东漫散军及流民情况如表 5－3 所示：

表 5－3　朝鲜接收辽东漫散军情况

朝鲜纪年	流入人口	原居住地	逃入地	安置地	备注
定宗 1.3	1 人	东宁卫	—	—	—
定宗 2.9	12 人	定辽卫	—	—	—
定宗 2 年末	36 人	三万、辽海卫	—	—	王和贵等漫散军
不详	110 人	铁岭卫	—	—	高安住等
太宗 1.1.17	—	—	—	—	—
太宗 2.2.28	—	辽东	义州	—	漫散军
太宗 2.3	90 人	辽东	义州	西北面各州	流民
	150 户		泥城		流民
太宗 2.3.26	2 000 余人	—	江界	诸道分置	漫散军
太宗 2.3.28	45 人	开原卫	—	—	察罕帖木等漫散军
太宗 2.3.29	300 余人	—	—	—	龙州万户李勇部家小
太宗 2.4.5	40 余人	—	—	—	逃军
太宗 2.4	90 余人	—	—	—	漫散军
太宗 2.4	18 600 人②	东宁卫	—	诸道分置	东宁卫千户林八剌失里所率部
太宗 2	宋德玄、全小金等 400 余人③	—	—	—	—
太宗 2.5.30	869 人	—	—	丰海道	漫散军
合计	22 694 人（包括部分户数）				

注：朝鲜纪年中的定宗 1.3 表示定宗元年三月，太宗 1.1.17 表示太宗元年正月十七日，以此类推。

① 《朝鲜定宗实录》卷 1 元年三月壬申条载："军一人自辽东逃来，本国人也，属东宁卫，以辽东役烦逃还，言：'燕王欲祭太祖高皇帝，率师如京，新皇帝许令单骑入城。燕王乃还兴师，以尽逐君侧之恶为名。'"

② 《朝鲜太宗实录》卷 3 二年四月丁巳条载"东宁卫千户林八剌失里率三千余户而叛"，"意其万余人也"，同年五月己丑条载："八剌失里率一万八千六百户逃来。"二年九月丁酉条载："八剌失里等家小来京，乃分置之：庆尚道一千二百九十七，忠清道八百五十四，左右道四百八十八，全罗道一千五百八十五。"其余人员安置何处不详。

③ 《朝鲜太宗实录》卷 12 六年八月癸卯条载："获到壬午年间一同林泉逃来宋德玄、全小金等男妇共四百一十九名，就问得各人供称：'同来李卖土等六十九名，因病身故。'"

朝鲜对于辽东逃军的态度是“[明朝] 追军未还，而逃军之数倍于所言，则不许越江；追军已返，而逃军之数如其所言，则许令越江”。面对建文朝廷的追问，朝鲜称：“无有逃军之来我国者。虽有纵{踪}迹，近处山谷深远，如此逃人，隐藏甚易，未知隐于何谷也。若知来隐之处则上告本朝，执而送之矣。”① 随着官军战事进一步失利，朝鲜对建文朝的质问不再理会。但是当朝鲜听闻明成祖派人前来推刷逃军时，立即“移文各道，推刷自辽东逃来军人”，“欲及使臣未到之前还送也”②，朝鲜首先遣还了建文时兵部多次发文索要的林八剌失里等，解送途中遇到前来颁布推刷令的明使，当即转交。

明朝推刷令并未直接要求朝鲜归还辽东人口，而是面向藏身朝鲜的辽东军民，“皇帝敕谕东宁卫漫散官员军民人等：太祖皇帝开设东宁卫，好生赡养尔每，后来建文苦得尔每没奈何，漫散出去。如今天下太平了，我只遵着太祖皇帝的法度赡养。尔每都回来东宁卫里来住，官仍旧做官，军仍旧做军，民仍旧做民，打围种田做生理，听从所便，休要害怕惊疑。若一向执迷，漫散不来，恐久后悔时迟了”。当明使质问朝鲜为何接纳辽东漫散军时，太宗王回答称：“初闻逃来者皆我国人，乃许入境。后闻有上国人亦来，今乃具录而还，何敢隐乎？曾遣人于各道招集矣。”又曰：“初闻人将相食，悯而收纳，散置而养之。”③ 朝鲜接纳大量辽东逃军及流民主要是出于扩充本国人口、增强军作战能力的考虑④，但客观上确实使这些人免于饥饿之祸，避免了逃军因粮尽闹事，波及境内百姓的情况，增加如此多的人口，粮食供给是一笔巨大的开支，为此明朝也肯定了朝鲜“活漫散军于垂死之际”⑤ 的意义。

明朝首次推刷的情况如下：“漫散军民总计一万三千六百四十一名内，见解男女家小共一万九百二十名，在逃二千二百二十五名，病故四百九十六名。”⑥ 漫散军皆有军籍记录可以查验，推刷到的人数与明朝所掌握的情况差距较大。对此，朝鲜称：“[漫散军] 虽在境内，衣服言语无

---

① 朝鲜太宗实录：卷3：二年四月丁巳条；二年四月乙卯条.

② 《朝鲜太宗实录》卷4二年十二月壬戌条载：“移文各道，推刷自辽东逃来军人。闻朝廷遣使臣推刷逃军，欲及使臣未到之前还送也。”

③ 朝鲜太宗实录：卷5：三年元月辛卯条；三年元月壬辰条；三年元月癸卯条.

④ 朴元熇．明靖难之役和朝鲜//明史研究：第1辑．合肥：黄山书社，1991：238.

⑤ 朝鲜太宗实录：卷5：三年二月丙辰条.

⑥ 朝鲜太宗实录：卷5：三年三月己亥条.

异，难以辨矣。且山川险阻，莫知其隐处。"① 又强调有些原为朝鲜人，因避役才逃往辽东居住，希望将这些人口留住朝鲜地界②。但明成祖的推刷态度非常坚决，核对军籍，附录名册，要求按名字继续推刷漫散军民。朝鲜在不得不送还这些人口时皆"取漫散军所买马"，明使称："今天下已一家，何以取漫散军之马乎？"朝鲜官员答曰："天下一家，何以推漫散军乎？"③ 直接表达出对送还漫散军的不情愿以及无可奈何。

朝鲜的推刷活动一直比较缓慢，直到永乐五年朝鲜才开始积极行动，遣还了大部分漫散军民（见表 5-4），这可能与当时明朝出兵安南产生的威慑力有直接关系。

历时六年的推刷过程也形成了明朝与朝鲜互相送还流民的惯例。像靖难期间如此大规模的辽东军民逃亡现象是比较少见的，但潜渡鸭绿江的情况还是时有发生，朝鲜的原则是"若来者数少且犯夜越江则纳之，如成群则御之，使不得渡江"④。对于海难漂流或逃自日本的明人，朝鲜常常会主动送还，但也有例外，如明人叶官生，曾为倭寇所掳，后逃至朝鲜，因不愿被送回国而威胁称"军器别军十七人皆前日漫散军也"，"西北丰海两道如予者颇多，予若还京则必告无遗"⑤，这也说明，在永乐初期如此严格的推刷下，仍有部分辽东漫散军滞留在朝鲜，其数据是难以核实的。送还流民散兵不仅仅存在于永乐一朝，而是贯穿于整个明代。对于朝鲜而言，主动送还人口既可以体现对明朝的"事大"之意，又可以增加前往辽东的次数，朝鲜使臣入境明朝虽不受勘合限制，但也需要有奏章，即无事不得入境，而通过送还明朝流民的方式，朝鲜得以频繁地进出辽东，从而获得更多打探情报和开展贸易的机会。

表 5-4　朝鲜刷还辽东漫散军情况

朝鲜太宗纪年	送还人口数	备注
1.1.17	逃军王和贵等 36 人	110 人在逃
2.12.21	逃军林泉等	

① 朝鲜太宗实录：卷 6：三年八月癸酉条.

② 《朝鲜太宗实录》卷 14 七年八月壬辰条载："上项漫散军余，原系小邦有役人民，曩因胡拔都、高铁头等到来鸭绿江边被虏，前去辽阳地面居住，后充东宁卫军丁；亦有为事逃往，自充军役者。近于革除年间，逃还本国，幽僻山谷间藏躲。"

③ 朝鲜太宗实录：卷 5：三年二月丁卯条.

④ 朝鲜太宗实录：卷 18：九年十一月戊寅条.

⑤ 朝鲜太宗实录：卷 25：十三年正月丁未条.

续表

朝鲜太宗纪年	送还人口数	备注
2.12.23	林八剌失里等	
3.1.27	3 649 人	
3.3.22	10 920 人	朝鲜奏称漫散军总计 13 641 人，在逃 2 225 人，病故 496 人
3.4—11.27①	张甫、金禾、金永家小 434 人	
4.9.25	逃军杜添保等	
4.12.25	逃军金加勿等 28 人	
5.9.20	东宁卫逃军 10 人	
6.8	宋德玄、全小金等 419 人	
7.3.19	刘山成等 2 000 人	明朝要推刷丰海道散漫军 4 946 人②，朝鲜实际送还 4 126 人③
7.5.24	丁禄吉等 746 人	
7.6.4	金必果等 831 人	
7.8.8	李白吉等 549 人	
8.4.26	刘思京等 781 人	明朝咨谕推刷 1 123 人④
8.5.11	李隆等 159 人	
8.7.16	刘莫遂等 99 人	
8.9.29	郑世等 114 人	
合计	20 775 人	

注：1.1.17 表示朝鲜太宗元年正月十七日，2.12.21 表示朝鲜太宗二年十二月二十一日，以此类推。

2. 明朝、朝鲜对女真部族的争夺

朱棣登基后着手治理东北，不断强化对鸭绿江北的直接军事控制，同时积极招徕女真各部。永乐元年十一月，女真巨酋阿哈出率部来朝，明朝于凤州（或作奉州，辉发河上游山城子一带）设建州卫，以阿哈出为指挥

① 《朝鲜太宗实录》卷 14 七年八月壬辰条载："张甫、金禾、金永等并家小四百四十三口，差陪臣梅原渚、张洪寿、张有信三次解送辽东都司交割。"

② 《朝鲜太宗实录》卷 12 六年四月己卯条载："有全者遂等四千九百四十口，仍在本国丰海等道藏住，续该本国将金奉等一十九名回还外，其余不见送到。又有土官千户高勖等下家小海西等十四名，逃往朝鲜。"

③ 《朝鲜太宗实录》卷 14 七年八月壬辰条载："今奉前因，通前事故九百二十八口。除将乡吏金难等公私驱奴林延、内隐白等七十一口另行计禀外，今将见获漫散军余刘山成等……黄不改、边都里哥等并家小男妇并四千一百二十六口，分作六运，差金文发……等管押解送辽东都司交割了当。"

④ 《朝鲜太宗实录》卷 15 八年二月丙戌条载："取未完人口一千一百二十三口。"

使。十二月，忽剌温等处女真头目西阳哈、锁失哈等前来贡献马匹，明朝置兀者卫，以西阳哈为指挥使①。从阿哈出、西阳哈部族的安置来看，明朝对受抚来归的女真各部，皆就其部族所居，审其族群势力强弱大小，分别设立卫所城站等名目，授其族长酋豪以都指挥、指挥、千户、百户、镇抚等职，赐以敕印，令自相统属，约束所部，以时朝贡。明成祖毫不避讳这种以利益驱使女真来服的目的，“朕非欲并其土地，盖以此辈贪残，自昔数为边患，劳动中国，至宋岁赂金币，剥及下人膏血，卒为大患。今既畏服来朝，则恩遇之，从所欲，授一官，量给赐赉，捐小费以弥重患，亦不得不然”②。明成祖招抚女真目的是希望对女真羁縻制驭，使之保边塞而不为边患，因此尤其重视招纳强酋大族，根据阿哈出的建议，明成祖开始招抚暂居于朝鲜半岛、在女真中较有影响力的猛哥帖木儿部。

“壬子事件”发生后，受野人女真和蒙古的侵袭，猛哥帖木儿部先后到达朝鲜半岛的吉州、咸州、定州，继续南进时受到遏阻，于是调头北返，辗转到图们江上游的阿木河定居。此处土地肥沃，雨量充足，适宜农耕。与猛哥帖木儿部同时南迁的女真火儿阿部中一部分定居在吉州、咸州、定州，大部分则在阿哈出的率领下北返，最后也定居在阿木河③。阿哈出内附后，建议明朝招抚猛哥帖木儿部。但是朝鲜也将猛哥帖木儿部视为“东北面之藩篱”④，如果猛哥帖木儿部归附明朝，必然将朝鲜境内一批女真部族带走，为此明鲜之间展开了一场争夺战，明朝主要采取了“舍小取大”策略。

永乐二年，明朝遣女真千户王可仁至朝鲜，其任务有二：一是通知朝鲜有关明朝招抚咸州以北，原辽、金地界的十一处女真人之事，“今招谕参散、秃鲁兀等一十一处溪关万户甯马哈、参散千户李亦里不花、秃鲁兀千户佟参哈、佟阿芦、洪肯千户王兀难、哈兰千户朱蹯失马、大伸千户高难都夫、失里千户金火失帖木、海童千户董贵洞、阿沙千户朱引忽、干合千户刘薛列、阿都歌千户崔咬纳、崔完者”⑤；二是经朝鲜前往阿木河对猛哥帖木儿进行游说。两项任务均开展得不顺利。十一处女真人的居住区域大致就是洪武朝“铁岭立卫”时在高丽引起争议的范围，现在明成祖索

① 明太宗实录：卷 25：永乐元年十一月辛丑条；永乐元年十二月辛巳条.
② 明太宗实录：卷 113：永乐九年二月甲辰条.
③ 董万仑. 建州女真定居阿木河研究. 黑龙江民族丛刊，1990 (3)：61-66.
④ 朝鲜太宗实录：卷 9：五年三月己酉条.
⑤ 朝鲜太宗实录：卷 7：四年四月甲戌条.

要这一地区的女真人口，朝鲜自然十分抵制，认为“女真等本属于我”①，明朝不应招抚已经划入朝鲜版图的女真人，为此朝鲜派出艺文馆提学金瞻赍地形图本赴明朝申辩：

> 参散千户李亦里不花等一十处人员虽系女真人民，来居本国地面年代已久，累经胡人纳哈出等兵及倭寇侵掠，凋瘁殆尽，其遗种存者无几。且与本国人民交相婚嫁，生长子孙以供赋役。又臣祖上曾居东北地面，玄祖先臣安社坟墓见在孔州，高祖先臣行里、祖先臣子春坟墓皆在咸州。窃念小邦遭遇圣朝以来，累蒙高皇帝诏旨，不分化外，一视同仁。又钦准圣朝户律内一款：“其在洪武七年十月以前流移他郡曾经附籍当差者勿论。钦此。”小邦既在同仁之内，公崄镇迤南，又蒙高皇帝王国有辞之旨，所据女真遗种人民乞令本国管辖如旧，一国甚幸。②

金瞻可能与十处女真人首领在朝堂上展开了一次辩论，金瞻称“若考辽、金《地理志》，则虚实自明矣”，明朝官员“考二国之志，果无十处地名，具以实奏，帝谓［金］瞻曰：‘朝鲜之地亦朕度内，朕何争焉？今兹准请。’”③ 也就是说，明朝索要的十一处女真人口，最后只得到了一处。朝鲜将明成祖这道旨意奉为律典，“上国累争十处人民，逮予（指太宗王）嗣位，乃得准请”，“后日之变，不可忽也”，“傥有奸猾之徒赴诉于京，则后日争疆之变复起矣”，遂命应奉司“谨守准请十处之文，以备不虞”④。

关于明朝在这一问题上的让步，是不能以今天的领土概念来衡量封建王朝疆域观的。明成祖“华夷无间”“广示无外”的观念中包含着“普天之下，莫非王土”的理想化因素，在明朝看来，无论是女真还是朝鲜，只要臣服于明朝，其土地、人口均在皇权的统辖范围。但“华夷”之间的区别依然存在，明朝对女真的管理始终未能制如内地，“女真”之名常常被明代史书列入“外夷”条目中，明朝视女真居住地为“领土”的意识远不及内地那样强烈。明成祖招抚女真的目的是使之成为东北边疆的藩屏，上述十处女真所在之地既远且族群弱小，并不具有强烈的吸引力。明朝势在

① 朝鲜太宗实录：卷5：三年六月辛未条.
② 朝鲜太宗实录：卷7：四年五月己未条.
③ 朝鲜太宗实录：卷35：十八年五月癸丑条.
④ 朝鲜世宗实录：卷3：元年四月己亥条.

必得的乃是猛哥帖木儿部，如果将朝鲜地面的女真全部征要，可能会引起麻烦，明朝虽不惧于此，但是招抚女真本身就是为了边疆防御，若因此与朝鲜摩擦不断，导致边疆不靖，则有悖于招抚女真的初衷。另外朝鲜有“首贺”之功，明成祖也不愿与之关系恶化。据此而言，明成祖放弃十处女真人口实为招抚猛哥帖木儿部而采取的“舍小取大”政策，他所看重的不是女真土地、人口，而是强酋大族的影响力。

明朝初次招抚猛哥帖木儿失败与朝鲜对猛哥帖木儿的威逼利诱有关。所谓“利诱”指朝鲜嘉赐猛哥帖木儿“上将军三品官职事”①，以示挽留之意。所谓“威逼”指朝鲜要求咸镜道官员“尽心教诱，使不得生变为上策。若不从则威之以法，又不从则以军马把直，使不得生变”②。这种情况明朝可能也有所了解，所以永乐三年再次招谕猛哥帖木儿时，明确要求朝鲜协助招抚，“东开原、毛怜等处地面万户猛哥帖木儿，能敬恭朕命，归心朝廷。今遣千户王教化的等赍敕劳之，道经王之国中，可遣一使，与之同行”③。明使与朝鲜官员同来，在猛哥帖木儿看来似乎代表着朝鲜的默认态度。这次明使先说服了猛哥帖木儿的母亲，再加上阿哈出的劝说，猛哥帖木儿最终接受了明朝的招抚。

至此，朝鲜欲上表挽留猛哥帖木儿时才明白明朝轻易许以“十处女真人”的真正原因，朝鲜太宗王后悔策略的失败，“帝已许东北面十处人民矣，何颜更请此事?”但鉴于猛哥帖木儿部的重要性，朝鲜还是决定上奏，称猛哥帖木儿等乃是“十处地面”所居之人，不应迁移至明境。这次朝鲜受到了明成祖的严厉斥责，“昔日东北面十一处人民二千余口，已皆准请，何惜一猛哥帖木儿乎? 猛哥帖木儿，皇后之亲也，遣人招来者，皇后之愿欲也。骨肉相见，人之大伦也。朕夺汝土地，则请之可也，皇亲帖木儿，何关于汝乎?”朝鲜无奈，只得自我宽慰道：“往者不可追，来者犹可图。帖木儿理宜督送，不可缓也。”④ 永乐三年九月，猛哥帖木儿随王教化顺利到达明朝京师，受封建州卫都指挥使。

3. 朝鲜太宗王的“退婴”政策与北拓计划的暂缓

李芳远在位十八年，朝鲜与明朝争夺女真频频失利，北拓疆域也毫无进展。由于女真侵扰不断，朝鲜一度南迁祖陵，放弃了李成桂建于图们江

① 朝鲜太宗实录：卷 7：四年三月己未条.
② 朝鲜太宗实录：卷 8：四年七月癸丑条.
③ 朝鲜太宗实录：卷 9：五年三月丙午条.
④ 朝鲜太宗实录：卷 10：五年九月乙未条；五年九月己酉条.

流域的庆源府，退守百里之外的镜城，对于李芳远的这些表现，池内宏称之为“退婴主义”①。

李成桂时期，朝鲜在图们江下游女真地面设城驻兵，“以其地有德、安两陵，且肇基之地，故号庆源府”②，逐步同化该地区女真人，并招揽与之接壤的兀良哈等部。由于朝鲜急于求成，反而激化了与女真、兀良哈的矛盾，朝鲜定宗二年（1400，建文二年）五月发生“兀良哈杀庆源万户李清”事件，表明朝鲜在新拓领土的统治并不稳固。靖难之役给了朝鲜时间来弥补、缓和与女真、兀良哈的关系。之后，女真、兀良哈各部因明成祖的优厚条件而转投明朝，朝鲜出于报复关闭了庆源府一带的交易集市，“初，野人至庆源塞下市盐铁牛马。及大明立建州卫，以于虚出（即阿哈出）为指挥，招谕野人，庆源绝不为市，野人愤怨，建州人又激之，乃入庆源界抄掠”③。

面对女真的频繁侵扰，李芳远萌生放弃庆源府的想法，“庆源置府为陵室也，彼贼必世为边警，予欲迁陵而移府”，“庆源，但德、安二陵在耳。迁陵，古亦有之，迁陵废郡，退守镜城如何”。这一提议遭到朝臣们极力反对，视此为“削土之耻”，“庆源居民移置镜城，则势若怯懦，贼益兴矣。况初设府，专为守陵室，而亦屏捍国家也。今乃渐退其民，则后日将何以还入乎”。李芳远则认为“每于春秋往逐之，则彼自不得耕获矣，何忧乎削土”④。这次争论没有结果。为减少女真的侵扰，朝鲜边将上言重启互市，“镜城、庆源地面不禁出入，则或有阑出之患，一于禁绝，则野人以不得盐铁或生边隙。乞于二郡置贸易所，令彼人得来互市”，朝鲜遂置“贸易所于镜城、庆源东北面”⑤。

促使李芳远下定决心撤销庆源府是永乐八年（1410）发生的朝鲜将士诱杀明朝毛怜卫指挥把儿逊事件。是年初，“兀狄哈金文乃、葛多介等，结吾都里兀良哈甲兵三百余骑，寇庆源府，兵马使韩兴宝与战败死”。朝鲜决定以武力回击，派赵涓率军前往庆源府。猛哥帖木儿遣人至军中称：“今来入侵兀狄哈，乃探州葛多介、具州金文乃等也。若不追捕深处，数

① 池内宏. 鲜初的东北境及与女真的关系//满鲜地理历史研究报告：第贰. 东京：东京帝国大学文学部，1916：203-323.

② 朝鲜世宗实录：卷155：地理志：咸吉道庆兴都护府.

③ 朝鲜太宗实录：卷11：六年二月己卯条.

④ 朝鲜太宗实录：卷19：十年二月丁未条；十年四月己未条；十年四月辛亥条.

⑤ 朝鲜太宗实录：卷11：六年五月己亥条.

多贼人，并生轻易之心，不无频频入侵之患。察理使须领兵马追逐，吾当同力助战。”朝鲜并不相信猛哥帖木儿之言，认为“童指挥消息之势，疑已与彼贼同谋”，遂令“赵涓退师吉州，其在庆源之军，声言修筑城堡，待彼懈而弛备，以三月晦四月初即出兵掩击”。同年三月，“赵涓等至豆门，诱杀毛怜卫指挥把儿逊、阿古车、着和、千户下乙主等四人，纵兵歼其部族数百人，燔烧庐舍而还”。鉴于明朝出兵安南的往事，朝鲜对把儿逊事件颇为担忧，“[把儿逊等] 皆受中朝职事，今而擅杀，是生衅于上国也”，“宜速奏闻，其生擒人口，悉令推刷还本”。于是朝鲜奏达明廷，称：“兀良哈、吾都里等地面，接连本国地境，今来把儿逊等与兀狄哈同谋，杀害边将军民，今又伏兵邀击，反致中伤身死。”①

在诱杀把儿逊后不久，朝鲜恰巧收到明朝公差的“求援信”，“张五十六等六人奉圣旨，招安兀良哈，至其境，[兀良哈等] 则射杀上官人，其余五人无所归，来投我境”。明朝公差称：“吾都里、兀良哈，既背大明，亦侵贵国，作贼遮路，至使我等不得还朝，衣食乏绝，无可奈何。”朝鲜遣人前去迎接，沿途精备供给，希望借明朝公差之口表明朝鲜诱杀把儿逊等人乃是正当防卫，“厚待张五十六等，遣还，可得其心，而因可以达彼贼之恶于天聪矣”，“此贼既反上国，又侵我疆，今之往伐，上国有何辞焉”②。事情的发展正如朝鲜料想的那样，由于女真常常侵扰辽东、劫掠明使，明廷难以论断女真与朝鲜之间的是非曲直，因此未追究此事。

但是女真各部因把儿逊之死与朝鲜“构衅益深”③，寇边愈加频繁，猛哥帖木儿部也加入其中，庆源府地区更为混乱，“贼兵为寇不止，时原等处，人皆骑山避寇，道路不通。庆源两陵，朔望奠物与兵马使廪给，未及输送。贼人相续侵掠，故富家站以北人物，不耕一亩，皆有离心”。朝鲜将这些情况通报明朝，“兀良哈、吾都里、兀狄哈等类，邻接小邦，连连结党，侵犯边境，杀害军民，劫掠财物，抢夺牛马。除先差人奏达外，今来益加搔｛骚｝扰，致使边鄙不宁”④。同时正式实施迁陵废郡，“庆源尝为北戎所败，且德、安二陵迁于咸州，其兵马使河敬复独留，无与守

① 朝鲜太宗实录：卷 19：十年二月庚子条；十年二月己未条；十年三月乙亥条；十年三月辛卯条.

② 朝鲜太宗实录：卷 19：十年四月辛亥条；十年四月壬寅条.

③ 朝鲜世宗实录：卷 46：十一年十月甲申条.

④ 朝鲜太宗实录：卷 19：十年四月辛丑条；十年四月甲子条.

者，命敬复还，遂罢其镇”①。《朝鲜世宗地理志》“咸吉道”条也记载：“庆源都护府……［太宗］十年，斡朵里酋长童猛哥帖木儿诱引深处野人入寇，杀府使韩兴宝等，于是徙民户，合属镜城郡，遂虚其地。”又有：“孔州城在阿吾知城南豆满江边。孔州城南五里许，平野中有两圆峰，南安德陵，北安安陵，太宗庚寅，移安于咸兴府。”②

猛哥帖木儿曾遣使要求息战通好，朝鲜认为“童猛哥帖木儿自言‘庆源之役，予虽与焉，非本意也’，其果然欤？无乃托此诱我，以为自安之计乎？外似求和，心欲诱我，因来觇我国事变乎”③。最后猛哥帖木儿因疲于应对朝鲜的征伐而迁至开元路，“猛哥帖木儿尝侵庆源，畏其见伐，徙于凤州。凤州即开元，今于虚出｛阿哈出｝所居，于虚出，即帝三后之父也”④。随着女真部的外迁，边境交战有所减少，朝鲜以镜城为中心，步步为营，筑以木栅，加强防御工程，太宗十七年（1417，永乐十五年）重置庆源府。

三、永乐朝与朝鲜关系的特点

永乐时期明朝与朝鲜的交往可谓充分践行了朱棣“恩威并施”的外交理念，明朝在东北事务上对朝鲜并无让步，而在其他方面则实施了一系列优抚政策。如永乐七年明朝允许朝鲜使臣“再来时休从海上过，只从旱路上来。尔那来的使臣，都他旱路上来”⑤。这里的旱路是指由辽东入山海关，经北平南下至南京，虽然颇费时日，却彻底消除了涉海危险。

永乐朝对朝鲜的赐书、赐药可谓具有深远意义。与唐宋元时期新罗、高丽可以“通过贸易、留学、迁移、旅游、巡礼僧、商人等多种方式引进各种中国书籍不同，朝鲜初期与明朝的接触途径、交流范围相对狭小，引进书籍受到各种客观条件的限制”⑥，主要依靠明朝的赐予或明廷批准的合法购买。

明朝大量赐书始于永乐朝，对此朝鲜学者李德懋（1741—1793）有详细记载：

---

① 朝鲜太宗实录：卷 21：十一年三月庚寅条.
② 朝鲜世宗实录：卷 155：地理志：咸吉道庆源都护府；咸吉道吉州牧庆源都护府.
③ 朝鲜太宗实录：卷 19：十年五月丁卯条.
④ 朝鲜太宗实录：卷 21：十一年四月丙辰条.
⑤ 朝鲜太宗实录：卷 17：九年闰四月乙丑条.
⑥ 金炳镇. 14 世纪—17 世纪中叶朝鲜对明和日本贸易关系史研究. 延边：延边大学博士论文，2005：109.

大明惠宗建文三年辛巳（我太宗元年）赐《文献通考》（赵温持来）。成祖永乐元年癸未（我太宗三年）赐《元史》《十八史略》《山堂考索》《诸臣奏议》《大学衍义》《真西山读书记》《朱子成书》，二年甲申（我太宗四年）赐《列女传》，四年丙戌（我太宗六年）赐《通鉴纲目》《四书衍义》，十五年丁酉（我太宗十六年）赐《为善阴骘书》六百本。宣宗宣德元年丙午（我世宗八年）赐《四书五经》《性理大全》。八年癸丑（我世宗十五年）赐五经四书大全。英宗正统元年丙辰（我世宗十八年），诸胡三省《音注资治通鉴》、赵完璧《源委编》、金履祥《通鉴》，陈桱《历代笔记》、脱脱《宋史》得来。胡注《资治通鉴》，其余板刓，待刻许颁。代宗景泰五年甲戌（我端宗二年）赐《宋史》。英宗天顺五年辛巳（我世祖六年）请《洪武正韵》，版在南京，不得来。武宗正德十三年戊寅（我中宗十三年）得来《大明会典》。世宗嘉靖四十二年癸亥（我明宗十八年）始赐《会典》，辨诬改本。①

可见永乐朝赐书数量之多、规模之大，居明朝历代之首，这对朝鲜前期儒家文化建设具有重要意义。并且书籍属于明朝贸易禁运范围，朝鲜自行购买需要获得明朝许可，而朝鲜大量购买书籍也是始于永乐朝，这种书册贸易活动一直持续到 16 世纪，对于朝鲜儒教伦理的普及以及构建儒教社会起到了重要作用②。

朝鲜的药材贸易和书册贸易一样，属于出使常设任务。一般来说，朝鲜购买药材需先向明朝奏禀，明成祖得悉后常常无偿赐予。如永乐元年朝鲜使臣奏以“国王缺少药材，将布匹来换”，明成祖命礼部“着太医院照他合用的药味，打点见数，封裹得停当，付与差来人将去。布匹从他自卖”，赐药材十八味，共八十二斤八两③。永乐二年“朝鲜国王缺少药材，差臣来这里收买。恁礼部照他买小的数目关与他将去与王用……麝香二斤、朱砂六斤、沉香五斤、苏合油一十两、龙脑一斤、白花蛇三十条”④。永乐九年，通知礼部“药材不要他买，等有时着人送将去。除钦遵打点完备，钦差太监黄俨赍送前去，开药材二十九味”⑤。明帝的赐予远远不能

① 李德懋．青庄馆全书：卷 55：中国书来东国//韩国文集丛刊：第 258 册．首尔：景仁文化社，1990：521-522.

② 中国书籍东传朝鲜半岛的情况将在本书第七章详细展开论述。

③ 朝鲜太宗实录：卷 5：三年六月甲子条.

④ 朝鲜太宗实录：卷 8：四年十一月己亥条.

⑤ 朝鲜太宗实录：卷 22：十一年八月甲辰条.

满足朝鲜对药材的需求，从永乐四年开始，朝鲜规定“自今每当使臣入朝之时，以医员一人放押物打角夫中差遣，贸易药材”①。朝鲜在逐步吸收、借鉴中国药材、医书乃至医学经验的基础上，逐渐形成本民族的医学。

明成祖对朝鲜太宗王末年擅自更换世子及禅位之事也没有提出质疑。早在永乐三年李芳远就立嫡长子李禔为世子，获得明朝批许，李禔还曾于永乐五年前往明朝贺正旦。但是到了永乐十六年，李芳远决定废李禔而立第三子李裪，上奏明朝称：“臣长子禔于永乐三年钦蒙奏准立为世子。见今年既长成，而其所行多有不堪为后者，不获已出置于外。第二子補，资质柔弱，难付重任。第三子裪，性颇聪慧，孝悌好学，一国臣民，悉皆属望，请立为后。”② 在尚未得到明朝准许更立世子的情况下，李芳远就迅速禅位于李裪，群臣皆劝阻，“今年六月易置世子，八月传位，则上国必疑之。后世闻者，亦必有疑矣”③。李芳远拒纳臣下意见，果断禅位。这两件有违礼制之事都得到了明成祖的谅解。

对于废长立幼，朱棣认为“立嫡以长，古今不易之常道。然家国事重，嗣子之贤不肖，国之盛衰存亡系焉。果贤也，则祖宗有托，一国之人受福；苟惟不贤，则宗社无依而乱亡继之，一国之人受祸。王为国家长久之虑，鉴盛衰存亡之机，欲立贤为嗣，听王择焉”④。朱棣非长子，他本人也曾对册立长子朱高炽有过犹豫，所以对朝鲜的做法显得颇为理解。当然，明朝对此没有过多质疑也与朝鲜太宗王一直事大唯谨的态度有关。明成祖常赞李芳远“恭事朝廷，恪勤不怠”，“笃厚老成，能祗敬天道，恭事朝廷，为一国之人造福，忠顺之诚，愈久不替”⑤，并多次颁以重赏，动辄白银千两，这也为后继者朝鲜世宗王造成了不小压力，明成祖曾对朝鲜使臣说：“老王以至诚事我，至于干鱼，无不进献。今小王不以至诚事我。”⑥ 消息传回朝鲜，世宗王立即遣人进贡干鱼等特产。

永乐朝与朝鲜往来密切，两国关系和睦且平稳，但却称不上“亲密”，这从两国王室都极力回避“联姻”可见一斑。

有朝鲜大臣曾建议太宗王以“世子尚帝女”来获取安全保障，“傥得

① 朝鲜太宗实录：卷 11：六年一月己未条.

② 朝鲜太宗实录：卷 35：十八年六月戊子条.

③ 朝鲜太宗实录：卷 36：十八年八月丙戌条.

④ 朝鲜世宗实录：卷 1：即位年九月辛亥条.

⑤ 朝鲜太宗实录：卷 34：十七年十二月庚戌条；朝鲜太宗实录：卷 36：十八年十一月甲寅条.

⑥ 朝鲜世宗实录：卷 25：六年七月辛巳条.

连｛联｝姻帝室，虽北有建州之逼，西有王狗儿之戍，何足畏哉”，“若得大国之援，同姓异姓，谁敢作乱，乱臣贼子，何由作乎！前朝厘降公主，于大元百年之间，内外无虞，此已往之验也”。最初太宗王也曾表示同意，并“潜达意于［明使］［黄］俨”。但是黄俨[①]再次出使朝鲜时“无一语及之”，这表明明朝无意下嫁帝女，李芳远遂为世子订婚。之后，朝臣再言与明王室结亲时，李芳远表示出担忧，“结婚中国，予所愿也，尚虑夫妇相得，人情所难，又必中国使者往来络绎，反扰吾民矣。昔奇氏入为皇后而其一门杀戮无遗，安足保乎”[②]。可见朝鲜有与明王室通婚的意愿，但鉴于前朝王室联姻的弊端而持有顾虑。

不仅如此，朝鲜王室对明朝“作亲”的要求也颇为抵制。永乐朝有多位朝鲜妃嫔，载有号位者有权贵妃、任顺妃、李昭仪、吕婕妤、崔美人，但均非出自朝鲜宗室，多为中下级官员之女。每当得知明成祖派人前来择选女子入宫时，王室和朝臣均是极力规避。李芳远甚至不顾礼规，急于将尚未婚配的第二女庆贞宫主下嫁正值母丧的赵浚之子赵大临，朝臣劝谏，称赵大临“丁母忧，仅逾四月，释服即婚，岂其情也哉”，“愿待其终制而后许婚”，李芳远答曰：“帝有结婚于我之意，此非予所愿，故如此其急。”[③] 朝鲜大臣也不愿献女入朝，甚至因此获罪。权文毅之女被明使选中，“文毅托其女有疾，迟留不肯发行。议政府遣知印杨荣发促之，文毅不得已治妆，若起程者。荣发驰还，文毅竟不遣。［黄］俨怒曰：‘如许微官，国王尚不能制，况巨家大室。虽有美色岂肯出乎？’上怒，囚文毅”[④]。

此外，横亘在明鲜之间的女真和日本问题也加剧着双方的互不信任（将在第八章详细论述）。明朝始终担心朝鲜与女真或倭寇相勾结而构恶。永乐七年冬，太监海寿至朝鲜龙泉驿站训斥一番即回还，朝鲜猜测为“辽人密言，朝廷传闻朝鲜起兵助鞑靼，故使寿来觇之。入境便佯怒，以察顺逆”[⑤]。李芳远自己也说“今帝多疑虑，本朝人至，必令内竖暗察，不可与元朝混一时比也”[⑥]。朝鲜与日本互通往来是出于平息倭患目的，最初

---

① 黄俨，明朝永乐年间的宦官，曾多次出使朝鲜。可参见陈学霖．永乐朝宦祸举隅——黄俨出使朝鲜事迹缀辑//明代人物与传说．香港：香港中文大学出版社，1997．

② 朝鲜太宗实录：卷13：七年六月庚寅条．

③ 朝鲜太宗实录：卷6：三年九月辛卯条．

④ 朝鲜太宗实录：卷16：八年八月癸卯条．

⑤ 朝鲜太宗实录：卷18：九年十一月丙戌条．

⑥ 朝鲜太宗实录：卷24：十二年十月戊寅条．

是隐瞒明朝的，永乐朝与日本通贡后获知了这一情况，礼部曾质问朝鲜使臣："汝国在前自云不与日本交通，今朝廷使臣回自日本，告曰朝鲜使臣先已在彼矣。"朝鲜对于明、日建立朝贡也颇为担心，朝鲜使臣亲眼看到明朝对日本使臣"赏赐甚厚"，"且序其班于李玄（朝鲜使臣）之上"①，一度担心明朝"与日本共侵于我"②。对于永乐"置建州卫"，朝鲜亦认为此举"是扼我咽喉掣我右臂也。外立雄藩，以诱我人民；内加异宠，以懈我御侮。其意固难测也"③。

总之，永乐朝与朝鲜的关系是建立在明朝强势外交的威严之下，朝鲜多数时候是被动地回应着明朝的要求，双方缺乏充分的沟通与信任，这种交往模式也是难以持久的。

本章小结

建文朝与朝鲜的关系不同于明朝其他阶段，其显著特点是明朝一度成为了被动方，这是特殊历史时期所产生的大国殷勤交好小国的政治关系。虽然建文政权与朝鲜交往仅有一年多时间，却自有一番开创性。在靖难之役的推动下，建文帝事实上改变了洪武帝时期针对朝鲜的严苛政策，转以友好待之。建文颁以册封对朝鲜可谓意义重大，李芳远成为朝鲜建国后第一个正式受到明朝册封的国王，一扫李氏篡位高丽而不被明朝承认的窘境，在此之前，朝鲜太祖、定宗均被冠以"权知国事"。建文朝恢复了洪武旧制，颁赐朝鲜九章冕服，待以亲王之礼④。同时，朝鲜一年三贡，即正朝、圣节、千秋节进献也在建文朝得到了默许。此前，明朝多次强调三年一贡，高丽、朝鲜使臣常因贡期问题被禁止入境，建文元年尚且如此，计禀使偰长寿入明奏请"每年朝聘事"时，"至婆娑铺，辽东都司以非三年一聘之期不纳"，后改为进香使才得以通行⑤。允许朝鲜一年三贡的记

① 朝鲜太宗实录：卷 11：六年正月丁酉条.

② 朝鲜太宗实录：卷 26：十三年七月乙未条.

③ 朝鲜太宗实录：卷 12：六年八月庚戌条.

④ 《高丽史》卷 72《舆服一》载："恭愍王十九年（洪武三年）五月，太祖高皇帝赐冕服：圭九寸，冕青珠九旒，青衣纁裳九章；画龙山华虫火宗彝五章在衣；绣藻粉米黼黻四章在裳；白纱中单，黼领青缘袖襕，蔽膝，纁色，绣火山二章；革带，金钩；玉佩，赤白缥绿四彩；绶，小绶，二间施金环；大带，表里白罗红绿；白袜赤履。奉祀朝觐之服也。"

⑤ 朝鲜定宗实录：卷 1：元年正月庚辰条.

载虽未见诸文字，但建文颁册封后，朝鲜使臣没有再出现因贡期问题被限制入境的情况。无论初衷何在，建文朝事实上改变了洪武末年双方朝聘时断时续的状况，将明鲜关系重新纳入了朝贡轨道，其所实施的一系列友好政策也多被永乐朝保留下来，切实推动了明鲜关系的发展。

建文时期是朝鲜对明外交自主性较强的时期，波折的马匹贸易将朝鲜在靖难之役中的观望态度尽显无遗。鉴于建文政权的颓势，朝鲜不愿再向其提供支持，以免朱棣登基后责问。作为东方小国，朝鲜必须依靠强援保国，而建文政权即将结束，已经不具备为其带来可靠保障的能力，朝鲜必须在明朝的新旧政权之间做出抉择。但战争未彻底结束之前，朝鲜也不愿直接得罪建文政权，依然按时遣使进贡，这些举措除了礼仪性质外，更重要的作用是了解明朝国内局势变化。

与建文朝对明鲜关系控制力最微弱相比，永乐朝又将两国关系拉入另一个极端，成为对两国关系控制力最强阶段。朝鲜“首贺”之功及其事大唯谨的态度使得明成祖一直对朝鲜以礼相待，但是明成祖从一开始就表现出来的强势没有给朝鲜任何“轻视”明朝权威的机会，尤其是永乐朝在推刷漫散军、招抚女真部时并没有因为与朝鲜的关系而束手束脚，迫使朝鲜在传统的北拓政策上采取退让政策。在明成祖的强势外交下，明朝与朝鲜的关系看似密切，实际上两国之间存在的诸多问题并没有得到妥善解决，这种外交模式也没能被朱棣子孙所继承，所以明鲜关系还需要继续调整。

第六章　1425—1450：明朝与朝鲜关系的稳定化与制度化

从洪熙朝开始，明朝逐步调整对外政策，处理朝鲜事务的方式也发生变化，实施了有限的怀柔，明朝减少对外用兵，向朝鲜征购马匹也相应锐减，明朝注重民生，亦减轻朝鲜的进献压力，由此实现了从“威服”向“德绥”的转变。朝鲜也逐步将对明“事大”提升到理论高度，成为基本国策。由于明朝北疆政策失利，朝鲜对明朝的敬畏之心减弱，重启北拓疆域计划，陆续建立起沿江四郡六镇，土木堡之变时拒绝明朝征兵，又开启迎诏礼仪争端。但此阶段内，两国关系一直保持着平稳，双方形成的朝贡制度、宗藩礼仪、外交状态延续到明末都没有发生较大变化，据此可以说明朝与朝鲜关系基本实现了规范化。

第一节　明朝对朝鲜的怀柔

朝贡礼制本身包含着不平等性，宗主国与朝贡国常常难以进行有效的沟通。自明朝建立以后，高丽、朝鲜曾在洪武初年、建文时期表达过政治诉求，但并未取得多少成效。永乐时期，朝鲜虽有这种要求，但基于明成祖的威严多被束之高阁。仁宣以后明朝展现出德绥的态度，采用持续的怀柔政策以完善明鲜关系，朝鲜亦开始尝试就某些悬疑问题进行沟通，明朝准许了部分涉及民生事项，切实减轻了朝鲜的经济负担。

一、准许“金银代贡”

高丽、朝鲜对明朝节日进献礼单乃是仿效元时，除了土产还包括金银物品。《朝鲜实录》常载有“朝廷进献银器岁贡七百余两”“岁贡上国共七百余两”“每岁贡献黄金一百五十两、白银七百两”“进献及国用十品叶子金二百两”等语[①]。对于并不盛产金银的朝鲜来说，这项贡献成了沉重负担，“一年采金之苦，倍于十年贡物之备，宁还杂物之贡，愿歇采金之役”[②]。

永乐七年（1409），朝鲜使臣借进贺圣节的机会首次向礼部请求以土产代替金银，“本国每遇进贺节期，年例备办金银器皿……为因金银，本国自来不产，前元客商往来兴贩到些少金银，不数十年内用度罄尽。今后凡遇上项节期，本土不产金银器皿，将似难备，乞将土产物件代备”。结果遭到礼部怒责，“尔国家蒙帝恩特厚，不宜有此请”，“你动文书来说称本国不产金银，欲将别物代贡，系干有违洪武年间旧制，我自不敢与恁奏。恁要奏时，明日早自奏。我礼部家不是恁借倩的”[③]。鉴于此，使臣未敢呈请于成祖面前。永乐十八年，因朝鲜贡女韩氏受宠，其兄韩确被传召赴明接受封赏，宦官黄俨建议朝鲜派使臣“与韩确同来，乞减金银，可以得请”。朝鲜遂遣使赴京进献方物兼奏请免贡金银，但进献方物的奏本未填日期，成祖不悦，“汝老王事我至诚，小王不在心，不填日。朕欲下朝廷问之，朕待汝国甚厚，故不果耳。往说尔国王”[④]。已退位为上王的李芳远认为明成祖具有突破“洪武祖制”的魄力，是最有可能更改金银岁贡的皇帝，遥命使臣继续斡旋，“请免金银，此其时矣。若此时请不得，后来必以此为据，宜备细布，因事进献，须更请之”[⑤]，最终朝鲜使臣未能进呈奏本。

宣德四年（1429，朝鲜世宗十一年）八月，朝鲜遣恭宁君李裀[⑥]第三次上表请免金银岁贡：

> 窃念小邦土地褊薄，不产金银，天下之所共知也。故太祖高皇帝洪武五年十月中书省钦奉圣旨：“古来藩邦远国，其所贡献不过纳赞表诚而已，今后将来的方物，只土产布子，不过三五对，表意便了，其余的都休将来。”至七年正朝只受布匹，其余金银器皿并皆发回。兹盖高皇帝明见万里，灼知小邦之不产金银也……第缘其时元朝客商

① 朝鲜太宗实录：卷13：七年三月辛酉条；朝鲜太宗实录：卷22：十一年二月己未条；朝鲜太宗实录：卷34：十七年八月戊申条；朝鲜太宗实录：卷34：十七年十月甲辰条.

② 朝鲜世宗实录：卷29：七年八月甲午条.

③ 朝鲜太宗实录：卷17：九年元月甲子条；九年闰四月庚午条.

④ 朝鲜世宗实录：卷7：二年正月甲子条；二年三月丁亥条.

⑤ 朝鲜世宗实录：卷8：二年五月己巳条.

⑥ 恭宁君李裀为朝鲜太宗李芳远之庶子。

兴贩到些少金银，犹有存者，小邦进献仍旧，遂至于今数十年间用度罄尽，公藏已竭，以至家抽户敛。举国陪臣之家无有蓄金银器者，事窘势迫……伏望皇帝陛下恕臣辞烦，怜臣情迫……许免金银之贡，代以土地所产，则岂惟臣与一国臣民父老欢欣鼓舞于圣化之中也哉。臣祖若父之灵亦且感激于冥冥之中，而臣之子子孙孙永被深仁厚泽于千万世之无期矣。钦惟皇帝陛下小垂怜焉。①

虽然明朝大臣多称“此乃高皇帝成法，不可改也”，但宣宗认为“高丽远在海外，修贡益勤”，“王父子敬事朝廷，多历年岁，愈久愈笃”，“朝鲜事大至诚，且远人之情，不可不听”②，力排众议，同意了朝鲜的请求，“金银既非本国所产，自今贡献但以土物效诚”③。这次奏请成功与朝鲜多年积极经营“恭事大明”的行为密不可分。当仁宗在位不足一年即逝时，朝鲜行二十七日之丧礼；当宣宗登基后，朝鲜依然是最早进贺国家之一，并因宣宗即位而大赦朝鲜境内，再显诚意。此外，“免贡金银”也可能得益于丽籍宦官尹凤的积极斡旋。朝鲜史料载“己酉岁，请免金银，［尹］凤之功不为不多”，于是“超授［尹］重富（尹凤之弟）职，则报凤之功至矣”④。至此，朝鲜半岛向中原王朝行之多年的金银岁贡正式改用土特产品来代替，朝鲜以八十四匹马和一百匹丝绸来代替之前固定进献的一百五十两黄金和七百两白银，不足部分用布匹、席子、人参等来补缺⑤。此后，朝鲜仅在成化年间以“别献物”名义向明朝进献过金银，但只持续了四年，明宪宗去世后金银别贡也随之取消⑥。

二、蠲减耕牛贸易

洪武、永乐时明朝曾向高丽、朝鲜购买耕牛以恢复辽东生产。洪武十八年（1385），辽东都司向高丽购买耕牛五百头，交易可能因纠纷而停止，“辽东以为带印牛乃公家所献，不与直｛值｝，故寻罢之”⑦。洪武二十年，

---

① 卞季良．春亭先生文集：卷9：请免金银表//韩国文集丛刊：第8册．首尔：景仁文化社，1990：129-130.

② 明宣宗实录：卷52：宣德四年三月乙卯条；朝鲜世宗实录：卷46：十一年十二月乙酉条.

③ 朝鲜世宗实录：卷46：十一年十二月辛未条；十一年十二月乙酉条.

④ 朝鲜世宗实录：卷53：十三年八月庚申条；十三年九月壬戌条.

⑤ 朝鲜世宗实录：卷47：十二年八月丁酉条.

⑥ 朝鲜成宗实录：卷157：十四年八月丁亥条；朝鲜成宗实录：卷145：十三年八月己巳条.

⑦ 高丽史：卷135：辛禑：十一年四月.

辽东都司再次向高丽购买耕牛五千七百头①。永乐二年（1404），明朝以“绢一匹，布四匹”的单价向朝鲜购买了耕牛一万头。耕牛对于农业的重要意义不言而喻，朝鲜本不愿意开展这种贸易，无奈之下只能将其作为取悦明朝、展示至诚的一种方式。

宣德六年（1431），朝鲜听闻“帝准辽东所奏，令就本国买牛一万只，每牛绢一匹、布四匹”②，遂提前筹备好足量的耕牛。但是明朝的旨意迟迟未正式到达，朝鲜从宦使处得知，“帝欲换牛马各一万匹，翰林院奏云：‘朝鲜小国，今海青土豹捕捉事烦，不宜并换牛只。’帝从之，不下敕书”。朝鲜希望借此机会彻底蠲免耕牛贸易，于是请宦使尹凤、昌盛等人转达，称：“本国荒漠之地，凡物不阜，而牛只尤不盛。近因水旱，民生艰食，救死不赡，安有养牛之资？因此农牛鲜少，民产可虑。今闻帝敕本国，令换牛只一万，心实惶惧。本国民户有牛者十之一，而其存者不过一只而已。虽举国索之，焉得万只？冀大人善奏蠲免，俾我东民偏蒙圣泽。”③很快就有消息自北京传来，“兵部奏辽东牛只请换事，［尹］凤在帝傍曰：‘朝鲜自来不产牛只，且国王曾闻牛只易换之语，深用忧虑。’帝曰：‘勿听辽东之奏。’”④ 但是宣德七年，明朝易换耕牛的圣旨还是到达了朝鲜，“［辽东］诸卫屯种耕牛，初皆买于朝鲜，今牛多死，缺用。遂遣内官昌盛等敕谕朝鲜国王李祹，赐以纻丝纱罗锦帛，令如永乐故事，选牛一万，送辽东都司给军，仍遣员外郎李显运绢布五万匹偿其值”⑤，不过明朝亦称：“今得王奏，国中所产不多，朕已具悉。可随见有者送来交易，余即止之。”⑥ 这样又将交易数量的决定权交给朝鲜，由此引发了朝鲜君臣的争论。

一种意见认为应当请求全部蠲免，“牛只，本国稀少之物，措办为难，且于农最切，宜奏请蠲免”。另一种意见认为应如数进献，“甲申年（1404）换牛之后，至今年乃有此敕，不可不依数”。朝鲜世宗王也支持这一观点，“帝待本国甚厚，视同一家，命除金银贡，又赐世子梁冠，加以赏赉便蕃。自甲申年牛只贸易之后，几至三十年，今若陈弊请免，恐不顺

---

① 《高丽史》卷136辛禑十三年九月载有：“辽东来市屯田牛五千七百头。”

② 朝鲜世宗实录：卷51：十三年正月癸巳条；十三年三月丁亥条.

③ 朝鲜世宗实录：卷54：十三年十月乙巳条；十三年十二月甲辰条；十三年十二月丁酉条.

④ 朝鲜世宗实录：卷56：十四年四月辛卯条.

⑤ 明宣宗实录：卷88：宣德七年三月辛酉条.

⑥ 朝鲜世宗实录：卷56：十四年五月丙戌条.

理，依数备进，庶几便益”，并且“中朝每言朝鲜事大之心，至诚无二。今牛只措办虽艰，然不系于社稷安危而烦为奏请，恐生嫌隙”。第三种意见认为应半数贸易半数请求蠲免，“牛只，农家重物，切于民生甚大……且此非海青之类，但因辽东奏请而已。臣等闻前年已准请，至今年乃下敕，非皇帝致虑之事明矣。为半贸易以进，其余奏请蠲免，必无生嫌”。宦使尹凤亦赞同，“若敷奏牛只不产之弊，必蒙奏准，不尔则为半请减，亦可也”①。最后朝鲜决定交易六千头，其余请求蠲免，明朝表示同意，“可随见有者送来交易，余则止之”②，这也是明朝与朝鲜之间最后一次耕牛贸易。

三、约束宦使买卖

明初明太祖对出使官员有严格的规定，“凡为使臣，受命而出，四方之所瞻视，不可不谨”③，特别是对使臣收受贿赂，可谓严惩不贷，“行人受命而出，或捧制书，或寻常差使，或催督六部都察院公事所在，受赃者问赃自何而来，必供诸司所与，擒至诸司问此贿赂钱粮从何而至，必供取之于民，其害民之奸，岂可隐乎？当此之时，除民人被其威逼科敛不罪外，官吏与者受者罪同”④。

一般而言，明朝文官出使高丽、朝鲜时很少接受赠物，更不要说求取他物或私人贸易。但明朝也常派宦官出使，尤其是丽籍宦官⑤多因语

① 朝鲜世宗实录：卷56：十四年五月乙酉条；十四年六月庚寅条.

② 朝鲜世宗实录：卷58：十四年十月辛卯条.

③ 余继登. 典故纪闻. 顾思，点校. 北京：中华书局，1981：64.

④ 熊鸣岐. 昭代王章：首卷：行人受赃. 玄览堂丛书初集本. 台北：正中书局，1981：23-24.

⑤ 元代曾大量征用高丽籍宦官充当内侍，元帝北逃后，这些人继续供职明廷。明朝曾多次向高丽、朝鲜索取宦员，据《高丽史》《朝鲜实录》不完全统计，仅明朝前期，东国送入的宦官达210人之多，如下表所示：

时间	数量	时间	数量
洪武二十一年	不详	永乐六年	12人
洪武二十四年	20人	永乐八年	2人
洪武二十五年	5人	永乐十五年	4人
洪武二十七年	5人	永乐十七年	20人
永乐元年	35人	永乐二十一年	24人
永乐二年	20人	宣德二年	10人
永乐三年	8人	宣德三年	10人
永乐五年	29人	宣德四年	6人
合计	210人以上		

可参见陈学霖. 洪武朝朝鲜宦官史料考释；海寿——永乐朝一位朝鲜籍宦官//明代人物与史料. 香港：香港中文大学出版社，2001。

言优势被委以出使东国的任务。与文官重操守相比，宦官经常借出使机会进行贸易，获取私利。洪武年间，由于朝廷要求严格，宦使受贿、贸易的情况还是比较少见的。自永乐朝开始，因朱棣重用宦官，宦使贸易成为普遍现象。这些宦官多行不法，任意妄为，索取朝鲜的土产方物，并且携带大量私物买卖谋利，形成所谓的天使贸易（见表 6－1）。如黄俨、海寿、尹凤、昌盛等人，于永乐、宣德年间频繁出使，令朝鲜深受其害。

表 6－1　明朝宦官昌盛的“天使贸易”

<table>
<tr><th rowspan="2">事项
时间</th><th rowspan="2">朝鲜赠送之物</th><th rowspan="2">索要之物</th><th colspan="2">私人进献及受赠之物</th></tr>
<tr><th>进献</th><th>受赠</th></tr>
<tr><td>1427.4.21—7.20</td><td>夹衣一袭、长中刀子、貂裘、鞬箙具、弓矢、锁子铁甲一领、头口一、弹弓、夏衣一袭、折扇四、圆扇三、细交绮二匹、麻布九匹、狗</td><td>铜罐子、牛皮衣笼、镀金铜佛、筒竹灯笼、熟獐皮三十张、帐幄、镀金佛顶子、金翅鸟、豹皮四领、狐皮十领、单刀子五副、鞍子三面、鸦青木绵六匹、紫紬二匹、白紬二匹、红纻布一匹、黑麻布六匹、白鹿皮、水獭皮、铜镀金杯</td><td>段子二匹、罗一匹、褐子一匹、旄牛尾一封</td><td>麻布十七匹、纻布十五匹</td></tr>
<tr><td>1428.7.19—8.16</td><td rowspan="2">鞍马二、笠靴一、纻麻布衣一袭、夹衣一袭、毛冠貂裘及衣一袭、护膝靴套、纻麻布各二十匹、满花方席及寝席各六张、人参三十斤、石灯盏一事、大狗三只</td><td rowspan="2">缝衣真丝、箭筒、弹弓、锢铸镀金日月真言字、诸般铜器皿、席子、细麻布、捣炼纸、马衔六、理马妆铜衫铜铸觥、青鼠皮二十五张、貂皮五张、狐皮十张、水獭皮五张、磬子一、茶盅盘、钥六、烛台、矢服、弓鞬等物、牸牛皮一张、大铁箭六个</td><td rowspan="2">乌犀带一腰、段子十六匹、纱五匹、罗二匹、锦被一床</td><td rowspan="2">麻布六十七匹、纻布三十四。贸易段子，数额不详细①</td></tr>
<tr><td>1428.9.17—10.4</td></tr>
</table>

① 《朝鲜世宗实录》卷 41 十年九月丙寅条载：“知申事郑钦之启：‘昌盛还自辽东，多赍段子而来。虽使商贾换易，布已罄尽，殆不能当。’上曰：‘使商贾易之不足，则昌盛必怒曰：何如此其难也？将应之曰：送人于市自易之可也。’”

续表

时间＼事项	朝鲜赠送之物	索要之物	私人进献及受赠之物	
			进献	受赠
1429.5.2—7.20	鞍马笠靴衣一袭、胡床、纻麻布衣一袭、折扇四、圆扇五、土豹皮一张、青鼠皮四百张、大狗二只、夏衣一袭、貂裘、毛冠、靴、护膝、纻、麻布各二十匹、人参三十斤、满花寝席满花方席各六张、石灯盏三事、黄鹰一连、小舞鼓一	削刀、满花席、铜花瓶、铜器、衣函、漆梳函、铜小灯盏、雨伞等物、金一钱五分、画弥陀八大菩萨、全漆十斤、麻布、水银、獏皮靴、白细绵布一匹、铜香箸、香匙、绵布、衾枕、大刀子、靴、细纻麻布各一匹、牛皮、蓝绡四尺、汗替五、油纸鞯十、弓鞬矢筒各一、铜烛台四双、舞鼓二、牛马皮各五张、彩纹磁钵十事、磁椀二十事、细绵布十匹、豹尾一、小发火三十、中发火十、小蒺藜炮十、雌马二匹	段子、锦纱罗共计五十五匹，纱帽三顶	细麻布一百九十三匹、细纻布六十二匹
1430.7.17—12.15	不详	倭剑、石花、干柿、大虾、铜盂六、铜钵一、铜大炉、铜汤杈七、铜炉一	段子十二匹、罗六匹	麻布六十五匹
1431.8.19—12.15	麻布三十匹、绵布一百匹、麻布二十匹	供佛油蜜果实果饼饭、北斗七星祭所用油蜜果实果饼米、佛事钱纸黄白色各五百张、鹿皮二条、厚纸二幅、柳笥四、大绳二条、金刚山图、梳发之具、常纸一百张、大厚纸一百张、生姜一斤、茶参三十斤	段子二十二匹、手帕	细麻布一百一十五匹、石灯盏三事、彩花席六张、茶盅二十、朱砂安神丸、流气饮子各四帖
1432.5.29—11.29	绵布三十匹、麻布十匹、襦衣一袭、貂裘、毛冠、耳掩、护膝、靴套、人参三十斤	马装、鞍笼三件、印经纸、弓鞬矢服、《楞严经》三十件、常纸、白奏纸、青薄纸、写经纸及经匣等物	纻丝三十六匹	黑麻布一百二十匹、石灯盏三事、彩花席六张
1433.10.13—11.14	衣一袭、毛衣、毛冠、护膝、靴套	大火炮五柄、小火炮十五柄	段子六十四匹	麻布一百七十匹、石灯盏三事、彩花席六张、茶参三十斤

昌盛东来之时，“赏赐之柜但六，自己之柜百余”，离开朝鲜时又多有拖延，“贪于贸易，鹰犬已发程尚不偕行，欲于奏本退日填之。及贸易已毕又不急行，中道稽留”。在朝鲜君臣眼中，昌盛“诬上行私，莫此若也。既无知识，又无廉耻，可鄙之甚也”，“使臣贪利者，无如此人”①。这些宦官借出使机会大发横财，所经之地，无论明朝沿途亦或朝鲜境内，皆受其害，“今朝廷奉使于外者，皆宦寺无识之徒，嗜欲无穷，其所经过，侵渔万端，取人之物，不厌其心，则鞭挞不已。故人虽冻馁死亡，暂不矜恤。由是观之，辽东一路，不出数岁，殆尽空虚矣”②。朝鲜这一评价基本符合当时情况。

面对宦使的索求无度，朝鲜也不是毫无作为。宣德四年宦使回国时，朝鲜将宦使索要之物列于正贡之后，表示额外附献于明帝③。宣宗明白其中内涵，回复称：“自今朝廷所遣内官内史人等至王国中，王但以礼待之，毋赠遗以物。朝廷凡取索物件，惟凭御宝敕书应付，若口传朕之言语取索及非理需求者，悉勿听。王父子敬事朝廷，多历年岁，愈久愈笃，朕所深知，非彼左右近习所能间也，王无虑焉。”④ 借此，朝鲜可以名正言顺地不再馈赠丰厚礼物。可能明帝对宦官有所训斥，宦使再次出使时索求明显减少。

不过朝鲜认为“敕书虽如此，人情不可无”⑤。宦使贸易虽令朝鲜蒙受了一定经济损失，但毕竟出使次数有限。这些宦官是皇帝身边亲信，倘若搬弄是非，对朝鲜极为不利。并且通过这些宦官，朝鲜能够对皇帝性情更加了解，如尹凤曾这样评价成祖、仁宗、宣宗，“洪熙尝闻安南叛，终夜不寐，甚无胆气之主也”，“洪熙沉于酒色，听政无时，百官莫知早暮。今皇帝燕于宫中，长作杂戏。永乐皇帝虽有失节之事，然勤于听政，有威可畏”⑥。当这些宦使的要求得到满足后，也常常能为朝鲜带来一些实际的好处，如朝鲜请求金银代贡以及蠲免耕牛贸易，宦使均有出力。虽然像海青、舍利等别贡多是宦官为讨好皇帝而私自要求朝鲜进献的，但也确实获得明帝欢心，加深了皇帝本人对朝鲜的好感。对朝鲜来说，可以接触到

① 朝鲜世宗实录：卷 41：十年八月丙戌条.

② 朝鲜世宗实录：卷 46：十一年十一月戊午条.

③ 朝鲜世宗实录：卷 45：十一年七月癸亥条.

④ 黄景源. 江汉集：卷 24：待王人无赠遗敕//韩国文集丛刊：第 224 册. 首尔：景仁文化社，1990：490.

⑤ 朝鲜世宗实录：卷 46：十一年十二月戊戌条.

⑥ 朝鲜世宗实录：卷 41：十年九月丁巳条.

皇帝身边的近侍，并能通过厚待宦官来获得某些信息，这何尝不是一种政治投资。所以出于国家利益得失的权衡，朝鲜对宦使的索取行为多是保持克制态度，屈从他们的要求，也正由于这种原因，宦使贸易难以根除。

第二节　明朝前期搁置的朝鲜问题

明朝对朝鲜的怀柔也不是没有底线的，凡涉及礼法、纲常、边防等，明朝并不轻易做出改变，所以两国之间仍有许多问题被搁置起来。

一、朝鲜“宗系辩诬”的曲折历程

高丽末年有关“尹彝、李初”上奏明朝的表笺乃系诬告，事后也被澄清，但是明太祖却对其中有关李成桂身世的描述深信不疑。洪武二十七年(1394)，明朝送至朝鲜的敕书中有“为昔高丽陪臣李仁任之嗣成桂今名旦者，或明遣人觇视，或暗行窥伺，诱我边戍，杀掠沿海居民”字样，朝鲜随即上表解释：“臣于仁任，本非一李。自臣与闻国政，将仁任所为不法一皆正之，反为其党所恶。至有尹彝、李初逃赴上国，妄构是非，尚赖陛下之明，已伏厥罪……”① 以当时明鲜关系状况，明太祖并不相信朝鲜的申辩，因此洪武《祖训》仍将李成桂记为李仁任之子。

建文四年（1402)，朝鲜使臣在南京看到《祖训》内错误的宗系记载，立即进“宗系辨明”奏本，强调“李仁任祖于臣宗系各别”，希望“圣慈垂察，令臣宗系得蒙改录”②。明成祖表示同意，“既不系李仁任之后，想是比先传说差了，准他改正”③。修改《祖训》并非易事，永乐、宣德、正统三朝没有拟修改的记载，不过英宗天顺年间完成的《明一统志》则有改正内容：“[洪武] 二十五年，其主（指高丽国王）[王] 瑶昏迷，众推门下侍郎李成桂主国事，诏从其自为声教。成桂更名旦，徙居汉城，遣使请改国号，诏更号朝鲜。”④

之后，朝鲜看到正德《大明会典》中依然采纳了《皇明祖训》中的错误世系时，决定继续上表“辩诬”，“今正朝使新贸来《大明会典》内，我

① 朝鲜太祖实录：卷 6：三年六月甲申条.
② 朝鲜太宗实录：卷 6：三年十一月己丑条.
③ 朝鲜太宗实录：卷 7：四年三月戊辰条.
④ 明一统志：卷 89：朝鲜国. 文渊阁四库全书本：1-2.

国世系舛谬，亦有我祖宗所不为之事”。朝鲜认为“此《大明会典》非一二人所撰之册，乃朝廷共议所撰者也。见其序、年、月，乙巳间所作也。又有皇帝之序，实重籍也。如《大明一统志》载我国，叙其世系，自远祖至太祖，甚为分明。且书曰：‘王瑶昏弱，众推门下侍中某立为王，其后又赐诰命。’然诰命之赐在太宗朝，其时唯称权知国事也。此则未知其何以然也。夫祖宗虽若有惭德，不合于实，则亦所憾也。况如此无妄之事乎？此说必已颁布于天下，非徒颁布于天下，亦必流闻于后世也。大节之事，如此传之，不亦痛乎？”① 整个宗系辩诬过程可谓曲折，“当永乐、正德、嘉靖间，累表自白”②，至万历年间明朝才明确表示“备细纂入于皇祖《实录》内，《新会典》则候旨续修增入”③，万历十二年（1584）朝鲜终于在明朝新编《大明会典》中亲见谬误得到改正④。

二、贡道请改的漫长等待

朝鲜入明朝贡驿道主要还是沿用元时驿道。元朝时辽阳路所辖驿站共十八处，其中自辽阳城至鸭绿江共有九站，依次为在城站（辽宁省辽阳市老城）、头馆站（辽宁省辽阳市东南汤河沿）、甜水站（辽宁省辽阳市东南甜水镇）、连山站（辽宁省辽阳市东南连山关）、龙凤站（辽宁省凤城市北通远堡镇）、斜列站（辽宁省凤城市刘家河乡薛礼村）、开州站（辽宁省凤城市边门镇）、汤站（辽宁省凤城市南汤站城）、东驿昌站（辽宁省丹东市东北九连城）⑤。在城站即为辽阳城，其他八站则被习惯性称为东八站⑥。至明朝前期，八站之名发生了一定变化，连山站又称连山关站，龙凤站改为通远堡，斜列站改为镇东堡，开州站改为凤凰城站，汤站改称汤站堡，东驿昌站改为镇江堡，八站之间又增加了一些小的驿站，由此形成了较为固定的辽东驿路，如图 6－1 所示：

---

① 朝鲜中宗实录：卷 32：十三年四月甲午条.

② 荒徼通考：东夷朝鲜//玄览堂丛书续集本：第 83 册. 南京：中央图书馆，1947.

③ 朝鲜宣祖修正实录：卷 7：六年十一月丁丑条.

④ 对此问题，学界已有研究。如杨艳秋的《〈大明会典〉〈明史〉与朝鲜辨诬——以朝鲜王朝宗系辨诬和“仁祖反正”辨诬为中心》（《南开学报（哲学社会科学版）》，2010 年第 2 期）、黄修志的《十六世纪朝鲜与明朝之间的“宗系辩诬”与历史书写》（《外国问题研究》，2017 年第 4 期）。

⑤ 九站之名来源于《永乐大典》卷 19422“站赤七”（北京：中华书局，1986：7246），对应的现今地名来源于谭其骧主编《中国历史地图集释文汇编（东北卷）》（北京：中央民族学院出版社，1988：215）。

⑥ 丛佩远. 中国东北史：第 3 卷. 长春：吉林文史出版社，1998：643.

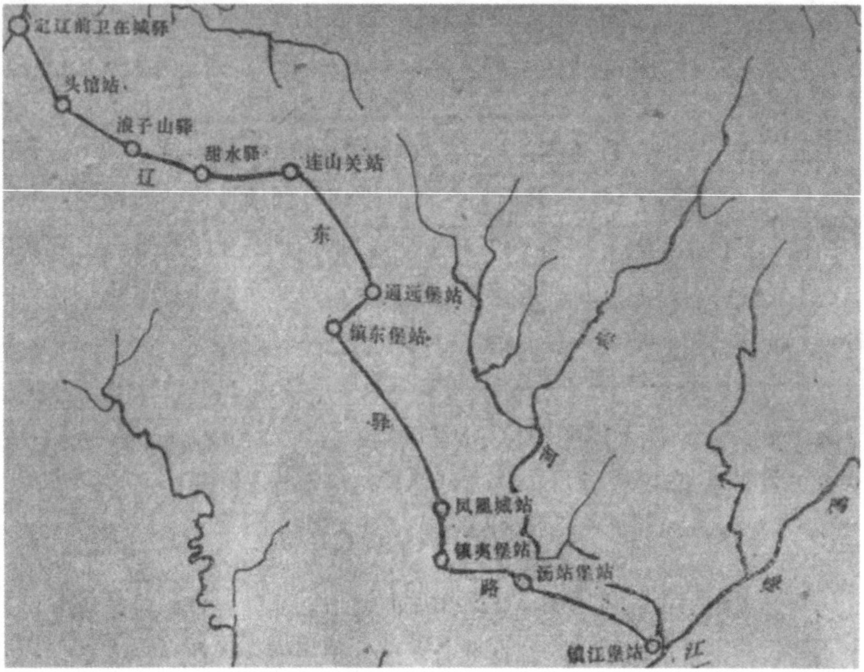

图 6－1 明朝前期辽东至鸭绿江城堡关驿图

资料来源：刘谦. 明辽东镇长城及防御考：图一一〇 辽东镇交通系统示意图. 北京：文物出版社，1989.

最初这些驿站只有站名，却无相对完善的驿站设置，特别是凤凰城站至连山关站之间，人迹罕至，时常发生盗贼劫掠、虎狼侵害之事。永宣时期，女真部陆续南下，其中建州李满住部活动范围即在驿路附近，时常威胁到东八站的安全，尤其是宣德八年（1433）朝鲜出兵攻打李满住部后，女真于东八站劫掠朝鲜使团的事件频繁发生①。为此朝鲜希望改迁贡道。正统元年（1436）十二月，朝鲜移咨辽东都司请求将驿路南迁，“在先本国使臣来往东八站一路，自来山高水险，一水弯曲，凡八渡行，夏潦泛涨，本无舟楫；冬月冰滑雪深，人马多有倒损。又有开州、龙凤等站，绝无人烟，草树茂密，近年以来，猛虎频出作恶，往来人马实为艰苦。辽东所管连山把截南有一路，经由刺榆寨把截至都司，人民散住，又无山水之险。如蒙转达取路来往便益”②。刺榆寨即青苔峪堡（辽宁省凤城

① 南义铉. 明代辽东支配政策研究. 春川：江原大学出版部，2008.

② 末松保和. 训读吏文：卷 2：请通刺榆寨道路奏//吏文：吏文辑览附. 京都：京都大学图书馆：83.

市西北青城子）。朝鲜希望从头馆站经刺榆寨直达凤凰堡站，避开连山关站、通远堡等距离建州女真李满住部驻地较近的几处驿站（见图 6-2）。

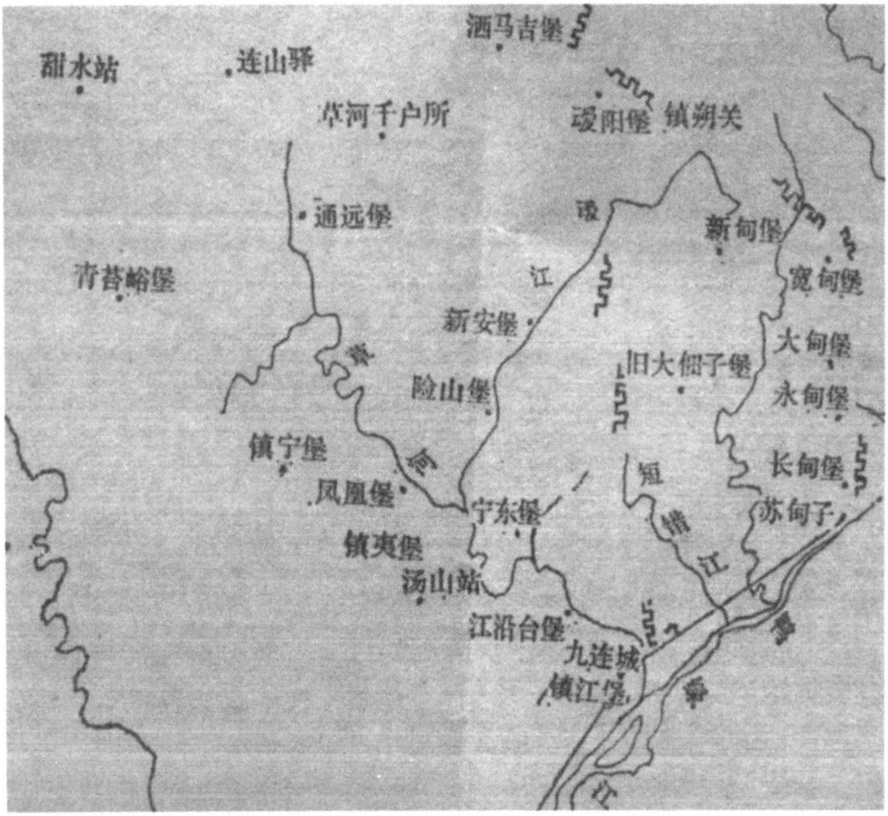

图 6-2 明朝前期刺榆寨（青苔峪堡）与东八站位置图

资料来源：刘谦．明辽东镇长城及防御考：辽东镇防御图．北京：文物出版社，1989.

辽东都司派人进行了实地勘察，“自辽阳起至头馆站迤南分路，至刺榆寨约有二百五十余里。刺榆寨取路至开州站一百二十余里，开州旧路，至鸭绿江二站，共该九站，俱不经由连山把截旧路”，并将踏勘结果呈报兵部，兵部认为“自洪武年间以来到今七十余年，使客往来俱由此路，经行无阻，今要改那站道已定，难准……前项路驿站道照旧往来为便”①。

正统二年九月，因朝鲜与建州李满住部再次发生军事冲突，双方关系更趋紧张。为防止女真报复，朝鲜第二次请求改道，“今照婆猪江住野人

① 朝鲜世宗实录：卷 80：二十年正月丙午条.

李满住结怨本国，见与对敌，其所差人等前到朝廷，对本国差去陪臣等言说：‘若于汝国边境未得侵掠，当于东八站一路往来使客拦截报复。’所有东八站旧路，自开州至连山等四站，回曲近北，与婆猪江地面相距不远，虑恐本贼出没其间，阻碍不便。伏望圣慈，今后本国一应公干往来人等，比候本贼宁息以前，许令刺榆寨一路经行便益”。明朝礼部又将此事交给辽东都司勘察核实，辽东都司认为去年刚刚勘验过，兵部不同意改道，面对同样的问题也就不积极了，最终“不见声说”①。

正统十四年（1449，朝鲜世宗三十一年）七月，蒙古瓦剌部大举进攻中原，辽东亦动荡不安。宦使尹凤向朝鲜文宗（1450—1452 年在位）建言：“东八站声息最紧，当此时奏请新路可也。大抵因风吹火，为力甚易，若据声息奏请，可得矣。”② 于是朝鲜第三次奏请开通刺榆寨驿路。由于明英宗被俘，明廷已无暇顾及此事，朝鲜的请改再次不了了之。天顺年间，朝鲜又请改道，明朝称若因女真威胁之言语就改易道路，是“自示怯弱”，“王其仍遵旧规，毋或过为疑虑，致乖事体”③。明朝前期不愿更改贡道，主要是女真还未严重威胁到辽东安全，若将贡道由无人区改经人口稠密处，可能会增加朝鲜窥探机会，造成隐患。

明朝开始重视东八站问题是在成化年间。当时女真频繁骚扰辽东，迫使明朝动用武力。成化三年（1467，朝鲜世祖十三年），明朝诛杀董山，又与朝鲜夹击建州卫，斩杀李满住及其子。成化十五年，明军再征建州女真，大破四百五十余寨，朝鲜也于同年底发兵攻入建州，从此建州三卫进入了衰弱期。为防止女真报复，朝鲜于成化十六年再次请求开刺榆道，当时明朝已决心彻底解决东八站问题，朝鲜奏章尚未送达，明朝置镇凤凰山的公文已至辽东。次年六月，明朝“筑辽东凤凰山等处城堡……自［凤凰］山之东北至叆阳间筑墩台一十三座，自通远堡东南至沿江间筑墩台二十二座，距山之西北一十五里旧有古城遗址，于此筑立一堡名为凤凰城，屯驻军马一千；距城西六十里曰斜烈站，筑立一堡名镇宁堡；距站之西北六十里曰新通远堡，之南筑立一堡名宁夷堡。各屯驻军马五百，以为凤凰城声援。如此，则自辽阳直抵朝鲜，烽堠联络，首尾相应，一以拒虏贼东南之窃掠，一以便朝鲜使臣之往来”④。

---

① 朝鲜世宗实录：卷 81：二十年五月丙申条.
② 朝鲜文宗实录：卷 3：即位年八月乙亥条；即位年八月庚寅条.
③ 朝鲜世祖实录：卷 21：六年八月己巳条.
④ 明宪宗实录：卷 216：成化十七年六月癸酉条.

三、子弟入学的终世之限

高丽曾于洪武五年（1372）获得遣子弟入太学的许可，“高丽欲遣子弟入学，此亦美事，但其涉海远来，离其父母，未免彼此怀思，尔中书宜令其国王与群下熟议之。为父兄者果愿遣弟子入学，为弟子者果听父兄之命无所勉强，即遣使护送至京，或居一年或半年，听其归省也”[①]，未及实施就发生了明使被杀事件，子弟入学之事被搁置。高丽李穑曾赴明朝请求恢复入学，也没有成功。永乐时，朝鲜大臣建议“遣医乐译三学如京师习业”，李芳远认为两国之间的信任尚不足以呈请入学，“今帝多疑虑，本朝人至，必令内竖暗察，不可与元朝混一时比”[②]。

到了世宗王时期，朝鲜传习的汉语语音已经不准，入明通事有时不能正确表达语意，入学明朝成为迫切需要。朝鲜梁诚之列举了入学明朝的六项好处：“得贤师友而质问疑难，一也；亲炙贤士大夫而熏陶其气质，二也；人心风俗，彼此形势，无不知之，三也；亲见文献之美，礼乐名物，以渐改习俗之陋，四也；或购求坟典以补阙遗，五也；因以学中国之语音以正象译之讹，六也。”[③] 卞季良认为请入学更应侧重于语言学习，“吏文则本国之人虽未尽解，犹可以文辞达之。至于往中国，以言语奏达之事颇多，中国之人所言之旨，尚未审听，安能专对乎？夫言语，毫厘之间，万事差误，诚为可虑”，建议兼请国子监入学和辽东入学，“朝廷以外国子弟入学为美事，然但请入学辽东，似为未尽，况北京道路颇近，请于北京国子监或辽东乡学入学”。世宗王采纳了卞季良之言，于宣德四年（1429）奏请子弟入学，“本国比至南京，经涉海洋，来往艰辛，未曾发遣。臣今窃详北京国子监或辽东乡学，道路颇近，愿遣子弟读书”[④]。

鉴于之前“金银代贡”的顺利实现，朝鲜对这次入学抱以极大希望，甚至提前着手遴选学员。但是明朝没有同意，回复称：“但念山川修远，气候不同，子弟之来，或不能久安客外，或父子思忆之情，两不能已，不若就本国中务学之便也。今赐王《五经四书大全》一部、《性理大全》一部、《通鉴纲目》二部，以为教子弟之用。”世宗王据此断言“自今入学中

---

① 明太祖实录：卷 73：洪武五年三月；高丽史：卷 43：恭愍王世家：二十一年三月.

② 朝鲜太宗实录：卷 24：十二年十月戊寅条.

③ 梁诚之. 讷斋集：卷 2：奏议//韩国文集丛刊：第 9 册. 首尔：景仁文化社，1990：302.

④ 朝鲜世宗实录：卷 61：十五年闰八月己卯条；十五年九月壬午条.

国之望则已绝”①。

天顺四年（1460，朝鲜世祖六年）朝鲜再次呈请入学②，明朝又予以拒绝，“今王国诗书礼义之教，传习有素，表笺章奏与夫行移吏文，悉遵礼式。虽未能尽通汉音，而通事传译，未尝不谕，又何必子弟来学，然后为无误哉。朕遵祖宗之制，不欲冒袭虚美，王亦当守旧规，卒励国中子弟，笃志经籍，则自有余师，人才不患其难成，而事大不患其有碍也”③。朝鲜很清楚明朝不允许的原因，“盖不喜外人久留京师，窥觇中国事而然耳”④。

嘉靖十五年（1536，朝鲜中宗三十一年）明使龚用卿（1501—1564）出使朝鲜时建议入学辽东：“皇帝待汝国特厚，何不请遣子弟入学乎？今南方诸藩多许入学于边邑乡学。况汝国，皇帝眷遇，冠于诸藩，虽请子弟入学国子监犹必允之，况辽东乡学乎！”⑤ 此时在位的朝鲜中宗（1506—1544年在位）对此已无热情，他认为“遣子弟入学，自古势难，不可为矣”⑥，理由如下：“辽东距此不远，故择年少聪敏之人，久远传习则自能成材矣。然中朝许之，则我国虽有某弊，不可中止……遣子弟，多有未稳之事，中原亦必有讳事。子弟之衣服饮食赍持而往来者，不可无也，则其间难事甚多……辽东人心必不如古，虽赴京往来之人，若不贿物，菜蔬尚难得食，被侵多端，将为难支。士大夫子弟，入辽东学校累年，则求索百般，非徒自不能支也。相继往来，由此而相连，义州之民兴贩交通之弊必甚不赀。一请奏闻，幸或许之，虽欲还止，势必至难。”⑦ 因此，朝鲜未再呈请入学，于是明朝周边各国独朝鲜未就学的情况一直延续到明朝灭亡也没有改变。有朝鲜文人扼腕道：“我国贡士不得赴举于天朝者，以洪伦弑君、金义杀使之故也。”⑧ 如果没有发生恭愍王遭弑、明使遇害之事，可能高丽时期就已实现入学明朝了。

---

① 朝鲜世宗实录：卷 62：十五年十二月壬戌条.

② 朝鲜世祖实录：卷 20：六年五月丙戌条.

③ 朝鲜世祖实录：卷 21：六年八月己巳条.

④ 朝鲜中宗实录：卷 23：十年十一月丙申条.

⑤ 朝鲜中宗实录：卷 98：三十七年七月壬戌条.

⑥ 朝鲜中宗实录：卷 94：三十五年十月辛未条.

⑦ 朝鲜中宗实录：卷 98：三十七年七月甲子条；三十七年七月壬戌条.

⑧ 许筠. 惺翁覆瓿稿：卷 22：我国人之应中朝宾贡科//韩国文集丛刊：第 74 册. 首尔：景仁文化社，1990：331.

第三节　明朝与朝鲜边界的初步形成

一、明辽东防御体系的逐步衰落

明代辽东边防自其开拓经略至退缩崩溃的经过而言，大致可分为三期。前期自洪武四年（1371）明军进入辽东设立辽东卫指挥使司时起，至正统十四年（1449）“土木堡之变”北疆国防情势整个发生变化为止，前后约八十年。中期为景泰元年（1450）至嘉靖末（1566）约一百一十年，这一期由于“土木堡之变”的影响，国家防务弱点尽行暴露，经年遭受北方敌人的进犯困扰，成为明代北疆国防最为危急严重时期。后期自隆庆元年（1567）至崇祯十七年（1644）清兵入关为止。这里所涉及的前期又可分为自洪武四年至永乐二十二年（1424）开拓经略期与自洪熙元年（1425）至正统十四年维系守成期两个阶段[①]。由于明朝始终是以防御北方蒙古为国防要务的，对东北地区的管理目标也是使之成为北疆防御体系的一部分，因此二者实际上具有一体性。当明朝掌握对蒙关系主动权时，东北地区相对平稳，当明朝失去对蒙关系主控力时，东北地区亦受影响。可以说，明朝经略明蒙关系的成败制约着东北形势的发展，至少在明朝前期这种关联性是显著的。

明太祖完成统一后，为了长治久安，他不再一味地把动态变化着的蒙古势力作为经略的主要内容，而是着手北部防御体系的建设，初步形成了以藩王出镇与都司卫所、城堡、关隘相结合的防御格局。脱古思帖木儿败亡后，蒙古逐渐分裂为互不统属的三部——瓦剌、鞑靼、兀良哈。兀良哈最先与明朝建立藩属关系，洪武二十二年明朝于潢水（今西拉木伦河）以北设置泰宁、朵颜、福余卫，即后来所称的兀良哈三卫。永乐朝对蒙古恩威并施，无论是政治上的封爵赏赐，经济上的朝贡贸易，还是军事上的武力征伐，都是为了保证明朝在与蒙古交往过程中的主导地位[②]。基于对蒙古各部“散则易制，得并为一则势专难图”[③] 的认识，明成祖采取扶弱抑

---

① 陈文石．明代前期辽东的边防（洪武四年—正统十四年）//“中研院”历史语言研究所集刊论文类编（历史编，明清卷三）．北京：中华书局，2009：2383-2385.

② 唐丰姣．洪武至宣德时期明朝对蒙古的经略．北京：中央民族大学博士论文，2010：203-204．

③ 瞿九思．万历武功录：卷7：俺答列传上．续修四库全书本．上海：上海古籍出版社，2002：408.

强、分而御之的策略。由于大汗所在鞑靼部始终是明朝打击的重点，其势力迅速衰落，瓦剌却得到长时间的喘息生聚，逐渐崛起。与征讨蒙古的积极性相比，明成祖对防御格局的建设显得不够用心，他放弃了大宁卫（今内蒙古宁城县）和东胜卫（今内蒙古托克托县），将防线收缩到长城沿线，以减少来自蒙古的直接威胁，减轻国力负担。但这种权宜之策造成了日后明朝北边防线联络隔断，防御困难。

仁宣时期明朝形成了对蒙古的新策略——“外求修好，内严边备”，即安抚和防御相结合的政策。明朝与鞑靼息兵和解，互通往来；与瓦剌继续保持封贡关系；与兀良哈维持着通贡互市的同时对其寇边行为实施打击。至于蒙古各部之间的争战以及兀良哈三卫南下游牧的发展趋势，明朝的原则是只要对方不寇掠边境，始终保持放任态度。在防御方面，仁宣时期对洪武、永乐两朝的防御措施进行了取舍，以洪武时规划的防御体系雏形为参考，沿袭了永乐朝的防御格局，并形成了一套防御体系的制度化管理系统，如镇守武官系统、文官系统、内官系统等等①。自此之后，明朝边镇要员针对蒙古问题而建设北边防御格局时，多是在宣德旧制的基础上稍作变化而已。宣德朝的最大失误是将开平卫（今内蒙古多伦县）自上都附近迁到独石（今河北赤城县），以图紧缩战线固守，但这一改变带来了严重的后果，“蹙地三百里，尽失龙冈、滦河之险，而地益虚矣”②，由此，蒙古和后来的清朝军队可直窥宣府大同，兵临北京城下，正统年间的“土木堡之变”、嘉靖年间的“庚戌之变”、崇祯年间的“己巳之变”无不受此影响。

明朝北部防御体系逐步内缩时，蒙古高原形势发生了重大变化，即脱欢逐步完成了瓦剌内部的统一。明朝对蒙古内部战争不加干预，为蒙古统一局面的形成创造了有利的外部环境。正统四年（1439）脱欢之子也先袭位后开始了其东西扩张、统一蒙古的事业。在此过程中，瓦剌东侵兀良哈之地，欲控制三卫及女真，女真各部亦开始骚动，局面日渐混乱③。

此时明廷难以再像永乐时期那样对女真控制自如了。明成祖去世后，女真对明廷态度逐步发生转变，曾经偶尔出现的侵扰现象变得频繁，但是

① 于默颖．明代蒙古研究——以明蒙双边政策及明朝对蒙古的防御为中心．呼和浩特：内蒙古大学博士论文，2004：95．

② 夏燮．明通鉴：卷 20．北京：中华书局，1980：847．

③ 明宣宗实录：卷 95：宣德七年九月己未条；明宣宗实录：卷 99：宣德八年二月辛亥条；明英宗实录：卷 2：宣德十年二月庚戌条．

明朝并没有派遣军队予以严惩，如宣德四年九月，海西、野人女真扰边，明朝仅遣使斥责，告诫女真各部“互相劝诫，约束部属，各安尔土，朝贡往来，相通买卖，优游足给，岂不乐哉。若仍蹈前过，恣意为非，大军之来，悔将无及”①。这种做法很难奏效，反而助长了女真各部窥伺要挟的心理。正统以后，明朝仅仅依靠利益维系着对女真的羁縻，渐入曲意奉迎的被动境地。女真将通贡互市视为勒索手段，得利则朝，失利则寇。当正统十一年瓦剌攻破兀良哈三卫，招诱女真各部时，明朝虽极力安抚女真，但是追随瓦剌骚扰边境者仍有七十四卫之多②。土木堡之变发生时，女真诸部或受瓦剌煽诱协同为乱，或乘机流动劫掠，这就表明明朝以女真制约蒙古的政策彻底失败。自此以后，不但北疆防线日益多事，辽东方面亦动乱频起，边警日急③。

正统前后导致明朝辽东边防衰落的原因很多，牵扯到整个国家的政治、经济、社会及当地特殊的地理条件等因素，在此不再一一分析。受明朝辽东防御体系失效影响，朝鲜得以重启北拓疆域计划。

二、朝鲜北拓的渐进式发展与四郡六镇的设立

明朝逐渐对女真失去控制使朝鲜迎来了北拓疆土的机会，此时正值朝鲜历史上最负盛名的世宗王李祹统治时期，其治国三十年奠定了朝鲜国家根基。他在对明关系上继承了其父太宗王“恭谨事大”的传统，但在女真问题上则采取进取态度。

朝鲜初期国内政局相对稳定，统治者一直努力恢复生产。李成桂时期强力推行科田法，虽“诽群邪之谤，犯世室之怒”却“革私田积年之弊，拯生灵于汤火之中，足兵食于艰难之际”④，由此重新确立了土地国有制，地方各道设置军田以养军士，既增加了国家的财政收入，又稳定并扩大了国家的兵源，对促进国内经济和社会发展起到了重要作用。至世宗中期，朝鲜的耕地面积已是高丽末年的两倍多，人口明显增长，农耕技术也有了进步，加上兴修水利、推广良种，粮食产量迅速提高。太宗、世宗时期，

① 明宣宗实录：卷 58：宣德四年九月丙午条.

② 《明英宗实录》卷 173 正统十三年十二月癸丑条：“上以泰宁等三卫并忽鲁爱等七十四卫俱受瓦剌也先诳诱，屡为边患。遣敕七十二道分谕各卫管事都指挥等官及大小头目人等，责其已往之失，勉其方来之忠。”

③ 陈文石．明代前期辽东的边防（洪武四年—正统十四年）//“中研院”历史语言研究所集刊论文类编（历史编，明清卷三）．北京：中华书局，2009：2384，2451.

④ 赵浚．陈情笺//徐居正．东文选：卷 40．京城：朝鲜古书刊行会，1914：328.

朝鲜的储备粮达到四五百万石，此数量可充当数年经费，比起高丽末无法维持一至两个月之军粮，国家财政条件已大为改善①。国家经济实力的增强使朝鲜有条件扩军及加强军队精锐化。朝鲜军役以“良人皆兵、兵农一致”为原则，驻守边防要地的军队，每隔数月交替驻守，勤务结束后返乡务农，既保证了有效的兵源数量，又不严重影响农业生产。同时朝鲜官军经常进行军事讲习，研究战斗技术，增强作战能力，特别是火炮技术有较大改进。太宗时火炮射程“不过二三百步”，到世宗时“过八九百步，或至千余步”②。朝鲜军事力量的增强也体现在世宗初年的对马岛之战。世宗元年(1419)，对马岛发生饥馑，岛内倭人准备大举进犯明朝海岸，途中顺道袭击朝鲜沿海城邑以获得粮食补给。朝鲜获得消息后先发制人，此战“虽不得大捷，而倭亦畏威不敢肆”③，这样世宗王就可以将更多精力投放于北方。

从宣德后期开始，女真不断南下，出没于鸭绿江两岸，尤其是婆猪江地区聚集了较多女真人，分布亦广，“西自婆猪，东至于海，野人之居，多则百余聚，少则数十户”④，这给一江之隔的朝鲜造成巨大边防压力。其中建州李满住部因频繁越江侵扰，与朝鲜积怨颇深。宣德七年（1432）十一月，女真忽剌温部抢掠朝鲜，被李满住半路截得，在明朝要求下，李满住部返还截获的朝鲜人口。但朝鲜认为此次劫掠是建州女真所为，决定发起武力进攻。宣德八年三月，朝鲜进攻建州李满住部，“生擒的野人一百七十四名”⑤，又设置慈城郡加强对鸭绿江南岸的控制。朝鲜出兵引起了辽东都司的不满，奏请朝廷诘问“朝鲜国擅攻建州卫”⑥之罪。在明朝干预下，朝鲜送还建州“被俘人口一百四十八口，马三十七匹，牛一百一十八头”⑦。宣德十年十一月，朝鲜请求征讨建州卫，“都指挥李满住等稔恶不悛，屡诱忽剌温野人扰害本国边界，愿行天讨以慰傒来之望”⑧。明朝没有同意，安慰朝鲜说：“严敕兵备，如其再犯，即剿灭之，庶几边民获安。”⑨朝鲜据此理解为若建州女真再行侵扰即可征讨。正统二年

① 李元淳，等．韩国史．詹卓颖，译．台北：幼狮文化事业股份有限公司，1987：173，180.

② 朝鲜世宗实录：卷107：二十七年三月辛卯条.

③ 成伣．慵斋丛话：卷10．大东野乘本．京城：朝鲜古书刊行会，1909：327.

④ 朝鲜世宗实录：卷59：十五年二月乙亥条.

⑤ 朝鲜世宗实录：卷59：十五年五月丁巳条；十五年六月乙酉条.

⑥ 明宣宗实录：卷103：宣德八年六月癸未条.

⑦ 朝鲜世宗实录：卷59：十五年闰八月己亥条.

⑧ 明英宗实录：卷11：宣德十年十一月壬辰条.

⑨ 朝鲜世宗实录：卷71：十八年二月癸丑条.

(1437)，朝鲜因女真侵扰而再次进攻李满住部，不过对方提前获知消息，转移到山谷地区躲避。

之后李满住部应自行迁往了浑江上游，《明实录》载："建州卫掌卫事都指挥李满住遣指挥赵歹因哈奏：'旧住婆猪江，屡被朝鲜国军马抢杀，不得安稳，今移住灶突山东南浑河上，仍旧与朝廷效力，不敢有违……事下行在兵部礼部议，浑河水草便利，不近边城，可令居住。'"① 与此同时，朝鲜于 1440 年、1443 年分别在平安道设置茂昌、虞芮二郡，加上之前的闾延郡（1416 年）、慈城郡（1433 年），史称西北四郡，这样朝鲜加强了对鸭绿江南岸的军事控制。

朝鲜东北面疆界的扩展与猛哥帖木儿部迁徙有关。永乐八年（1410），猛哥帖木儿部自阿木河地区迁至辽东凤州与建州卫同住。永乐十年左右，明朝设建州左卫，以猛哥帖木儿为指挥使②，因其驻地"近于鞑靼，皇帝以鞑靼扰乱，许各还其所"③，于是猛哥帖木儿率建州左卫迁回阿木河，朝鲜则依照明朝旨意为猛哥帖木儿部提供谷种粮料等，双方相处尚为安宁。宣德八年（1433）八月，猛哥帖木儿因"阿木河之变"④ 遇害，建州左卫人心涣散，实力大为削弱，濒于解体。朝鲜趁此混乱之机修筑城堡，在咸镜道设置会宁镇（1434 年）、庆兴镇（1435 年），进一步控制图们江下游地区。建州左卫继任者凡察、董山深感阿木河地区仍受兀狄哈的威胁，于正统五年（1440）率部迁至"三土河（辉发河支流三统河）及婆猪江以西冬古河（浑江支流董鄂河）两界间，同李满住居住"⑤。建州左卫西迁使图们江中下游一带女真人数进一步减少，朝鲜于 1441 年在咸镜道设置稳城镇，1449 年设置富宁镇，加上先前所设之庆源（1417 年）、钟城（1431 年）、会宁、庆兴四镇，史称东北"六镇"。

为了巩固新拓展的东北疆域，朝鲜向北方大量徙民，累计迁移近九

① 明英宗实录：卷 43：正统三年六月戊辰条.

② 《明太宗实录》虽无记载，但《明一统志》卷 89、《明会典》卷 125、《明史·兵志》、《满洲源流考》卷 7、何乔远《明山藏》、陈仁锡《潜确类书》等书都记载为永乐十年置建州左卫。

③ 朝鲜世宗实录：卷 20：五年六月丙子条.

④ 宣德八年八月，辽东指挥同知裴俊等前往阿木河督促推刷杨木塔兀处辽东逃军。杨木塔兀与女真兀狄哈头目阿答兀、弗答哈等 300 余人偷袭了裴俊，明军寡不敌众，猛哥帖木儿及其弟凡察等前去救援，将裴俊接到阿木河驻地。同年十月，杨木塔兀又纠合各处野人 800 余名突袭了阿木河驻地，猛哥帖木儿及其长子权豆被杀，次子董山被掳，弟凡察负伤出逃，房屋被烧，部众被杀掠。这一事件被称为"阿木河之变"或"癸丑事件"（王臻. 朝鲜前期与明建州女真关系研究. 北京：中国文史出版社，2005：75）。

⑤ 明英宗实录：卷 71：正统五年九月乙未条.

千户①。在“备边之策，粮饷为本，备粮之道，屯田为上”的指导下，朝鲜在东北面实施“置屯田为先”的政策，对入居百姓提供农业政策上的扶植，又允许“游宦行旅商贾之转粮运粟者，从其自愿，输纳于彼，受牒而来，各随所受之处而充给”②。虽然朝鲜提供大量优惠政策以开发东北面土地，但过程亦是艰辛。东北面地界的自然条件比较差，来自南方温暖地带的农民不适应北方高寒，农业歉收，牲畜多毙，疾疫流行，死者甚众，“新徙之民不安其居，思归故土或致亡命”，以至于有朝臣建言放弃这些条件恶劣的地方，退守摩天岭，“高丽时尚不能以豆满江为疆域，今以摩天岭为界亦可守也”③。这些原因也使得世宗之后的朝鲜国王没有再轻易实施北拓之举，从而也使明朝与朝鲜的疆域之争告一段落。

第四节 明朝与朝鲜朝贡关系的制度化

明朝建国之后逐渐形成了一套完整的礼仪规范，不仅应用于明朝国内，亦要求朝鲜、安南等藩国遵行。明朝对入境藩使诸项活动的规定可谓面面俱到，但对于藩国内部针对宗主国的礼仪事项，如迎送明使、迎送诏敕、进献物品等，并没有做出全面且细致的说明，朝鲜在践行明朝朝贡礼制过程中也部分地采纳了本国传统习俗，所以我们在理解朝贡制度时，还需要了解朝鲜的相关规定，毕竟明朝和朝鲜围绕朝贡制定和实施的各种措施共同构成了两国朝贡关系的全部内涵。

一、明朝礼制规定与朝鲜国俗折衷

明朝建立之初，明太祖曾颁定诸如《蕃王来朝》《蕃使朝贡》《蕃国遣使进表仪》《蕃国正旦冬至圣寿率众官望阙行礼仪注》《蕃国受印物仪》《蕃国进贺表笺仪注》《蕃国迎诏仪》等一系列制度与标准来规范藩国朝贡礼仪。洪武三年，明朝向当时已经称臣入贡的高丽、安南、交趾、占城等国颁发了藩国礼仪规定，《高丽史》就记载当年六月“[使臣] 张子温还自京师，帝赐本国《朝贺仪注》一册”④。《朝贺仪注》今已不得见，但是我

① 李相协. 朝鲜前期北方徙民的性质与实相. 成大史林，1997 (12/13)：157-184.
② 朝鲜世宗实录：卷 73：十八年闰六月癸未条.
③ 朝鲜世宗实录：卷 77：十九年五月己酉条.
④ 高丽史：卷 42：恭愍王世家：十九年六月甲戌条.

们将成稿于洪武初年的《大明集礼》中的“蕃国接诏仪”① 与《高丽史》中记载的“迎大明诏使仪”② 进行对比，发现二者的迎诏礼仪规定如出一辙，只是个别无关紧要字眼存在差异，如迎诏队伍中，明朝有“耆老僧道”字样，而高丽则只有“耆老”无“僧道”。可见高丽是根据明朝颁给的《朝贺仪注》而制定了本国相关礼仪，这些礼仪制度为朝鲜所沿袭，《朝鲜实录》中常提到的《藩国仪注》可能就是《朝贺仪注》。

明朝的礼仪规定并非一成不变，洪武期间及洪武以后，朝廷都曾对藩国礼仪进行了或多或少的修改，可能并没有及时通知藩国，以致遇到特殊情况时朝鲜不得不临时学习。如永乐六年朝鲜开国太祖李成桂去世，明朝遣使颁谥，因无先例，朝鲜不知如何接待，认为“使臣将至，［王］不可以凶服迎命，亦不可即吉，故欲用淡彩服”，当以此问礼于明使时，明使称：“迎天子之命不可如是，斯须即吉，乃敬上之义也。迎以礼服，祭以孝服可矣。”于是朝鲜国王“以素服如慕华楼，服冕服，群臣服朝服至太平馆。礼毕，上释冕服，以素服见使臣行礼，群臣亦以素服行私礼”。随后明使将礼部仪注授予朝鲜，包括“赐祭仪注”“赐赙仪注”“赐谥仪注”③，以保证整个礼仪过程顺利完成。

明朝颁布的藩国礼仪还表现出笼统的特点。明朝的朝贡体系可划分为四个层次：各级地方政府的朝贡、少数民族土官的朝贡、属国的朝贡、其他国家和地区的朝贡。前两者属于内政，后两者属于外交④。相较而言，明朝对国内贡献、藩国使臣入境后的礼仪规定得更为具体，而对藩国国内需执行的礼制，规定得颇为简略，这就导致藩国有时不得不做出适当补充或调整。如明朝只规定了藩国“正旦冬至圣寿率众官望阙行礼仪”的基本流程⑤，朝鲜则结合本国情况进一步细化，对世子拜位、文武官员拜位等等做出了规定。明朝没有规定千秋节望宫礼，朝鲜则在“正旦冬至圣寿率众官望阙行礼仪”基础上拟定了“皇太子千秋节望宫行礼仪”⑥。类似这种变更，基本上不与明朝既定礼仪相矛盾，对两国关系没有产生不良影响，反而有助于稳固双方关系。

---

① 大明集礼：卷 32：蕃国接诏仪．文渊阁四库全书本：14-17.

② 高丽史：卷 65：迎大明诏使仪.

③ 朝鲜太宗实录：卷 16：八年九月己巳条.

④ 李云泉．朝贡制度史论．北京：新华出版社，2004：61.

⑤ 大明集礼：卷 30：蕃国正旦冬至圣寿率众官望阙行礼仪．文渊阁四库全书本：35-37.

⑥ 申书舟，等．国朝五礼仪：卷 3：正至及圣节望阙行礼仪；皇太子千秋节望宫行礼仪．早稻田大学五味均平藏本：1-7.

随着朝鲜民族意识的觉醒，朝鲜在健全王朝礼制的过程中不断融入本国因素，导致两国对一些交往礼仪细节的规定出现差异，从而产生了持续不断的礼仪之争，这种争执主要发生在明使出使朝鲜过程中。

明朝使臣前往朝鲜主要是颁给文书，包括诏、诰、敕、册等，“帝王之言，出法度以制文者谓之‘制’；丝纶之语，若日月之垂照者谓之‘诏’；属其人而告之者谓之‘诰’……持而戒之者‘敕’也……崇之者‘册’也”①。明朝皇帝常用“诏”“敕”，凡重大的、需要百姓周知的事情用诏书，一般的事情如指示和任命则用敕。“诏”需公开，而“敕”相对私密，乃是针对小范围群体的。在实际用途上，“敕”的应用比“诏”更广泛、更常见②。据万历《大明会典》显示，诏、敕的开读、迎接礼仪是不相同的，“朝廷颁命四方，有诏书，有赦书，有敕符、丹符，有制谕、手诏。诏赦先于阙廷宣读，然后颁行。敕符等项则使者赍付所授官员，秘不敢发。开读、迎接仪各不同”③。但我们在明朝颁布的藩国礼制章程中，只见藩国迎诏礼，无迎敕礼，并且不同时期的明朝文献中对藩国迎诏礼的记载也存在一定差异，而高丽、朝鲜所执行的迎诏礼也有不同。表 6-2 将简要列出明初《大明集礼》、正德《大明会典》、《高丽史》、朝鲜《国朝五礼仪》中对迎诏礼的规定。

表 6-2　明朝、高丽、朝鲜关于迎诏礼仪的文献记载情况比较

步骤＼文献	明朝		高丽	朝鲜
	《大明集礼》④	正德《大明会典》⑤	《高丽史》⑥	《国朝五礼仪》⑦
准备	使者入蕃国境，王遣官远接诏书。设幄结彩、设龙亭、香案、金鼓仪仗、各职拜位	同《大明集礼》	同《大明集礼》	同《大明集礼》

① 吴讷. 文章辨体序说·诸儒总论作文法//文章辨体序说；文体明辨序说. 北京：人民文学出版社，1998：12.

② 陈时龙. 明代的敕和敕谕. 故宫学刊，2015，13（2）：170-182.

③（万历）大明会典：卷 74：开读仪. 续修四库全书本. 上海：上海古籍出版社，2002：9.

④ 大明集礼：卷 32：蕃国接诏仪注.《大明集礼》成书于洪武三年，其中“蕃国接诏仪注”属洪武初制。

⑤（正德）大明会典：卷 55：蕃国迎诏仪. 文渊阁四库全书本：13-14. 该条目标明为“洪武十八年定”。

⑥ 高丽史：卷 32：蕃国接诏仪.

⑦ 申书舟，等. 国朝五礼仪：卷 3：迎诏书仪. 早稻田大学五味均平藏本：7-13.

续表

步骤＼文献	明朝		高丽	朝鲜
	《大明集礼》	正德《大明会典》	《高丽史》	《国朝五礼仪》
郊迎	诏书至公馆，王率国中众官及耆老僧道出迎于国门外	诏书至公馆，王率国中众官及耆儒僧道出迎于国门外，至馆中，具冕服，众官具朝服，行五拜礼	诏书至公馆，王率国中众官及耆老出迎于国门外	敕书至，殿下鞠躬迎。王世子及宗亲百官同。使者捧敕书置龙亭中
护送	诏书出馆至国门。金鼓在前，次耆老僧道行，次众官具朝服行，次王具冕服行，次仪仗鼓乐，次诏书龙亭，使者常服行于龙亭之后	迎诏出馆至国门，金鼓在前，次僧道耆儒，次众官，次王，次仪仗鼓乐，次诏书龙亭，使者常服行于龙亭后	诏书出馆至国门，金鼓在前，次耆老行，次众官具朝服行，次王具冕服行。次仪仗鼓乐，次诏书龙亭，使臣常服行于龙亭之后	龙亭出上路，金鼓在前，次骑队，次百官及宗亲乘马行，次王世子乘马行，次大驾卤簿，次殿下乘马行，次黄仪仗鼓乐，次香亭，次敕书龙亭，次使者乘马行
宣读	使者称有制，蕃王及百官鞠躬四拜。蕃王升阶香案前，跪，三上香，蕃王及百官俯伏兴平身。蕃王复位，跪听宣诏，宣诏讫，诏书置龙亭，蕃王及百官俯伏兴平身。之后鞠躬四拜，再搢笏鞠躬三舞蹈三拱手加额三山呼万岁，出笏俯伏兴，四拜，礼毕	王及百官各就拜位，诏官称有制，王及百官跪听宣诏，宣讫，诏书置龙亭，王及百官皆俯伏兴平身，四拜，搢圭鞠躬三舞蹈跪唱山呼，之后出笏俯伏兴，四拜，礼毕	同《大明集礼》	龙亭升殿，王及百官各就拜位，鞠躬四拜，之后王跪于香案前三上香，俯伏兴退，之后王及百官俯伏兴平身。王至受敕位，使者称有制，王及百官跪受诏书，览讫，还置于案，俯伏兴退。之后王与百官俯伏叩头兴平身，王还拜位，与百官一起鞠躬四拜，礼毕
保存	使者以诏书付所司颁行	同《大明集礼》	同《大明集礼》	无
茶礼	蕃王与使者分宾主行礼	同《大明集礼》	同《大明集礼》	使者西向，国王东向，鞠躬再拜，兴，平身

明朝前期的藩国迎诏仪式至少存在两个版本，即洪武三年拟定的“洪武初制”和洪武十八年颁布的“洪武定制”，前者多继承前代传统，后者创新较多。高丽末年明显是执行“洪武初制”。而朝鲜所执行的迎诏礼与“洪武初制”“洪武定制”都不完全相同。仅从字面来看，明朝与朝鲜的迎诏礼仪有两点区别：一是郊迎礼中，“洪武定制”强调“五拜礼”，“洪武

初制”没有提及，而朝鲜为“鞠躬礼”；二是宣读时，明朝规定使臣先称“有制”，藩王再行四拜礼，朝鲜则规定先行四拜礼，再由使臣称“有制”。这些差异就在景泰元年倪谦（1415—1479）出使朝鲜时引发了礼仪之争。

明朝派倪谦出使朝鲜，除了颁诏宣告新帝改元景泰，还肩负着向朝鲜解释国变、消除朝鲜对明朝国力衰败之疑虑的任务。倪谦渡江之后即与朝鲜远迎官接洽礼仪事项，他见到朝鲜《迎诏仪注》中记有国王郊迎只需“躬身”，遂问道：“《洪武礼制》‘门外迎诏’行五拜叩头礼，今迎诏仪只躬身以迎，何所据乎？”朝鲜答曰：“考历代书撰，此仪行之已久。”倪谦认为“历代之事，不如时王之制”，要求朝鲜行五拜礼郊迎诏书，朝鲜则称“郊迎五拜之礼当矣，然《藩国仪注》‘门外迎诏’无拜礼。自高皇帝颁此书以来，我国皆遵此礼”，并出示了《藩国仪注》，倪谦称“只见《洪武礼制》，未知有此书”，朝鲜又解释道，“今《仪注》有鞠躬节次，此书（指《藩国仪注》）所无”，“敬天子之命，未敢立迎，更添此鞠躬一节”①。朝鲜礼制多承自高丽末年，而高丽末年的迎诏礼仪乃是执行“洪武初制”，并无“五拜”规定，朝鲜遂自行增加了“鞠躬”环节，沿袭成规，但与后来明朝实行的“洪武定制”不相符。

倪谦接受了朝鲜以鞠躬礼迎诏书，回明朝后是否将此事奏禀朝廷不得而知，在其《朝鲜纪事》中并未提及郊迎“五拜礼”与“鞠躬礼”之争，却提到了其他礼仪差异。如朝鲜屡进女乐，倪谦皆拒之，朝鲜称：“小邦差人进贡赴京，朝廷俱作乐宴待，况天使辱临，敢不用乐？”倪谦答曰：“朝廷所用是男乐，今是女乐，如何可用？”② 倪谦不录郊迎诏书之争，可能觉得朝鲜执行“洪武初制”亦属无过，毕竟明朝在洪武三年之后多次更定礼制，“时制”已经与“旧制”有较大区别，从这个意义上来说，明朝与朝鲜礼仪之争在礼制文本层面上属于“旧制”与“时制”之争③。

以朝鲜对明朝事务关注程度而言，对这种“时制”完全不了解是不可能的。当我们梳理朝鲜建国后实际执行的迎诏仪式时，就可以看到最初朝鲜郊迎诏书亦采用过“五拜礼”。永乐十七年（1419，朝鲜世宗元年）朝

---

① 朝鲜世宗实录：卷127：三十二年正月乙巳条.

② 倪谦. 朝鲜纪事. 丛书集成初编本. 上海：商务印书馆，1937：7-13.

③ 殷雪征. 明朝与朝鲜的礼仪之争. 济南：山东大学博士论文，2015：212.

鲜制定“迎诰命仪”时曾强调“依建文三年六月十一日详定仪注”，此仪注中记有郊迎程序如下：

> 其日，王率群臣具仪仗出郊，王便服，众官礼服。王入幄次，使臣将至，众官合班丛立于王祇迎位之后北面，引礼引王出幄次，就祇迎位，使臣至帐殿前下马，以节诰印置龙亭中。司礼引王就拜位，众官亦就拜位。司香二人诣香亭前，跪，一人奉炉，一人奉香，[国王]三上香，退复位，王与群臣行五拜三叩头。①

此时郊迎诏书还是行“五拜三叩头”，到世宗末年所完成的“五礼”初稿中已明确规定以“鞠躬礼”郊迎诏书。但是如果我们将“世宗变礼”“礼仪之争”产生的背景与土木堡之变联系起来，可能略失偏颇。

朝鲜自太宗李芳远时期即开始修订“五礼”，“国初，草创多事，礼文不备，太宗命许稠撰吉礼序例及仪式，其他则未及，每遇大事，辄取办于礼官一时所拟。上（指世宗）乃命郑陟、卞孝文撰定嘉、宾、军、凶等礼，取本朝已行典故，兼取唐宋旧礼及中朝之制，其去取损益皆禀宸断”②。至朝鲜世宗二十六年（1444，正统九年）左右，朝鲜“五礼”已基本成形，“[世宗]命佥知中枢院事卞孝文、郑陟、成均司艺闵瑗、集贤殿校理河纬地、博士徐居正、校书校勘朴元贞、承文院副正字尹恕，详定《五礼仪注》于集贤殿”③。所以“世宗变礼”并不是朝鲜因明朝土木堡之变临时出现的“异心”，而是永乐以后伴随着明朝北疆政策的失利以及朝鲜民族意识的觉醒逐渐形成的。

至于迟至倪谦时才爆发礼仪之争，可能与永宣时期明朝常派宦官出使有关，这些宦使对礼仪细节的关注度远不及文臣。正统时期，明朝极少派出使臣，朝廷诏敕多由朝鲜使臣带回，自然也不会涉及礼仪冲突问题。景泰以后，明朝多派遣文臣出使朝鲜，礼仪之争开始频繁出现。如景泰三年（1452）明朝遣使诏告册封太子之事，又因郊迎是否行“五拜三叩头”之礼产生争执，明使强调“如今中国皆于迎诏亭行五拜叩头礼”，朝鲜提出《藩国仪注》及倪谦旧事，明使则称：“此仪乃洪武三年所颁也，洪武十四年及永乐年间改定礼度，当依时制。”朝鲜坚称此次“姑从前例”，请使臣

---

① 朝鲜世宗实录：卷3：元年正月辛亥条.

② 朝鲜世宗实录：卷128：五礼序文.

③ 朝鲜世宗实录：卷106：二十六年十月丙辰条.

“回还转达，［朝廷］颁降新定仪注则行之”①。

明朝与朝鲜的礼仪之争持续了百年之久，争执的焦点也不仅限于“迎诏礼仪”，还包括“迎敕礼仪之争”、诏敕“分迎”与“合迎”之争、国王“乘辇”与“乘马”之争、世子出迎诏敕礼仪之争、宣诏送诏留诏礼仪之争等几个方面。其中有些属于新旧规定不同而产生的争执，如郊迎诏书叩头还是鞠躬。有些是因朝鲜保留国俗而产生的争执，如“乘辇”还是“乘马”问题，明朝礼制并无藩王乘辇之制，或乘马或步行，但朝鲜旧俗是乘辇；又如宴飨问题，明朝时制是“南北”序坐，朝鲜国俗则是“东西”序坐；等等②。

造成明朝与朝鲜礼仪之争的直接原因是两国礼仪规定不一致，明朝对藩国礼仪进行多次修订，可能没有正式通知朝鲜，并且明朝针对藩国境内的礼仪细节也没有做出详细规定，具体执行时常常需要使臣相机行事。朝鲜接待明朝使臣主要依据《五礼仪》，其编订基础乃是洪武三年颁布的《朝贺仪注》，属于“旧制”，与明朝“时制”存在差异，双方各执一词，不可避免地会产生争议。此外，朝鲜的民族自尊与文化自信也是礼仪之争持续不休的原因之一。朝鲜在接受明朝礼仪文化的同时也致力于保留本民族文化传统，这在朝鲜内部就表现为“华化”与“国俗”的长期博弈。不过明朝与朝鲜的礼仪之争始终未上升到国家层面的文化冲突，也没有引发外交交涉。随着朝鲜性理学的发展，朝鲜对明朝“事大”由最初的出于自保而不得不然的现实主义外交逐渐转变为出于春秋义理的信念，特别是万历壬辰战争之后，朝鲜尽循华制，礼仪之争也就不再那么突出了。

二、朝鲜对朝贡制度的增补

明朝文献对朝鲜半岛的朝贡记载非常简略，如《大明集礼》中有：“国朝，高丽国贡上位方物：鞍子、黄纻丝、黑麻布、白纻丝、帘席、方席、别纹踏席、同纹踏席、满花寝席、人参豹皮。中宫方物：黄纻丝、白纻丝、粉红布、满花寝席、方纹上席、同纹踏席、方席。东宫方物：鞍子、白纻丝、黄纻丝、黑麻布、帘席、方席、别纹上席、同纹踏席、豹

① 朝鲜端宗实录：卷2：即位年八月壬午条.

② 殷雪征. 明朝与朝鲜的礼仪之争. 济南：山东大学博士论文，2015：212-213.

皮、人参。”① 正德《大明会典》有：“朝鲜古高丽国，洪武二年国王遣使奉表贺即位请封，贡方物。五年，令三岁或一岁遣使朝贡。二十五年，更其国号曰朝鲜。永乐以来，每岁圣节、正旦、皇太子千秋节皆遣使奉表朝贺贡方物，其余庆慰谢恩等项皆无常期。若朝廷有大事，遣使颁诏于其国，其国王请封亦遣使行礼。贡物：金银器皿、各色纻布、白细花席、人参、豹皮、獭皮、黄毛笔、白绵纸、种马每三年五十匹。”② 这些泛泛记载表明朝鲜朝贡的诸多细节是不断变化的。这种变化是双方不断沟通、不断调整的结果。

1. 朝鲜贡期、贡使与贡道

明朝对节日朝贡的规定始于洪武五年（1372），“如今天下各衙门，凡遇我生日及正朝、冬至，都进将表文来，好生礼烦。冬至，古无贺礼，今后不必进表。历代帝王不曾做生日，只起自唐玄宗，今后我生日不要进表，东宫生日亦不要进笺。唯正朝乃一岁之首，各处所进表文，类进将来”③。此前，高丽可能正旦、冬至、圣节、千秋节均朝贺，为此明太祖专门告谕高丽以后不必频繁来朝，“古者诸侯之于天子，比年一小聘，三年一大聘，若九州之外蕃邦远国则惟世见而已，其所贡献亦无过侈之物。今高丽去中国稍近，人知经史文物礼乐，略似中国，非他邦之比，宜令遵三年一聘之礼或比年一来，所贡方物，止以所产之布十匹足矣，毋令过多”④。高丽未遵行“三年一朝”，而是改“一年四朝”为“一年三朝”，即正朝、圣节、千秋三节进贡。朝鲜亦是“一年正朝、圣节、千秋三行”⑤，“自今圣节、千秋、正朝表笺，使臣发行前期二三十日制述，送于承文院”⑥。当明朝皇帝未建储时，千秋使不出行。明太祖曾要求“三年一朝，贡良骥五十匹”⑦ 即可，高丽虽未执行三年贡期，却据此形成了三年贡良马五十匹的惯例⑧，正德《大明会典》中“朝鲜贡物”条也记有“每三年种马五十匹”，朝鲜世宗时

---

① 大明集礼：卷 31：蕃使朝贡. 文渊阁四库全书本：10.

② （正德）大明会典：卷 97：朝贡. 文渊阁四库全书本：1-2.

③ 高丽史：卷 44：恭愍王世家：二十二年七月壬子条.

④ 明太祖实录：卷 76：洪武五年十月甲午条；李云泉. 朝贡制度史论. 北京：新华出版社，2004：73.

⑤ 朝鲜成宗实录：卷 140：十三年四月庚戌条.

⑥ 明世宗宝训：卷 9：怀远人//明实录：附录. “中央研究院”历史语言研究所校印本，1984：822-823.

⑦ 高丽史：卷 136：辛禑：十二年七月.

⑧ 朝鲜世宗实录：卷 92：二十三年三月甲寅条.

可能改为四年一贡①，以上四项皆为定期出使，也可以称为节日使。

非定期使又称别使，指因具体事务临时产生的诸如谢恩、奏请、进贺、陈慰、进香等不定期出使，朝鲜史料载："国初，岁遣朝京之使有冬至、正朝、圣节、千秋四行，谢恩、奏请、进贺、陈慰、进香等使则随事差送。"② 其中数量最多的是谢恩使和进贺使。陈慰、进香一般同举，告讣与请承袭常一次办理。有时别使附于节日使出行，别使之间偶尔也互相兼行，如谢恩时兼奏闻，进贺时兼计禀。

根据上述分析，现将朝鲜向明朝派遣的使臣类别及任务总结如表 6-3 所示：

表 6-3 朝鲜对明遣使主要类别及任务设置

<table>
<tr><th colspan="2">名称</th><th>主要任务</th></tr>
<tr><td rowspan="4">节日使
（定期使）</td><td>正朝使</td><td>贺正旦</td></tr>
<tr><td>圣节使</td><td>贺皇帝生辰</td></tr>
<tr><td>千秋使</td><td>贺皇太子生辰</td></tr>
<tr><td>贡马使</td><td>每三年进献种马五十匹</td></tr>
<tr><td rowspan="9">别　使
（非定期使）</td><td>陈慰使</td><td>慰帝疾、灾害等</td></tr>
<tr><td>进香使</td><td>吊祭帝、后等丧</td></tr>
<tr><td>告讣使</td><td>奏告本国国王等丧讯</td></tr>
<tr><td>进贺使</td><td>贺登基、册后、建储、祥瑞、讨平叛乱等</td></tr>
<tr><td>问安使</td><td>皇帝亲征、移居他处的问安</td></tr>
<tr><td>谢恩使</td><td>谢皇帝的册封、赏赐、准请、恩免等</td></tr>
<tr><td>奏闻使</td><td>陈奏本国大事、日本与女真情况及明朝查问之事</td></tr>
<tr><td>进献使</td><td>输送贡女、宦官、特产等</td></tr>
<tr><td>计禀使</td><td>请准册封、贸易等事</td></tr>
</table>

高丽、朝鲜使臣前往明朝的贡道先后经历了海路为主、水陆并行、全部陆路三个阶段。第一阶段，自洪武元年至洪武七年，高丽使臣主要由海路抵达南京，即从朝鲜半岛直接渡海到山东半岛，沿岸南行，经黄海、东海入长江口，经太仓到南京。海路危险性比较大，使臣常遭受海难，如洪武五年，高丽朝贡船"遇飓风，舟坏，[洪] 师范等三十九人溺死"③，为

① 《朝鲜世宗实录》卷 3 元年正月癸丑条载"礼曹启：进献种马，每四年一进"。

② 金庆门．通文馆志：卷 3：事大上：赴京使行．早稻田大学图书馆乐浪书斋藏本：1．

③ 明太祖实录：卷 75：洪武五年七月．

此，高丽多次奏请改道，要求由辽东入境朝贡，由于当时明朝尚未完全控制东北全境，明太祖坚决封闭辽东贡道。

第二阶段，自洪武七年至永乐六年，明朝依据两国关系发展情况，时而要求高丽、朝鲜使臣由海路朝贡，时而允许陆路朝贡。洪武朝取得辽东控制权后，可能偶尔允许高丽自辽东入境，史料多见高丽使臣因“辽东不纳而还”的记录。洪武十九年以后，明朝与高丽开始了大宗牛马贸易，牛马交付主要依靠陆路运送，所以使臣朝贡也以陆路为主，如洪武二十二年高丽使臣权近前往南京时完全没有走海路。当他渡过鸭绿江后，依次经汤站、开州、连山站、甜水站、辽东城、鞍山驿、牛庄驿、沙岭驿、连山岛驿、曹家庄驿、东关驿、沙河驿、迁安驿、芦峰驿、滦河驿、永济驿、蓟州渔阳、北平、通州、直沽、流沙驿、沧州长芦县、砖河驿、吴桥县连窝驿、德州安德驿、古城县、武城县甲马营驿、魏家院、安山湖、黄河、郓城县、汶上县关河驿、鱼台县谷亭驿、沛县泗亭驿、徐州夹沟驿、房村驿、邳州下邳驿、宿迁县钟吾驿、清河口驿、淮阴驿、高邮州、仪真县，渡扬子江到达龙江驿。权近绕经北平是为了拜访燕王朱棣，这是偶然的行为，并不代表每次朝贡使臣均如此。权近回程路线颇具代表性，即由登州直接渡海到旅顺口，再经过木场驿、孛兰店驿、复州驿、盖州驿、鞍山驿，到达鸭绿江①。这与建文二年明使陆颙及朝鲜使臣李詹所走路线大致相同②。由于两国关系时好时坏，高丽、朝鲜使臣亦时而陆路，时而海路，海路主要涉及旅顺口至登州一段，相对降低了危险性。

第三阶段，从永乐七年开始，明朝允许朝鲜使臣完全由陆路进贡，“尔（指朝鲜使臣权永均）再来时，休从海上过，只从旱路上来。尔那来的使臣，教他旱路上来”③。这里旱路与前文权近入明路线大致相同，虽颇费时日，但使臣再无海难溺亡之危险。明朝迁都北京后，朝鲜陆路朝贡更为便利，“帝在金陵时，我国使臣三月而发行可也。今帝在北京，前期三月而行，则使臣往来前后相望，驿路不息”④。这条贡道单程约四十天，

---

① 权近．阳村先生文集：卷 6：奉使录//韩国文集丛刊：第 7 册．首尔：景仁文化社，1990：59-73．

② 李詹．双梅堂先生箧藏文集：卷 2：观光录//韩国文集丛刊：第 6 册，首尔：景仁文化社，1990：325-343．

③ 朝鲜太宗实录：卷 17：九年闰四月乙丑条．

④ 朝鲜太宗实录：卷 35：十八年一月丁丑条．

一直为两国使臣所利用，中间虽有调整，但整体变化不大。只是到了明朝末年，由于女真崛起，占据辽东，朝鲜不得不再行渡海朝贡。

2. 贡物

高丽向明朝进献的贡物品种和数量均承袭元制，最初元朝没有提出具体规定，只要求“朝贡物数亦命称其力”①，因此我们在史料中看不到确切的贡物记载。如高丽进贺元成宗（1295—1307 年在位）登基礼单为：“金盏、银镂葵花盏各一副，金瓶、金镂银尊、壶、汤瓶、酒瓶各一事，半镂银尊、胡瓶各一事，银盂八十一事，银钟十八事，紫罗九匹，细纻八十六匹，豹皮十八领，水獭皮八十一领。”② 这种进献金银、土产的特点也延续至明朝。明太祖并不看重藩邦贡物的轻重，认为“所贡之物惟是表意而已，若事大之心永坚，何在物之盛”，“薄来而情厚则可，若其厚来而情薄，是为不可”③，多次要求高丽进献“所产之布十匹足以”④，高丽并未遵从，以至于洪武七年明朝只接受贺正贡物中的六对布匹，其余“金银、器皿、彩席、纻麻布、豹獭皮及送大府监白纻布三百匹”全部退回⑤。

高丽杀害明使后，明朝施以“却贡”，之后高丽屡次请求重修贡职，明朝要求对方一次性交纳五年巨额岁贡才能原谅其杀使之罪，共计“马五千匹，金五百斤，银五万两，布五万匹”，明太祖大幅提高岁贡只是考验高丽忠诚与否的手段，“岁贡之设，中国岂倚此而为富？不过知三韩之诚诈耳”。洪武十八年明朝册封高丽禑王后，重新制订了朝贡标准，即“三年一朝，贡良骥五十匹以资钟山之阳牧野之郡”，高丽没有执行这一规定，进献物品也不仅限马匹，而是自行恢复到洪武七年之前的状况，如洪武二十年圣节，高丽进献“金龙双台盏一、金盂一、金银钟二、银罐一、砒帽笔鞘十、黄白黑布六十”，洪武二十一年正朝进献“金龙头双台盏一、金盂一、镀金银莲花台盏二、银盂三十八、镂金银樽一、镀金盆六、银壶三、镂金银丝龙头镫二、黄白黑布八十匹、花席四十领”。高丽的贡物品种及数量也逐渐得到明朝默认。

高丽一年三贡，贡物包括土产及金银器皿约黄金一百五十两、白银七

① 元史：卷 208：高丽. 北京：中华书局，1976：4613.
② 高丽史：卷 31：忠烈王世家：二十年四月甲午条.
③ 明太祖文集：卷 2：谕高丽国王诏. 文渊阁四库全书本：11.
④ 明太祖实录：卷 76：洪武五年十月甲午条.
⑤ 高丽史：卷 44：恭愍王世家：二十三年六月.

百两，这些惯例均被朝鲜继承下来。到宣德四年明朝准许“金银代贡”后，朝鲜以马匹、布、席、绸等物折替金银，形成新的一年三贡标准，具体如表 6－4 和表 6－5 所示①：

表 6－4　朝鲜对明朝节日进献品种及数量变化情况

	品种	1392—1429	1430—1636		品种	1392—1429	1430—1636
1	金	150 两	无	11	满花方席	35 张	65 张
2	银	700 两		12	黄纻布	20 匹	20 匹
3	豹皮	32 张	32 张	13	红纻布	40 匹	40 匹
4	水獭皮	30 张	30 张	14	白纻布	151 张	155 匹
5	马	无	84 匹	15	麻布	71 张	325 匹
6	人参	140 斤	180 斤	16	绸	无	100 匹
7	帘席	4 张	4 张	17	纻麻兼织布	10 匹	10 匹
8	彩花席	80 张	105 张	18	螺钿梳函	2 事	2 事
9	黄花席	50 张	90 张	19	黄毛笔	20 枝	20 枝
10	满花席	62 张	85 张	合计		17 种	17 种

表 6－5　1430—1531 年朝鲜节日进献对象及标准

	皇帝		太后		皇后		皇太子	
	正朝	圣节	正朝	圣节	正朝	圣节	正朝	千秋节
黄纻布（匹）	10	10						
白纻布（匹）	20	20	20	20	20	20	15	20
红纻布（匹）			10	10	10	10		
麻布（匹）	40	70	30	40	30	40	15	60
纻麻兼织布（匹）		10						
绸（匹）	20	20	10	10	10	10	10	10
龙纹帘席（张）	2	2						
黄花席（张）	20	20	10	10	10	10	10	
满花席（张）	20		10	10	10	10	10	15
满花方席（张）	20	20					10	15
彩花席（张）	20	20	10	10	10	10	10	15

① 朝鲜世宗实录：卷 47：十二年二月丁酉条.

续表

	皇帝		太后		皇后		皇太子	
	正朝	圣节	正朝	圣节	正朝	圣节	正朝	千秋节
人参（斤）	50	50					40	40
豹皮（张）	10	10					6	6
獭皮（张）		20						10
马（匹）	30	40					4	10
黄毛笔（枝）								20
螺钿梳函（事）			1		1			

注：嘉靖十年（1531）明朝将正朝进贺改为冬至进贺，朝鲜取消正朝使，改为冬至使，进献礼单与正朝相同。

实际执行中，除了皇帝之外，常会出现太后、皇后、太子虚位的情况，进献物品会相应减少。如果有太皇太后等女性受贡者，则依照皇后标准进献。

不仅固定节日需要进献贡物，部分别使，如陈慰、进香、告讣、问安、进贺、谢恩六种使项的礼仪性质明显，也需要携带相应礼物。进献使是按照明朝要求输送对方需求之物，如纸张、鹰、犬、海味等，这些不是礼物，而是任务。至于奏请使，朝鲜规定“若非特遣使奏请大事，则勿进礼物”①。别使进献物品因出使目的不同而有所差别，但均为朝鲜土产，基本上是在节日贡物基础上增加了松子、五味子、石盏灯等。至于贡献标准，目前尚不见于史料记载②。我们将以朝鲜世宗时谢恩、进贺为例来展示别使进献的简要情况（见表 6－6）。至于同类型别使进献差异产生的原因，将在第九章尝试分析。

① 朝鲜世宗实录：卷 90：二十二年九月癸卯条.

② 朝鲜对清朝的各项别使进献均有明文规定，《通文馆志》卷 3《事大》“方物数目”记有谢恩使应进献：“御前黄细苧布三十匹、白细苧布三十匹、黄细绵紬二十匹、紫细绵紬二十匹、白细绵紬三十匹、龙纹簾席二张、黄花席十五张、满花席十五张、杂彩花席十五张、豹皮五张（康熙壬辰免）、白绵纸二千卷；皇太后前红细纻布十匹、白细苧布十匹、白细绵紬二十匹、满花席十张、杂彩花席十张；皇后与皇太后同；皇太子前白细纻布二十匹、满花席十张、杂彩花席十张、白绵纸五百卷、黄毛笔五十枝、油煤墨五十锭。”进贺使应进献：“御前黄细苧布二十匹、白细苧布五十匹、紫细绵紬二十匹、黄细绵紬二十匹、黄花席二十张、满花席二十张、满花方席二十张、杂彩花席二十张、白绵纸二千卷、豹皮二十张；皇太后前红细纻布二十匹、白细苧布二十匹、紫细绵紬二十匹、黄花席十张、满花席十张、杂彩花席十张；皇后同。”依照朝鲜对清朝别使进献的溯源推测，朝鲜对明进献也应该存在一定标准。

表 6-6 朝鲜世宗朝谢恩使、进贺使部分礼单

	谢恩礼单			进贺礼单		
世宗纪年	元年九月	十一年十二月	二十年十月	四年十一月	十年四月	二十六年五月
明朝纪年	永乐十六年	宣德四年	正统三年	永乐二十年	宣德三年	正统九年
皇帝						
鞍子（部）	2				1	
黄细纻布（匹）	30	50	30	20	20	30
白细纻布（匹）	30		30	50	30	30
黑细麻布（匹）	90	200	100	50	30	80
阔黑细麻布（匹）			20			
丝麻兼织布（匹）		20				
白细棉紬（匹）		20				
帘席（张）		10	10		2	
黄花席（张）	40	20	20		10	20
满花席（张）	20	20	20		10	20
满花方席（张）	20	20	20		10	20
杂彩花席（张）	20	20	20		10	20
人参（斤）	200	200	100	100	50	100
松子（斤）	200	200	200	300		200
五味子（斤）		50	200		50	
杂色马（匹）	26	50	30	20		20
豹皮（张）					10	
右件物等	有	有	有	有		有
东宫						
鞍子（部）					1	
白细纻布（匹）	20	20		20	20	
黑细麻布（匹）	20	50		20	20	
满花席（匹）	10	10			10	
杂彩花席（匹）	10	10			10	
满花方席（匹）		10				
帘席（张）					2	
黄花席（张）					10	
人参（斤）	50	50		50	30	
松子（斤）	50	100				
五味子（斤）					30	
杂色马（匹）	4	6		4		

续表

皇太后						
红细纻布（匹）		20	20		20	
白细纻布（匹）			20		20	
黑细麻布（匹）		50	20		20	
满花席（张）		10	10		10	
杂彩花席（张）		10	10		10	
中宫						
红细纻布（匹）		20			20	
白细纻布（匹）					20	
黑细麻布（匹）		50			20	
满花席（张）		10			10	
彩花席（张）		10			10	

三、朝贡贸易制度

1. 明朝对高丽、朝鲜贸易的规定

明朝朝贡制度吸引众多国家到来的重要原因即是它所赋予的贸易机会，海外诸国“其来也，许带方物，官设牙行，与民贸易谓之互市，是有贡舶即有互市，非入贡即不许其互市”①。明朝前期将海外贸易全部纳入这种国家层面的活动，私人交易被禁止。藩国使臣到达京城后先被安置于会同馆，由礼部教习礼仪，然后完成一系列朝贺仪式，“择日进表币方物于奉天殿，毕，进笺及方物于中宫东宫。上位遣官于会同馆赐宴，毕，东宫复遣官礼待，省府台皆有宴……如或常朝，则中书接受表笺方物，次日使者随班入见，其宴赐上位，东宫取旨礼待”②，觐见仪式结束后，使臣即可以开始贸易活动。

藩国使臣所带物品分为贡品、附进物品两类。明朝的基本原则是“有物则偿，有贡则赏”③。高丽、朝鲜节日进献属于“贡”类，是以明朝规定“常贡马匹方物，例不给价”④，而是施以回赏。回赏没有固定标准，“随时取旨”，“凡诸番四夷朝贡人员及公侯官员人等，一切给赐，如往年

① 王圻. 续文献通考：卷 31：市来考. 北京：现代出版社，1986：459.

② 大明集礼：卷 31：蕃使朝贡. 文渊阁四库全书本：2—3.

③ 明宪宗实录：卷 63：成化五年二月甲午条.

④ （正德）大明会典：卷 101：给赐. 文渊阁四库全书本：1.

有例者，止照其例；无例者，斟酌高下第等，题请定夺，然后礼部官具本奏闻，关领给赐”①。

据正德《大明会典》记载，明朝曾对高丽、朝鲜国王赏赐如下：“洪武间赐［高丽］国王金印并大统历、锦绣绒绮，王母妃金绮纱罗，相国等官彩段纱罗。永乐间给［朝鲜］国王冕服、九章圭玉、佩玉、《春秋》《会通》《大学衍义》等书。王父纻丝纱罗，妃珠翠、七翟冠、红纻丝、大衫、素纻丝、圆领霞帔、金坠，又给绫绢、茄蓝香帽、珠镀金银匣、象牙、犀角、《通鉴纲目》《列女传》等书，脑麝沉檀白花蛇等药。正统间给远游冠、绛纱袍、翼善冠、龙衮、玉带数各不等。其品物同者不复具列。”朝鲜使臣亦有赏赐：“差来进贡陪臣赏织金纻丝衣一套、彩段四表里、绢五匹；书状通事押物等官每人素纻丝衣一套、［彩段］二表里、绢二匹、布一匹；从人绢衣一套、布一匹；俱靴袜一双。差来奏事陪臣赏织金罗衣一套、［彩段］二表里、绢二匹；通事每人素罗衣一套、［彩段］一表里、布二匹；从人绢衣一套、布一匹；靴袜同前。”②

这些记载仅是回赏个案，不能视为“标准”。不过根据“止照前例”的原则，明朝对朝鲜使臣的赏赐标准可能与上述内容接近，但偶尔也会有变化，如永乐五年朝鲜世子李褆入明贺正朝，被赐“金二锭、银十锭、纻丝五十匹、线罗五十匹”“马四匹、干马二、干羊八、干鹅二十、圆眼荔枝橘椰瓢鱼醢总十六担、宝钞一千贯、墨五丁”③。永乐十七年朝鲜敬宁君李裶以谢恩使入明，被赐“御制序新修《性理大全》、《四书五经大全》及黄金一百两、白金五百两、色段罗彩绢各五十匹、生绢五百匹、马十二匹、羊五百头”④。宣德四年朝鲜恭宁君李䄄任计禀使奏请“金银代贡”，被赐“衣四袭、表里十套、笠子金犀带各一腰、银一百两、钞一千张”⑤。这几次出使均是由朝鲜王室人员担当，所以明朝赏赐丰厚也是对朝鲜至诚态度的一种肯定。

明朝对藩国使臣附进物品的处理方式主要有两种，一种是给价收买，另一种是让其自行交易，针对不同藩国采取不同方式。暹罗国“使臣人等

① 礼部志稿：卷37：给赐．文渊阁四库全书本：17.

② （正德）大明会典：卷101：给赐．文渊阁四库全书本：1-2.

③ 朝鲜太宗实录：卷15：八年四月庚辰条．永乐五年明朝征伐安南对朝鲜产生较大震慑，朝鲜遣世子贺正以表忠心事大之意。

④ 朝鲜世宗实录：卷6：元年十二月丁丑条．永乐十六年朝鲜太宗王先是奏请改立世子，未待明朝回复即禅位于世宗王李裪，之后才获得明朝的同意，朝鲜遣敬宁君李裶谢恩。

⑤ 朝鲜世宗实录：卷46：十一年十一月辛未条.

进到货物例不抽分，给与价钞……给赏毕日出给告示，许于会同馆开市，除书籍及玄黄、紫皂、大花、西番莲段匹并一应违禁之物不许收买，其余听贸易”；安南国“开市贸易与暹罗国同”；琉球国“附来货物，官抽五分，买五分”；日本“正副使自进并官收买附来货物，俱给价，不堪者，令自贸易”①。

明朝对高丽、朝鲜的使臣贸易政策颇为宽松。洪武三年，中书省曾提出向高丽征税的建议，“高丽使者入贡，多赍私物货鬻，请征其税”，明太祖认为“远夷跋涉万里而来，暂尔鬻货求利，难与商贾同论，听其交易勿征其税”②。由于洪武后期两国关系波折不断，朝贡贸易时断时续，待两国关系恢复正常后，朝鲜获得的贸易条件优于他国。

首先，朝鲜贸易是不受勘合制度限制的。明朝勘合制度规定，“每国勘合二百道，号簿四扇，分存明朝内府及各国政府。中国使臣出使，须出示勘合文册，否则视为伪者。各国遣臣来华，亦须赍明勘合文册，经勘合验明，方可入关”③。而朝鲜使臣仅凭“一以文移相通，不待符敕勘合为信”④ 就能进入明境，这项特权使朝鲜享受着充足的贸易机会。其次，朝鲜贸易时间亦无期限，“各处夷人朝贡领赏之后，许于会同馆开市三日或五日，惟朝鲜、琉球不拘期限”⑤。再次，朝鲜政治上的事大至诚获得了明朝的充分信任，“中朝待外国使，不得持寸兵入境，独于我国（指朝鲜）使臣，凡诸弓矢之属皆许挟带，以示内外无间之意”⑥。甚至部分军需物品亦允许朝鲜购买，如“弓材牛角特许岁买五十枝”⑦。朝鲜还可能一直持续着火药贸易。洪武初期，明太祖曾因高丽抗倭需求而准许供给高丽“五十万斤硝，十万斤硫黄”⑧，首开提供军事物资之先河。宣德九年，朝鲜奏请贸易焰硝，“本国钦蒙太祖高皇帝以‘不分化外，一视同仁’之义，曾于洪武年间，颁降捕倭所用火桶、火药物料。缘本国工匠未识煮取焰硝之法，制造未精。今欲用价收买，未敢擅便，呈察施行”，并对礼部可能

---

① （正德）大明会典：卷 101：给赐．文渊阁四库全书本：2-5．

② 明太祖实录：卷 57：洪武三年十月丁巳条．

③ （万历）大明会典：卷 108：朝贡通例．续修四库全书本．上海：上海古籍出版社，2002：20．

④ 外夷朝贡考：卷上：外国四夷符敕勘合沿革事例//李云泉．朝贡制度史论．北京：新华出版社，2004：92．

⑤ 同③29．

⑥ 朝鲜成宗实录：卷 75：八年元月甲子条．

⑦ 同①1．

⑧ 高丽史：卷 44：恭愍王世家：二十年六月．

做出的回应进行了预测，“问于礼部，彼如曰‘义当奏达’则进呈文，有不肯之色则毋得贸易。若曰‘虽不奏达，犹可贸易’则除呈文，贸易而来。且此事宜极谨密，庶合事宜，京城内不可潜隐贸易，通州以东，潜隐贸易而来’”①。这些言语表明私贸焰硝活动在此之前就已经存在了，并且明朝也了解情况，应该是默许。

朝鲜对明朝贡，虽然喻义胜于喻利，但是其对物质利益的企望也是不可否认的。朝鲜对中国物品一直十分向往，“百物之来自中原者，我东莫不贵视，称以唐物，虽贱者能掩土产之贵者”②。对“唐物”的依赖早已成为自上而下的共识，世宗王曾说“本朝乐器、书册、药材等物，须赖中国而备之，贸易不可断绝”③。随着两国关系日益密切，朝鲜的贸易要求能够最大限度地得到满足。一般朝鲜使臣入京后，在等待觐见或朝贡已毕的时间内，皆可按规定开市于会同馆，“朝鲜使臣将布物赴京，即于翼日，分行街里，从便买卖。又坐馆中而欲卖者，市人奔走和卖，故不数日尽卖所赍之物”④。这种商业贸易，几乎成为朝鲜使臣除朝觐之外的最重要的活动。

2. 朝鲜对明使的接待与赏赐

明朝对外遣使比较慎重，一般事务由藩国入贡使臣代为传达，重要事务如诏告新帝登基、册封藩国国王、颁赏示恩等才专门遣使。对于朝鲜来说，无论从政治上、礼仪上，接待明使都是重大事项。为了更好地说明朝鲜的接待礼仪，本部分将结合景泰元年明使倪谦《朝鲜纪事》和朝鲜《通文馆志》中接待清使的规定来展开分析。

倪谦等人由辽东都司护送至鸭绿江北岸，朝鲜官兵于江中岛上等候，“[朝鲜义州兵马节制使]［赵］石冈率军马供帐逆于江上”，护卫任务交接后，朝鲜设“都司宴享”宴送辽东官兵。之后便是“鸭绿江迎敕仪”，明使渡江日，朝鲜在鸭绿江南岸设黄帐幕、黄仪仗、龙亭、香亭等。敕书至，“远接使以下祗迎鞠躬，使奉敕书置龙亭上路，远接使以下倒班先行，仪仗鼓乐次之，香亭龙亭次之，两使乘轿双行”入义顺馆，朝鲜官员行拜敕仪式。自义顺馆起程后，“至各处俱有军马迎送”⑤。倪谦先后经过所串

① 朝鲜世宗实录：卷65：十六年九月癸未条；十六年九月壬午条.

② 正祖. 弘斋全书：卷172：日得录十二//韩国文集丛刊：第267册. 首尔：景仁文化社，1990：371.

③ 朝鲜世宗实录：卷56：十四年四月乙巳条.

④ 朝鲜世宗实录：卷27：七年二月己未条.

⑤ 倪谦. 朝鲜纪事. 丛书集成初编本. 上海：商务印书馆，1937：2-3.

馆、良策馆、车辇馆、林畔馆、云兴馆、新安馆、嘉平馆、安兴馆、肃宁馆、安定馆、西京平壤府、生阳馆、黄州、凤山郡、剑水馆、龙泉馆、安成馆、宝山馆、金岩馆、兴义馆、金郊馆、开城府、东坡馆、临津江、原平府、碧蹄馆、接官厅，最后到达王城慕华馆，自鸭绿江至王城，凡历公馆二十八处，共一千一百七十里。中途可能还有较大的宴享礼仪，《通文馆志》记有龙湾等六处宴享仪注，倪谦也记述了他们行至平壤、黄州、开城时都有较为隆重的迎诏仪式。其间，朝鲜陆续派出数位问安使，及时了解明使需求。诏书至王城郊外，朝鲜君臣行"郊迎礼"，入王城后亦是连日宴享，"入京翌日设下马宴，又翌日设翌日宴，又翌日设仁政殿请宴，又翌日设回礼宴，又翌日设别宴。回程临时设上马宴，回程日设饯宴，凡七度，而其间有空日则供别茶啖"①。

朝鲜对明朝使臣及随行人员均有赏赐，所赠物品多为布匹、衣服、人参等。不过明朝对出使官员收受藩国礼物有严格规定，如果明使接受财物而隐匿不报，或私带物品进行贸易，一旦查实将受严惩，轻者予以降职处分，重者处以极刑。如洪武二十九年，礼部尚书任亨泰出使安南期间"私市蛮人为仆"，虽然这并不违背安南法律，但在明太祖看来却有辱国家威严，遂将任亨泰"降为监察御史"②。永乐二年，"鸿胪寺右少卿汪泰以罪诛。泰尝奉使朝鲜，受其馈赠，使还，匿不奏……本寺左少卿樊敬复奏泰私交权贵，特命诛之"③。

明朝使臣收受朝鲜赠物情况主要还是与个人操守有关。前文已述，明前期宦使收受贿赂、私自贸易的情况比较严重，至明朝末年依然如此，《通文馆志》载："天启乙丑，太监王敏政之来，京中所用银十万七千余两，人参二千一百斤，豹皮二百四张，大鹿皮二百余张，白纸一万六百余卷，其余虎皮、扇子、油芚、雪花纸、细纻等物可以类推。崇祯甲戌，太监卢维宁之来，所用银四万九千八百两……头目发卖六万一千八百余两。"④ 相较而言，文臣出使时自律性较强，如洪武二年偰斯出使时，对高丽馈赠的鞍马、衣服、人参等皆不接受，最后"[高丽] 王命文臣赋诗以赠"⑤。洪武十八年明使张溥等人未接受赠送的衣服、鞍马、白金、纻麻布等，自称："今身

① 金庆门. 通文馆志：卷4：事大下：入京宴享仪. 早稻田大学图书馆乐浪书斋藏本：23.
② 明太祖实录：卷244：洪武二十九年正月庚申条.
③ 明太宗实录：卷32：永乐二年六月庚午条.
④ 同①31-32.
⑤ 高丽史：卷41：恭愍王世家：十八年五月乙未条.

不受寒，且不徒行，受将何用?"① 只接受了赠行诗。建文三年章谨、端木礼出使朝鲜时，被赠鞍马、衣服、靴、帽、细布等物，"却而不受"②。永乐元年，明使赵居任也拒绝了朝鲜馈赠的马匹、布匹、人参、花席等物。这些使臣给朝鲜留下了"纯俭有守""温雅风流，清不近货，唯求诗卷"③ 的良好形象，由此也初步开创了明鲜两国的诗歌外交局面。

早在偰斯首使时，两国文臣之间就已开始了诗歌酬唱。高丽李穑作《送偰符宝使还诗序》中称："矧今天子不鄙夷远人，所以嘉惠之者如此。符宝公又能秉心忠直，视鲸涛不测之险如坦途。然宣布德音，上下交孚，无纤芥疑，则其世为藩辅，戴我帝明，至于千万世，盖自今始，公其志之。"④ 由此序文推知，应有多篇纪念诗稿，现多佚失⑤。又建文朝出使的陆颙亦与朝鲜君臣多有唱和，其《颐光先生外集》中专有一卷收录朝鲜送行诗，留诸文字者包括朝鲜国王李芳远、权近、河仑、赵浚等二十九人⑥。当明鲜关系历经波折趋于稳定后，诗歌外交也就成为两国宗藩关系的显著特点。朝鲜将明、鲜使臣的诗歌酬唱汇总、刊刻成《皇华集》来表达"事大至诚"，明朝也意识到儒臣在外交方面的积极作用，在重大外交活动时精心挑选出使朝鲜的儒臣，以便巩固宗主国形象。目前所见诸多《皇华集》中，产生时间最早的即是根据明使倪谦、司马恂、朝鲜远接官郑麟趾、申叔舟、成三问等人文稿所编成的《庚午皇华集》⑦。《四库存目丛书》中《庚午皇华集》在排序上位于天顺元年（1457）使臣陈鉴《皇华

① 高丽史：卷135：辛禑：十一年十月.

② 朝鲜太宗实录：卷1：元年六月庚午条.

③ 朝鲜太宗实录：卷3：二年三月丁亥条；二年三月甲申条.

④ 李穑. 牧隐文稿：卷9：送偰符宝使还诗序//韩国文集丛刊：第5册. 首尔：景仁文化社，1990：75.

⑤ 目前笔者仅见三首。李崇仁作："玉衡指南陆，熏风吹我衣。徘徊登高原，悠悠劳我思。浮云日夕征，问君将安归。丈夫意有在，不作儿女悲。人生非参商，会合谅无疑。但愿崇令德，功名惜芳时。"佚名作："帝运初兴汉，民心久戴商。羡君来奉使，愧我未观光。驿路山横翠，船窗月送凉。赠言吾不佞，努力更流芳。"河乙沚作："混一功成四海清，使星光彩照东瀛。归舟所载非他物，只是三韩上下情。"（东文选：卷5；卷10；卷21）

⑥ 颐光先生外集：卷2：朝鲜国送行诗行文. 北京图书馆古籍珍本丛刊本. 北京：北京图书馆，1988：545-550.

⑦ 五人均为饱学之士。倪谦于正统四年（1439）进士及第，授翰林院编修。司马恂"正统末，由举人擢刑科给事中"。郑麟趾（1396—1478），朝鲜初期著名学者，状元及第，参与创制《训民正音》，参与撰修《高丽史》等。申叔舟（1417—1475）在朝鲜语言、文学、史学方面皆有重大贡献，参与创制《训民正音》，参与编撰《世祖实录》《国朝宝鉴》《国朝五礼仪》，著有《海东诸国记》《北征录》等，擅长汉诗，著有诗文集《保闲斋集》。成三问（1418—1456），生员文科及第，学识渊博，参与创制《训民正音》。

集》之后，说明《庚午皇华集》是后来补刻的，但学界普遍认为，倪谦的出使及《辽海编》的形成首开明使与朝鲜文臣诗文合编的风气，对《皇华集》的编纂立下了良好的典范①。而从政治关系角度审视，《皇华集》的出现何尝不是两国关系稳定的结果。

本章小结

仁宣时期明朝调整对外政策，逐渐回归“守中以治边、修内治以攘外夷”的传统儒家治边思想，期望以“德绥”的态度实现四邻相安的局面。这与洪武朝的政策出发点是一致的，但与洪武时期不同的是，仁宣以后明朝对周边国家的猜疑与指责大为减少，遇有争端也没像洪武朝那样以空虚的恫吓、斥责及却贡方式来处理国家间矛盾。这种温和的邦交政策有利于明朝与周边国家长期保持和睦关系，外部的和平环境也使明朝得以专心内治，促进了国内繁盛。明朝富庶的经济、先进的文化相较于周边虚弱、贫穷、落后的国家，其在东亚的领先地位是毋庸置疑的，这也吸引着朝鲜等周边国家积极奉行事大方针。据此而言，明朝外交态度的转变是明朝与朝鲜形成稳定关系的重要前提条件。

由于明朝北疆政策失利，牵动东北地区动荡不安，与辽东接壤的朝鲜之于明朝的战略意义再次凸显，这种现状也促使明朝不断对朝鲜实施怀柔政策，诸如准许金银代贡、蠲减牛马贸易等，切实减轻了朝鲜经济压力。相较于永乐朝而言，仁宣以后，明朝放松了对朝鲜的外交控制，朝鲜自主意识逐步增强，进而成就了最具开拓意识的朝鲜世宗时代。文化方面，世宗王持续不断地输入中原文化，创制训民正音，完善礼仪典章，巩固理学统治地位，逐渐将对明事大提升到理论高度。疆域方面，朝鲜重启拓疆计划，陆续建立起四郡六镇，初步奠定了两国的边界，也使横亘在明鲜之间最易滋生矛盾的边疆问题告一段落。

明朝北疆政策的失利使朝鲜对明朝的敬畏之心略减，但并没有影响两

① 叶泉宏. 明代前期中韩国交之研究（一三六八——四八八）. 台北：商务印书馆，1991：125，140；杨昭全. 中国—朝鲜·韩国文化交流史（IV）. 北京：昆仑出版社，2004：734；詹杭伦，杜慧月.《辽海编》与倪谦出使朝鲜考述. 北京化工大学学报（社会科学版），2007（1）：32-38.

国关系整体向平稳化、制度化发展的趋势。明朝与朝鲜关系制度化表现在两国之间的朝贡诸项细节，贡期、贡使、贡物、贡道、接待、赏赐、贸易等各个环节都形成了有章可依、有据可循的制度化管理。这些制度并不是完全由明朝单方面规定的，也包含了朝鲜的礼仪规定。如贡使、贡期、贡物这些源自高丽、朝鲜的标准成为了明朝朝贡制度的组成部分，双方经过不断沟通、协商，将两国间的朝贡细节不断健全，若没有朝鲜这种朝贡国的存在，仅仅依靠“贡无定期”的东南亚国家或十年一朝的日本，很难将朝贡制度经营得如此完善，可以说朝鲜既是朝贡制度的执行者，也是完善者。

总之，明朝与朝鲜这种外交状态，包括外交政策、朝贡制度、宗藩礼仪延续到明末都没有发生重大变化，一定程度上保障了两国关系长期稳定发展。

第七章　分歧与认同：理学思想对外交关系的内在影响

元朝中期程朱理学东传朝鲜半岛，造就了最初的高丽理学士大夫，高丽末年之所以倾向明朝，理学观念的认同也起到了重要作用。朝鲜学者在接受儒学经典及价值时，经历过调整、重构的过程，对某些观念的理解与中国学者不同，对“华夷观”的认知差异造成两国在女真问题上的争执。尽管如此，明朝与朝鲜对儒家经典的理解相较于周边其他国家更为接近。这也使两国互相理解度更高，摩擦更少。随着中国文化源源不断的输入以及“朝鲜统治者实施的政治上、文化上的事大主义政策，进一步引发了朝鲜人羡慕和仿效中国的心理倾向”①。这种文化制度上的吸引与归依，使得朝鲜深深嵌刻着儒家文化的印记。

第一节　理学的东传及其对明丽关系的影响

一、高丽末年理学的输入

朝鲜时期学者李滉②曾描述过儒学传入高丽的过程及发展情况：

> 高丽五百余年间，世道向隆，文风渐开，士多游学中原，经籍兴行，易乱为治。慕华变夷，诗书之泽，礼义之风，箕畴遗俗，犹可渐复。故吾东见称为文献之邦、君子之国，有由然矣。然二代之儒，其

---

① 金炳镇. 14世纪—17世纪中叶朝鲜对明和日本贸易关系史研究. 延边：延边大学博士论文，2005：83.

② 李滉（1501—1570），号退溪，朝鲜中期著名儒学思想家，他发展了朱熹哲学，创立朝鲜退溪学派。

归重终在于言语文章之间，逮于丽末，程朱之书稍稍东来，故如禹倬、郑梦周之徒得以参究性理之说。至于国朝，获蒙皇朝颁赐《四书五经大全》、《性理大全》等书，国朝设科取士，又以通四书三经者得与其选，由是，士之诵习无非孔孟程朱之言。①

高丽初年儒学就已传入，至少到成宗（981—997 年在位）年间太庙和国子监已建立起来，并在十个牧开设了学校，在国都和地方都建立了国学，儒学的国家礼仪和教化工具已形成体系。高丽显宗（1009—1031 年在位）曾分别于 1020 年、1022 年将薛聪、崔致远配享文庙，使他们在孔子的祠堂中与儒学史上的诸位先贤一同接受祭祀，成为标志韩国儒学确立自立传统的一个重要里程碑②。虽然高丽前中期的儒学主要以词章为主，但高丽所体现的礼教风范已被宋代君臣称为“小中华”③。

大约在元代中期，朱子学开始东传，朝鲜文人俞汉隽概括了理学初传过程：

笃文成之降生，绍绝学而阐衍，涤三韩之旧染，彬七管之群彦。（文成，安珦谥也。管管属也。珦尝忧庠序大坏，以兴学养贤为己任，令各出银布，归之养贤库，永为教养之资。以余赀购先圣及七十子画像祭器乐器六经子史，以教授之。于是七管十二徒，十二徒见上，诸生横经受业者，不知其数。天理复明，文风大兴，为东方道学之祖。及卒，十二徒皆素服祀圣庙。）白还国而博文，发闵中之妙键。禹入山而精研，笺河南之遗传。（白颐正入元。时程朱之学始行，颐正得而学之。及东还，李齐贤、朴忠佐首先师受。禹倬得程传，始为笺释，以教学者。）后来之门户，咸益圃使后先。（益斋李齐贤号，圃隐郑梦周号。）④

---

① 李滉. 退溪先生续集：卷 8：回示诏使书//韩国文集丛刊：第 31 册. 首尔：景仁文化社，1990：207-208.

② 琴章泰. 韩国儒学思想史. 韩梅，译. 北京：中国社会科学出版社，2011：31-33.

③ 李瀷著、安鼎福编《星湖僿说类选》卷 9 下《经史篇八》“小中华馆”条载：“梁时，我使往朝。时梁武为侯景所逼，朝市鞠为茂草，使者见而泣之，为侯景所执问，答曰：‘不如古昔盛时，是以泣。’景义而释之。唐玄宗幸蜀，我使间关达于行在，玄宗亲制诗赐之。既奉君命，舍生峻事，臣道宜然。惜乎此二人，史失其名也。唐僖宗中和二年，新罗使金直谅入朝。时值黄巢之乱，道路不通，遂于楚州下岸。知帝幸蜀，赖高太尉监押送于西川，竣命而还。见崔致远书。此皆不可没者也。恭让时，朴础疏云：唐以为君子之国，宋以为文物礼乐之邦。题本国使臣下马所曰小中华馆，皆以事大有诚也。”（第 303-304 页）

④ 俞汉隽. 自著：卷 1：广韩赋//韩国文集丛刊：第 249 册. 首尔：景仁文化社，1990：28.

据此可以将高丽末年理学传播的系谱和主要脉络概括为：安珦①—白颐正、禹倬—李齐贤—郑梦周，这种传承延续至朝鲜初期的具体情况如图7-1所示②：

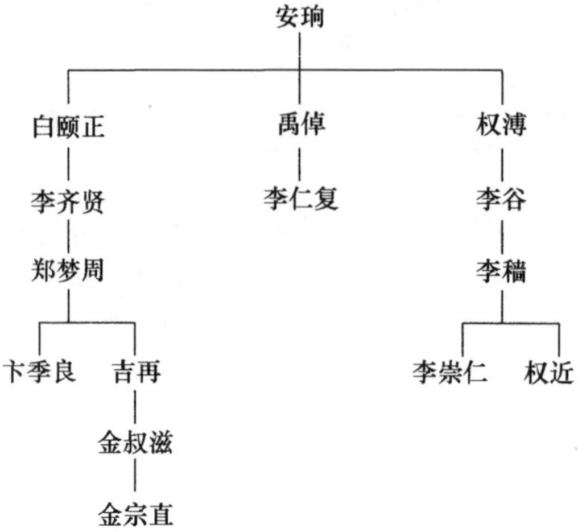

图 7-1　丽末鲜初理学传播系谱

这种学统观的形成并不是学问的传授体系或学问的业绩，而是性理学中所包含的“义理具现”道学精神的传承。以第四梯队为界，形成两个截然不同的时期。前期多侧重于性理学的输入，除禹倬外，其他人均有在元朝学习的经历，因此朝鲜半岛的朱子学源流可谓纯正。后期除了李穑外，其余人物均未进入中原学习，高丽理学开始自主发展，在这一转变过程中，李穑的作用不可忽视，他对于朝鲜半岛理学的发展及正统地位的确立有着不可磨灭的功绩③。

---

①　安珦（1243—1306）曾三次前往元大都，回国后整顿太学，扩充教授队伍，扩大教育范围，“购六经诸子史以来。于是，愿学之士，七管十二徒诸生，横经受业者，动以数百计”，高丽忠肃王六年从祀文庙。安珦弟子白颐正曾在元都居留十余年，“得而学之东还，李齐贤、林忠佑首先师授”。安珦门人权溥（1262—1346）曾两次赴元学习朱子学，“得《四书集注》镂版以广其传，学者又知有道学矣”，有“东方性理之学自溥倡”的说法。禹倬（1262—1342）也相传为安珦门人，“通经史，尤深于易学，卜筮无不中。程传初来东方，无能知者，倬乃闭门月余，参究乃解，教授生徒，理学始行”（高丽史：卷74：选举志二：学校；卷106：白文节；卷107：权溥；卷109：禹倬）。

②　任振镐. 性理学在韩国的传入与发展. 文教资料，1997（6）：135.

③　李穑没有被后人尊为朝鲜性理学之祖，是因其“志节不固，无大建白；学问不纯，崇信佛法”。“志节不固”是指丽鲜更替时，李穑没有隐居不仕；“学问不纯”是指李穑“有尚佛之习”，崇信佛法是高丽末年性理学学者都不能避免的问题，他们对崇佛带来的种种社会弊端持批判立场，但对佛法理论则持同情和会通的态度（高丽史：卷115：李穑）。

李穑一生多在官场，但时时以文化传承为使命。他尊崇性理学的正统地位，主张按照学生的德艺来确定升学，授予官阶，除了已经在官者，其余凡非国学生者一律不得参加科举考试，“外而乡校，内而学堂，考其才而升诸十二徒，十二徒又总而考之，升之成均，限以日月，程其德艺，贡之礼部。中者，依例与官，不中者，亦给出身之阶。除在官而求举者，其余非国学生不得与试”①。受其父李谷②的影响，李穑非常注重学问教化，曾开馆授业，郑梦周、郑道传、朴宜中等均是其门生，“每日坐明伦堂，分经授业，讲毕，相与论难，忘倦。于是学者坌集，相与观感，程朱性理之学始兴”。讲论和探求性理学的气氛充满了成均馆，也使学风发生了重大变化，“学者祛其记诵词章之习而穷身心性命之理，知宗斯道而不惑于异端，欲正其义而不谋于功利，儒风学术焕然一新”③。

被尊为“理学宗祖”的郑梦周关于性理学的著述遗世很少，“平生所制诗文，旋作旋弃，未有成稿”④，中间又经过了丽末李氏变命，著述所剩无几⑤。根据史籍及师友的记述，郑梦周对朱子《四书章句集注》有独到的心得和深刻的理解，对于“五经”也能各得其精要，而其中于《易》理和《诗》道钻研尤深⑥。李穑也曾说“郑梦周论理，横说竖说无非当理”⑦。郑梦周虽然没有存世的学问著作，也无系统的学说作为，但是他完成了将朱子学不仅扎根于理论也扎根于实践的工作⑧。作为政治的殉节者，他所体现的“贞忠大节”作为理义之学传给朝鲜的士林，成为嫡统，遂被推为“东方理学之祖”⑨。

---

① 高丽史：卷74：学校；楼宇烈．东方理学宗祖 淑世儒林楷模——郑梦周与韩国性理学//徐远和，卞崇道．风流与和魂——东方哲学与文化丛书．沈阳：沈阳出版社，1997.

② 李谷（1298—1351）为权溥门生，也曾向白颐正、禹倬、李齐贤学习。元至顺三年（1332）中征东行省乡试第一名，次年中元朝进士，授国史院检阅官，至正七年（1347）回国，在元朝任职近十四年，其间与元朝文人交往频繁。

③ 权近．阳村先生文集：卷40：朝鲜牧隐先生李文靖公行状//韩国文集丛刊：第7册．首尔：景仁文化社，1990：347.

④ 朴信．圃隐诗卷序//韩国文集丛刊：第5册．首尔：景仁文化社，1990：568.

⑤ 河仑的《圃隐诗卷序》写道：“圃隐先生郑公，以天人之学，经济之才，大鸣前朝之季。今其子宗诚、宗本，以其遗稿来示余，且请余曰：‘吾先子所著诗与文，丧乱之中失亡殆尽，幸此若干百篇仅存。’”（《圃隐集》卷首，第566页）

⑥ 东方理学宗祖 淑世儒林楷模——郑梦周与韩国性理学//徐远和，卞崇道．风流与和魂——东方哲学与文化丛书．沈阳：沈阳出版社，1997.

⑦ 咸傅霖．圃隐先生本传//韩国文集丛刊：第5册．首尔：景仁文化社，1990：625.

⑧ 韩国哲学会．韩国哲学史：中卷．龚荣灿，译．北京：社会科学文献出版社，1996：103.

⑨ 高丽史：卷117：郑梦周．《吉冶言行拾遗》卷中《太学生疏语》也载有“梦周之学，实为吾东方之祖”（韩国文集丛刊标点影印本第7册第403页）。

总之，从高丽忠烈王时期开始，程朱理学传入朝鲜半岛。与中国不同的是，宋元理学家多为中下层官吏，以著书立说讲学为主，而高丽国内最早能够接触到理学的主要是上层人物，这样理学在高丽的传播是自上而下的过程。经过忠宣、忠肃数朝几代人的努力，高丽出现了“家有程朱之书，人知性理之学”① 的局面。恭愍王十八年（1369）高丽开科取士，“始用元朝乡试、会试、殿试之制，定为例程”②，郑梦周、李崇仁、郑道传、赵浚、权近、朴宜中、河仑等理学之士经科举进入统治集团，开始显著地影响着高丽末年的外交取向。

二、高丽理学士人的弃元投明

朱熹思想中攘夷观念十分强烈，盖因南宋时刻面临着女真威胁，因此他强调华夷之别，主张尊中华、攘夷狄、抗金图强、复仇雪耻。这种观点为高丽末期理学士人所接受，形成了“弃元投明”的外交立场。

明朝刚刚建立，郑梦周就“力请于朝，首先归附”③，但北元因素消失之前，高丽国内始终伴随着亲明、亲元的斗争，“恭愍王虽以义主事之，一时议论，多以不可轻绝北元为言。郑道传、朴尚衷等诸人主事明；李仁任、池奫等诸人主事元，互相诋斥”④，两派斗争亦可以看作新兴的性理学与旧有的佛教传统的初步对决。高丽开国太祖王建成长于虔诚的佛教徒家庭，视佛教为护国根本，历代高丽国王始终一贯地以崇佛信法为教政。恭愍王事明七年却未能消除亲元势力的根本原因乃是他本身虽能接受理学但更崇尚佛教，末年佛事尤盛，连明太祖都曾劝其“去释氏而兴王道”⑤，所以恭愍王依然属于“守旧”派。

恭愍王去世后，亲元派重新执掌高丽国政，李仁任要求百官联名为禑王请求北元册封时，亲明派激烈抵制，发起“不署呈北元书”。当北元册封使到达时，亲明派“拒迎北元使”以表明政治立场，他们以“华夷之辨”重新审视与明、元的关系，进而说明不能再奉迎北元的原因。郑梦周的《请勿迎元使疏》称：

---

① 李齐贤. 益斋乱稿：卷 9：更张治道//韩国文集丛刊：第 2 册. 首尔：景仁文化社，1990：601.

② 高丽史：卷 73：选举志.

③ 高丽史：卷 117：郑梦周.

④ 沈光世. 海东乐府. 大东野乘本. 京城：朝鲜古书刊行会，1911：586.

⑤ 明太祖实录：卷 46：洪武二年十月壬戌条.

念吾东方僻在海外，自我太祖起于唐季，礼事中国，其事之也视天下之义主而已。顷者元氏自取播迁，大明龙兴，奄有四海，我上升王，灼知天命，奉表称臣，皇帝嘉之，封以王爵，锡贡相望者六年于兹矣。今上即位之初，贼臣金义，因礼送天使，中路擅杀，叛入北元，与元氏遗孽谋纳沈王。既杀天使，又背其君，恶逆甚矣。诚宜正名其罪，上告天子，下告方伯，请讨而杀之然后已也……夫元氏失国，远来求食，冀得一饱，以延须臾之命，名为纳君，实自利也。绝之则示我之强，事之则反骄其志……国家若礼待其使而送之，则是举国臣民无其实而自蒙大逆之名，不可使闻于四方，为臣子者，其可忍乎！况又朝廷初闻金义之事，固已疑我矣，又闻与元氏相通而不问金义之罪则必谓我杀使，与敌无疑也。若兴问罪之师，水陆并进，国家其将何辞以对之乎？其欲缓小敌之师，实动天下之兵也，此理甚明，人所易晓……伏惟殿下断自宸衷，执元使，收元诏，缚吴季南、张子温并金义带行之人送至京师，则暧昧之罪不辨自明。乃约与定辽卫，养兵待变，声言向北，则元氏遗种敛迹远遁，而国家之福无穷期矣。①

朴尚衷的《请却北元使疏》说：

先王初薨未葬，大明使臣犹在境，而遽兴事北之议……以理而言则惠迪吉从逆凶，以势而言则南强北弱，人之所共知者也。夫弃信而从逆，天下之不义也；背强而向弱，今日之非计也。为臣子而反先王事大之意，至使杀天子之使而夺其马，罪恶孰甚焉。而一二臣心怀不忠，规卖国以自利，欲以其罪恶嫁祸于国家，必欲使宗社夷灭，生民糜烂而后已，可不痛哉。②

由于亲明士人未居要位，远不及亲元势力强大，因此抵制活动未见成效且多人遭到流放。朝鲜文人尹愭有诗曰“通元受册视嘉猷，一有直言便杖流”，诗后注言：“北元遣使册禑，李仁任、池奫等将迎之。李崇仁、郑道传、权近上书谏，道传又曰‘我当斩使首，不尔则缚送于明’。仁任怒，流道传。郑梦周、朴尚衷又极论，李詹、全伯英亦上疏请诛仁任、奫。仁

① 郑梦周．圃隐集：卷3：请勿迎元使疏．韩国文集丛刊：第2册．首尔：景仁文化社，1990：600-601．

② 朴尚衷．请却北元使疏//徐居正．东文选：卷52．京城：朝鲜古书刊行会，1914：168-169．

任等大怒，下詹等狱，辞连田禄生、朴尚衷。狱官崔莹杖讯甚酷，流远地，禄生、尚衷皆道死。”①

北元帝系崩溃、李仁任失势、威化岛回军先后发生，高丽国内的蒙元因素也迅速消失。此时，程朱理学虽未成为国家统治思想，但已被迅速应用于治国之中。高丽末年的理学士人力图建立一个儒教式国家，但围绕具体的施政问题，他们之间产生了分歧。《韩国儒学史》认为丽末鲜初的性理学，由于对丽末社会政治状况的判断不同，以及对儒学性理学历史观、价值观理解的不同，形成了对后世性理学产生极大影响的两大主流学派，“郑梦周、吉再等守节义，而不与新王朝合作的一派”，“以郑道传、河仑、权近等为中心，以襄助李太祖，通过国典的制度与基本政策的决定，尽力于确立儒教思想成为朝鲜王朝建国理念的一派”，前者被称为“节义派”或“义理派”，后者被称为“勋旧派”或“革新派”。关于这两大主流学派的学术特点，柳承国教授分析说：“圃隐郑梦周一系的学问，强调人间内在的本性，以开发万古不变的人间道德意识为主眼点；但是，三峰郑道传系列……强调对应当时状况的创意的变革，不重观念的义理道德，而以人间意志之磨炼、知识的开发、鼓吹文化意识等为首务。因之，郑梦周系列的学者在言具价值、足以法式的人间贤者像时，首推伯夷、叔齐；而郑道传、权阳村、郑麟趾系列则推举武王之革命。前者常有‘扶植纲常’的用语，而后者则常强调‘天命思想’，提倡非‘常’，乃重‘变’的历史观与价值观。”至于两派别对朝鲜半岛朱子学的影响力，柳承国教授认为：“如言朝鲜儒学思想史之正统，比起郑道传一派，郑梦周一系则更能继承传统学脉的渊源。此点可说是韩国朱子学的特色，对韩国精神史造成了极大影响，此种影响并延及后世。”②

其实两派均提出过政治改革的主张，只不过保守派希望在维持高丽统治的基础上“去腐生肌”，李穑与郑梦周为了保存王氏政权可谓积极奔走。李穑以花甲之龄亲赴明朝求援，终因明太祖秉承“不干涉”政策而落空。李穑受劾去职后，郑梦周成为恭让王时期的“佐命”重臣。在其经营之下，明丽关系并没有因高丽王位的连续更替而恶化，反而比禑王时期有所改善，明朝并不拒绝高丽的一年三贡，甚至派人前来观政，“旧岁来告王

---

① 尹愭．无名子集诗稿：册6：咏东史//韩国文集丛刊：第256册．首尔：景仁文化社，1990：183.

② 《韩国儒学史》的内容转引自楼宇烈的《东方理学宗祖 淑世儒林楷模——郑梦周与韩国性理学》。

瑶嗣立，乃王氏苗裔，宜遣使以礼物劳之，观其署政何如”，并赐国王纻丝绫绢二百匹①。这种情况可以说是恭愍王之后从未出现过的友好局面。郑梦周也曾寄希望于明朝干预，恭让王三年（1391）九月安排世子王奭赴明贺正，这是入明以后高丽世子首次亲朝，明廷以礼待之，朝贺及筵宴时，王奭位列六部尚书之次，明朝又赐赏金二锭、银七锭及“金织文绮衣服”等。与此同时，郑梦周将李成桂周围的“革新派”领袖赵浚、郑道传等人流放，招还李穑、李崇仁、李种学等。这一系列政治活动依然没能阻止改朝换代的发生。之后的史实引自《高丽史·郑梦周传》：“及世子奭朝见而还，太祖出迎黄州，遂畋于海州坠马，体甚不平。梦周闻之有喜色，遣人嗾台谏曰：‘李成桂今坠马病笃，宜先剪羽翼赵浚等，然后可图也。’……梦周诣太祖邸，欲观变，太祖待之如初。太宗（指李芳远）曰：‘时不可失。’及梦周还，乃遣赵英珪等四五人，要于路击杀之，年五十六。”② 郑梦周的陡损宣告高丽近五百年王朝的终结。

朝鲜文人称：“李穑、郑梦周变夷教推阐用延丽季之危急，而继肇我朝之纲纪。”③ 这说明李穑、郑梦周欲以理学来挽救王氏高丽，只不过结果事与愿违，理学没能延续王氏高丽，却开启了李氏朝鲜的创建。随着朝鲜的建立，大批节义士人秉承不食周粟之志而退隐乡间，可以说朱熹理学的东传造成了高丽的灭亡以及义烈之士的辈出④。

第二节　朝鲜前期理学地位的确立及对明鲜关系的影响

一、性理学在朝鲜统治地位的确立

朝鲜摒弃高丽的礼佛佑国传统转而以理学为国之根本，是经过丽末鲜初的一系列“排佛”斗争才形成的。高丽一直以佛教作为民族精神的支柱，“惟务释氏”的习俗沿袭不替，王室和民间佛事频繁，国家财力、物

① 明太祖实录：卷 213：洪武二十四年十月甲寅条；高丽史：卷 46：恭让王世家：三年十二月甲子条.

② 高丽史：卷 117：郑梦周.

③ 赵宪. 重峰集：卷 5：辨师诬兼论学政疏//韩国文集丛刊：第 54 册. 首尔：景仁文化社，1990：232.

④ 尹瑢均. 朱子学的传来及其影响//尹瑢均. 尹文学士遗稿. 京城：朝鲜印刷株式会社，1933：68.

力、精力消耗之大难以形容。同时佛弊日重，寺院常依仗权势兼并土地，掠夺奴婢，经营理财事业。城乡僧侣也逐渐学会俗风，饱食终日、不求精进、贪图僧位和财利。针对佛教的堕落，高丽国内反佛之论一直没有停息过，丽末鲜初的理学家们几乎无一例外地排斥旧理念佛教，支持并拥护性理学。

以郑梦周、郑道传为首的理学士大夫虽分为守旧派和革新派，其主要分歧在于是否保存高丽国家的继续存在，但是对于高丽时期的佛弊，两派的观点大致相同，即“排佛崇儒”。不同的是，郑梦周本人深谙佛学经典教理，“排斥老佛之言，讲论惟精，深得圣贤之奥”①，他主要是批判佛教的空虚，把儒学和佛教的差别看成是不是为了日常的、现实生活的，并从这种观点出发，指出应采取注重儒学日常的伦理倾向以及应放弃佛教脱离尘世的倾向。这虽然阐明了排佛言论，却不过是片面指出其大体上的思想倾向而已，是不彻底的②。

郑道传则将辟佛推至高潮，所著《佛氏杂辩》对佛教思想体系进行了深刻批判。他以性理学的基本理念为基础来批判佛教，称“佛氏之害，毁弃伦理，必将至于率禽兽而灭人类”③，而恢复人伦，强化社会伦理，促进国家发展只能依靠性理学，性理学就是“古人明德新民之实学”④，应该被确立为正统官学，成为新秩序、新统治观念的理论基础。这种言论凸显了郑道传理学思想的现实性、官学派的立场。郑道传属于“反佛儒者”，“为了批判而批判”，以巩固性理学的指导地位，因此美国学者狄百瑞认为“新儒学在朝鲜对佛教做出的反作用要比它在中国做出的甚至更为强烈”⑤。

对佛教的批判从根本上动摇了高丽统治思想，性理学成功地被朝鲜统治阶层接受，并得到大力推广和普及。朝鲜建国以儒教为理念体现在李成桂的即位诏书中。“天子七庙，诸侯五庙，左庙右社，古之制也……仰礼曹详究拟议，以为定制”，表明朝鲜将按照《礼记》所阐明的次序规范本

---

① 高丽史：卷117：郑梦周.

② 韩国哲学会. 韩国哲学史：中卷. 龚荣灿，译. 北京：社会科学文献出版社，1996：98-99.

③ 郑道传. 三峰集：卷9：佛氏杂辩序//韩国文集丛刊：第5册. 首尔：景仁文化社，1990：462.

④ 同③457.

⑤ 狄百瑞. 东亚文明：五个阶段的对话. 何冰，何兆武，译. 南京：江苏人民出版社，2012：62.

国庙制；“文武两科，不可偏废，内而国学，外而乡校，增置生徒，敦加讲劝，养育人才……今后内而成均正录所，外而各道按廉使，择其在学经明行修者，开具年贯三代及所通经书，登于成均馆长贰所，试讲所通经书，自《四书五经》、《通鉴》已上通者，以其通经多少、见理精粗、第其高下为第一场，入格者送于礼曹，礼曹试表章古赋为中场，试策问为终场，通三场相考入格者三十三人，送于吏曹，量才擢用”，表明朝鲜将以儒学教育培养人才来治理国家；“冠婚丧祭，国之大法，仰礼曹详究经典，参酌古今，定为著令，以厚人伦，以正风俗”，表明朝鲜将按照“朱子家礼”规范社会礼仪；“忠臣孝子义夫节妇，关系风俗，在所奖劝，令所在官司询访申闻，优加擢用，旌表门闾”，表明朝鲜将以忠孝义价值观营造社会风俗①。

为了让儒教治国的目标得以实现，武将出身的李成桂也阅读了真德秀的《大学衍义》。朝鲜太祖元年即开授经筵，首讲《大学衍义》，并采纳臣属的建议，中止了宫内的佛事活动，缩减寺庙数量，将大部分寺庙土地用作军资或分给开国功臣，寺庙奴婢还乡，减弱佛教势力。又将成均馆从开城移到汉阳，集中力量培养儒家式的治国人才，并通过在全国各地兴建书院、增加各郡乡校生徒名额来普及和传播性理学理念，巩固国家的思想基础，稳定民心。

朝鲜太宗王李芳远本就是儒生，曾在高丽禑王时科举及第，他在位期间全面实行兴儒抑佛的政策，加紧扩大以成均馆为中心的儒教教育机构，强化集贤殿等学术研究机构，培养国家所需的儒学官僚，建立健全儒教礼仪。世宗王延续了这些政策，并且更为积极地引进以儒家学说为主的书籍。明朝迁都北京后，朝鲜购书更为方便，入明使臣一般会携带一份“赍去事目”，记载需要办理的事宜，购书乃是必需项目。朝鲜世宗十七年（1435）八月，圣节使所携带的“赍去事目”颇具代表性，内容如下：

> 其一，太宗皇帝朝撰集《四书五经大全》等书久矣。本国初不得闻，逮至庚子敬宁君赴京受赐，其后累蒙钦赐，披阅观览，详悉精微，实无余蕴，乃知朝廷所撰书史类此者应多，但未到本国耳。须细问以来，可买则买。
>
> 其二，奏请胡三省《音注资治通鉴》、赵完璧《源委》、金履祥《通鉴前编》、陈桱《历代笔记》等书，若蒙钦赐则不可私买。礼部如

---

① 朝鲜太祖实录：卷1：元年七月丁未条.

云“御府所无”则亦不可显求。

其三，理学则五经四书性理大全，无余蕴矣，史学则后人所撰，考之该博，故必过前人，如有本国所无、有益学者，则买之。《纲目》《书法》《国语》亦可买来。凡买书，必买两件，以备脱落。

其四，北京若有《大全》板本，则措办纸墨，可私印与否并问之。

其五，曩者传云：“已撰《永乐大传》，简帙甚多，未即刊行。”今已刊行与否及书中所该，亦并细问。

其六，本国铸字用蜡功颇多，后改铸字四隅平正，其铸字体制二样矣。中朝铸字字体印出施为，备细访问。①

明朝赐书毕竟数量有限，有时明朝也以未刊印、书板有损、不方便赐予等理由回绝朝鲜请赐书籍的要求。上文中朝鲜求赐胡三省《音注资治通鉴》、赵完璧《源委》、金履祥《通鉴前编》、陈桱《历代笔记》等书时，明朝称：“王奏请书籍，今发去《音注资治通鉴》一部。其余书板损缺，待刊补完备颁赐。”② 对于明朝不能赐予的书籍，朝鲜的办法是“不可显求”，即在不触犯上国威仪的情况下，能买则买，“随所见贸来”，甚至“以卷抽册”，买到部分亦可。在这种积极求书的氛围下，朝鲜初期就形成了一个中国书籍东传高潮，现据《朝鲜王朝实录》将书籍概况整理为表 7－1：

表 7－1　明朝前期书籍东传朝鲜情况

	书籍流入时间		取得方式	书目
	明朝纪年	丽、鲜纪年		
1	洪武三年	恭愍王十九年	明赐	六经、《四书》、《通鉴》、《汉书》
2	建文三年	太宗元年	购买	《大学衍义》《通鉴集览》《事林广记》各一部
3	永乐元年	太宗三年	明官员赠送	陆颙寄《夫子图》《三元延寿图》
4			购买	《通鉴纲目》《十八史略》
5			明赐	《元史》《十八史略》《山堂考索》《诸臣奏议》《大学衍义》《春秋会通》《真西山读书记》《朱子全书》各一部

① 朝鲜世宗实录：卷 69：十七年八月癸亥条.

② 朝鲜世宗实录：卷 70：十七年十二月戊午条.

续表

	书籍流入时间		取得方式	书目
	明朝纪年	丽、鲜纪年		
6	永乐二年	太宗四年	请赐	《古今列女传》一百一十部，《列女传》五百部
7	永乐四年	太宗六年	明赐	《通鉴纲目》《四书衍义》《大学衍义》各一部
8	永乐六年	太宗八年	明赐	《孝慈高皇后传》五十本
9			明赐	《仁孝皇后劝善书》一百五十本，《孝慈高皇后传》一百五十本，《通鉴纲目》《大学衍义》各一部，《法帖》三部
10	永乐七年	太宗九年	购买	《春秋》《穀梁传》
11			明赐	《劝善书》三百部
12	永乐十一年	太宗十三年	购买	《三国志》《苏子古史》
13	永乐十五年	太宗十七年	明使献	《神僧传》
14			购买	医方、五行卜书及捻金册
15			明赐	《诸佛如来菩萨名称歌曲》一百本，《神僧传》三百本
16	永乐十六年	太宗十八年	明赐	《诸佛如来菩萨名称歌曲》三百本
17				《诸佛如来菩萨名称歌曲》一千本
18	永乐十七年	世宗元年	明赐	《为善阴骘书》六百本
19				《为善阴骘书》一千本
20				《性理大全》《四书五经大全》《为善阴骘书》二十二柜，《诸佛如来菩萨名称歌曲》三十柜
21	永乐十八年	世宗二年	购买	《集成小学》一百件
22	宣德元年	世宗八年	购买	《祖训条章》
23			请赐	《四书五经大全》《性理大全》各一部，《通鉴纲目》一部
24	宣德六年	世宗十三年	购买	地理诸书
25			明使赠	《般若心经》《金刚经》《阿弥陀经》《观音经》各三卷
26	宣德八年	世宗十五年	明赐	《四书五经大全》一部，《性理大全》一部，《通鉴纲目》两部
27	宣德十年	世宗十七年	购买	胡三省音注《资治通鉴》
28			请赐	胡三省音注《资治通鉴》一部
29	正统四年	世宗二十一年	购买	书册名称不详
30	正统五年	世宗二十二年	购买	胡三省《羸虫录》、《大明集礼》
31	正统七年	世宗二十四年	购买	《克择通书》

表 7－1 显示，朝鲜前期输入的书籍主要分三类：第一类，以《资治通鉴》为主的中国史书，以便借鉴中国历代王朝的治国措施，作为治政典范。第二类，四书五经及儒家礼仪书籍，以便加强儒教治国的实施以及礼仪制度的完善。第三类，刑法、医书、天文、历法等。

这些书籍的传入对于朝鲜文化的形成，特别是对朝鲜实现儒教立国以及朝鲜制度整备具有很重要的借鉴作用①。世宗王集合一批优秀学者专门研究儒学以及中国的法令制度，希望按照明朝的模式来建立朝鲜的政治结构，“崇儒重道四字，即我朝家法”，“国势之巩固，寔有赖焉”②，这样就逐步巩固了性理学的统治地位。输入的书籍中有关孝行录、三纲行实、五礼仪等占有很大比例，朝鲜不断提高印刷技术，使这些书籍在朝鲜社会中迅速普及，对儒教伦理在朝鲜的普及以及构建儒教社会起到了决定性的作用。此外，书籍的输入和刊印的发展也加快了启发民族文化的步伐，朝鲜民族文化事业得到实质性发展。如朝鲜在《训民正音》创制过程中对性理学进行了深刻的研究，《正音解例》中记有“天地之道，一阴阳五行而已，坤复之间为太极，而动静之后为阴阳，凡有生类在天地之间者，舍阴阳而何之？故人之声音皆有阴阳之理，顾人不察耳”，“以初声对中声而言之，阴阳，天道也，刚柔，地道也。中声者，一深一浅，一阖一辟，是则阴阳分而五行之气具焉，天之用也。初声者，或虚或实，或扬或滞，或重或轻，是则刚柔著而五行之质成焉，地之功也。中声以深浅阖辟唱之于前，初声以五音清浊和之于后，而为初亦为终，亦可见万物初生于地，复归于地也……”③ 这些内容可以在周敦颐的《太极图说》、邵雍的《皇极经世书》及朱熹的《易学启蒙》中寻找到渊源。

总之，朝鲜建国五十多年间，统治层对儒教经传研究及其实践方案的探索日益深化，陆续颁布了《国朝五礼仪》《三纲行实图》等典章，创制了《训民正音》，使理学由上而下渗透到朝鲜社会各个阶层，朝鲜前期的政治、经济、社会文化等方面均具备了儒教性格，这表明儒教取代了佛教的主导地位，成为朝鲜的统治理念。特别是持续至 16 世纪的书籍输入活动，使得朝鲜社会完全摆脱高丽旧体制的影响，确立了朝鲜自己的，较之

---

① 李存熙．朝鲜前期的对明书册贸易：以输入为中心．震檀学报，1977（44）：53－78.

② 正祖．弘斋全书：卷 32：崇儒重道教附西原华阳书院、海州石潭书院致祭教//韩国文集丛刊：第 262 册．首尔：景仁文化社，1990：530.

③ 训民正音解例本//训民正音．韩梅，译．北京：世界图书出版公司，2008.

高丽时代更加完备、自主、民族化的儒教社会体制①。

二、理学影响下的明鲜关系

1. 朝鲜前期修史中的正统论及宗藩意识

朱熹理学强调的君臣义理、三纲五常、正统观对朝鲜的影响是比较显著的。朝鲜太宗王继位后将“谋反叛逆”的郑梦周视为守护纲常的忠臣、义理精神的榜样，赐谥“文忠”，世宗时期编纂的《三纲行实图》也将其列入“忠臣篇”，对郑梦周身份的重新界定表明朝鲜统治层出于守成考虑而采取以纲常和大义来维持王朝安定的措施。

受理学思想的影响，从太宗王李芳远开始，朝鲜对明事大之礼愈加恭谨，并逐渐将礼治实行与否置于国家存亡的高度：

> 天尊地卑，礼固立矣，类聚群分，礼固行矣。人者位乎天地之间，立乎万物之上，尊卑分类，不设而彰，圣人循此，制为冠婚丧祭朝聘乡射之礼，以行君臣父子兄弟夫妇朋友之义。其形而下者，见于饮食器服之用；其形而上者，极于无声无臭之微。众人勉之，贤人行之，圣人由之，故所以行其身与其家与其国与其天下者。礼治则治，礼乱则乱，礼存则存，礼亡则亡。②

在朝鲜看来，与明朝保持稳定的封贡关系即是实施礼治的象征。如果说朝鲜在对明朝的朝贡礼仪中表现出的“事大”举动还包含着较多政治因素，那么朝鲜在编修本国史志时对朱熹正统论的坚持无疑体现出朝鲜前期已将朱熹理学内化为统治思想的事实。

朱熹以春秋大一统观评判中国历史上王朝的正统性，《资治通鉴纲目》之作，“其大经大法，如尊君父而讨乱贼，崇正统而抑僭伪，褒名节而黜邪佞，贵中国而贱夷狄，莫不有系于三纲五常之大，真所谓为天地立心，为生民立极，为先圣继绝学，为后世开太平者也”③。朱熹认定的有正统地位的王朝首先必须是汉族建立的王朝，若南北朝时期之五胡十六国，皆入无统之列；其次，正统王朝皆为大一统政权，入主中原，领有全国，而且有相当长的稳定期。这种正统史观在朝鲜前期就已经被吸纳入史书编修

---

① 杨昭全. 中国—朝鲜·韩国文化交流史（IV）. 北京：昆仑出版社，2004：876-877.

② 李珥. 栗谷全书：卷 20：圣学辑要：修己//韩国文集丛刊：第 44 册. 首尔：景仁文化社，1990：444.

③ 资治通鉴纲目：卷首：尹起莘序. 文渊阁四库全书本：2.

思想中。

朝鲜建国百年间官修史书主要围绕高句丽、百济、新罗三国史和高丽史展开，包括郑道传、郑摠等撰《高丽国史》（1395 年，编年体史书）、权近等撰《东国史略》（又称《三国史略》，1403 年，编年体史书）、权踶等撰《高丽史大全》（1442 年，编年体史书）、郑麟趾等撰《高丽史》（1451 年，纪传体）、金宗瑞等撰《高丽史节要》（1452 年，编年体史书）、徐居正等撰《三国史节要》（1456 年，编年体史书）、《东国通鉴》（1485 年，编年体史书）等。

朝鲜初期官方认为高句丽、百济、新罗虽各置国史，掌记时事，但“传闻失真，多涉荒怪，录其时事，未克详明，且多杂以方言，辞不能雅”。高丽时期金富轼所编《三国史记》亦有弊端，“以一岁而分纪，以一事而再书。方言俚语，未能尽革。笔削凡例，未尽合宜。简秩繁多，辞语重复，观者病其记此遗彼而难于参究也”。于是李芳远命权近、河仑、李詹以《三国史记》为基础，“就加檃括，仿编年法，合为一书”。权近等人“以新罗先起后灭，故用其年纪，以表其首，乃注中国纪元，以明其统。又以二国元年各注其下，次书时月以系其事。先新罗而不以国，举以为之主也，次丽，次济，以所起之先后也。本之本纪，参之列传，有纲以举其要，有目以尽其详。革其鄙俚，芟其繁芜，诛绝僭乱，褒崇节义。又以管见论其得失，以附其后，勒成一书，名曰《东国史略》”①。

这一版三国史因没有确立“正统”而遭到徐居正等人的否定：“权近法《纲目》作《史略》，患其三国并峙，莫适为主，则以新罗先起后灭而为主。臣窃考魏吴蜀三国之例，温公之以魏为主，重承授也。朱子之以蜀为主，尊正统也。今以先起后灭为主，考之前史而无据，揆之事理而不顺。且《史略》编年之书也，乃以一人之终始而并书于书卒之下，一事之颠末而并录于类附之间。年月无系，颇失记事之体。然富轼作《全史》于掇拾断烂之中，权近作《史略》于繁冗琐屑之余，功亦不细矣。”于是徐居正另撰《三国史节要》，除了内容上有所删减外，更注重史书中的正统细节，“法朱子《纲目》之例而不称纪也。新罗独存，则用其年纪事。三国并峙，则分注以列书，明其为敌国也。先新罗，次丽，次济，从立国先后也。每年，必先书中国，尊天子也，新罗自用年号抑而不书，黜其僭也。三国称君，或名或号或谥，存其实也；王妃或称夫人或称王后；世子

① 徐居正．东文选：卷 91：三国史略序．京城：朝鲜古书刊行会，1914：36.

或称太子或称元子；其官职，或冒拟中国；其名号，或因循旧俗，皆据事直书”①。

至于《高丽史》，朝鲜前期曾几度修改，“初太祖开国命郑道传撰《高丽史》，道传以所掌事多，委之僚属，由是脱漏甚多。太宗命河仑雠校，世宗命尹淮改撰，比郑草稍详。同知春秋馆事金孝贞以为‘尹淮所撰又失于脱略，不可传示后世’，乃命权踶撰之。踶与安止、南秀文撰录裒集，详于二家，然任其好恶，笔削不公。事发，命金宗瑞与郑麟趾等撰之。宗瑞等以为编年难以详备，乃从纪传之法……分撰纪、志、年表”②。可见朝鲜建国初期，郑道传等人即完成《高丽史》，但太宗王认为“伪朝以后之事颇多失真”③，世宗王也称“郑道传所撰《高丽史》，间有与史臣本草不同处，且称制敕、称太子之类，语涉僭逾”④，于是命柳观、卞季良雠校，由此形成的新版本仍引起较大争议，主要是书中“[称] 太子太傅、少傅、佥事为世子太傅、少傅、佥事，太子妃为世子嫔，制敕为教，赦为宥，奏为启”，反对者认为“太子太傅等号，当时官制；制敕诏赦，当时所称也。虽曰正名分，与春秋郊禘，大雩同垂，以为鉴戒，何可更改以没其实”。世宗王也认为“前朝取法，自太祖而下亦皆称宗，僭也。然惠宗、定宗皆庙号，今改称惠王、定王，以庙号为谥，似失其真”，于是采取了折衷办法，将庙号谥号同列，“书太祖神圣王、惠宗义恭王，庙号谥号不没其实”。至于太后、太子、官制名称不进行更改，“唯‘大赦天下’则削‘天下’二字，亦不必改天下为境内”⑤。这次争论其实体现了“以实直笔”与“事大礼制”之间的矛盾。从流传下来的郑麟趾等纂修的《高丽史》可以看到，该版始终以事大史观、在宗藩框架内叙述高丽与中国的关系，如不设本纪，降国王传记于世家，体现了宗藩关系中严格的君臣名分。

通过对朝鲜前期修史过程中坚持事大史观的简述，我们可以清楚地看到李氏朝鲜对中原王朝宗主地位的认可，“这既是名教思想在朝鲜官方修史活动中的体现，也是朝鲜慕华心态的外在表现”⑥。

---

① 徐居正. 四佳集：卷4：三国史节要序//韩国文集丛刊：第11册. 首尔：景仁文化社，1990：242.

② 朝鲜文宗实录：卷12：二年二月甲申条.

③ 朝鲜太宗实录：卷27：十四年五月壬午条.

④ 朝鲜世宗实录：卷11：三年正月癸已条.

⑤ 朝鲜世宗实录：卷22：五年十二月丙子条.

⑥ 崔岩. 朝鲜王朝官修《高丽史》与中华传统史学. 西北师大学报（社会科学版），2012，49（4）：45.

2. 华夷观认知差异与两国外交罅隙

早在先秦时期，“华夷”之别就已见诸典籍之中，“《春秋》，内其国而外诸夏，内诸夏而外夷狄”①；“中国戎夷，五方之民皆有其性也，不可推移。东方曰夷，被发文身，有不火食者矣；南方曰蛮，雕题交趾，有不火食者矣；西方曰戎，被发衣皮，有不粒食者矣；北方曰狄，衣羽毛穴居，有不粒食者矣。中国、夷、蛮、戎、狄，皆有安居、和味、宜服、利用、备器”②；“吾闻用夏变夷者，未闻变于夷者也”③。这种华夷观念、华夷秩序以礼治体系和大一统理念为基础，在长期的民族征战和民族融合中，一再得到强化和确认④，逐渐成为中国处理与周边国家关系的理论根据和指导思想，秦始皇统一中国为“华夷”秩序建立了一个前提框架，至汉代，中华与“蛮夷”之间逐步发展起一种古代类型的国际关系体系，盛唐雄强一时，文明璀璨辉煌，对周边及远方的国家和民族有着强大的影响与吸引力，“华夷”秩序在比较正规意义上形成了，宋代中华四大发明多在此时向外传播，“华夷”秩序得到进一步充实，明清两代，“华夷”秩序终于具备了清晰的外缘和日臻完善的内涵⑤。

中国的华夷观虽然包含着理想化的成分，但毕竟是在历史发展过程中逐渐形成的，有其历史事实依据。而朝鲜半岛的华夷观是从中国移植过来的观念，虽然新罗孝恭王（？—912）时期曾把渤海人称为“粟末小蕃”⑥，但总体来说，这种华夷观念在王氏高丽时代还不十分突出。韩国学者全海宗曾指出，编纂于12世纪中叶的《三国史记》中，我们还基本找不到从“华夷观”出发将外来移民称为“归化人”或“投化人”的观念⑦，这至少可以说明，朝鲜半岛自视“小中华”的观念尚未渗透到历史编纂学中。到丽末鲜初，随着理学思想的输入，视中国为“中华”，朝鲜为“小中华”，朝鲜周边民族为“夷狄”的观念开始盛行起来，李穑就曾说“华夷地向鸭江分”⑧。朝鲜将自己的统治中心视为“中国”，而将除中

---

① 阮元. 十三经注疏：春秋公羊传注疏. 北京：中华书局，1980：2297.

② 王文锦. 礼记译解. 北京：中华书局，2001：176.

③ 杨伯峻. 孟子译注. 北京：中华书局，2005：125.

④ 陈潮. 传统的华夷国际秩序与中韩宗藩关系//韩国研究论丛：第二辑. 上海：上海人民出版社，1996：209-246.

⑤ 何芳川. “华夷秩序”论. 北京大学学报（哲学社会科学版），1998，35（6）：31-36.

⑥ 安鼎福. 东史纲目：第5下：孝恭王. 京城：朝鲜古书刊行会，1915：53.

⑦ 全海宗. 试论东洋古代史上“归化”的意义//全海宗. 中韩关系史论集. 全善姬，译. 北京：中国社会科学出版社，1997：100.

⑧ 李穑. 牧隐诗稿：卷10：自咏//韩国文集丛刊：第4册. 首尔：景仁文化社，1990：84.

国以外的与自己相邻的诸族视为“夷”“蕃”。这种观念影响下，一方面，朝鲜在意识形态、文化心态上形成“慕华”观，积极发展与明朝的宗藩关系；另一方面，也仿照其与中国关系模式，努力构造自己的宗藩体系。

在这个体系中，朝鲜自视为东亚世界地位仅次于中国的亚宗主国，而把其他国家、民族视为自己的朝贡国。李成桂的治国情形曾被赞为：“文治既洽，武威远昭，扶桑之寇，奉珍来庭，琉球南蛮，重译入贡。”① 朝鲜世祖（1455—1468年在位）时曾说：“野人、倭人俱为我藩篱，俱为我臣民。王者等视无异，或用为力，或用为声，不可以小敝拒却来附之心。予即位以后，南蛮北狄来附者甚众，皆愿为我子，此天所诱也，非予智力。”② 可见，在朝鲜君臣的观念中，女真、日本、琉球都是朝鲜的臣属国，皆有着向朝鲜“来附”“来朝”“来贡”的义务。

琉球曾于高丽末年与之有过交聘往来。高丽昌王元年（1389）“琉球国中山王察度遣玉之奉表称臣，归我被倭贼虏掠人口，献方物硫黄三百斤、苏木六百斤、胡椒三百斤、甲二十部”，高丽亦遣使报聘，“我国与贵国，隔海万里，未尝往来，窃闻芳誉，景慕久矣。今者专使辱书，副以嘉贶，仍将本国被虏人口送还，感喜之情难以言尽。但以馆待来使，不克如礼，良用慊然。今差典客令金允厚等聊致菲仪，幸照亮”③。朝鲜太宗九年（1409）琉球致书朝鲜称：“今去船人附搭物货，仍乞容令买卖，早为打发回国便益。”④ 所谓琉球来贡，“除了敦睦邦交外，琉球的主要目的是与朝鲜在宽容公正立场上从事通商”⑤，属于平等贸易之交往，而朝鲜则自视其为朝贡。

至于日本方面，不仅不是朝鲜的藩国，甚至日本还将朝鲜视为自己的藩国。早在宝龟三年（772）日本天皇给渤海国的国书中就称高句丽是向自己朝贡的，“天皇敬问高丽国王。朕继体承基临驭区宇，恩覃德泽，宁济苍生。然则率土之滨，化有辑于同轨。普天之下，恩无隔于殊邻。昔高丽全盛时，其王高武，祖宗奕世，介居瀛表，亲如兄弟，义若君臣，帆海

① 赵浚. 松堂先生文集：卷4：李成桂至诚事王氏笺//韩国文集丛刊：第6册. 首尔：景仁文化社，1990：432.

② 朝鲜世祖实录：卷8：三年七月庚寅条.

③ 高丽史：卷137：辛禑（昌）：昌王元年八月.

④ 朝鲜太宗实录：卷18：九年九月庚寅条.

⑤ 徐玉虎. 明代琉球国王对外关系之研究. 台北：学生书局，1982：237-239.

梯山，朝贡相继……”[①] 在日本天皇致新罗的国书中，惯例是以“天皇敬问新罗王”或“天皇敬问新罗国王”开头，此格式记载于日本《延喜式·中务省》项下的《慰劳诏书式》，其中规定“大蕃国云‘天皇敬问’，小蕃国云‘天皇问’”，日本将新罗视为臣服的“大蕃国”[②]。朝鲜中期，日本丰臣秀吉致朝鲜国王的书信中则称其为“阁下”，“本朝开辟以来，朝廷盛世，洛阳壮观，莫如此日也。夫人生一世也，不满百焉，郁郁久居此乎？不屑国家之远，山海之隔，欲一超直入大明国，易吾朝风俗于四百余州，施帝都政化与亿万斯年者在方寸中。贵国先驱而入朝，依有远虑无近忧者乎？远邦小岛在海中者，后进者不可作许容也。予入大明之日，将士卒望军营，则弥可修邻盟也。予愿无他，只显佳名于三国而已。方物如目录领纳”[③]。虽然朝鲜视上述言语为傲慢无礼，但无论是“阁下”的称谓还是“方物领纳”的措辞都表明日本是将朝鲜视为朝贡国的。实际上，朝鲜前期与日本的交往对象主要是对马岛宗氏家族，并且双方以商贸往来为主，朝鲜在同对马岛交往的模式内，几近扮演了明朝在明鲜关系中的角色，朝鲜则将与对马岛的关系延伸为与日本的关系。

通过对朝鲜与琉球、日本关系的简要分析可以看出，朝鲜设立的宗藩体系融合了朝鲜一厢情愿的设想，是一种理想化的虚拟状态，具有强烈的“自民族中心主义”[④] 色彩。其实朝鲜在具体操作中也清楚地认识到将宗藩关系实施于琉球、日本并不现实，唯一可能实施的对象就只有女真了。

对于朝鲜而言，女真问题不仅仅涉及其宗藩体系的构建，更与其北拓计划密切相关。北拓疆域是朝鲜既定国策，建国初期，朝鲜西北边界已基本维持在鸭绿江南岸，所以拓疆目标集中在东北面女真部族居住地。为此朝鲜积极招抚女真，努力使其演变为自己的内属，以便使领土向北开拓。而在利益驱动下，女真向朝鲜朝贡也十分频繁（见表 7－2）。

---

① 续日本纪：卷 32：宝龟三年二月巳卯条//国史大系：第二卷. 东京：经济杂志社，1901：556.

② 堀敏一. 隋唐帝国与东亚. 韩昇，等，编译. 昆明：云南人民出版社，2002：88.

③ 朝鲜宣祖修正实录：卷 25：二十四年三月丁酉条.

④ R. M. 威廉阿姆斯指出“自民族中心主义”有以下五大特征：1. 以自身族属的标准来判断他者族属；2. 自身族属在所有方面或若干方面，均拥有优于他者族属的信念；3. 对他者族属的无知；4. 对他者族属关心的欠缺；5. 对他者族属的敌意。韩东育.“华夷秩序”的东亚构架与自解体内情. 东北师大学报（哲学社会科学版），2008（1）.

表 7-2　朝鲜初期女真向朝鲜入贡情况

女真部族 / 历史时期	图们江以南女真	兀良哈	吾都里	诸种兀狄哈	合计
太祖	—	4	7	—	11
定宗	—	1	—	—	1
太宗	—	28	19	25	72
世宗	2	117	102	128	349
合计	2	150	128	153	433

资料来源：韩国国史编纂委员会. 新编韩国史：第 22 册：朝鲜王朝的成立和对外关系，2002：350.

朝鲜也如明朝一样对于朝贡的女真按级别高低赐予一定官职和物品。如朝鲜太宗四年（1404），猛哥帖木儿及其从者就曾被朝鲜授予上护军、大护军、护军、司直、副司直、司正等官职。《大明一统志》显示明朝前期设置在辽东的 184 个女真卫所中约有 79 个卫所朝贡于朝鲜①。据韩国学者统计，仅在朝鲜世宗时期，记有姓名的二重受职的女真指挥使多达 22 人，如表 7-3 所示。

表 7-3　1450 年以前女真接受明、鲜二重授职情况

序号	姓名	部族	明朝官职	朝鲜官职	出处
1	童所罗	兀良哈	建州卫指挥使	侍卫	《太宗实录》卷 23，十二年三月癸巳 《世宗实录》卷 19，五年一月己酉
2	童家吾下	吾都里	指挥	?	《世宗实录》卷 20，五年六月壬申 《世宗实录》卷 30，七年十月辛巳
3	童仓（童山、董山、充善）	吾都里	指挥	嘉善大夫雄武侍卫司上护军	《世宗实录》卷 84，二十一年一月乙未 《世宗实录》卷 84，二十一年一月丙午
4	童於虚里	吾都里	指挥	都万户	《世宗实录》卷 95，二十四年一月丁丑 《世宗实录》卷 106，二十六年九月丁亥
5	童三波（童三波老）	吾都里	指挥	司直	《世宗实录》卷 90，二十二年八月戊寅 《世宗实录》卷 95，二十四年二月壬辰

① 金九镇. 朝鲜前期对女真关系与女真社会实态. 东洋学，1984（14）：513-527.

续表

序号	姓名	部族	明朝官职	朝鲜官职	出处
6	童罗松介	吾都里	指挥	都万户	《世宗实录》卷 90，二十二年七月癸卯 《世宗实录》卷 93，二十三年七月壬戌
7	郎卜儿罕	兀良哈	毛怜卫都指挥同知	都万户	《世宗实录》卷 90，二十年一月辛卯 《世宗实录》卷 94，二十三年十月丙寅
8	仇赤	兀良哈	指挥	万户	《世宗实录》卷 90，二十二年七月丙午 《世宗实录》卷 94，二十三年十一月甲寅
9	童因豆	吾都里	指挥	都万户	《世宗实录》卷 95，二十四年二月丙申 《世宗实录》卷 110，二十七年十二月癸丑
10	亏弄哈	兀良哈	指挥	万户	《世宗实录》卷 110，二十七年十二月辛酉
11	童风只	吾都里	建州卫指挥	都万户	《太宗实录》卷 25，十二年六月庚午 《世宗实录》卷 98，二十四年十二月丁亥
12	童亡乃	吾都里	指挥	都万户	《世宗实录》卷 91，二十二年十一月乙丑 《世宗实录》卷 111，二十八年一月庚午
13	林加乙轩（林乙轩）	兀良哈	指挥	副万户	《世宗实录》卷 98，二十四年十一月壬戌 《世宗实录》卷 111，二十八年一月庚午
14	浪楼时介（娄时可）	兀良哈	都司	万户	《世宗实录》卷 98，二十四年十二月壬子 《世宗实录》卷 111，二十八年一月庚午
15	李阿时阿	兀良哈	指挥	都万户	《世宗实录》卷 111，二十八年一月庚午
16	童哥时波	吾都里	指挥	都万户	《世宗实录》卷 95，二十四年一月戊寅 《世宗实录》卷 111，二十八年一月甲申

续表

序号	姓名	部族	明朝官职	朝鲜官职	出处
17	刘时里主	兀狄哈	指挥	万户	《世宗实录》卷 92，二十三年一月乙丑 《世宗实录》卷 111，二十八年一月乙酉
18	李舍土	兀良哈	指挥	万户	《世宗实录》卷 111，二十八年一月乙酉
19	金权老	兀良哈	指挥	都万户	《世宗实录》卷 92，二十四年五月庚辰 《世宗实录》卷 111，二十九年十一月丙辰
20	甫要磨（甫要麻）	兀狄哈	指挥	司正	《世宗实录》卷 118，二十九年十二月庚午 《世祖实录》卷 21，六年九月乙未
21	童吾沙介	吾都里	指挥	都万户	《世宗实录》卷 84，二十一年一月乙未 《世宗实录》卷 123，三十一年一月甲申
22	林多阳可	兀良哈	指挥	都万户	《世宗实录》卷 123，三十一年一月丙戌

资料来源：韩成周．朝鲜初期朝、明二重受职女真人的两属问题．朝鲜时代史学报，2007（40）：5-43.

女真各部愿意接受这些虚职，除了增强其在女真社会中的威望，更便于向朝鲜进献土产以获得经济利益。

对明朝而言，女真部族有重要的边防战略意义，女真和朝鲜同是自己的藩属，它们之间是绝对不可以存在朝贡关系甚至是隶属关系的。当明朝发现朝鲜招抚女真人向其朝贡时，便以宗主国的身份对朝鲜这一举动加以干预。洪武时期，由于明朝尚未对女真地区进行有效统治，明太祖对朝鲜的招抚活动主要采取却贡方式来表达不满，宣德以后明朝则以警告为主，如天顺三年（1459）明廷曾正式颁旨称："宣德、正统年间，以王国与彼（女真）互相侵犯，所降敕谕欲令释怨息兵，各保境土，未尝许其往来交通除授官职。且彼既受朝廷官职，王又加之，是与朝廷抗衡矣。王以为'除官给赏依本国故事'，此事有无，朕不得知。纵使有之亦为非义，王因仍不改，是不能盖前人之愆也。王欲和邻保境，理固宜然，而除官给赏事实未当，王之明达，岂不自知？且童山等，王以为有兽心者，今彼乃能自知其非，俱来输情服罪，而王素秉礼义，何为文过饰非如此！然《春秋》

责备贤者，况朕以至诚御天下，岂可外王而不言？但事在已往，朕不深咎。自今以后，王宜谨守法度，以绝私交，恪秉忠诚，以全令誉。”① 明朝的劝谏并没有对朝鲜的招抚活动带来实际有效的约束性，加上明朝的女真政策本身也存在局限性，使得女真部族向朝鲜进贡现象长期存在。

本章小结

理学与政权相结合的发展趋势早在南宋末年已经形成，元代完成了理学官学化的过程，因此明朝统治层选择朱子学作为统治思想是有其历史继承性的，建国次年即诏定国家明经取仕以朱熹等宋儒传注为宗。朝鲜半岛的理学不是自然生成的，而是经历了一个转移、吸取、诠释的过程才最终为统治层所利用。高丽末年理学虽未上升为治国理念，但面对明朝与北元的对峙局面，高丽之所以主要倾向明朝，除了明、元双方军事力量的决定性因素外，理学观念的认同也起到了重要作用②。进入朝鲜以后，性理学作为一种理念，具有国教的地位，即“官学化”了，“这种官学化的条件变化使鲜初的性理学发挥了在高丽时代所没有的机能，构建起儒家性质的国家和社会”③。但是朝鲜初期的文化是以程朱学为指导理念，吸收部分佛教、道教、风水地理说、民间信仰等，并加上功利（霸道）的汉唐儒学，而形成其独特性格。此种折衷的文化性格是融合民族意识与事大意识、国家主义与普遍主义、义理（王道）与功利（霸道）、理性与感情、合理性与神秘主义、上流文化与基层文化，并以道德文化为基础，追求富国强兵④。在这种文化背景下，朝鲜太祖统治时期非常明显地强调新兴政权的独立意识，郑道传在他那种掺杂着法家思想的革命论调的影响下，毫不掩饰地与明朝开展争利活动。直至朝鲜太宗才完全抛弃了郑道传的激进思想，奉行尊华攘夷的春秋义理观，才使理学成为增进朝鲜慕华事大的推动力。

明朝与朝鲜毕竟文化风土不同，社会人情互异，儒家经典东传之后，

① 明英宗实录：卷 320：天顺三年四月庚辰条.

② 曹中屏. 高丽时期的儒学与丽末中韩关系//陈尚胜. 儒家文明与中韩传统关系. 济南：山东大学出版社，2008：47.

③ 刘厚琴. 日本韩国的儒学研究. 北京：中华书局，2003：469.

④ 李元淳，等. 韩国史. 詹卓颖，译. 台北：幼狮文化事业股份有限公司，1987：183.

朝鲜的经典解释者必须在跨文化的情境与脉络中有所调融于其间，使儒家经典中的价值体系更能适应朝鲜的风土，并广为彼邦人士所接纳①。这种情况不仅存在于朝鲜，东亚其他国家在接受儒家经典及其价值时，都要经历调整、重构的过程，以适应本国特有的文化与思想风土，所以朝鲜学者对于儒学经典的解读与明朝依然存在着差异，正如《韩国哲学史》所言："朱子学虽然就是性理学，但是性理学却不仅仅限于朱子学这样一个事实"②。前文所阐述的华夷观理解差异就使得女真问题成为明朝与朝鲜最主要的争执点之一。但整体而言，明朝和朝鲜统治思想的同源性以及对朱子学理解的相近性成为两国交往的思想基础，随着理学的深入发展，两国关系也愈加密切和稳定。

---

① 黄俊杰. 东亚儒学：经典与诠释的辩证. 台北：台湾大学出版中心，2007：115.

② 韩国哲学会. 韩国哲学史：中卷. 龚荣灿，译. 北京：社会科学文献出版社，1996：83.

第八章　防范与合作：边防安全对外交关系的现实影响

女真、日本问题可谓明鲜关系的双刃剑。明朝和朝鲜都想控制女真，使其成为自己的藩篱，也都希望与日本积极通好以平息倭患。同时双方密切关注对方与女真、日本的关系，以防有变。但现实是，明朝、朝鲜对女真、日本政策均呈现出暂时的效果而非长久之计，两国长期受到女真侵扰，倭患也无法根除。这种客观情况使得明朝与朝鲜进行有限的合作成为可能。对于朝鲜而言，其国饱受北虏南倭之患，寻求大国的庇护、保证外部环境的稳定本来就是其对明外交的重心。对于明朝来讲，凭借自身强盛的国力亦能应对女真、倭寇，但是正统以后，边患频现，明朝也愿意与朝鲜适度合作以减轻辽东压力，这种合作倾向是有迹可寻的。

第一节　共同面对的“倭虏”之患

一、女真的双向侵扰

明朝对女真进行有效统治始自永乐朝，成祖分而治之，各自雄长不相统属，以防止女真强大。同时使蒙古与女真东西隔绝，确保边防安全。后世对此法颇为称赞，“成祖文皇帝所以分女直为三，又析卫所地站为二百六十二，而使之各自雄长，不相归一者，谓中国之于夷狄，必离其党而分之，护其群而存之”①；“分其部落，则其弱易以制；别其种类，则其间易以役。使之人自为雄，各相为战，所谓夷狄相攻，中国之利也”；“文皇帝神谋睿算，销患于未萌，悉分而散之，使之力足以自立，势足以相抗，各

---

① 陈子龙．皇明经世文编：卷453：杨宗伯奏疏海建夷情．北京：中华书局，1962：4994．

授以官职而不相统属，各自通贡而不相纠合"①。

但是明朝对女真驻地除建立卫所等军事设施外，并没有实施制如内地一般的行政规划，也没有移民实边积极开发，中原文化对其影响力有限，这就造成了明朝政府对女真地区所发生的问题、女真的需求缺乏真正了解。到正统时，出于朝贡负担及边防安全的考虑，明朝开始限制女真诸部的朝贡次数和规模。正统二年（1437）十月兵部奏："兀良哈及鞑靼、女直人等来朝贡者，进马或三五匹，动辄三四十人，有回至中途复来者，多有不逞之徒诡冒其间，引诱为非，俱无公文照验……凌辱驿传，骚扰军民，需索剽夺，其害非一，乞禁止之。"于是明廷规定"今后外夷以事来朝者止许二三人或四五人，非有印信公文毋辄令入境"②，"如系边报不拘时月听其来朝，其余进贡袭职等事，许其一年一朝或三年一朝，不必频数。其有市易生理，听于辽东开原交易，不必来京。如仍数遣使，尔等询察，即令退回"③。贸易限制导致了寇边现象增多。正统七年十一月辽东总兵报："近者兀良哈要结女直野人入境剽掠，此贼多有受我官职及赏赉者，朝廷以其向化，听于近边牧猎，而彼乃因以为非，尔等又皆姑息偷安，致彼纵横出没，如蹈无人之境，失机损威。"十二月，辽东称："边贼寇内，二人系女直野人，四人系朵颜等卫头目及家下达子。"正统八年二月，"辽东守将擒获贼寇至京，多是女直野人与兀良哈达子"，四月，辽东奏"女直野人窃入镇北山虏守卒二人"④。

明朝应对女真扰边的方式主要是修建堡墩，加强防御，兼以部分军事打击。《全辽志》记有："国初毕恭守辽东，始践山因河编木为垣，久之乃易以版筑，而墩台城堡，稍稍添置……毕恭有文武才，由百户举升流官指挥佥事。因上方略，开设以西边堡、墙壕，增置烽堠，兵威大振，虏人畏服。"⑤ 特别是王翱（1384—1467）督办辽东事务以后，防御能力有了极大的提升。《明史》载："［正统］七年冬，命王翱提督辽东军务。翱以军令久弛，寇至，将士不力战，因诸将庭谒，责以失律罪，命左右曳出斩之，皆惶恐叩头，愿效死赎。翱乃躬行边，起山海关抵开原，缮城垣，浚

① 万表．皇明经济文录：卷33；卷34．中国文献珍本丛刊．全国图书馆文献缩微复制中心出版，2003：269，470.

② 明英宗实录：卷35：正统二年十月癸未条.

③ 明英宗实录：卷58：正统四年八月乙未条.

④ 明英宗实录：卷98：正统七年十一月乙丑条；明英宗实录：卷99：正统七年十二月壬辰条；明英宗实录：卷101：正统八年二月丁亥条；明英宗实录：卷103：正统八年四月甲午条.

⑤ 全辽志：卷2；卷4．辽海丛书．沈阳：辽沈书社，1986：553，617.

沟堑，五里为堡，十里为屯，使烽燧相接。练将士，室鳏寡。军民大悦。又以边塞孤远，军饷匮，缘俗立法，令有罪得收赎。十余年间，得谷及牛羊数十万，边用以饶。”① 与此同时，明朝也实施了一定程度的军事打击，如正统九年，因兀良哈入寇，明朝派朱勇等征讨福余等卫，“破福余于全宁，复破泰宁、朵颜于虎头山，出所掠万计。而都督杨洪出黑山，俘斩安出部……三卫从是寖衰”②。

明朝限制女真朝贡并加强军事防御后，女真部族借朝贡名义积极向朝鲜换取生活资料，朝鲜也愿意以丰厚赏赐换取对方的臣服，但是双方贡赐贸易的显著特点是“时战时贡”，甚至“边战边贡”。

朝鲜自开国以来一直受到女真侵扰（见表 8-1），直到世宗时期才对女真进行了有计划、有准备的大规模征伐，世宗十五年（1433，宣德八年）、十九年（1437，正统二年），朝鲜就曾两次出兵攻打建州李满住部。但军事征伐耗费大量国力，成本较高，不能频繁进行。此外，明朝对朝鲜加强军备的举动颇为敏感，朝鲜常常需要在强化边界军备前于外交层面向明朝请示。鉴于武力征伐女真受到诸多条件限制，朝鲜对待女真的政策还是以安抚为主。

表 8-1　朝鲜世宗时期平安道地方女真侵扰情况

公元纪年	世宗纪年	部族名	入侵处	概况
1418	0.8	兀良哈	闾延	10 人被掳掠
1421	3.9	野人	闾延	男女 70 名、牛 8 头被掳掠
1422	4.9	兀狄哈	庆源	杀女真 3 人、射 1 人
	4.10	兀良哈	庆源	斩女真 1 人
		野人	闾延	女真焚禾稼
		野人	江界	女真焚禾稼
		野人	义州	女真焚禾稼
		兀良哈	闾延	
	4. 闰 12	贼	闾延	男妇被掳掠
1424	6.5	兀狄哈	庆源、阿山	朝鲜中箭者 10 余人，被夺鞍子 3 具、马 3 匹，杀女真 2 人，中箭者 53 人
	6.9	兀狄哈	庆源、高郎歧	被夺马 12 匹、鞍子 12 具及弓箭杂物
1432	14.12	野人	闾延	男妇被掳掠，夺回被掳者 26 人、马 30 匹、牛 50 头，朝鲜死者 13 人、中箭者 25 人
1433	15.6	兀良哈	闾延	射杀朝鲜 2 人

① 明史：卷 177：王翱. 北京：中华书局，1976：4700.
② 谷应泰. 明史纪事本末：卷 20：设立三卫. 北京：中华书局，1977：319.

续表

公元纪年	世宗纪年	部族名	入侵处	概况
1434	16.2	兀狄哈	东良北（茂山郡）	女真掠牛马
1435	17.1	兀良哈	闾延	杀男2名，掳男妇2名、马6匹、牛5头
	17.7	野人	川薰豆（昌原郡）	
		野人	赵明于口子（闾延郡）	朝鲜战死3人
	17.11	兀狄哈	会宁	被掠牛马445匹，壮男女86名，弱男女63名。朝鲜中箭者3人、死2人，女真中箭者2人
1436	18.5	兀良哈	赵明于口子	掳男妇14名、马51匹、牛34头，中箭者7人，死1人
	18.10	兀狄哈	会宁	掳男女9人、马1匹，李澄玉夺回
	18.10	兀狄哈	庆源	女真死3人
1437	19.5	兀良哈	赵明于口子	女真死11人
	19.12	野人	碧潼	焚碧团木栅
1439	21.7	野人	山羊会口子（楚山郡）	中箭者5人
1440	22.4	兀良哈	赵明于口子	掳农民7名、马32匹、牛5头，敌被杀1名，获马1匹
	22.5	贼	茂山	射杀军人1名，掠马7匹
1441	23.9	兀良哈	虞芮口子	射杀罗卒，掳男女6名、马7匹、牛4头
	23.闰11	兀良哈	闾延	
1443	25.9	兀狄哈	钟诚甫青平	射杀女真5人，夺马31匹，朝鲜死2人，中箭28人，马中箭28匹
1446	28.4	野人	茂昌	杀5人、掳17人、马4匹、牛8头

注：世宗纪年栏0.8表示朝鲜世宗王即位年八月，3.9表示朝鲜世宗王三年九月，以此类推。
资料来源：宋炳基. 世宗朝的平安道移民研究. 首尔：韩国高丽大学硕士论文，1964.

明朝和朝鲜对待女真的策略均没有使边境获得长久安稳，辽东局势随着建州卫与建州左卫合并变得更加复杂。“阿木河之变”后，建州左卫势单力孤，而建州卫也屡屡受到兀良哈三卫的侵扰，两卫希望实现合并以增强自保实力。朝鲜出于本国安全考虑曾极力阻止，“李满住等雠嫌本国，往来作耗，两相结构，曾未解忿。倘若本人等（指建州左卫凡察、董山）与李满住一处聚居，同心作贼，本国边患，益滋不绝”①。明朝同意了两卫合并。建州女真的强大，使其有能力抵挡鞑靼的侵扰，客观上也抵挡住

① 朝鲜世宗实录：卷80：二十年正月丙午条.

了朝鲜的继续北上，历史意义是不可忽视的①。但是两卫合并违背了永乐“分而统之”的原则。建州女真迅速壮大后，愈加桀骜难治，不仅对明朝和朝鲜财政造成较大负担，更使两国边防遭受无比困扰。正统后期，女真和兀良哈对明朝和朝鲜侵扰加剧也是受瓦剌招诱的影响，“瓦剌渐强，东并诸夷，西结诸卫，以撤我之藩篱，所以屡为边患”②。正统七年“瓦剌密令女直诸部诱朝鲜，使背中国”，被世宗王拒绝③。随着瓦剌势力的进一步增长，正统十四年七月“脱脱不花王寇辽东”，这只是瓦剌大举进攻中原的四路军之一，也先亲率的中路军于大同一带重创明军，由此引发英宗亲征，遂生土木堡之变。之后，辽东动荡加剧，女真各部窥破明廷的军事弱点，开始强弱相并，原来各统所属的平衡局面遭到破坏，尤其是建州三卫肆行劫掠，乘机扩充势力，日益骄蹇，屡事勒索，迫使明朝将用兵建州提上了日程。

二、倭寇的频繁来袭

倭寇起源于日本南北朝时代，长期内战使许多溃兵败将以及逃避征敛或失去生产手段的人流亡于海岛，他们勾结不法商船，侵扰周边国家沿海，抢掠财物。《高丽史》中“倭寇”字眼最早出现在高宗十年（1233），即“倭寇金州”④。这种偶尔出现的侵扰至高丽忠定王二年（1350）左右成为祸患，“倭寇固城、竹林、巨济，合浦千户崔禅、都领梁管等战破之，斩获三百余级。倭寇之侵始此”⑤。由此开始的倭患一直持续至15世纪中叶。恭愍王时期高丽曾多次遣使日本，要求对方禁倭，但效果并不明显，到了禑王时期，高丽倭患达到顶峰，平均每月都有倭寇来袭的报告（见表8-2）。

表8-2　高丽禑王二至四年朝鲜半岛倭患情况

禑王纪年	详情	禑王纪年	详情
2.6	倭焚掠固城县	3.10	倭贼四十艘寇东莱县

① 王臻. 朝鲜前期与明建州女真关系研究. 北京：中国文史出版社，2005：96.

② 明英宗实录：卷205：景泰二年六月戊辰条.

③ 明史：卷320：朝鲜. 北京：中华书局，1976：8285；朝鲜世宗实录：卷96：二十四年五月戊辰条.

④ 高丽史：卷22：高宗世家：十年五月甲子条.

⑤ 高丽史：卷37：忠定王世家：二年二月.

续表

禑王纪年	详情	禑王纪年	详情
2.7	倭寇全罗道元帅营、荣山、扶余	3.11	倭寇扶余、定山、鸿山、金海、义昌、守安、童城、通津等县
2.9	倭寇古阜、泰山、兴德等地，又寇保安、仁义、金堤、长城等县	4.1	倭寇延安府
2.10	倭寇镇浦、江华府、韩州	4.2	倭寇安山、仁州、富平、衿州
2.11	倭寇溟珍、班城、蔚州、会原、义昌、密城郡、东莱县	4.3	倭寇富平、泰安、南阳、林州、韩州
2.12	倭焚合浦营，屠烧梁、蔚二州及义昌、会原、咸安、镇海、固城、班城、东平、东莱、机张等县	4.4	倭寇德丰、合德等县，倭船大集窄梁，入升天府
3.1	倭盗会原仓	4.5	倭寇西州庇仁县，又寇水原、龙驹等处
3.2	倭寇新平县、庆阳	4.6	倭寇清州、木州、宁州、温水、宗德、松庄、永新
3.3	倭寇西鄙、窄梁、江华	4.7	倭寇牙州
3.4	倭寇蔚州、鸡林、梁州、密城、西江	4.8	倭寇延安府、海州、衿州、阳川
3.5	倭寇密城、南阳、安城、宗德、江华	4.9	倭寇瑞州、铁州、连山、尼山、公州、益州、全州
3.6	倭寇安州、长泽、济州、永康、长渊、丰州、安岳、咸从、三和、江西	4.10	倭寇沃州、珍同、怀德、青山、林州、全州
3.7	倭寇丰州	4.11	倭寇益州
3.8	倭寇信州、文化、安岳、凤州、海州	4.12	倭寇河东、晋州
3.9	倭寇灵光、长沙、牟平、咸丰、海州、平州、岳阳		

注：禑王纪年栏 2.6 表示高丽禑王二年六月，3.1 表示高丽禑王三年元月，以此类推。
资料来源：高丽史.

高丽组织抵抗的同时继续遣使日本让其禁倭，日本回称“草窃之贼是逋逃辈，不遵我令，未易禁焉”，高丽臣赵浚遂上书称：“今也倭奴横行，攻陷我州郡，践踏我禾稼，杀戮我老弱，奴婢我壮丁，而拥旌节者婴城窜伏，莫有斗志，贼势日炽，愿令大举，及时扫清。”① 这一建议得到采用，

① 李廷馣. 四留斋集：卷 10：倭变录//韩国文集丛刊：第 51 册. 首尔：景仁文化社，1990：394.

昌王元年（1389）高丽出兵攻打对马岛，“以战舰百艘击对马岛，烧倭船三百艘及傍岸庐舍殆尽。元帅金宗衍、崔七夕、朴子安等继至，搜本国被虏男女百余人以还”①，这也是高丽第一次主动出击倭寇。由于军事力量所限，高丽经常开展主动征剿并不现实，更多的是被动防御应战。

朝鲜初期倭患依然严峻，李成桂推行“化寇为商”政策，“遣人于倭，诱以祸福，使之纳降”②。招抚条件十分优厚，受降的倭寇给予财物、授予官爵，并可来去自由，“天下皆是汝，去则不必追，来则不必拒，汝之去就，惟汝心耳”③。世宗王二十五年（1443）朝鲜与对马岛主宗氏签订《癸亥条约》（日本史称为《嘉吉条约》），初步将离朝鲜最近的倭寇据点纳入系统的商贸范围。这些措施逐渐奏效，倭寇侵扰开始减少，贸易商人日益增加。当然这并不意味着倭寇“改邪归正”，而是因为倭寇利用朝鲜的怀柔政策从事贸易活动所得的利润比冒险劫掠财物更为丰厚、安全。

朝鲜与日本通好主要还是为了平息倭患，但是巨额的经费投入也带来了社会秩序和财政方面的诸多问题。为了摆脱沉重的财政负担以及不使长期苦心经营的明鲜关系受到影响，朝鲜在不触及倭寇复发的限度内，对入境日本人采取了种种限制措施，包括商船停泊地点、贸易团人数、滞留期限等，并仿效明朝的勘合贸易，发放书契、路引、文引、象牙符、字符等各种入境凭证。但是这些统制措施并没有得到充分的执行，日本贸易总量还是不断上升④。

侵扰中国的倭寇最早出现在元武宗至大二年（1309），史料有“日本商船焚掠庆元，官军不能敌”⑤ 的记载，此后愈演愈烈，“[倭寇] 向自庆元航海而来，艨艟数十，戈矛剑戟，莫不毕具，铦锋淬锷，天下无利铁。出其重货，公然贸易，即不满所欲，燔焫城郭，抄掠居民。海道之兵，猝无以应，追至大洋，且战且却，戕风鼓涛，汹涌前后，失于指顾，相去不啻数十百里，遂无奈何”⑥。元朝也做了一定反击，如至正二十三年（1363）八月，“倭人寇蓬州，守将刘暹击败之。自十八年以来，倭人连寇

① 高丽史：卷116：朴葳.

② 朝鲜太祖实录：卷11：六年四月甲午条.

③ 朝鲜太祖实录：卷10：五年十二月乙巳条.

④ 李铉淙. 朝鲜初期的对外关系：对明关系//韩国国史编纂委员会. 韩国史：第九，1974：356-389.

⑤ 元史：卷99：镇戍. 北京：中华书局，1979：2548.

⑥ 吴莱. 渊颖集：卷5：论倭. 四部丛刊初编. 上海：上海书店出版社，1989：1.

濒海郡县，至是海隅遂安”①。元末东南沿海倭患有所缓解可能与方国珍、张士诚的治理有关，有史料称“太尉丞相方公（国珍），以至正十有七年受天子命，控制东藩，有梗化者讨之，自是东方以宁。倭为东海枭夷，处化外，比岁候舶趠风至寇海中，凡水中行而北者病焉”，“天子方以中土未尽平，弗暇理东海事。吾（方国珍）为天子弭盗，职耳。恶得不选吾爪牙俘至麾下。于是，诹日饬将士曰：‘汝往必克，毋利其货以逭其死，毋毒我士民’”②。

元明更代，中国沿海倭患复燃，且呈汹涌之势（见表 8－3）。

表 8－3　明前期中国沿海倭患情况

时间＼地区	辽东	山东	直隶	江南	浙江	福建	广东	合计
洪武	1	9	7	—	16	4	7	44
永乐	3	3	—	6	12	1	2	27
仁宣	—	—	—	—	1	2	4	7
正统	—	1	—	1	3	1	—	6
合计	4	13	7	7	32	8	13	84

资料来源：范中义，仝晰纲．明代倭寇史略．北京：中华书局，2004：18，28，33.

为了禁倭，明太祖三次遣使至日本南朝怀良亲王处，但对方并无禁倭之意，不过明朝也了解到日本国内南北纷争的情况，于是再遣使北朝，未能成行。寄予外交解决倭患的想法落空后，明太祖便专注于严格海禁、整饬海防，倭寇侵扰未酿成大祸。

永乐元年，日本室町幕府将军足利义满（1358—1408）主动遣使明朝，接受册封，确立朝贡关系，勘合贸易也随之开始。明成祖屡次要求足利义满搜捕海寇，但对方所献倭寇“一大部分是掳获去的中国居民”，明朝沿海居民被倭寇掳掠去后，倭寇威迫他们“冲锋”，如不得逞败退，再把这些被掳的中国人由日本统治者出面，当作“所获海寇”进献③，所以禁倭效果并不明显。永乐六年后，日本将军足利义持（1386—1428）对勘合贸易并不积极，认为支持海寇掠夺比朝贡的利益更大，双方勘合贸易由此中断，倭寇侵扰加剧。为此，明成祖主动派兵前往倭寇出末处“缘海

① 元史：卷 46：顺帝本纪．北京：中华书局，1979：964.

② 乌斯道．春草斋集：卷 3：送陈仲宽都事从元帅捕倭寇序．文渊阁四库全书本：4.

③ 李光璧．明代御倭战争．上海：上海人民出版社，1956：20.

剿捕”①，永乐十七年明朝于望海埚一战沉重打击了倭寇，换得十余年的海疆平静。

宣德七年，日本将军足利义教（1394—1441）遣使赴明展开沟通，明朝同意恢复封贡关系及勘合贸易。双方勘合贸易一直持续到16世纪中叶，日本幕府、藩名、寺社都获得了巨大利益，但倭寇仍然不时劫掠明朝沿海，究其原因，除了日本国内政局动荡外，或许从某种意义上来说，倭寇掠夺和非法贸易给日本带来的丰厚利益，使得统治者采取了听之任之的态度。

第二节　渐进的信任积累与有限的军事合作

明朝和朝鲜对女真、倭寇采取的剿抚并行、以抚为主的政策都未能达到两国所期望的目标。面对女真、倭寇的侵扰，客观上也需要双方联合起来。不过实现合作需要一项重要前提，即信任。

一、从相互猜疑到逐渐信任

丽末鲜初，东国对明朝颇为猜忌，曾有数次关于明朝来攻的传言，朝鲜卞季良有过总结：“壬戌（1382）、癸亥（1383）年间，闻人之言曰‘帝将有事于高丽’……至于戊辰（1388）而称兵猾夏，是一国之气逆矣……开国之后，癸酉（1393）年间，国人又有致疑于上国者，其说未息。至丁丑（1397）年间，收品田于亿万库，俾三军以习阵图。岁至戊寅（1398），攻辽之议复萌而变又生焉。”② 永乐朝设立女真诸卫所时，朝鲜认为这种举动“是扼我咽喉掣我右臂也。外立雄藩，以诱我人民；内加异宠，以懈我御侮。其意固难测也”③。当永乐朝与日本建立封贡关系后，朝鲜颇为担忧，在明使臣甚至听到“上国谕日本挟攻我国之语”④。

随着交往的深入，朝鲜对明朝的对外政策有了较清楚的认识，信任感

---

① 明太宗实录：卷86：永乐六年十二月甲申条；永乐六年十二月辛卯条；永乐六年十二月戊戌条；永乐六年十二月庚子条.

② 卞季良．春亭先生文集：卷6：谨事大//韩国文集丛刊：第8册．首尔：景仁文化社，1990：90.

③ 朝鲜太宗实录：卷12：六年八月庚戌条.

④ 朝鲜太宗实录：卷11：六年正月丁酉条；六年二月戊子条.

也逐渐增强。朝鲜君臣确信“帝固无心于我”①：

> 帝虽削除群雄，混一四海，若不谅东人臣事之诚，赫然震怒，欲加之罪，兴师动众，则虽鸡犬亦有不得而宁者矣……夫有事于我国，帝必无是心也。若劝之征者则必有之矣。然劝之勿征者亦必有之矣。劝之征者则必曰：“蕞尔小国，介在山河，其俗轻矫，尝杀朝廷之命吏矣，尝欲举兵而攻辽矣，今不取，必为中国忧。幸今四海乂安，天兵所指，望风奔溃，遣一良将，带甲百万以讨之，且以水陆挟攻，则囊中之物进退无所据矣。”劝之勿征者则必曰：“帝王之待夷狄，来则抚之，去则勿追，羁縻不绝而已。虽或有罪，置之度外可也。其国虽小，其地甚阻，其俗知礼义且长于战斗。隋炀帝、唐太宗皆亲举玉趾，率百万之众而攻之，困于安市，败于萨水，为天下万世之笑矣。虽举兵而攻辽，寻即回军。虽杀命吏，非其国主之心也。朝聘往来无敢或愆。因抚而有顺且无事。”为此言者，其知安中国待夷狄之道乎。帝惟无心于我国，故勿征之说得以行焉，混一以来，垂四十年，彼此晏然。②

正是基于这种对明朝心态的透彻分析，当宣德时期明、日重新恢复朝贡勘合时，朝鲜已无从前的恐慌，偶尔也有流言传来，但很难再获得朝鲜统治层的重视。并且通过总结元明更替、中原混战、红巾军东征高丽的历史，朝鲜统治层也认识到“若中国板荡，四海糜沸，群雄角逐，穷寇残兵，逼我西鄙，则征兵运粟，连年浃岁，相继于道路，其中变故，不可胜言，臣等虽欲安居饱食，其可得耶?”“中国不靖，则我国亦不得宁矣”③，这种“中国太平则朝鲜安稳”的依存关系从根本上将两国系为一脉。虽然朝鲜依旧关注明朝的讯息，但减少了敌对的因素，更多是为了稳固双方关系。

明朝专门记述朝鲜的文字现存较多，如倪谦《朝鲜纪事》、龚用卿《使朝鲜录》、茅瑞征《皇明象胥录》、严从简《殊域周咨录》等，但是这些文献或着重于对朝鲜风土人情及礼仪的描述，或叙述明鲜交往的历史，很少涉及边防安全角度，多是从“礼教”方面论及对朝鲜的认识，如朝鲜

---

① 朝鲜太宗实录：卷26：十三年七月丙申条.

② 卞季良. 春亭先生文集：卷6：谨事大//韩国文集丛刊：第8册. 首尔：景仁文化社，1990：90.

③ 朝鲜太宗实录：卷26：十三年七月丙申条；朝鲜世祖实录：卷41：十三年二月乙丑条.

"知礼大国"，"四夷何以首安南也？我郡县也。次兀良哈何？我武卫也……朝鲜何以次兀良哈也？知礼教也，大国也"①。丘濬（1421—1495）认为朝鲜"恭顺朝廷，四时朝贡不废礼节"乃是明朝"德化"的结果，"仰惟大明丽天而万方之远无所不烛。彼夫星罗棋布之国，寸地尺天莫不在吾照临之下，而彼一国者，依吾阳谷之隅，庇吾扶桑之阴，而其所得之光辉独先于他国者，非有所私，近故也。昔者唐太宗以英武之君，亲驾于乐浪玄菟之境而卒不得志。而我朝开明堂而坐受其朝，岁时节序而使币往来曾无虚月，是故德化感召之使然，而亦壤域接近之故也"②。这些言辞虽然包含了明朝"上国"的心态，却也表明明朝未将朝鲜视为边防威胁，所以关注点多集中于礼教方面。当然这种局面并不是从一开始就形成的，至少明朝前期，受招抚女真、交通日本的影响，明朝对高丽、朝鲜的信任度可能并不高。

洪武时期，明太祖对周边国家的防范意识一直比较强烈，从其对各国贡道、贡期、使团规模的诸多规定可见一斑，"洪武开基之初，首重海防，迁海岛之居民，以绝其招引之衅；绝番夷之贡献，以塞其往来之途……至如高丽通贡，不许泛海于登莱；琉球来王，示必严兵于福海"③。洪武八年，明太祖认为"登莱二州皆濒大海，为高丽、日本往来要道，非建府卫增兵卫不足以镇之"，于是"改登州为府，置蓬莱县"④。洪武十七年，明太祖专敕辽东都司谨防高丽，"高丽今春使至，贿赂京官甚重，内有一单云'上等人若干，中等人若干'，观此甚无礼……辽壤东界鸭绿江，北邻旷寨，非多算不能守，慎之"⑤。前文已述，洪武时期两国关系的发展可谓坎坷，自恭愍王去世后，明太祖对高丽一直无好感，李成桂主政时，两国关系更因女真、间谍等问题进一步恶化，信任感更无从谈起。

强盛的永乐朝也曾担心朝鲜与女真或倭寇相勾结而构恶。永乐七年冬，太监海寿至朝鲜龙泉驿站训斥一番即回还，"辽人密言'朝廷传闻朝鲜起兵助韃靼'，故使寿来觇之。入境便佯怒，以察顺逆"⑥。在得知朝鲜

① 郑晓. 皇明四夷考：序言. 国学文库本. 武汉：崇文书局，1933.
② 丘濬. 大学衍义补：卷155：四方夷落之情. 文渊阁四库全书本：12.
③ 冯璋. 通番舶议//陈子龙. 皇明经世文编：卷280. 北京：中华书局，1962：2967.
④ 明太祖实录：卷106：洪武九年五月壬午条.
⑤ 严丛简. 殊域周咨录：卷1. 余思黎，点校. 北京：中华书局，1993：15.
⑥ 朝鲜太宗实录：卷18：九年十一月丙戌条.

与日本有交往后，永乐朝廷曾质问朝鲜："汝国在前自云'不与日本交通'，今朝廷使臣回自日本，告曰'朝鲜使臣，先已在彼矣。'"[①] 正统八年，明朝又获悉朝鲜与日本有贸易往来，遂表示不满："倭贼谲诈，以劫掠为生，弱则驯服，强则跳梁，此其常性。窃虑王守边头目，徼其微利，往来交易，资养其力。久之，非但为朝廷边患，而王国虚实，彼得窥觇，亦未必不害也。"[②] 土木堡之变后，明使倪谦前往朝鲜时，世宗王及世子均因病不能迎诏，倪谦认为二人乃"托病不出"，"今始言病，诈也。毋得因朝廷有事，辄怀二心"[③]，不过李祹父子接连病逝也证明朝鲜并非怠慢，但在明朝遇乱之际，倪谦有这样的猜疑也是可以理解的。

到了明朝中后期，朝廷注重经略辽东，朝鲜之于边防安全的只言片语开始出现。王琼（1459—1532）认为"朝鲜遵奉正朔，岁入朝贡，视前代独为恭谨，内安外顺，固无足虑"[④]。魏焕（生卒年不详，嘉靖八年进士）描述辽东边患时称"今之边患，三卫是为紧，女直次之，朝鲜无患"，"[朝鲜] 每贡献，先期报辽东都司奏请，待报方拥兵送来使于辽，兵回，候归期，复举兵来接。其人多仁柔，惧女直等夷，故防之也，不为患者"，"[朝鲜] 为不侵不叛之臣"[⑤]。薛应旂（1500—1575）从明鲜交往历史得出"朝鲜之永守藩职，不及于难"[⑥] 的结论。所以"朝鲜无害于明朝"的观点已成朝廷上下之共识。

上述可见，明鲜关系纳入正常的朝贡轨道后，双方防范意识长期存在，但相互之间的信任度是在逐渐增强的。朝鲜饱受倭虏之患，又具有寻求大国庇护的传统，对明朝秉承"事大"的目的就是"保国"，自然希望借助明朝的力量消除女真、倭寇的侵扰，以保证其外围环境的稳定。对明朝来说，与实力相差悬殊、国力弱小的朝鲜实现军事合作是一个缓慢发展的过程。明朝前期与朝鲜的合作方式主要是交换情报，当明朝的边防安全受到女真或日本的极端威胁时才愿意与朝鲜展开军事合作。

---

① 朝鲜太宗实录：卷 11：六年正月丁酉条.

② 朝鲜世宗实录：卷 101：二十五年七月壬午条.

③ 倪谦. 朝鲜纪事. 丛书集成初编本. 上海：商务印书馆，1937：6-7.

④ 王琼. 辽东剿抚//万表. 皇明经济文录：卷 33. 中国文献珍本丛刊. 全国图书馆文献缩微复制中心出版，2003：295.

⑤ 魏焕. 皇明九边考：卷 2. 中华文史丛书影印明嘉靖刻本. 北京：华文出版社，1969：132-133，151.

⑥ 薛应旂. 使朝鲜集序//陈子龙. 皇明经世文编：卷 288. 北京：中华书局，1962：3041.

二、从情报传递到有限的军事合作

1. 讨伐女真

土木堡之变前，明朝与朝鲜的边防合作主要是交换情报。明朝曾向朝鲜提供女真欲侵扰对方的讯息。宣德九年（1434，朝鲜世宗十六年），“上初闻木兰河等卫指挥使兀苦里等言，黑龙江七姓野人议侵朝鲜。至是朝鲜使还，赐敕谕国王，令戒饬守将，严为之备”①。正统六年（1441，朝鲜世宗二十三年），明朝致书朝鲜称：“今闻其境来朝者言，凡察约其党类将以今岁掠王之境，不于四月即九月。朕又遣敕戒之。然狼子野心，未可必其信从否。特敕王知，不可忘备。”②

土木堡之变后，女真双向侵扰加剧，明、鲜军事合作开始提上日程。景泰元年（1450，朝鲜世宗三十二年）五月，建州三卫入犯辽东，明朝诏朝鲜出兵截击，“建州、海西、野人女直头目李满住、凡察、董山、剌塔为北虏迫胁，领一万五千余人来寇，守备官军追逐出境。又称欲增人马再来攻劫，已遣敕辽东总兵等官整搠军马，固守城池，设法擒剿……敕至，王宜戒饬边将，严整军马，谨慎烽堠，设法防备，倘遇前贼出没潜遁，即便截杀以除边患，将士人等有功一体赏赉”③。最后明朝没有出兵，而是再次对女真进行了安抚，由是建州三卫愈加骄纵。

三卫之中，董山掌管的建州右卫势力最强。成化二年（1466，朝鲜世祖十二年）董山大举入犯辽东，次年又来朝贡，宴赏之际，桀骜无礼，座次漫骂，扬言回还以后将纠合海西、野人抢掠。明朝朝臣多请诛杀董山并征剿建州女真。当时“虏酋毛里孩拥众数万东行，边警甚急”，明廷担心董山回去后与之联合作乱，遂将回程中的董山拘留于广宁城（今辽宁省锦州市北镇），谕令“先遣家属数人还告部落，归我所掠人口，毋再犯边”，但是“谕未毕，[董] 山等即逞凶肆詈，袖出小刀，刺伤通事人等”，“在驿夷人闻之，亦起而乱刺，当场被官军格杀者二十余人”④。由是，明朝决定出兵征讨，并邀朝鲜共同围剿，“建州三卫董山等，本以藩臣，世受朝恩，近者阳为朝贡之名，阴行盗边之计。朕宥之而愈肆，不得已用兵致讨。惟尔朝鲜国王，世守礼义，忠信于我国家，有加无替，朕甚嘉焉。若

① 明宣宗实录：卷114：宣德九年十一月庚寅条.
② 明英宗实录：卷76：正统六年二月壬辰条.
③ 明英宗实录：卷192：景泰元年五月癸丑条.
④ 明宪宗实录：卷45：成化三年八月庚子条.

我兵加于彼逆虏，王宜闭绝关隘，使彼奔遁无所，以就擒殄。若王能遣偏师，与我军遥相应援，伺便而蹙之，则彼之授首尤易，而王之功愈茂，忠愈彰矣。朕岂无以报王哉，勉树勋名，时不可失”。于是朝鲜遣兵一万余人，于成化三年九月二十五日“渡鸭绿江，分道而进”，九月二十九日攻建州婆猪江李满住等所居诸寨，三十日攻兀弥府诸寨，“斩李满住及其子古纳哈把肥剌等二百八十六级，生擒满住、古纳哈妻等男妇共二十三名口，及其积聚二百一十七所，收其家产，并获被虏辽东东宁卫男妇七名口”。是役，凡察不知所终，李满住为朝鲜军队所杀，部族伤亡甚重，气焰一时稍减。朝鲜将俘获人口交付辽东，得到了明朝嘉奖，“今朝鲜国王李瑈能奉敕出兵，以助我师剿杀逆虏，俘献而来忠义可嘉，诚不可不厚加赏赐。国王赏彩段十二表里、银一百两；差来吏曹参判高台弼赏彩段四表里、绢五匹、织金纻丝衣一套；书状通事赵秤等四员每人赏彩段三表里、织金纻丝衣一套”①。

成化十四年（1478，朝鲜成宗九年）正月，建州三卫“欲报董山仇，藉海西之势，合兵犯边，大掠凤集诸堡。报至广宁，巡抚陈钺惧，俟寇去始赴辽阳。适近边虏人也僧格等十八人入贡，钺欲掩罪，皆收系狱，捶死也僧格，屠其各寨，乃以捷闻。夷益恨”②。可见，陈钺处理不当加剧了明朝与建州三卫的矛盾，《明史·马文升传》亦载：“十四年春，钺以掩杀冒功［致］激变。”事后朝廷进行了安抚，但女真怀恨，频繁寇边。成化十五年明朝再次征伐建州，并诏朝鲜夹击，“我兵压境，贼有奔窜国境，谅必擒而俘献之。王如申遣偏师，遥相应援，大奋貔貅之威，同歼犬羊之孽”③。十一月，明军大破建州四百五十余寨，但是朝鲜的一万军队因“江冰未合，难以济师”，屯兵江上，未入贼穴而还。同年十二月朝鲜又发四千兵攻入建州，“斩首一十六级，生擒男妇共一十五名，获马二匹、牛一十四头，射杀头畜，焚烧庐舍，收其家产”④。至此，建州三卫进入了衰弱期，明朝和朝鲜边境获得暂时的安定。

2. 打击倭寇

早在洪武初期，明太祖就曾设想联合高丽来消除倭患，当恭愍王请赐

---

① 陈子龙．皇明经世文编：卷56：朝鲜攻建夷．北京：中华书局，1962：446-447.

② 海滨野史．建州私志//清入关前史料选辑：第一辑．北京：中国人民大学出版社，1984：262.

③ 朝鲜成宗实录：卷110：十年闰十月癸亥条.

④ 朝鲜成宗实录：卷113：十一年正月戊子条.

火药抗倭时，明太祖非常支持，“高丽来关军器火药造船捕倭，我看了好生欢喜……早发文书去教那里扫得五十万斤硝，将得十万斤硫黄来。这里着上那别色合用的药修合与他去。那里新造捕倭的船，教差能干将官，率驾将来我看”①。明朝要求高丽将上述硫黄和烟硝运至中国，确认高丽真的用于抗倭，才兑现了承诺。这些火药不久就在高丽对倭战争中发挥了巨大作用。禑王六年（1380）倭寇来犯，计有倭船五百余艘，高丽首次使用火炮，“焚其船，烟焰涨天，贼守船者，烧死殆尽，赴海死者亦众”②，给予倭寇惨痛教训。

永乐时期明朝也曾表露出与朝鲜合作的想法，明成祖曾对朝鲜使臣说：“日本国老王事大以诚，无有寇窃。今嗣王不禁草窃，侵扰我疆，又挂父真于壁而刺其目，其不道如此，朕欲发船万艘讨之，尔朝鲜宜预知之。”其实是通知朝鲜，明军如若攻打日本，必然借道朝鲜，希望对方提供支持。而朝鲜颇为乐见此事，“倭人实我国之仇，今若诛之，国之幸也”③。

由于地利之便宜，朝鲜容易获知倭寇的动态，其情报来源甚广，包括对马岛主宗氏、归化倭人、自日本逃回的俘虏、朝鲜所俘虏的倭寇、日本使节、日本商人以及朝鲜的海岸观察等等。据简要统计，朝鲜太宗王时期曾获得倭寇情报三次，通报明朝一次，世宗王时期获得倭寇情报十二次，通报明朝十次，可以说，朝鲜将所获得的倭寇欲侵扰的情报几乎全部都通知了明朝④。这些情况具有较高的准确性。如永乐十七年（1419，朝鲜世宗元年），朝鲜“报辽东以贼变”⑤，明朝据此要求辽东加强防备，“今朝鲜报倭寇饥困已极，欲寇边，宜令缘海诸卫严谨备之，如有机可乘，即尽力剿捕，无遗民患”⑥。六月，倭寇果然来袭，明军于金州卫望海埚大败倭寇，“[辽东总兵官] 刘江计寇将至，亟整马步军赴埚设伏。翌日，倭船二十余艘泊马雄岛，径奔埚上。江亲督，指挥徐刚领兵赴堡外，复遣百户姜隆以奇兵伏山下邀其归路。约贼围堡，举炮发伏，马步俱进，贼大败，奔入樱桃园，合兵围之。自辰至酉，生擒八百五十七名，斩首七百四十二

① 高丽史：卷 44：恭愍王世家：二十三年六月壬子条.

② 高丽史：卷 114：罗世.

③ 朝鲜太宗实录：卷 26：十三年三月乙亥条.

④ 参考自有井智德《就十四、十五世纪的倭寇谈中韩关系》所列“李朝所获倭寇寇明情报与对明咨报表”（《中韩关系史研讨会论文集》，1983）。

⑤ 朝鲜世宗实录：卷 5：元年九月戊申条.

⑥ 明太宗实录：卷 211：永乐十七年四月丙戌条.

级，后倭寇遂绝”①，这就是历史上的“望海埚大捷”。《明实录》称此役“［倭寇］擒戮尽绝，生获百十三人，斩首千余级”②。《朝鲜实录》也记有：“贼寇中国之境，为都督刘江所败，斩首一千五百级，生擒一百三名。贼之守船者谓所俘我国人曰：‘汝国潜通我入寇之事，使我见败。’”③

明朝“望海埚大捷”前后，朝鲜亦出兵直捣对马岛倭巢，朝鲜历史上称为“己亥东征”。是年六月，朝鲜派出兵船二百二十七艘，将士一万七千余人征伐对马岛，“焚贼户千九百三十九，前后斩首百十四，擒生口二十一……获被虏中国男妇百三十一名”④。朝鲜出兵之前曾先致书对马岛主，历数其罪行，指责其“烧焚船只，杀掠军士”，“将犯上国之境，忘恩背义，悖乱天常甚矣”⑤，也就是说，在倭寇问题上，“朝鲜不但与明朝有着同仇敌忾的立场，其讨伐倭寇的举措也包含着为明朝尽忠之意”⑥。“望海埚大捷”“己亥东征”相继发生，给予倭寇重创，两国海疆暂时平静。

明英宗时期倭患再兴。正统七年（1442，朝鲜世宗二十四年）五月，明朝沿海发生了一次严重的寇海事件，“倭寇二千余徒犯大嵩城，杀官军百人，虏三百人，粮四千四百余石，军器无筭”⑦。之后，明朝在朝鲜送还的自倭处逃来人口中得知倭寇可能再次来袭，“浙江昌国卫军余戴弗名等六人被倭贼虏去，至是自海外历朝鲜至京师，备言倭贼将入寇”。明朝要求沿海加强戒备，“严切堤备，不许怠慢误事”。同时明朝也得知朝鲜边防私下里与倭寇多有贸易往来，遂致书朝鲜，“倭贼谲诈，以劫掠为生，弱则驯服，强则跳梁，此其常性”，希望朝鲜“戒饬守边头目，严禁关防，遇有紧急声息，差人飞报辽东总兵等官，预为提备。其贼道或近王国，王宜乘其出没之时，遣兵截杀，剪除党类，或捣其巢穴，永绝边患，尤见王顺天体国之意”⑧。这份诏书送达后，朝鲜为消除明朝的质疑展开了一次剿倭行动。正统九年二月，朝鲜捕获多次侵扰明境、劫掠官船的倭寇“失

① 辽东志：卷5：官师志．辽海丛书本．沈阳：辽沈书社，1986：411.

② 明太宗实录：卷213：永乐十七年六月戊子条.

③ 朝鲜世宗实录：卷5：元年九月戊申条.

④ 朝鲜世宗实录：卷4：元年六月癸巳条.

⑤ 朝鲜世宗实录：卷4：元年五月癸酉条.

⑥ 朱莉丽．围绕“己亥东征”的朝日交涉及其背后的明朝因素//韩国研究论丛：第三十辑．北京：社会科学文献出版社，2015：43.

⑦ 明英宗实录：卷92：正统七年五月丁亥条.

⑧ 朝鲜世宗实录：卷101：二十五年七月壬午条.

剌沙也门等一十二名、苏崖等四十五名”[①] 并押送明朝。英宗非常高兴，“王兹复遣陪臣辛引孙等械送擒获犯边倭贼失剌沙也门等五十七名来献，足见王遵奉朝命体国安民之意，亦以见王守边得人而有御暴之功……尚虑残党窜伏窃图报复，王自今益宜诫约，守边头目，严切堤备，遇贼出没，即乘机擒剿，仍差人驰报辽东总兵等官防慎，务彼贼党歼灭，边境肃清，彼此人民，戢宁惟永，庶副朕一视同仁之意”[②]。此后东亚沿海倭寇逐渐退去，一直到嘉靖朝之前，海疆尚算安宁。

本章小结

边防安全对于一国之重要性不言而喻，明朝、朝鲜共同面临着“北虏南倭”之患，这种现实情况也推动着两国关系发展。

对于朝鲜来说，国家相对弱小，女真、倭寇所造成的危害促使其将“事大保国”作为长期国策；对于明朝来说，虽然国力强盛，但如果女真、日本持续作乱，将会加剧东部边疆动荡，进而影响到北疆防御体系的运作。并且明朝和朝鲜对待女真、日本的政策也都有一定的局限性。明朝国力强盛却放弃直接统治女真而选择“以夷制夷”的羁縻政策，难以持久，永乐以后明廷无法再将“怵之以威、示之以惠”政策运用自如。而朝鲜国力弱小却强行同化政策，步履艰难，女真的“时攻时贡”使朝鲜疲于应对。两国对日本均以贸易安抚为主，只能部分程度缓解倭患，无法根除。鉴于这些情况，明朝和朝鲜之间虽存有嫌隙，但随着相互信任度增强，在必要时期也能够“求同存异”，开展一些军事合作。明朝前期，女真和日本造成的边患尚未威胁到两国安危，并且两国间信任还有待增强，因此双方的边防合作主要是情报传递，偶有直接的军事协作。

到了明朝中后期，尤其是嘉靖以后，明鲜关系进入一个新阶段，“明朝建立了一系列提升朝鲜对华地位的新制度和不同以往各朝的对朝鲜的特殊礼遇”[③]，两国关系更加稳定与密切，明朝在内忧外患之时皆曾考虑朝

---

① 朝鲜世宗实录：卷 103：二十六年二月壬午条.

② 明英宗实录：卷 115：正统九年四月戊子条；朝鲜世宗实录：卷 104：二十六年六月乙酉条.

③ 高艳林. 嘉靖时期中朝关系的新阶段. 西北师大学报（社会科学版），2008，45（2）：33.

鲜因素。对于抗倭，归有光（1507—1571）称："今世朝鲜国虽无专征之任，而亦势实能制之，况其王素号恭顺，倭奴侵犯，宜可以此责之。"①嘉靖十三年（1535）辽东发生兵变，霍韬（1487—1540）建议："命一大将出师数万声罪致讨，移文朝鲜出兵攻其东，朵颜三卫之夷出兵攻其北，我以大兵扼山海关制其南。"② 万历四十六年（1618）明朝欲征伐努尔哈赤时，首先想到的就是获得朝鲜的军事支持，"欲保辽东则开原必不可弃。敌未破开原时，北关、朝鲜犹足为腹背之患。今已破开原，北关不可不服，遣一介使，朝鲜不敢不从。既无腹背忧，必合东西之势以交攻，然则辽沈何可守也"③，明朝甚至以不容置疑的语气直接要求朝鲜"整槊一万，听候境上"④。而万历二十年（1592）壬辰倭乱爆发后，朝鲜立即向明朝求援，明廷认为"倭奴一得朝鲜，据为巢穴，分授入犯，特易易尔，吾御于陆而水路难支，吾御于水而陆路不免。三境动摇，京辅振慑，其患有不可胜言者。故关白之图朝鲜，实所以图中国"⑤，遂出兵助其抗倭，从而实现了明朝与朝鲜最大规模的军事合作。

需要强调的是，两国之间的战略防范是长期存在的，军事合作只是偶然的。作为明鲜关系的主导方，明朝的意向是双方实现合作的前提，稳定的朝贡关系是实现合作的基础，而明朝辽东边防压力则是合作实现的充要条件，即明朝认为女真或日本对其造成严重威胁的情况下才愿意与朝鲜展开军事合作。

① 归有光．御倭议//陈子龙．皇明经世文编：卷 294．北京：中华书局，1962：3098.

② 霍韬．与东瀛书//陈子龙．皇明经世文编：卷 188．北京：中华书局，1962：1943.

③ 明史：卷 259：熊廷弼．北京：中华书局，1976：6692.

④ 光海君日记：卷 129：十年六月丙子条.

⑤ 慎懋赏．四夷广记．玄览堂丛书续集本．南京：中央图书馆，1947：113-114.

第九章　现象与本质：数据分析下两国关系的动态变化

自从“量化史学”（或称“计量史学”）出现后，学界对它的争议就从未停止过。应该说量化方法有历史学传统方法无法比拟的有用性，即推动了历史研究重心的大转移，从特殊转向一般，从个别事件转向普遍过程，从叙事转向分析①，但量化方法的局限性也比较明显，即过于倚重数理模型和逻辑推导，强调复杂统计方法的运用，往往不够重视实证材料或数据本身②。而古代数据记载的不完善也造成了今天应用量化方法的种种制约。本章将选取明朝前期中朝史料中记载相对完整的数据，如马匹和买贸易、使臣贡赐物品、使臣往来次数，尝试进行基本的统计和分析，以相对简单、明确的数量关系结合基本的史实描述，较为直观地展现明前期两国政治关系的变迁历程。

第一节　官方贸易的政治烙印——马匹和买贸易

朱元璋在逐鹿中原的过程中清楚地认识到战马的重要性，面对擅于骑术的蒙古军队，没有足够的优势骑兵很难取得战场上的主动权。明朝建立初年，针对故元的军事行动一直没有停止，加上农业生产的需要，马匹数量缺口非常大。因此明太祖一直用心于马政，令官民积极养马，又遣人四处购买。《弇山堂别集》云：“高帝时南征北讨，兵力有余，唯以马为急，故分遣使臣以财货于四夷市马。”③ 朝鲜半岛南端的耽罗作为

---

① 杰弗里·巴勒克拉夫. 当代史学主要趋势. 杨豫，译. 上海：上海译文出版社，1987：80.

② 梁晨，董浩，李中青. 量化数据库与历史研究. 历史研究，2015（2）：113-129.

③ 王世贞. 弇山堂别集：卷 89：市马考. 北京：中华书局，1985：1707.

元朝十四处牧地之一①，元世祖曾放养大宛等名贵马种于此②。明朝与高丽建立册封关系后，高丽就常以济州良马作为贡献，但是贡马数量远远无法满足明朝对马匹的需求，为此洪武七年（1374）明朝遣礼部主事林密、孳牧大使蔡斌至高丽索马，“已先元朝曾有马二三万匹在耽罗牧养，孳生尽多，教他将好马拣选二千匹送来”③，但过程却不顺利，济州哈赤称“吾等何敢以世祖皇帝放畜之马献诸大明”，只同意送马三百匹，高丽恭愍王出兵讨伐耽罗④，随即发生了恭愍王遇弑，林、蔡二使被劫杀事件，由此结束了明丽之间最初较为融洽的国家关系，选马之事也不了了之。

洪武五年，岭北之战的失利使明军骑兵损失殆尽，学者李岭认为在此后长达十五年的时间里，明军未有大规模的主动出击，战马的匮乏应是制约明朝大规模军事行动的主要因素⑤。当明朝计划北征纳哈出时，筹措充足的战马成为必要任务。于是洪武十八年明朝出于解决东北问题的战略考虑，册封了高丽禑王，明丽朝贡关系复建，因明太祖仍对济州之马念念不忘，要求高丽禑王以岁贡的方式进献更多马匹，双方曾就此问题展开过“拔河式的外交”⑥。最后明朝放弃这一做法，将高丽岁贡订为“三年一朝，贡良骥五十匹”⑦。又鉴于洪武七年的索马风波，明太祖不再强行向高丽征要，而是采取官方和买方式从高丽获取马匹，即明朝以缎子、绢、绵布等易换高丽马匹。唐朝以前，中原王朝就常以绢帛向西北少数民族易马，但以这种方式向高丽购马尚属首次。

---

① 元史：卷100：马政. 北京：中华书局，1979.

② 《高丽史》卷28忠烈王二年八月载：“元遣塔剌赤为耽罗达鲁花赤，以马百六十匹来牧。”朝鲜文集对济州的大宛马多有记载，如郑斗卿《东溟先生集》卷11《箭野行》：“伊昔胡元据中国，西通大宛求骅骝。遂令我国字龙媒，当时济州牧场开。”（韩国文集丛刊标点影印本第100册第504页）赵观彬《悔轩集》卷4《马屯》：“至今大宛种，从古乇罗乡。”（韩国文集丛刊标点影印本第211册第214页）申光洙《石北先生文集》卷7《耽罗录》：“虚放大宛天马种”（韩国文集丛刊标点影印本第231册第335页）。

③ 李学逵. 洛下生集：册20：济州马//韩国文集丛刊：第290册. 首尔：景仁文化社，1990：617.

④ 高丽史：卷44：恭愍王世家：二十三年七月.

⑤ 李岭. 明朝、高丽的贡马之争与明丽关系. 内蒙古大学学报（哲学社会科学版），2012，44（6）：100-106.

⑥ 金渭显的《高丽与明之间的贡马问题》（《韩国学论文集》第七辑，北京：新华出版社，1998）对此有详细记述。

⑦ 高丽史：卷136：辛禑：十二年七月.

一、历次马匹和买贸易概况

洪武十九年（1386）十一月，高丽使臣带回明太祖的圣旨，“我要和买马五千匹……肯不肯时便动将文书来。我这里运将一万匹段子，四万匹绵布去。宰相的马一匹，价钱段子二匹、绵布四匹；官马并百姓的马一匹，段子一匹、绵布二匹。和买，你休忘了”。同年十二月，第二道买马三千匹的圣旨接踵而至，“每一匹给大绵布八匹、段子二匹。各官差家人送马到辽阳，取价回还”。高丽之前从未与中原王朝进行过这种交易，难以揣测明太祖的真实想法，担心稍有差错会导致刚刚恢复的朝贡关系再次中断，于是“表请不受马值”，“小邦所产马匹不多且又矮小，何敢受价”①。明太祖认为高丽只是畏势而已，再次强调“仍前以物互市，凡匹马布八匹、段二匹，不分官民，永为交易之道”②。在实际操作中明太祖十分谨慎，专派延安侯唐胜宗赴辽东验马，要求“择其可用者以值偿之，驽弱不堪者，量减其值”。唐胜宗到达辽东时适逢高丽送达三千四十匹马，明朝以“段二匹、布八匹”③ 支付了马价。之后高丽又交付五千匹，明朝以“上等，给价段二匹、布八匹；中等，段一匹、布六匹；下等，段一匹、布四匹”为指导价，实际支付“文绮二千六百七十匹，布三万一百八十六匹”④。明太祖这两次购买马匹固然是出于备战纳哈出的需要，但也有考验高丽的意图，以防其在关键时刻突然转向，高丽筹办马匹的态度多少减轻了明太祖的担忧。

洪武二十四年三月，明朝要求“市马一万匹”，高丽分九次运送九千八百八十匹。明朝支付“各色纻丝、绵布一万九千七百六十匹，纻丝九千八百八十匹，绵布九千八百八十匹”⑤。这次交易历时近两年，跨越高丽、朝鲜两个朝代才完成，实属不易。

洪武二十七年四月，明太祖再次要求购马一万匹。李成桂希望借完成此次马匹交易的机会争取到明朝的册封，但是经过高丽末年几番政局变故，明太祖对李成桂印象不善，认为他“首尾凡弑王氏四王”，所以对朝鲜建国采

---

① 高丽史：卷136：辛禑：十二年十一月；十二年十二月.

② 高丽史：卷136：辛禑：十三年二月.

③ 明太祖实录：卷181：洪武二十年三月癸酉条.

④ 高丽史：卷136：辛禑：十三年六月；明太祖实录：卷183：洪武二十年七月辛卯条.

⑤ 明太祖实录：卷208：洪武二十四年三月己丑条；朝鲜太祖实录：卷3：二年六月庚辰条.

取消极承认的态度，择其国号却不予册封。两国关系更因朝鲜暗诱女真、表笺不敬、欲攻辽东等事件进一步恶化，朝鲜使臣屡被禁止入境纳贡，在这种背景下，朝鲜运送五千五百匹后贸易中止，明朝未支付马价。

靖难之役爆发后，建文帝册封了朝鲜国王，并购马一万匹助战辽东，价格则"照依那里（朝鲜）时价易换将来"，几经交涉，马价定为"上等马，段子则四匹，绢则十匹；中等马，绢则八匹，绵布则十二匹。以白花蛇、木香、乳香等诸般药材并给之"①。交易过程是明朝先支付马价，朝鲜再交付马匹，由明朝监官运至辽东。随着靖难之役战况的发展，朝鲜不再积极地向建文政权提供马匹支持，以免朱棣登基后责问。但战争未结束前亦不能直接得罪建文帝，于是朝鲜找各种理由来拖延进程，直到建文帝兵败，朝鲜尚未如数交付。明成祖登基后要求用遗留在朝鲜的马价继续易换剩余的二千一百九十三匹，朝鲜共押运二千五百四十八匹至辽东，其中包括前期退换的马匹。最终这次经历了明朝皇位非正常更替的马匹贸易实际成交九千五百四十八匹。

朱棣登基时，明朝国内马匹总数已锐减至二万三千七百余匹②，并且永乐朝进行了数次大规模的军事行动，每次远征则"戎马资储十丧八九"③，这也需要源源不断的马匹补给。因此明成祖非常重视马政，多次强调"马政国家重务"④。养马需要时日，不能很快改变战马短缺的状况，买马则能迅速增加马匹数量，除了继续传统的西北茶马互市，明朝又增设了东北马市，这一阶段也成为明鲜马匹贸易最为活跃时期。

借着征伐安南产生的影响力，永乐五年（1407）明成祖向朝鲜使臣提出易马要求，"恁国里是出马的去处，如今朝廷要些马用。恁回去说与国王知道，换马三千匹。尔就送将来，价钱着户部家运将布绢去辽东还恁"⑤。朝鲜交付后，明朝按绢三匹、布两匹的单价支付。由此形成了之后明鲜马匹和买贸易的基本模式：首先由明朝确定贸易规模和价格，然后派遣使臣向朝鲜国王传达和买要求，再由朝鲜将马匹分次运往辽东，最后明政府将马价运至辽东给付。交易价格则一直保持在一匹马合绢三匹、布二匹的标准。

① 朝鲜太宗实录：卷2：元年九月丁亥条；元年十月辛未条.
② 明太宗实录：卷15：洪武三十五年十二月丁卯条.
③ 明史：卷149：夏元吉. 北京：中华书局，1976：4153.
④ 明太宗实录：卷16：永乐元年正月甲午条.
⑤ 朝鲜太宗实录：卷14：七年九月庚申条.

永乐七年，明朝希望向朝鲜大量购买马匹，但没有提出具体数量，只说“王处有马，随进多少，以资国用，当酬以直{值}”①，朝鲜进马一万匹。永乐十九年、二十一年，明朝再购战马两万匹，先支付了“生大绢四万九千八百六十五匹……大绵布三万五千三百六匹”②，剩余马价直到宣德二年（1427）才补齐③，同时宣宗依照永乐模式又买马五千匹。

景泰元年（1450），明朝因土木堡之变而急需战马，遂提出交易二三万匹的要求④。这次朝鲜并没有照办，一方面是因为二三万匹的数额确实巨大，另一方面，也是根本原因，朝鲜由明朝的挫败而对其实力产生怀疑，朝鲜世宗王称“今中国之变出于不意，观其疲弊，未有甚于此时者也”，但对明朝的易马要求又不能完全拒绝，“今若不遵敕旨，进马未充其数，则必以为我国见中国之弱、胡虏之盛将有二心也”，最终朝鲜以“五千匹为定”上报明廷兼陈述筹办之困难⑤。很快明朝就自行中止了这次贸易，“今贼寇稍宁，天下亲藩及民间马渐聚京师，已足调用。王国之马，除已进来者收用外，敕至，其未经发遣者可勿进来”⑥。此时朝鲜已交付二千二百四十七匹，明朝支付了相应的马价⑦。自此之后，明朝与朝鲜之间再未出现过类似的大规模马匹和买贸易。现根据《明实录》《高丽史》《朝鲜王朝实录》的记载，将历次马匹和买贸易整理成表 9-1。

二、两国关系对贸易的影响

明朝与丽、鲜的马匹和买贸易作为国家层面的官方贸易，交易过程中处处体现着两国政治关系的深刻烙印。明朝所制定的马价（见图 9-1）反映了明朝对丽、鲜政权的重视程度，而丽、鲜筹办马匹效率（见图 9-2）则展现出其对明朝的敬畏程度。

---

① 朝鲜太宗实录：卷 18：九年十月己未条.

② 朝鲜世宗实录：卷 13：三年九月辛巳条；朝鲜世宗实录：卷 21：五年八月丙寅条；朝鲜世宗实录：卷 23：六年二月癸亥条.

③ 《明宣宗实录》卷 28 宣德二年五月户部奏：“永乐二十一年，敕朝鲜送马二万匹，令辽东都司以官贮大布四万、大绢六万酬其值。以布绢不足因循至今。请令山东布政司运送辽东，如数酬之。”

④ 明英宗实录：卷 185：正统十四年十月乙酉条.

⑤ 朝鲜世宗实录：卷 126：三十一年十二月戊辰条；朝鲜世宗实录：卷 127：三十二年正月丁亥条.

⑥ 朝鲜文宗实录：卷 1：即位年四月壬辰条.

⑦ 朝鲜世宗实录：卷 32：三十二年正月丁酉条；朝鲜文宗实录：卷 1：即位年四月壬辰；即位年四月壬寅条；即位年七月辛酉条.

表 9 - 1　明朝与高丽、朝鲜的历次马匹和买贸易情况

次数	明朝提出（明纪年）	朝鲜筹办（东国纪年）	明朝要求	实际交易	马匹总价	马匹单价
1	洪武十九年	禑王 12.12—13.3	3 000	3 040		段 2 匹、布 8 匹
2	洪武十九年	禑王 12.11—13.6	5 000	5 000	文绮 2 670 匹、布 30 186 匹	上等：段 2 匹、布 8 匹 中等：段 1 匹、布 6 匹 下等：段 1 匹、布 4 匹
3	洪武二十四年	恭让王 3.4—朝鲜太祖 1.11	10 000	9 880	纻丝 9 880 匹、绵布 9 880 匹	纻丝 1 匹、绵布 1 匹
4	洪武二十七年	太祖 3.4—5.4	10 000	5 500	未支付	无
5	建文三年	太宗 1.9—3.6	10 000	9 548	文绮、绢、绵布 90 000 余匹 药材	上等：段 4 匹或绢 10 匹 中等：绢 8 匹或绵布 12 匹
6	永乐五年	太宗 7.9—7.11	3 000	3 000	绢、布各 15 000 匹	绢 3 匹、绵布 2 匹
7	永乐七年	太宗 9.10—10.2	随进多少	10 000	绢 30 000 匹、绵布 20 000 匹	绢 3 匹、绵布 2 匹
8	永乐十九年	世宗 3.9—3.11	10 000	10 000	布、绢共 88 280 匹 （生大绢 49 865 匹、红绢 1 601 匹、蓝绢 301 匹、草绿绢 903 匹、青绢 304 匹、大绵布 35 306 匹） 宣德二年补送所欠余额	绢 3 匹、绵布 2 匹
9	永乐二十一年	世宗 5.8—5.11	10 000	10 000		
10	宣德二年	世宗 9.4—9.6	5 000	5 000		绢 3 匹、绵布 2 匹
11	景泰元年	世宗 32.1—文宗即位年.4	2 万～3 万	2 477	绢 7 419 匹、绵布 4 946 匹	绢 3 匹、绵布 2 匹
合计				73 445		

注：东国纪年栏，禑王 12.12—13.3 表示禑王十二年十二月至十三年三月，以此类推。

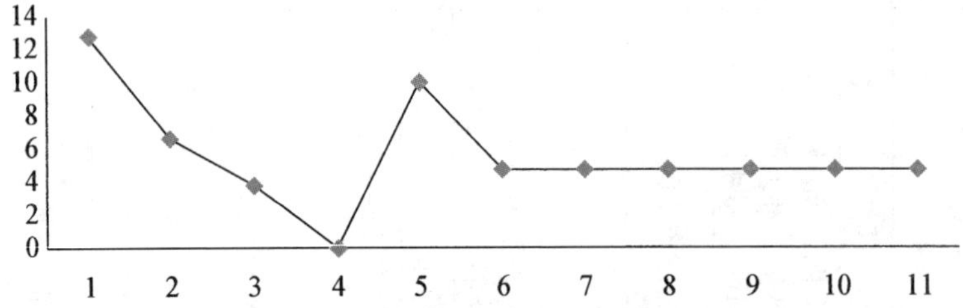

图 9-1　明朝与丽、鲜马匹和买贸易的马价变化图

注：1. 横轴表示十一次马匹交易，纵轴表示以官绢（匹）为单位所体现的马匹单价。

2. 折算依据。按《明史·食货志》所载洪武三十年的规定“钞一锭，折米一石；金一两，十石；银一两，二石；绢一匹，石有二斗；棉布一匹，一石；纻布一匹，七斗；棉花一斤，二斗”①。又据《朝鲜实录》载，朝鲜太宗元年（1401，建文三年）规定“朝廷马价段子：上品一匹准常五升布九十匹，中品八十匹，下品七十匹。官绢一匹准常五升布三十匹，中绢二十五匹，绵布一匹准二十匹”②。即：段 1 匹≈绢 3 匹≈绵布 3.6 匹。

3. 第二次马匹交易所公布的单价系指导价格，以实际交易情况计算得出单价为绢 6.6 匹。第 5 次的马价分为上、中等，比例不详，取平均值。

4. 因未见马匹交易的具体记载，本图只反映一种变化趋势，并不代表确切数据。

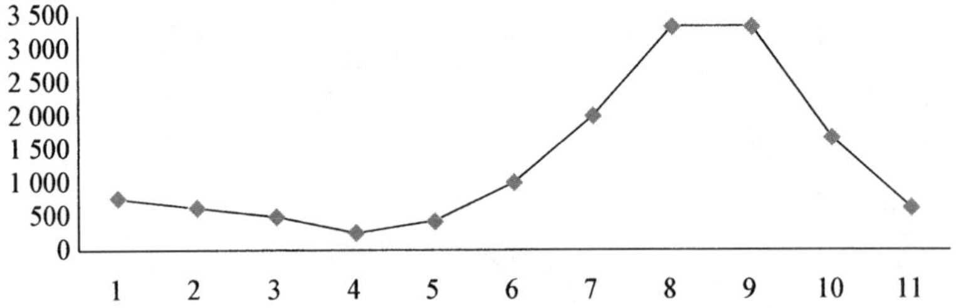

图 9-2　高丽、朝鲜筹办马匹贸易效率图

注：横轴表示十一次马匹交易，纵轴表示筹办效率（筹办效率=马匹总量/筹办月数）。

洪武时期，明朝与高丽、朝鲜关系经历了从热情到冷漠最后断交的过程。恭愍王去世后，明太祖对高丽一直无好感，册封禑王只是出于备战纳哈出的战略考虑，双方无实质性交往，且相互防备之心强劲。不过借着初获册封的热情，高丽对第一次马匹贸易颇为重视，交付得既快且品质较好。第二次马匹贸易就没那么慎重对待了，运至辽东的马匹多有老弱病小，明太祖称“[马] 皆弱小，以我一匹价可买彼两三马”③。李成桂主政后，明鲜之间因女真、疆域等问题发生严重摩擦，两国关系也随之降至历史最低点，明太祖多次斥责朝鲜不诚，一直未册封李成桂，朝鲜对马匹筹办也显得不那么积极。

① 明史：卷 78：赋役．北京：中华书局，1976：1895.

② 朝鲜太宗实录：卷 2：元年十月戊午条.

③ 高丽史：卷 137：辛禑：十四年二月.

靖难之役爆发后，鉴于朝鲜秉持的态度可能会影响到明朝内战的发展，建文政权转以友好待之，颁册封、赐九章冕服都尽显拉拢之意。在马匹贸易中，明朝渐趋被动，朝鲜控制着交易进程。朝鲜一直以“无马”来掩饰“易马太缓”的情况，“天使今亲见之，若有马则藏之何处?”明使要求“以马价先至之数易换以归”，朝鲜则强调“待马价尽来毕易换，然后以次作运入送”①。这种争执也只在明帝势弱时发生，在随后与明成祖进行马匹贸易时，朝鲜的态度迅速发生转变。

永乐朝重新主导了明鲜关系，尤其是征伐安南一役对朝鲜震撼颇大，这表明明朝对于不诚的外邦也会动用武力，为此朝鲜专派世子亲朝以示事大唯谨之意，在马匹筹办上更是尽心竭力。虽然朝鲜国内对频繁的易马要求颇有微词，认为“以褊小之土，有限之马，填无穷之欲，则臣等恐马尽而力亏矣”②，但是慑于明朝威严，朝鲜没有表露出丝毫不配合之意，马匹都是迅速交付。

宣德、正统朝的马价完全是延续永乐朝形成的交易惯例，但是却没有继承永乐朝的威严，因此朝鲜的筹措效率随之下降，而土木堡之变时的马匹贸易，无论是从交易数量还是交付效率都表明这是一次低质量的交易活动。

总之，由图9-1、图9-2可以看出明朝初期与高丽、朝鲜关系曲折发展，至永宣时期，双方才建立起堪为两国后世所遵循的交往模式。马匹交易是否顺利开展与明朝皇帝所体现的实力密切相关。高丽、朝鲜对明朝所谓“事大”的首要原则就是明朝皇帝要保持强盛的姿态，但凡出现衰弱的迹象，如建文帝兵败、正统帝遭擒，朝鲜即有所动摇。正所谓“高丽外交政策就是因势利导，以熟练的手腕，对强者刚柔相济，或刚或柔，对弱者则施以怀柔，进而保全和发展国家的政策”③，朝鲜王朝一以贯之，未发生变化。

三、马价的经济因素

马匹和买贸易价格由明廷掌控，受国家关系的影响颇为明显，但并不代表明朝的定价毫无依据。由于和买贸易始终是以交易马匹为中心的，如

① 朝鲜太宗实录：卷3：二年正月己酉条；二年三月辛丑条.

② 朝鲜太宗实录：卷3：二年四月癸丑条.

③ 卢启铉. 高丽外交史. 紫荆，金荣国，译. 延边：延边大学出版社，2002：中译本序言.

果从经济角度来看待贸易双方的实际地位，那么丽、鲜国内马价实际上成为了和买贸易的本位价格。按价值学原理，决定马价的根本因素是马的品种和品质（由年岁、高矮、强壮程度决定）等。不同类型的马匹就构成了价格差。鉴于马匹交易具体记载的缺失，尚不能准确判断明朝所定马价与实际交易马匹质量之间完全一致的对应关系。不过从现有数据来看，第一、二、五次贸易可能尤其体现了等价交换的原则（见表 9－2）。

表 9－2　明朝定价与朝鲜国内马价比较

<table>
<tr><th colspan="2"></th><th>上等</th><th>中等</th><th>下等</th></tr>
<tr><td rowspan="2">和买马价</td><td>洪武十九年</td><td>段 2 匹、布 8 匹
（折绢约 12.7 匹）</td><td>段 1 匹、布 6 匹
（折绢约 8 匹）</td><td>段 1 匹、布 4 匹
（折绢约 6.3 匹）</td></tr>
<tr><td>建文三年</td><td>段 4 匹、绢 10 匹
（折绢 10～12 匹）</td><td>绢 8 匹、绵 12 匹
（折绢 8～10 匹）</td><td></td></tr>
<tr><td rowspan="6">朝鲜国内马价</td><td rowspan="3">太宗元年</td><td>（上）常五升布 500 匹
（折绢约 16.7 匹）</td><td>（上）常五升布 300 匹
（折绢约 10 匹）</td><td rowspan="3"></td></tr>
<tr><td>（中）常五升布 450 匹
（折绢约 15 匹）</td><td>（中）常五升布 250 匹
（折绢约 8.3 匹）</td></tr>
<tr><td>（下）常五升布 400 匹
（折绢约 13.3 匹）</td><td>（下）常五升布 200 匹
（折绢约 6.7 匹）</td></tr>
<tr><td rowspan="3">世宗五年</td><td>（上）米 18 石
（折绢约 15 匹）</td><td>（上）米 12 石
（折绢约 10 匹）</td><td>（上）米 6 石
（折绢约 5 匹）</td></tr>
<tr><td>（中）米 16 石
（折绢约 13.3 匹）</td><td>（中）米 10 石
（折绢约 8.3 匹）</td><td>（中）米 4 石
（折绢约 3.3 匹）</td></tr>
<tr><td>（中）米 14 石
（折绢约 11.7 匹）</td><td>（下）米 8 石
（折绢约 6.7 匹）</td><td>（下）米 2 石
（折绢约 1.7 匹）</td></tr>
</table>

注：1. 洪武朝第一次贸易价格与第二次的上等价格相同，不再单独列出，第三、四次交易因受政治关系影响可能偏离和买贸易的初衷，不作为价格研究重点。高丽末年国内马价鲜见记载，有待史料的进一步挖掘，本表只以朝鲜时期价格进行对比。

2. 明朝定价的折算依据同图 9－1。

3. 朝鲜太宗元年折价依据：《朝鲜太宗实录》卷 2 元年十月戊午条："议政府定易换马价。大马上等价常五升布五百匹，中等价四百五十匹，下等价四百匹。中马上等价三百匹，中等价二百五十匹，下等价二百匹。朝廷马价段子：上品一匹准常五升布九十匹，中品八十匹，下品七十匹。官绢一匹准常五升布三十匹，中绢二十五匹，绵布一匹准二十匹。"

4. 朝鲜世宗五年折价依据：《朝鲜世宗实录》卷 20 五年六月庚午条："马价，楮货大马上等四百五十张，中等四百张，下等三百五十张，中马上等三百张。九等之马，以五十张为差定价。然在前铜钱一贯，曾准楮货十张，今则准三十张，民间楮货甚贱，公私马价，因旧未便。请曾直四百五十张马，今加一千三百五十张，曾直四百张马，今加一千二百张，以此例定价买卖。"同书卷 21 五年九月甲午条载："初，造楮货一张直｛值｝米一斗，三十张直｛值｝木绵一匹，至是楮货甚贱，一张一升，百余张一匹。"

朝鲜国内的马价相对比较稳定，洪武、建文朝各等级定价与之相差不大，因此明朝给价还是比较客观地反映了马匹质量。尤其建文朝，马价是双方协商的结果，应该更接近朝鲜国内的实际价格，如果将支付的药材加以折算，可能就相差无几了。明朝定价与朝鲜马价之间存在的差距还需要考虑到运送过程中的耗损。除建文朝外，马匹均由高丽、朝鲜官员运至辽东交割。经过长途跋涉，马匹的强壮程度自然不如出发之时，上等马评定中这个因素的影响更为明显。即使在筹办效率最高的永乐朝，朝鲜也曾受到明朝质问为何马匹“老且矮小者多”，朝鲜解释为“以数千里之路，草枯水冻，饲亦不饱，而累月过险，以致疾病”①。运送不当加上中途偶有明、鲜官员易换②，都导致了辽东交验时马匹质量有所下降。

永乐朝以后按单一价格支付，可能着重体现了马匹种类的差异。与同期辽东马市的价格对照更能说明由品种所决定的价格差距（见表 9-3）。

表 9-3　永乐朝官定马价情况

<table>
<tr><th rowspan="2"></th><th>开原、广宁</th><th>兀良哈</th><th>朝鲜</th><th>开平</th><th>辽东马市（重议价）</th></tr>
<tr><th>永乐三年</th><th>永乐四年</th><th>永乐八年</th><th>永乐九年</th><th>永乐十五年</th></tr>
<tr><td>上上马</td><td>绢 8 匹
布 12 匹</td><td>米 15 石
绢 3 匹</td><td rowspan="4">绢 3 匹
绵布 2 匹</td><td>绢 5 匹，布 10 匹
布 18 匹</td><td>米 5 石，绢 5 匹，
布 5 匹</td></tr>
<tr><td>上马</td><td>绢 4 匹
布 6 匹</td><td>米 12 石
绢 2 匹</td><td rowspan="3"></td><td>米 4 石，绢 4 匹，
布 4 匹</td></tr>
<tr><td>中马</td><td>绢 3 匹
布 5 匹</td><td>米 10 石
绢 2 匹</td><td>米 3 石，绢 3 匹，
布 3 匹</td></tr>
<tr><td>下马</td><td>绢 2 匹
布 4 匹</td><td>米 8 石
绢 1 匹</td><td>米 2 石，绢 2 匹，
布 2 匹</td></tr>
</table>

资料来源：王世贞. 弇山堂别集：卷 89：市马考. 北京：中华书局，1985：1712-1713.

首先应理解，明朝设置马市既有“驭边省戍守费”③之意，也兼以怀柔来远之道，以期达到“两有利益”④的目的，因此马市定价是比较高的。后来明朝也觉得如此高的马价是一项沉重负担，永乐十五年主动降低了马价⑤，但价格仍然偏高，不然何以实现安抚女真的目的。与辽东马市

① 朝鲜世宗实录：卷 14：三年十一月辛巳条.

② 《高丽史》卷 137 辛禑十四年二月载，明朝因高丽使臣张子温将进献之马“卖换而来”而囚于锦衣卫。《朝鲜太宗实录》卷 2 元年八月戊辰：“[孔] 俯点进献马于义州，丰海道人以驽马欲易良马，俯利其余价许之。”同卷十一月丙辰：“[明使] 祝孟献以其马易朝廷所买良马。”

③ 明史：卷 81：市舶. 北京：中华书局，1976：1980.

④ 辽东志：卷 3：边略. 辽海丛书本. 沈阳：辽沈书社，1986：402.

⑤ 明太宗实录：卷 193：永乐十五年十月丁未条；明太宗实录：卷 194：永乐十五年十一月乙卯条.

相比，永乐朝支付朝鲜的马价相当于下等马或小马的标准，这既源于马种的区别，也与朝鲜国内良马缺乏相关。

马性耐寒畏热，故天然良马多产于西部和北部边陲高寒地区，如蒙古马、河曲马和伊犁马等。朝鲜马主要有三种，“曰乡马，曰胡马，曰济马……曰胡马，从北方来者也。曰乡马，国中之所出也。国马如驴，无从而得良焉，胡马居百之一二”，“先是忠烈王三｛二｝年，元朝以耽罗为房星分野，遣塔罗赤载马牛骆驴羊来，放山水坪，马畜蕃息，设达鲁花赤府及军民总管府，此济州牧马之始也”[①]。可见朝鲜良马多是外来品种，数量最多的朝鲜本土乡马十分矮小，“若骑此马，两足垂地矣”[②]，更适合农业生产和交通运输。相较于东北马、蒙古马，朝鲜乡马的品级决定了其价格自然比较低。

最初，丽、鲜亦能交付部分良马，但连岁贡献，加上丽、鲜本国为应对“北虏南倭”的侵扰也消耗了大量战马，良马拣选殆尽，朝鲜太宗王甚至曾考虑用乡马为岁贡[③]。世宗王时，朝鲜国内胡马、济州马不仅数量缺乏且品种退化，“前此咸吉道良马多产者乃因开原路相通，与鞑靼马孳息。今与开原不通已五十年矣，鞑靼马绝种。且济州虽产马之地，体大性驯者不产，将来可虑”，“牡马之良者种类殆绝，渐以矮小，将来可虑”。朝鲜不得不向女真处寻求良马以改善品种，“愿令庆源、镜城居人于童猛哥帖木儿等处，以其所求之物交易体大雌雄种马，孳息便益”，“请于斡朵里、兀良哈处从其所愿，给以杂物，换易达达牡马体大者”[④]。在国内良马匮乏程度已日趋严重的情况下，朝鲜向明朝交付大量的乡马或小马也是无奈之举[⑤]。

当然这并不排除明朝支付下等马的价格，而朝鲜为表“事大”之心而进献部分良马。可能事实上朝鲜也是这样操作的，数万匹马不可能完全都是乡马或小马，总有部分上、中等。这就不难理解为何朝鲜的“下等马”

---

① 李学逵．洛下生集：册20：济州马//韩国文集丛刊：第290册．首尔：景仁文化社，1990：617.

② 朝鲜世宗实录：卷13：三年九月丙戌条.

③ 《朝鲜太宗实录》卷29十五年四月乙酉条载：“命正朝、诞日进上，以小马供之。”

④ 朝鲜世宗实录：卷25：六年八月戊申条；朝鲜世宗实录：卷48：十二年四月丁亥条.

⑤ 《朝鲜世宗实录》卷23六年正丁亥条载：“官马色启：辛丑、癸卯二次马价，中马上中等，各给绢三匹、木绵二匹；中马下等、小马上等，各绢二匹、木绵三匹；小马中下等，各绢二匹、木绵一匹。交割前故失马、退还路次故失马、逃逸马，各绢一匹。”朝鲜以中、下等马价收购国内马匹，表明交付明朝的马匹也以中、下等为主。

交易却一直受到明朝皇帝“事大至诚”的褒奖了。并且自永乐朝开始，每次马匹贸易结束后，朝鲜都会获得明帝的丰厚赏赐。永乐六年，“所取马三千匹已陆续送到，今赐王花银四十个，每个重二十五两，计一千两。纻丝五十匹、素线罗五十匹、熟绢一百匹”[①]；永乐八年赐朝鲜太宗王白金千两，纱罗千匹，绢五百匹；永乐二十一年，针对两次马匹贸易赐白银二千两，纻丝罗帛等一千二百匹，绢八百匹；宣德二年，赐朝鲜国王白金一千两、纱罗锦帛二百四十匹；景泰元年，明朝分三次共赐白银九百两，纻丝罗锦绢四百八十匹。这些赏赐亦可以看成是明朝对马价的些许补偿。

四、马匹贸易的意义

除了向高丽、朝鲜购马之外，明朝也曾以同样的方式买马琉球[②]，可能运输路途不方便，只进行过一次就再无相关记载。朝鲜半岛因交通便利而将这种和买贸易持续了较长时期，累计向明朝提供了七万多匹马，对于充实辽东边防、恢复生产具有重要意义，同时促进了明朝与高丽、朝鲜官方及民间往来，曾经荒芜的辽东驿道也随之繁荣起来。

与相伴明朝始终且制度化的茶马贸易不同，明、鲜之间的马匹贸易经历了永乐朝的高峰后就迅速衰落，其根本原因乃是明朝国防政策的转变。相比于永乐时的以攻为守，自仁宣朝开始，明朝的国防战略更趋向于完全的防御政策，这种“对付北方游牧民族的骑兵只有‘边墙’加火器的消极防御之策”[③]，因而对战马的需求大为减少。不仅是明、鲜马匹贸易停止，明朝的其他马政措施，如茶马互市、辽东马市等也难以再现之前的繁荣景象。当然各项马政的衰落有其各自复杂的原因，但是它们当初设立的主要目的都是为军队提供战马以巩固边防，当“边境无事”，易马活动也就相应地收缩了。此外，朝鲜毕竟是外夷，若非形势所迫，明朝也不愿继续开展和买贸易。如果不是遭逢土木堡之变，双方马匹贸易可能就终止于宣德二年（1427）。明朝主动中止景泰元年（1450）的马匹贸易正是体现了这种边防安全的考虑。

马匹和买贸易是由明朝单方面决定的，不由高丽、朝鲜国家意愿所控

---

① 朝鲜太宗实录：卷 15：八年四月甲午条.

② 明太祖实录：卷 95：洪武七年十二月乙卯条；明太祖实录：卷 105：洪武九年四月甲申条.

③ 何平立．略论明代马政衰败及对国防影响．军事历史研究，2005（1）：98-103.

制的强制性贸易。在此过程中，东国的利益确实受到了一定损害，最直接的表现就是第四次贸易明朝未支付任何马价。就目前所掌握的史料尚无法单纯从经济角度来判断高丽、朝鲜的损益。不过马匹对古代国家军事影响尤为重要，频繁的大宗马匹贸易是有损高丽、朝鲜军事力量的，朝鲜官员就曾指出“军政莫急于马，而择实马二万匹以献，则是减二万骑兵也”[①]。但是与蒙元时期动辄无偿征索大量马匹、粮食的现象相比[②]，明朝和买政策一定程度上减轻了高丽、朝鲜的经济损失。

高丽、朝鲜在马匹和买贸易中收获了颇为丰厚的政治利益是不可否认的事实。丽、鲜政权之所以无可奈何地接受明朝单方面所规定的贸易，其主要原因乃是丽、鲜政权需要维持与明朝的朝贡关系以保证其政权的稳定性。特别是朝鲜初期，对于册封的急切渴求促使朝鲜积极示好于明朝，最终也因马匹贸易使朝鲜国王获得了册封，享受亲王之礼遇，从而令朝鲜的国家地位得以提升。从实用主义角度来看，高丽、朝鲜需要不断加强国防建设，稳定社会秩序，发展经济和文化，以此来巩固统治地位，这就需要同明朝保持密切联系，以开展贸易，输入文化科技等。因此，高丽、朝鲜接受明朝马匹交易的要求实为取悦明朝、展示至诚的一种方式。故从某种意义上讲，马匹和买贸易既是两国朝贡贸易中的重要环节，也是双方朝贡关系得以维系的有力筹码。

第二节　物品表现的外交情怀：贡赐价值衡量研究

从经济角度分析贡赐价值首先需要确定物品的本位价格。由于朝鲜向明、清两朝进献物品种类大多相同，在对明贡物价格资料缺失的情况下，借用朝鲜《万机要览》所载的清时贡物价格作为明时贡物价格的折算参数是可行的，具体如表 9－4 所示：

---

① 朝鲜世宗实录：卷 21：五年八月庚戌条.

② 蒙元时对高丽的无偿索求频繁且数额巨大。如蒙古曾要求高丽“与金银衣服，多合二万匹马驮来者，小合一万匹马驮来者……一百万军人衣服，你斟酌与来者，除别进外，真紫罗一万匹，你进呈将来底，你将来底水獭二百三十个……好水獭皮二万个与来者……选炼一万个匹大马，一万匹小马与来者……”又忽必烈征日本时高丽供应“军粮十万九千一百九十九硕六斗，马牛料四十三万二千五硕六斗，王京馆供对使臣米一万七千一百五十一硕，种子一万五千硕”，又征发工匠、船夫三万余人监造战船（高丽史：卷 23：高宗世家：十八年十二月．高丽史：卷 27：元宗世家：十五年正月；十三年四月）。

表 9-4 朝鲜贡物的单价折算

黄细纻布	19.8/匹	纻麻兼织布	120/匹	白绵纸	2.8/卷	厚油芚	120/部
白细纻布	16/匹	阔黑细麻布	不详	黄毛笔	0.2/柄	人参	40/斤
红细纻布	50.8/匹	帘席	18/张	螺钿梳函	16/事	豹皮	120/张
麻布	12/匹	黄花席	2.5/张	松子	3/斤	水獭皮	18/张
黄细绵绸	20/匹	满花席	2.5/张	五味子	2/斤	青黍皮	3.7/张
白细绵绸	16/匹	满花方席	2.5/张	马鞍	108/副	油煤墨	0.4/丁
紫细绵绸	35/匹	杂彩花席	3.5/张	马	70/匹	石灯盏	不详

注：1. 表中涉及的折算贡物价值量，所用单位均为朝鲜常平通宝“两”。后同。

2. 麻布价格据《朝鲜实录》而得。成宗年间（1486）“黑麻布折价正布十四匹”。燕山君年间为“黑麻布十匹亦直｛值｝绵布五十余匹”，“黑麻布……每一匹，给价正布十匹”[①]。

3. 松子在明代进献频繁，清代鲜见。由五味子价 2 两/斤，将松子价估算为 3 两/斤。

4. 纻丝兼麻织布进献数量较少，价格不详，从清朝时用厚油芚十部替代纻丝兼织布十匹来看，纻丝兼麻织布可能为 120 两/匹左右。

5. 黄细绵绸、紫细绵绸、白绵纸、厚油芚、青黍皮仅进献于清朝，列于此，将用于后文计算朝鲜对明、清进献的差别。

6. 阔黑细麻布、石灯盏偶见于朝鲜别使贡献中，价格不详，忽略不计亦不影响整体价值统计。

资料来源：徐荣辅，沈象奎. 万机要览. 财用编五：岁币各种；方物各种措备. 早稻田大学图书馆乐浪书斋藏本。

与以往研究清鲜朝贡贸易学者力求贡物价格的精确度[②]不同，上述数据只是一种基于静态的、暂时忽略了物价变动因素的、具有虚拟性的换算结果，不代表当时贡物的真实价格，只作为计算朝鲜贡物价值量时的参照数据。而明朝赏赐物品多为宫廷所用锦缎丝绢等物，难以确认价格，下文将以具体实物及数量直接进行对比分析。

一、朝鲜进献的价值取向

前文已述，宣德四年（1429）明朝允许朝鲜金银代贡之后，形成了稳定的一年三贡的礼物标准，其相关数量及价值换算如表 9-5 所示：

表 9-5 1429 年以后朝鲜对明朝节日进献标准

	正朝				圣节			千秋节
	皇帝	皇太后	皇后	皇太子	皇帝	皇太后	皇后	太子
黄纻布（匹）	10	—	—	—	10	—	—	—
白纻布（匹）	20	20	20	15	20	20	20	20

① 朝鲜成宗实录：卷 196：十七年十月戊寅条；燕山君实录：卷 44：八年六月丁未条；燕山君实录：卷 59：十一年八月乙亥条.

② 张存武《清韩宗藩贸易（1637—1894）》（“中央研究院”近代史研究所，1985）、全海宗《清代韩中朝贡关系考》（收录于《中韩关系史论集》）、杨军《朝贡贸易研究——以清与朝鲜的关系为例》（收录于余太山等主编《丝瓷之路——古代中外关系史研究 I》，北京：商务印书馆，2011）中都有对清鲜贡赐物品的价格换算。

续表

	正朝				圣节			千秋节
	皇帝	皇太后	皇后	皇太子	皇帝	皇太后	皇后	太子
红纻布（匹）	—	10	10	—	—	10	10	—
麻布（匹）	40	30	30	15	70	40	40	60
纻麻兼织布（匹）	—	—	—	—	10	—	—	—
绸（匹）	20	10	10	10	20	10	10	10
帘席（张）	2	—	—	—	2	—	—	—
黄花席（张）	20	10	10	10	20	10	10	—
满花席（张）	20	10	10	10	—	10	10	15
满花方席（张）	20	—	—	10	20	—	—	15
彩花席（张）	20	10	10	10	20	10	10	15
人参（斤）	50	—	—	40	50	—	—	40
豹皮（张）	10	—	—	6	10	—	—	6
獭皮（张）	—	—	—	—	20	—	—	10
马（匹）	30	—	—	4	40	—	—	10
黄毛笔（枝）	—	—	—	—	—	—	—	20
螺钿梳函（个）	—	1	1	—	—	—	—	—
计价（两）	6 874	1 449	1 449	3 290	9 444	1 553	1 553	4 532

朝鲜节日进献主要是基于明朝朝贡礼制的要求，体现的是一种象征意义，是为了长远地维系与明朝的良好关系，因此不会随意改变进献标准①。从表 9－5 贡物数量和价值换算均可以看出，朝鲜对皇帝、太子寿辰更为重视，进献标准要高于正朝；太后、皇后基本一致，但受贡价值量要低于太子，这可能是明初朱元璋立纲陈纪、严于内教的另一种体现。

与明朝不同，朝鲜对清朝既有节日贡献，又有固定岁币，不考虑受贡对象虚位的情况，朝鲜对明、清的节日贡献对比如表 9－6 和表 9－7 所示：

表 9－6 朝鲜对明、清节日进献总量对比

对明朝的三节贡献				对清朝的三节贡献			
黄纻布	20 匹	满花方席	65 张	黄细纻布	30 匹	满花席	125 张
红纻布	40 匹	纻麻兼织布	10 匹	白细纻布	190 匹	满花方席	55 张
白纻布	155 匹	螺钿梳函	2 事	红细纻布	50 匹	杂彩花席	125 张
麻布	325 匹	黄毛笔	20 枝	黄细绵绸	70 匹	白绵纸	5 000 卷
绸	100 匹	豹皮	32 张	白细绵绸	130 匹	水獭皮	20 张
帘席	4 张	水獭皮	30 张	紫细绵绸	120 匹	螺钿梳函	4 事
彩花席	105 张	马	84 匹	帘席	6 张	厚油芚	10 部
黄花席	90 张	人参	180 斤	黄花席	125 张		

① 万历二十一年朝鲜进献的圣节方物变动较大，这与当时壬辰倭乱的背景密切相关（朝鲜宣祖实录：卷 39：二十六年六月乙酉条）。

续表

对明朝的三节贡献				对清朝的三节贡献			
满花席	85 张						
总价	30 144 两			总价	30 786 两		

注：1. 朝鲜对清朝的一年三贡为冬至、正朝、圣节。冬至、正朝进献对象均为皇帝、皇后、皇太后、皇太子；圣节进献对象为皇帝、皇太后、皇后。

2. 朝鲜对清朝的节日贡献情况源于《万机要览》的记载。

表 9-7　朝鲜对明、清节日进献标准对比　　单位：两

	正朝				圣节			
	明朝	《通文馆志》记载		清朝（1723 年后）	明朝	《通文馆志》记载		清朝（1723 年后）
		康熙前	康熙时			康熙前	康熙时	
皇帝	6 874	6 819	7 039	5 079	9 444	9 444	9 504	7 824
皇太后	1 449	1 449	1 789	1 789	1 553	1 553	1 773	1 773
皇后	1 449	1 449	1 789	1 789	1 553	1 553	1 773	1 773
皇太子	3 290	3 265	1 885	1 885	—	—	—	—
计价	13 062	12 982	12 502	10 542	12 550	12 550	13 050	11 370

注：《通文馆志》记载了清初的贡物变化过程，前者为崇德、顺治年间，后者为康熙年间。而“清朝”条目下的数据是指雍正癸卯年（1723）最后一次削减朝鲜节日贡献后形成的情况。

朝鲜对明、清两朝的节日进献标准有着强烈的历史继承性，这从进献物品种类大多相同以及《通文馆志》所载的明末清初正朝、圣节贡物总值演变过程可以体现出来。清帝出于“思恤远藩”的动机，自崇德至雍正年间，先后免去了豹皮、马匹之献，削减白绵纸数量①，最终使得朝鲜对明、清的每年节日贡献总量大致相等。但自雍正开始，清帝在正朝、圣节时的受贡标准要低于明帝。至于皇太子一项，清朝不设千秋节，朝鲜史料虽然记有正朝、冬至时对清太子的进献标准，但进献次数非常有限，而贡物价值量的骤降也多少体现出清朝弱化太子的趋势。

高丽、朝鲜与明朝的沟通仅仅依靠节日使是远远不够的，大量别使才是推动两国关系发展的主要力量。高丽末年别使情况不详，在此只讨论朝鲜初期。

朝鲜别使类型主要有陈慰、进香、告讣、问安、进贺、谢恩、进献、奏请等。前六项出使的礼仪性质明显，均携带相应礼物，但进献标准不见于史料，即使同类型别使的进献也存在着显著差异。为了更清楚地分析别使贡献价值量的影响因素，这里以《朝鲜世宗实录》中出现最为频繁的谢恩、进贺使为例，将世宗朝有确切记载的谢恩礼单 41 条，进贺礼单 16 条，选取部分整理成表 9-8：

① 金庆门. 通文馆志：卷 3：事大上：方物数目. 早稻田大学图书馆乐浪书斋藏本：24-29.

表 9-8　朝鲜世宗朝对明朝谢恩、进贺礼单价值量统计

	朝鲜世宗纪年	明朝纪年	鞍子（部）	黄细纻布（匹）	白细纻布（匹）	黑细麻布（匹）	阔黑细麻布（匹）	丝麻兼织布（匹）	白细棉紬（匹）	帘席（张）	黄花席（张）	满花席（张）	满花方席（张）	杂彩花席（张）	人参（斤）	松子（斤）	五味子（斤）	杂色马（匹）	豹皮（张）	右件物等	计价（两）
谢恩	0.9.8 谢准更立世子	永乐十六年	2	30	30	90					40	20	20	20	200	200		26		有	13 060
	1.12.15 谢赐赏	永乐十七年		20	30	100					10	10		10	100	200		30		有	8 861
	5.4.18 谢赐谥太宗	永乐二十一年		50	50	10		20			10	10		10	100	200		30		有	11 095
	7.2.16 谢赐赏	洪熙元年		50		100			20		20		20	20	200	200		30			13 190
	10.7.25 谢赐赏	宣德三年		50	50	50			30						100	200		16		有	8 590
	10.12.21 谢赐世子冠服	宣德三年	2	50	50	50				10	20	20	10	20	200	200	100	30		有	13 883
	11.11.22 谢赐赏	宣德四年			50	100					15	15	15	15	100	200		20		有	8 165
	11.12.22 谢准金银代贡	宣德四年		50		200		20	20	10	20	20	20	20	200	200	50	50		有	18 710
	12.5.4 谢赐世子朝服	宣德五年			50	150					15	15	15	15	200	200		20		有	900
	15.3.24 谢还被掠人口	宣德八年		20	20	50					10	10		10	100	100		16		有	7 121

续表

	朝鲜世宗纪年	明朝纪年	鞍子(部)	黄细纻布(匹)	白细纻布(匹)	黑细麻布(匹)	阔黑细麻布(匹)	丝麻兼织布(匹)	白细棉紬(匹)	帘席(张)	黄花席(张)	满花席(张)	满花方席(张)	杂彩花席(张)	人参(斤)	松子(斤)	五味子(斤)	杂色马(匹)	豹皮(张)	右件物等	计价(两)
	15.10.22 谢赐彩帛	宣德 八年		30	30	100	10								100	200		16		有	7 994
	15.12.25 谢赐书籍	宣德 八年		20	20	50	10				15	15	15	15				16		有	2 601
	17.1.19 谢赐书籍	宣德 十年		20	30	30					20	20	20	20	200	200	100			有	10 256
	20.10.17 谢赐冠服	正统 三年		30	30	100	20			10	20	20	20	20	100	200	200	30		有	9 774
进	30.3.12 谢赐布帛	正统 十三年		10	10	60					20	20		20	100			12		有	6 088
	32. 闰 1.7 谢赐彩帛	景泰 元年			50	150					20	20	20	20	200			20		有	12 220
项	3.2.5 贺迁都	永乐 十九年		20	50	50									100			20		有	7 196
	4.11.19 贺平定北方	永乐 二十年		20	50	50									100	300		20		有	8 096
	6.9.19 贺新帝登基	永乐 二十二年	2	20	50	50					10	20		10	100			30	20	有	10 622
	7. 闰 7.23 贺新帝登基	洪熙 元年	2	20	50	50					10	20		10	100			30	20	有	10 622
	7. 闰 7.28 贺上尊谥	洪熙 元年		20	20	20					10	10		10	50	50	50				3 291

续表

	朝鲜世宗纪年	明朝纪年	鞍子（部）	黄细纻布（匹）	白细纻布（匹）	黑细麻布（匹）	阔黑细麻布（匹）	丝麻兼织布（匹）	白细棉紬（匹）	帘席（张）	黄花席（张）	满花席（张）	满花方席（张）	杂彩花席（张）	人参（斤）	松子（斤）	五味子（斤）	杂色马（匹）	豹皮（张）	右件物等	计价（两）
进项	8.12.7 贺平乐安州	宣德元年		20	50	50									100	300		20		有	8 096
	10.1.20 贺诞皇子	宣德三年		20	30	30					10	10	10	10	100	200	100	20		有	7 546
	10.4.12 贺册皇子	宣德三年	1	20	30	30				2	10	10	10	10	50		50		10		4 790
	10.12.21 贺平兀良哈	宣德三年		20	50	50									100	300		20		有	8 096
	17.2.11 贺新帝登基	宣德十年		20	50	100					20	20	20	20	100			30	20	有	11 116
	17.3.25 贺上尊谥	宣德十年		20	20	20					10	10		10	100					有	5 041
	23.12.17 贺建三殿	正统六年		20	30	60					20	20		20	100					有	6 466
	24.6.29 贺册皇后	正统七年		20	30	30				2	20	20	20	20				20		有	2 892
	26.5.28 贺讨平北虏	正统九年		30	30	80					20	20	20	20	100	200		20		有	8 254
	31.10.16 贺新帝登基	正统十四年		20	50	100					20	20	20	20	100			30	20	有	11 116
	32.闰1.7 贺册封后宫	景泰元年		20	30	30				2	20	20	20	20					20		2 892

注：朝鲜世宗纪年栏中，0.9.8 表示世宗即位年九月八日，1.12.15 表示世宗元年十二月十五日，以此类推。

现将上述数据按皇帝受贡价值量从高到低排序，得出表 9－9：

表 9－9　朝鲜别使进献价值量变化情况

谢恩				进贺			
排序	世宗纪年	明朝纪年	事由	排序	世宗纪年	明朝纪年	事由
1	十一年十二月	宣德四年	谢准金银代贡	1	六年九月	永乐二十二年	贺新帝登基
2	十年十二月	宣德三年	谢赐世子冠服		七年闰七月	洪熙元年	贺新帝登基
3	七年二月	洪熙元年	谢赐赏		十七年二月	宣德十年	贺新帝登基
4	即位年九月	永乐十六年	谢准更立世子		三十一年十月	正统十四年	贺新帝登基
5	十二年五月	宣德五年	谢赐世子朝服	2	二十六年五月	正统九年	贺讨平北虏
6	三十二年闰正月	景泰元年	谢赐彩帛	3	四年十一月	永乐二十年	贺平定北方
7	五年四月	永乐二十一年	谢赐谥太宗		八年十二月	宣德元年	贺平乐安州
8	十七年正月	宣德十年	谢赐书籍		十年十二月	宣德三年	贺平兀良哈
9	二十年十月	正统三年	谢赐冠服	4	十年正月	宣德三年	贺诞皇子
10	元年十二月	永乐十七年	谢赐赏	5	三年二月	永乐十九年	贺迁都
11	十年七月	宣德三年	谢赐赏	6	二十三年十二月	正统六年	贺建三殿
12	十一年十一月	宣德四年	谢赐赏	7	十七年三月	宣德十年	贺上尊谥
13	十五年十月	宣德八年	谢赐彩帛	8	十年四月	宣德三年	贺册皇子
14	十五年三月	宣德八年	谢还被掠人口	9	七年闰七月	洪熙元年	贺上尊谥
15	三十年三月	正统十三年	谢赐布帛	10	二十四年六月	正统七年	贺册皇后
16	十五年十二月	宣德八年	谢赐书籍		三十二年闰正月	景泰元年	贺册封后宫

无论谢恩还是进贺，朝鲜贡物量的变化与所处的时期及在位明帝的情

况并无多大关联，别使类型对于贡献价值量虽有一定影响，但最终的决定因素乃是出使事项本身，呈现出“因事而异”的特征，即别使贡献价值量视出使事项对朝鲜自身政治利益回馈度的大小而相应增减。

以谢恩使为例，朝鲜对皇帝进献最高值出现在宣德四年明朝同意“金银代贡”之后的谢恩中。贡献金银一直是朝鲜的沉重负担，屡次请免，均未成功。明宣宗力排众议同意了朝鲜的请求。鉴于意义重大，朝鲜谢恩礼物异常丰厚。对皇帝贡献最低值是针对宣德八年明朝赐书的谢恩。朝鲜本来奏请派遣子弟赴“北京国子监或辽东乡学”读书，明朝予以拒绝，称“不若就本国中务学之便”，并赐“《五经四书大全》一部、《性理大全》一部、《通鉴纲目》二部以为教子弟之用”，这样朝鲜“入学中国之望则已绝”①。但是按照礼制，对于明朝赐书还是需要谢恩的，就贡物价值量来看，明显地表现出了朝鲜的失望之意。

朝鲜进贺的贡献价值量呈梯度分布，最高值集中在明帝登基时，这是和平时期朝鲜对明帝表现至诚态度的最好机会，给新皇帝留下良好的初始印象也是维持双方朝贡关系的一项重要环节。其次是针对明朝平定叛乱的进贺，朝鲜早已认识到若中国边疆不靖则朝鲜亦不得安宁的关联性，特别是辽东地区少生祸患，对朝鲜北边界的安定具有重要影响。而其他对朝鲜并无突出政治、边防意义的事项，贡献价值量就比较低了。

若从谢恩、进贺的贡物平均值来看，别使进献价值并不低于节日使（见表 9－10）。

表 9－10　朝鲜节日使与别使进献值对比　　单位：两

	节日进献（固定值）			别使进献（平均值）	
	正朝	圣节	千秋	谢恩	进贺
皇帝	6 874	9 444		10 273	7 258
后宫	1 449	1 553		1 220	1 557
皇太子	3 290		4 532	3 039	2 385
合计	11 613	10 997	4 532	14 532	11 200

考虑到折算误差，据表 9－10 可以得出朝鲜对皇帝的进献量排序为谢恩≥圣节＞进贺≥正朝，对皇太子的进献量为千秋节＞正朝≥谢恩＞进贺，对后宫的进献量大致相当。如果将朝贡视为一项“政治投资”，节日

① 朝鲜世宗实录：卷 61：十五年九月壬午条；朝鲜世宗实录：卷 62：十五年十二月壬戌条.

使进献是为了长远目标而进行的一项长期经营，而别使大多肩负特定任务，是为了解决“当前事项”，比节日使更具“现实”意义，因此更受朝鲜重视。虽然最能表达朝鲜政治诉求的奏请使并不进献礼物，但朝鲜常常将一些请准事项兼行于进贺、进献等“吉事”，偶尔也会附行于节日使，以便在明帝心情愉悦时实现所求。明朝准许奏请事项后，朝鲜则以谢恩的方式对此前的奏请进行后续补偿，这样“奏请—准许—谢恩”就构成了一个完整的沟通过程。

二、明朝赏赐的政治内涵

前文已述，明朝对朝贡国使臣携带物品的回馈原则是“有物则偿，有贡则赏”。朝鲜节日使、别使进献礼物属于“贡”类，是以明朝“例不给价”，施以回赏，赏赐没有固定标准，而是“随时取旨”。明朝针对朝鲜使臣的赏赐除了要估算贡物价值，还要考虑到朝鲜出使事项给明朝带来的现实意义。若朝鲜只是普通的惯例遣使，根据“止照前例”的原则，对使臣的回赏可能与表 9－11 接近。

表 9－11　明朝对朝鲜使臣的赏赐

进贡	陪臣	织金纻丝衣 1 套、彩段 4 表里、绢 5 匹、靴袜 1 双
	书状、通事、押物	素纻丝衣 1 套、彩段 1 表里、绢 2 匹、布 1 匹、靴袜 1 双
	从人	绢衣 1 套、布 1 匹、靴袜 1 双
谢恩	同上	
奏事	陪臣	织金罗衣 1 套、彩段 2 表里、绢 2 匹、靴袜 1 双
	通事	素罗衣 1 套、彩段 1 表里、布 2 匹、靴袜 1 双
	从人	绢衣 1 套、布 1 匹、靴袜 1 双

资料来源：(正德) 大明会典：卷 101：给赐. 文渊阁四库全书本：1－2.

若朝鲜遣使具有特殊意义，明朝则赏赐丰厚。如永乐五年朝鲜世子李禔前来贺正、永乐十六年朝鲜敬宁君李裶入明谢恩、宣德四年恭宁君李䄄任入明奏事，均获得了异常丰厚的赏赐。朝鲜这几次遣使本就具有强烈的政治目标，择以王室人员担当使臣表示朝鲜对出使事项的重视以及对明朝的恭谨，而明朝厚赏其实也是对朝鲜“至诚”态度的一种肯定。

除了使臣，明朝也会对朝鲜国王进行赏赐。一般来说，只有当明朝认为来使意义重大才会对国王颁赏，如表 9－12 所示：

表 9-12　明朝对朝鲜国王的朝贡回赐

类别	时间	事由	朝鲜国王受到的赏赐
政治意义	洪武三年	高丽首次贺正	金龙纻丝、红熟里绢各 2 匹
	建文三年	朝鲜贡马	文绮绢各 6 匹、木香 20 斤、丁香 30 斤、乳香 10 斤、辰砂 5 斤
	洪熙元年	朝鲜进贺登基	纻丝 30 匹、绒锦 10 段、彩绢 30 匹
	宣德元年	朝鲜进贺登基	纻丝 30 匹、绒锦 10 段、彩绢 30 匹
	正统七年	朝鲜拒瓦剌招降	纻丝 8 匹、绒锦 2 段、绢 8 匹
	正统九年	朝鲜押送倭寇	纻丝 20 匹、绒锦 6 段、绢 20 匹
价值补偿	宣德四年	朝鲜谢恩进献	白金 300 两、纻丝 30 匹、罗 10 匹、纱 10 匹、彩绢 30 匹、白磁茶钟 30 介、白磁茶瓶 15 介
	宣德五年	朝鲜谢恩进献	嵌珠宝绦环 1 副、螺钿圆盒 1 个、宝剑 1 把、宝刀 1 把、银 500 两、纻丝 23 匹、纱 20 匹、罗 20 匹、绒锦 8 段、彩绢 20 匹、白磁卓器 3 卓、白磁酒海 3 个
	正统十三年	朝鲜正朝附献礼物	纻丝 4 匹、罗 2 匹、纱 2 匹、熟绢 4 匹、生绢 2 匹

第一种回赐体现了东国遣使给明朝带来的重要政治意义。高丽恭愍王于洪武二年接受册封，同年底首次遣使进贺正朝，表示开始履行藩国贡职。朝鲜贡马三千助战辽东对于焦虑的建文帝来说无异于雪中送炭，这也表明了朝鲜支持官军的政治立场。仁宗、宣宗登基时，朝鲜因地理之便成为最早进贺的国家，尤其是仁宗在位不足一年即逝，明朝政局颇有动荡，在这种情况下，朝鲜除了迅速遣使致祭、贺登基外，还因宣宗即位而大赦境内，再显诚意。正统时期，朝鲜拒绝瓦剌招降、押送劫掠明船的倭寇入京则体现了其忠心事大明的态度，对于当时边患频现的明朝而言，多少减轻了对辽东一隅的担忧。针对这些有政治边防意义的朝鲜来使，明朝以赏赐的形式来表达对高丽、朝鲜国王的赞赏。

第二种回赐仅发生在朝鲜贡献价值较高时。朝鲜因明朝赐世子冠服、准金银代贡而以厚礼谢恩，明朝认为朝鲜“笃于诚敬，故厚答之”①，很明显明朝的“厚答”是与朝鲜的“厚贡”相对应的；正统十二年，朝鲜进贺正朝时主动进献海青鹰子二连，明英宗称“王世居东藩，敬天事大，克修职贡，愈久愈虔。兹以海青来进，尤见谨诚，特赐王彩币表里，用答至

① 明宣宗实录：卷 66：宣德五年五月癸卯条.

意”①。由于明朝赏赐多为服饰用品，名色繁多，难以确定价格，对朝鲜“厚贡”的补偿程度也就无法准确估算。不过，这种补偿式回赏不能脱离于政治因素之外，朝鲜进献所体现的“忠诚”才是明朝对国王施以回赏的根本原因。

当明朝国内有重要庆典，如新帝登基、册后、立太子时会诏告朝鲜并赉以赏赐；册封朝鲜国王、世子或对朝鲜有所要求时，明朝也会颁赐。具体分类如表 9－13 表示：

表 9－13　明朝对朝鲜国王的主动赏赐

类型		年代	事由	赏赐（包括朝鲜王妃部分）
礼仪型	仪庆	洪武元年	明朝通报建国	段纱罗 40 匹
		宣德十年	明英宗登基	纻丝 16 匹、彩绢 14 匹、绒锦 6 段
		正统十四年	明宪宗登基	绒锦 6 段、纻丝 16 匹、绢 16 匹
	册封	洪武二年	明朝册封高丽恭愍王	段纱罗 78 匹及六经、四书、通鉴、汉书
		永乐元年	明朝册封朝鲜太宗王	冕服、冠服、书籍及锦 2 段、金纻丝 6 匹、素纻丝 8 匹、织锦罗 4 匹、素罗 6 匹、织金纱 4 匹、素纱 6 匹
		景泰元年	明朝册封朝鲜文宗王	纻丝 8 匹、罗 8 匹、白氁丝布 20 匹
事务型	贸易	永乐二年	易牛结束后	纻丝 30 匹、熟绫子 30 匹、彩绢 100 匹
		永乐六年	易马结束后	银 1 000 两、纻丝 50 匹、线罗 50 匹、绢 100 匹
		永乐七年	明朝提出易马	纻丝 70 匹、段 50 匹、绢 20 匹
		永乐八年	易马结束后	银 1 000 两、纻丝 200 匹、线罗 200 匹、绢 500 匹、马 8 匹
		永乐十九年	明朝提出易马	纻丝 60 匹、绢 60 匹
		永乐二十一年	明朝提出易马	银 1 000 两、纻丝 150 匹、线罗 150 匹、熟素绢 400 匹
		永乐二十一年	易马结束后	银 1 000 两、纻丝 150 匹、线罗 150 匹、熟素绢 400 匹
		宣德二年	明朝提出易马	银 1 000 两、纻丝 65 匹、纱 25 匹、罗 25 匹、绒锦 9 段、兜罗绵 40 段、彩绢 75 匹
		景泰元年	易马结束后	银 900 两、纻丝 90 匹、罗 90 匹、阔生绢 300 匹

① 朝鲜世宗实录：卷 119：三十年三月戊子条.

续表

事务型	喜好	永乐四年	朝鲜进献铜佛	帽珠1串、纻丝30匹、熟绢30匹、象牙2只、犀角2个、《通鉴纲目》《四书衍义》《大学衍义》各1部
	贡女	永乐五年	明朝求舍利	彩段60匹
		永乐七年	朝鲜选送贡女	银1 000两、纻丝110匹、罗纱共20匹、彩绢120匹、马15匹、鞍2副
		永乐十五年	明朝征选贡女	纻丝50匹、里绢50匹、彩绢100匹
		永乐十五年	朝鲜选送贡女	银2 000两、纻丝120匹、绢120匹、纱30匹、线罗30匹、锦14段、罗绵70条、罗里绢10匹、马24匹
		宣德八年	明朝征选贡女	纻丝16匹、纱8匹、彩绢16匹

注："征选贡女"指明朝要求朝鲜挑选贡女时先颁发的赏赐，"选送贡女"指朝鲜将贡女送入明廷后，因贡女受宠而受到的赏赐。

礼仪型赏赐容易理解。明朝新帝登基、诞皇子、册皇后等多会诏告天下，通知藩国，自然颁以喜庆之赏。而册封藩国国王，携赏而行也是礼制要求，这种赏赐的标准一般有明文规定，变化不大。事务型赏赐中，牛马贸易包含政治、军事意义，耕牛贸易是为了恢复辽东军队屯田，马匹贸易为明军作战提供了必要支持，而明朝于贸易前后颁以的丰厚赏赐，既有奖励的意思，也包含着对朝鲜的价格补偿。至于明朝因朝鲜进献贡女或物品而颁予的赏赐仅代表皇帝个人喜好，不具有多少外交内涵，并且这种赏赐主要出现在永乐朝，并非长期现象，明朝对朝鲜国王赏赐的价值主要还是出于政治关联性考虑，无政治目的的赏赐所占比例较小。

由于朝贡国遣使目的不尽相同，明朝赏赐又是"随时取旨"，受"当前"因素影响颇深，赏赐"薄厚"不能作为衡量明朝与朝贡国关系远近亲疏的依据。如永乐朝一度对日本颁以丰厚赏赐，但这并不能代表明日关系比明鲜关系更为密切，对日本使臣的"厚慰厚赐"中包含着拉拢日本政府让其约禁倭寇的目的。明朝规定日本十年一贡且受勘合限制，远不及朝鲜那样来去自由。仅就明朝对朝鲜国王赏赐而言，也不能仅凭赏赐的价值量就认为洪武时高丽首次贺正的意义轻于仁宣时朝鲜进贺登基的政治内涵，这可能与朱元璋建国之初崇尚俭朴的风尚有关。因此，明朝对朝鲜的赏赐是呈动态变化的，仅是对"当时当事"的一种反应。

三、贡赐往来的现实意义

依据前文贡物单价换算，朝鲜每年支付明帝节日贡献价值量约为

16 318 两，《万机要览》中记载朝鲜国王每年诞日、节日、陈贺的标准花费为 13 704 两①，考虑到物品种类的不同以及折算的误差，可以说，朝鲜每年对本国国王的节日花费与明帝相差不多。但是由于入明别使贡献常常不低于节日贡献，使得朝鲜的年贡献量大幅增长。以朝鲜世宗朝为例，其在位 32 年，谢恩 54 次，进贺 30 次，若平均每年谢恩、进贺各一次，那么对明帝的年进献值约为 30 000 两。再加上对后宫、太子的贡献，朝鲜贡献总量还是比较可观的。对此朝鲜也曾有过抱怨，“外方各官责纳细纻麻布，众所怨咨……先是，进献纻麻布，或责之各品，或责之巫觋，至是使者连绎，朝聘赠遗，殆倍于旧，京中难办，故使外方各官，随户口多少而纳之，民甚苦之”②。景泰元年前后，明朝值多事之秋，朝鲜使臣奔走唯勤，“进献比旧倍多，而纳白纻布者鲜少，使臣之行，贸易之布，公私俱不周足”③。就现有资料来说，进献贡物对朝鲜财政的影响程度还是难以得出准确论断的。此外，朝鲜使臣出使过程所产生的价值流动包括朝鲜进献、明朝回赐、朝鲜贸易三部分，明朝回赐和朝鲜贸易的价值无法统计，与朝鲜的输出量之间互相抵消的程度也就无法估算了。

朝鲜重视朝贡所带来的经济利益是不可否认的，但是其纳贡更是为了追求朝贡的道德价值。朝鲜进贡动机在不同时期呈现不同特点。建国初期最重要的是获得明朝册封，以巩固国内统治的政治基础。待两国关系稳定后，朝鲜纳贡主要是开展贸易和引进明朝文化、技术。但是贯穿始终的则是朝鲜固边安邦的现实考虑。朝鲜君臣将“谨事大”视为国家“永世长治久安之本”，以积极履行贡职来表现对明朝的事大之意，希望通过贡献之礼确保政权稳固和边防安全，即“事大保国”。朝鲜注重尊卑、严守礼仪的态度使其“虽称属国而无异域内”④，由此获得了明朝信任，最终在万历壬辰年间实现保国目的。

对于明朝来说，朝鲜进献物品的经济价值并不具有多少现实意义，针对朝鲜的赏赐似乎也没有给明朝造成巨大的经济压力，当然这很难通过确切的数据来证实。明朝发展朝贡制度乃是看重朝贡所体现的政治内涵。朝鲜的贡献首先使明廷获得了期望的政治地位。朝鲜规律性的进献表明了其

① 徐荣辅，沈象奎．万机要览：财用篇：供上条．早稻田大学图书馆乐浪书斋藏本．

② 朝鲜太宗实录：卷 13：七年六月丁未条．

③ 朝鲜文宗实录：卷 2：即位年六月己丑条．

④ 明史：卷 320：朝鲜．北京：中华书局，1976：8307．

对明朝宗主国地位的肯定，当明末朝鲜转贡爱新觉罗氏后，明、鲜宗藩关系也随之结束。其次，明朝统治中心北移，朝鲜半岛的战略地位愈发显得重要。永乐以后，将朝鲜作为“疆圉藩屏”的设想逐步形成。蒙古高原势力再度崛起后，辽东亦动荡不安，加上倭寇活动频繁，朝鲜对明朝辽东边防安全的意义更为突出，明朝部署防御措施时亦将朝鲜纳入考虑范围，而两国之间保持正常贡赐往来就代表着朝鲜依然可以起到“疆圉藩屏”的作用，有利于辽东地区稳定。

总之，明朝、朝鲜各自的政治需要乃是贡赐往来的原动力，而贡赐往来的良好发展也促使两国关系持续稳定并且愈加密切，进而成为朝贡关系的典范。

第三节　出使任务的外交本质：使臣往来数据研究

以现代外交学观点衡量，影响国家之间关系的诸项因素中，外交人员个人技巧是最灵活多变、作用最小的部分，如图 9－3 所示。而在古代信息不能及时传递的情况下，使臣发挥自我效能对于完成出使任务显得尤为重要，发挥到极致就如同战国时期那些非凡的纵横家，“一怒而诸侯惧，安

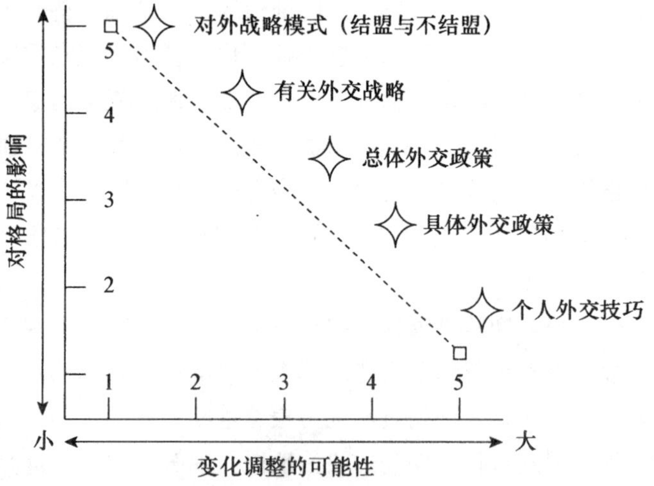

图 9－3　国家间外交关系的主要影响因素

资料来源：刘江永．东亚大国关系格局演变及内在规律探析．河南大学学报（社会科学版），2005（1）：81－84．

居而天下熄”①。纵横家不是一般的外交官，他们面临的国家间斗争时常与国内政治斗争纠缠在一起，身系一国安危的同时自己的性命也时刻处在危险之中，正如子贡所言：“出言陈辞，身之得失，国之安危也。”②

明朝和高丽、朝鲜交往并不具备诞生纵横家的时代条件，但是使臣的个人能力依然能对外交事务的解决起到某种程度的推动作用，从而影响着外交进程。如明初偰斯首使高丽，顺利争取到王氏亲明弃元。又如朝鲜权近出使洪武朝，得到明太祖亲赐御制诗，化解了外交风波。学界已对明朝和东国使臣予以较多关注，或以单个人物为研究个案③，或按国别考察使臣的群体形象④，揭示出使臣对两国关系的重要意义。

在明朝和朝鲜的外交体制下，使臣的职责重在执行，起到传递国家文书、表达国家意志的作用。明朝和朝鲜的使臣任务呈现多样化，将政治、外交、贸易、文化等内容高度集于一身，这是两国使臣具有的鲜明时代特征。无论使臣出使冠以何种名目，其所承载的任务始终是围绕着本国既定外交方针设定的，是本国外交政策的具体体现。从这一角度而言，使臣是反映外交变化的晴雨表。因此我们有必要对使臣予以充分重视，采取多种学科方法，从不同角度展开研究。从现有的关于使臣的研究著作和论文来看，历史学科方法应用较多，其他学科方法涉及较少；描述性研究较多，解释性研究较少；个体性研究较多，群体性研究较少；定性分析较多，定量分析较少。针对这种情况，本节拟对较长时段内两国使臣政治任务进行基本的描述性统计和比较性研究，并与史实相互印证，来考察明朝前期与高丽、朝鲜关系的历史变迁。

作为宗主国，明朝主动遣使较少且礼仪特征突出，而藩国朝鲜素有

---

① 焦循．孟子正义：卷 12．北京：中华书局，1987：415-416.

② 刘向．说苑校证：卷 11．向宗鲁，校证．北京：中华书局，1987：266.

③ 如叶泉宏的《偰氏家族与丽末鲜初之中韩关系》(《韩国学报》1993 年第 12 期）和《权近与朱元璋——朝鲜王朝事大外交的重要转折》(《韩国学报 》2000 年第 16 期)、桂栖鹏的《谈明初中朝交往中的两位使者——偰长寿、偰斯》(《民族研究》1995 年第 5 期)、张德信与松浦章的《一部研究中朝关系的重要史料——〈朝天录〉评价之一权近〈奉使录〉》(《史学集刊》1999 年第 3 期)、陈尚胜的《偰长寿与高丽、朝鲜王朝的对明外交》(《第七届明史国际学术讨论会论文集》，1999)、伍跃的《高丽使臣郑梦周的南京之行》(《明史研究论丛》第 9 辑，2011)、오수연（吴秀妍，音译）的《丽末鲜初赵胖对明的外交活动》(《韩国人物史研究》2013 年第 20 期）等。

④ 如中国学者李新峰的《明前期赴朝鲜使臣丛考》(《明清论丛》第 4 辑，2003)、韩国学者白玉敬的《朝鲜前期译官性格的考察》(《梨大史苑》1988 年第 22/23 期合辑)、金九镇的《试论朝鲜前期韩中关系史——以朝鲜和明朝的使行性格为中心》(《弘益史学》1990 年第 4 期)、朴成柱的《丽末鲜初遣明使研究：以对明活动的认识为中心》(韩国东国大学硕士论文，1996）等。

“北虏南倭”之患，又国力堪弱，为避免战事及取得政治权益，使臣的斡旋作用十分重要。李朝文人洪汝河（1621—1678）曾在《汇纂丽史》专为行人立传，他强调：“东国南北皆有敌国，日以习兵为事，而东国介于其间，独雍容文具为治。疆场有警，辄以玉帛将事。使事得失，其在东国尤重也。”① 因此朝鲜派出使臣数量要远远多于明朝，从使臣角度审视两国关系时，高丽、朝鲜遣使应成为关注重点。

明朝比较重视的东国使项是节日使和别使。节日使是高丽、朝鲜针对明朝正朝、圣节、千秋节的定期出使，此外每三年还派出贡马使进献良马五十匹，这也是固定使项。别使则包括谢恩、奏请、进贺、陈慰、进香等不定期出使。除了节日使、别使外，目的地仅至辽阳城的“辽东使”也值得关注，其履行的职责并不是处理日常的边境事务，而是从都城出发、由外交机构司译院官员担当、处理国家层面的事务，一般涉及两国交往的方方面面大都需要辽东使先期沟通，本节只讨论辽东使中的管送使和押运使。前者主要是管送各种原因到达朝鲜的明朝人，后者主要是在明朝与高丽、朝鲜开展牛马贸易时，押送牲畜至辽东交割。

一、东国定期使的量化分析：国家关系正常化的标志

明朝将对外关系纳入朝贡礼制范畴，使之成为外邦与明朝建立联系的首要条件，那些愿意接受朝贡制度的国家，以“藩属”自居，谨守“臣节”，对于这种国家间的君臣关系，美国学者马克·曼考尔早就指出“不能根据西方的习俗和实践”来解释，如果将以儒家礼制思想为基础的国家关系“放在传统的儒家社会和现代西方社会的语境中加以考察，就会看到它们可能有着迥然不同的意义。朝贡制度更适合从传统中国的语汇和制度出发从整体上加以理解”②。目前对封贡内涵的理解仍有待深入，仅从外在表象来看，接受册封、定期朝贡乃是朝鲜尊崇明朝宗主国地位的重要体现，所以高丽、朝鲜节日使规律出使就表明国家关系正常，如果节日使发生中断，则表示国家关系遇到阻碍，发展得不顺畅（见表 9-14）。

---

① 洪汝河. 木斋文集：卷 10//韩国文集丛刊：第 124 册. 首尔：景仁文化社，1990：534.

② 马克·曼考尔. 清代朝贡制度新解//费正清. 中国的世界秩序：传统中国的对外关系. 杜继东，译. 北京：中国社会科学出版社，2010：58.

表 9-14　丽末鲜初赴明节日使统计

<table>
<tr><td colspan="2" rowspan="2">时期
类别</td><td colspan="3">高丽</td><td colspan="7">朝鲜</td><td rowspan="2">合计</td></tr>
<tr><td>恭愍</td><td>禑昌</td><td>恭让</td><td>太祖</td><td>定宗</td><td colspan="2">太宗</td><td colspan="3">世宗</td></tr>
<tr><td colspan="2">在位年限</td><td>6</td><td>15</td><td>4</td><td>7</td><td>2</td><td colspan="2">18</td><td colspan="3">32</td><td>84</td></tr>
<tr><td rowspan="4">派出</td><td>正朝使</td><td>5</td><td>12</td><td>2</td><td>6</td><td>1</td><td colspan="2">17</td><td colspan="3">32</td><td>75</td></tr>
<tr><td>圣节使</td><td>5</td><td>6</td><td>3</td><td>5</td><td>1</td><td colspan="2">18</td><td colspan="3">32</td><td>70</td></tr>
<tr><td>千秋使</td><td>5</td><td>5</td><td>3</td><td>5</td><td></td><td colspan="2">14</td><td colspan="3">14</td><td>46</td></tr>
<tr><td>贡马使</td><td>2</td><td>6</td><td>1</td><td>1</td><td></td><td colspan="2">5</td><td colspan="3">7</td><td>22</td></tr>
<tr><td colspan="2">派出明使总数</td><td>17</td><td>29</td><td>9</td><td>17</td><td>2</td><td colspan="2">54</td><td colspan="3">85</td><td>213</td></tr>
<tr><td colspan="2">到达明朝总数 II</td><td>16/1</td><td>25/4</td><td>8/1</td><td>13/4</td><td>2</td><td>3</td><td>51</td><td>20</td><td>33</td><td>32</td><td>203/10</td></tr>
<tr><td colspan="2">到达明朝总数 I</td><td colspan="4">62/10</td><td colspan="2">5</td><td colspan="2">70</td><td>33</td><td>32</td><td>203/10</td></tr>
<tr><td rowspan="4">到达</td><td>贡马使</td><td>2</td><td>6</td><td>1</td><td>1</td><td></td><td>1</td><td>4</td><td>2</td><td>3</td><td>2</td><td>22</td></tr>
<tr><td>千秋使</td><td>5</td><td>5</td><td>2/1</td><td>4/1</td><td></td><td></td><td>14</td><td>6</td><td>8</td><td></td><td>44/2</td></tr>
<tr><td>圣节使</td><td>5</td><td>6</td><td>3</td><td>4/1</td><td>1</td><td>1</td><td>17</td><td>6</td><td>11</td><td>15</td><td>69/1</td></tr>
<tr><td>正朝使</td><td>4/1</td><td>8/4</td><td>2</td><td>4/2</td><td>1</td><td>1</td><td>16</td><td>6</td><td>11</td><td>15</td><td>68/7</td></tr>
<tr><td colspan="2">在位年限（年）</td><td colspan="4">30</td><td colspan="2">4</td><td colspan="2">22</td><td>11</td><td>15</td><td>82</td></tr>
<tr><td colspan="2">类别
时期</td><td colspan="4">洪武</td><td colspan="2">建文</td><td colspan="2">永乐</td><td>洪宣</td><td>正景</td><td>合计</td></tr>
</table>

注：1. “/” 后表示高丽、朝鲜派出但没有进入明朝国境的使臣次数。

2. 恭愍王在位时间为 1351 年至 1374 年，表中只统计入明以后的六年，即从明朝与高丽实际接触的 1369 年开始计算。“正景” 一项仅包括景泰元年。

3. 贡马使在丽末鲜初可能尚未形成制度，以史料中实际出现的贡马使次数为准。

4. 1389 年 11 月恭让王即位，时为昌王元年，《高丽史》记为恭让王元年。1392 年 7 月高丽灭亡，时为恭让王四年，《朝鲜实录》记为朝鲜太祖元年。因此丽、鲜国王在位总年限多出两年。

资料来源：高丽史；朝鲜王朝实录.

高丽、朝鲜派出节日使但未能到达明朝的情况主要出现在高丽禑王、朝鲜太祖与定宗时期，即明之洪武、建文朝。盖因元明更替与丽鲜嬗代先后发生，新政权皆有待稳固，国家之间亦不熟悉，加上北元因素的影响，双方出现政治摩擦是不可避免的。

洪武元年偰斯出使高丽达成建交目的，两国关系以友好开始，不废礼节，其间仅有的一次高丽贺正使没能如期到达也是遭遇海难所致。洪武七年，高丽发生明使被劫杀事件，由此结束了两国间原本融洽的气氛，明朝施以却贡，高丽禑王政权则采取两端外交，称臣北元的同时也频频遣使向明朝示好，只不过使臣或被明朝扣留或不许入境，高丽节日使由此出现中断。之后，明朝出于解决盘踞东北故元纳哈出势力的考虑，不得不重新接纳高丽使臣，并册封禑王恢复朝贡，但是很快高丽又因明朝“铁岭立卫”出兵辽东，武将李成桂中途威化岛回军，掌控高丽政权，先后废掉禑王、昌王、恭让王，最终化家为国。但是李成桂对明朝的事大“仅止于外交礼仪的让步，内部仍与明朝维持紧张关系，并追求实利与扩张版图”①。对故元退出后的土地、人口归属的争夺导致明鲜外交危机不断，双方始终无法达成基本的政治互信，朝鲜节日使因此屡屡被禁止入境。

建文初期，明朝和朝鲜均发生王位争斗，李成桂各子忙于夺位，无暇顾及按时遣使，明朝也因皇室内乱待发而未强求朝鲜朝贡。直到李芳果继位、李芳远被立为世子，朝鲜王室斗争平息，才于建文二年八月派出圣节使。此时靖难之役已爆发，为防止朝鲜与朱棣接触，建文帝热情接待了朝鲜使臣，并于次年册封朝鲜国王，双方恢复正常朝聘。此后至崇祯十年(1637)，朝鲜节日使基本没有再出现过中断。这并不代表横亘在明鲜之间的问题已经全部消失，而是两国在专注于国内统治的同时亦不断微调交往政策。

永乐以后，明朝和朝鲜的政权均趋于稳定，相互了解也日益加深，当发生利益冲突时，明廷也没有像洪武朝那样以却贡方式来处理两国间争执，而是施以间接的军事震慑和必要的外交策略。永乐朝以安南之役震慑朝鲜，使朝鲜认识到“如我国少失事大之礼，必兴师问罪”，“以天下之兵伐此小国，谁敢有敌之者”②。强硬的永乐朝也曾选择适当“放弃”以换取更大利益，即为了减少猛哥帖木儿部归附的阻力，明朝将当时朝鲜半岛咸州以北、原辽金地界的十处女真人划归朝鲜。朝鲜太宗李芳远在与明朝争夺女真频频失利、北拓疆域毫无进展、女真侵扰不断的情况下，转而采取“退婴”政策，一度将祖陵南迁，放弃庆源府，退守镜城。也是自李芳远开始，朱熹理学在朝鲜的官学地位不断强化，朝鲜也逐渐回归到传统的“事大”轨道上来，统治者注重实施政治上、文化上的事大主义，并将其置于国家存亡的高度，对明“事大”就成为了朝鲜基本国策，这其中固然有明朝实力强盛的因素，但也不能忽视德化的力量。

自洪熙朝开始，明朝逐步调整对外政策，具体改革虽未涉及朝鲜一域，但在外交收缩的大趋势下也惠及朝鲜。如明朝减少对外用兵，向朝鲜征购马匹锐减；明朝注重本国民生亦减轻朝鲜进献压力，体现了明朝对朝鲜态度由“威服”向“德绥”的转变。这里的“德”不仅仅指明朝实行的“德政”，更代表着广义的含义，即中国文明的先进性，这也是吸引朝鲜等

① 李元淳，等. 韩国史. 詹卓颖，译. 台北：幼狮文化事业股份有限公司，1987：166.

② 朝鲜太宗实录：卷13：七年四月壬辰条.

周边国家积极朝贡的重要原因。总之，朝鲜“事大之礼益恭”，明朝“亦待以加礼，他国不敢望也”[①]。

二、东国非定期使的结构化分析：国家关系发展的推动力

朝鲜朝贡目的与那些视朝贡为“贸易外衣”的东南亚国家不同[②]，是兼具政治、边防、贸易、文化科技等多方面内容的，所以仅仅依靠节日使是不够的，还需另派使臣处理节日朝贡以外的各种事务（见表 9－15）。

别使执行的任务可谓多样，有遵循礼制的派出，有处理具体事务的专遣，可以说别使既是增进朝贡关系的礼仪举措，也是东国实现利益诉求的重要载体。如果将节日使视为东国为了长远目标而进行的一项长期经营，那么别使就是为了解决当前问题而设置的应对措施，二者对高丽、朝鲜同等重要。除了谢恩使和进贺使外，其他出使数量较多的别使还有计禀使、奏闻使、进献使。计禀使是东国表达政治诉求的主要使项，最能体现其主动性。奏闻使、进献使有主动、被动之别。如明太祖质问朝鲜暗诱女真一事，朝鲜遣使进行辩解是被动型奏闻，而朝鲜将获得的倭寇情报上达明廷则是主动奏闻。又如宣德朝曾颁旨索要海青，此时朝鲜进献属于被动行为，而正统时朝鲜常常无旨进献鹰子则是主动行为。主动、被动出使所体现的外交意义是完全不同的，后文将专门论述。

辽东使是明鲜交往中的特色使项，其数量远远高于别使，表明辽东在两国交往中的重要性。元明更替之际，辽东“细作横行”[③]，各种情报交织。当时在辽东地区占有控制优势的是以纳哈出为首的各故元势力集团，而高丽因历史原因也具有较强的影响力，明朝和北元都希望将高丽这种影响力化为己用，所以对高丽在辽东的任何举动都十分敏感，这也直接影响着明、北元、高丽三方关系的走向。如洪武三年正月至洪武四年九月，高丽恭愍王先后三次出兵辽东，其目的主要是铲除集结于东宁府附近的反高丽势力，但在明朝看来，这些行动多少体现了高丽“绝北元”的态度，由此增进了明朝对高丽的信任，同时也使北元借兵高丽的希望破灭。又如洪武十一年九月，明朝对高丽禑王政权的态度曾一度有所缓和，派两位明使前往高丽颁谕，明使行至辽东时听闻高丽仍遣使北元，中途折还，导致明丽再次断交。

---

① 明史：卷 320：朝鲜. 北京：中华书局，1976：8285.

② 庄国土. 略论朝贡制度的虚幻：以古代中国与东南亚的朝贡关系为例. 南洋问题研究，2005（3）：1-8.

③ 高丽史：卷 136：辛禑：十三年十一月.

表 9-15　丽末鲜初非定期遣明使统计

种类＼时期		高丽			朝鲜				合计
		恭愍	禑昌	恭让	太祖	定宗	太宗	世宗	
别使	陈慰	1		1	1	1	1	5	10
	进香					1	2	4	7
	告讣		1				1	2	4
	问安						7	2	9
	谢恩	4（1）	5（2）	1	8（1）/3		29（1）/1①	52（2）	99（7）/4
	进贺	2（1）	1/2		（1）	1	10（3）	23（7）	37（12）/2
	进献		4（1）/4	1			4（2）	33（9）/1②	42（12）/5
	奏闻	5	4（1）	3	16（1）/1		14（2）	24（5）	66（9）
	计禀	3（4）	8（4）/5	（2）	2/2	（1）	13（7）	12（20）	38（38）/7
辽东使	管送				7	1	45	102	155
	押运		3	6	10		50	55	124
合计		15（6）	26（8）/11	12（2）	44（3）/6	4（1）	176（15）/1	314（43）/1	591（78）/18

注：“（）”内表示兼行次数，即一次出使完成多项事务。“/”后面表示未成行次数。高丽禑王、朝鲜太祖时别使多次未成行的原因与节日使相同，文中不再赘述。

资料来源：高丽史；朝鲜王朝实录.

---

① 朝鲜太宗王二年三月派至建文朝的谢恩使因辽东阻梗而中途返回。

② 朝鲜进献使听闻明成祖去世而中途返回。

明鲜关系平稳后，辽东就成为边市贸易、使臣驻驿的场所，当然仍是两国获悉对方情报的信息渠道。对朝鲜来说，使臣进入明朝虽不受勘合限制，但也无事不得随便入境。为及时了解明朝动态，增加政治意义不强的辽东使毋宁是较好的选择，既比受限于烦琐礼制的节日使、别使行动方便，也比边界驻防官兵的打探更为准确。辽东使中管送流民一项因边民越境情况长期存在而贯穿明代始终。明朝前期因战事及恢复生产需要曾与高丽、朝鲜开展过牛马贸易，交易总量由明朝决定，除建文朝外，押运任务均由东国负责，进一步增加了高丽、朝鲜进入辽东的次数。总之，频繁的辽东使，再加上节日使、别使，东国使臣接踵而至辽东，由此能较快地探知明朝信息，提早做好较为周全的准备。如朱棣去世的消息，在明朝讣告到达前，朝鲜就已从辽东获知，陈慰、进香、贺登基使早早待命于鸭绿江边，从而成为最早入贺新朝的藩国。朝鲜这种迅速响应且经过深思熟虑做出的得体举动在明朝看来都是事大至诚的表现，由此博得明朝称赞也就不难理解了。

三、朝鲜遣使的内涵分析

高丽、朝鲜使臣种类多样、任务结构复杂，若按出使意愿可划分为被动遣使和主动遣使两大类。所谓被动遣使指按照明朝礼制要求的派出，亦可称为礼仪型遣使，虽然也多属高丽、朝鲜自愿行为，但本质上是为了适应明朝的需求。主动型遣使，顾名思义，即高丽、朝鲜按本国现实需要自主派出的使臣。两种分类包含的具体使项及所占比例如图 9－4 所示：

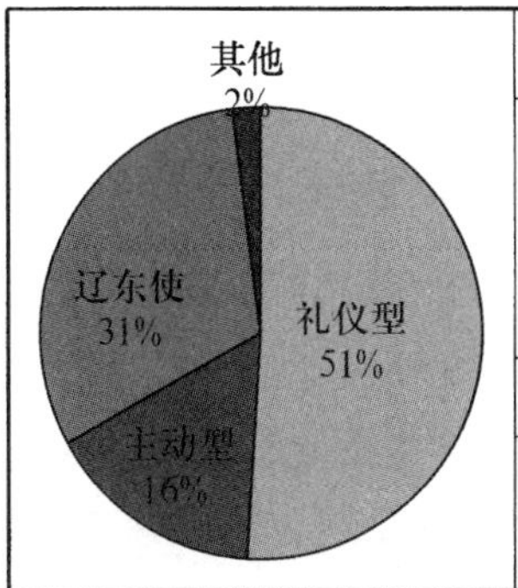

被动型（礼仪型）	主动型
1. 节日使 2. 进香、陈慰、告讣、问安、进贺、谢恩使 3. 进献、奏闻中的回应型派出	1. 计禀使 2. 进献、奏闻中的自主型派出
辽东使	**其他**
1. 押马使 2. 管送使	1. 朝鲜籍嫔妃亲属的往来 2. 朝鲜求问理学、药材等

图 9－4　明朝前期高丽、朝鲜遣使任务结构化比例

在本书研究范围内，东国礼仪型遣使已达遣明使总数的一半左右，如果将“辽东使”和“其他”这两种对两国政治关系直接影响力微弱的使项去掉，那么礼仪型遣使的比例将高达76%，可见朝贡礼制在高丽、朝鲜与明朝交往中的基础作用是毋庸置疑的。但在不同时期，东国礼仪型遣使比例却是不同的，或者说不稳定，至少在明朝前期，这种波动还是比较明显的。

若从更深层次解读高丽、朝鲜的礼仪型、主动型遣使内涵，图9-5实际上反映了明朝运用礼制过程中对两国关系的主控力度，图9-6代表着东国的自主意识，亦反控制力。二者的消长就体现出两国关系的动态变化。

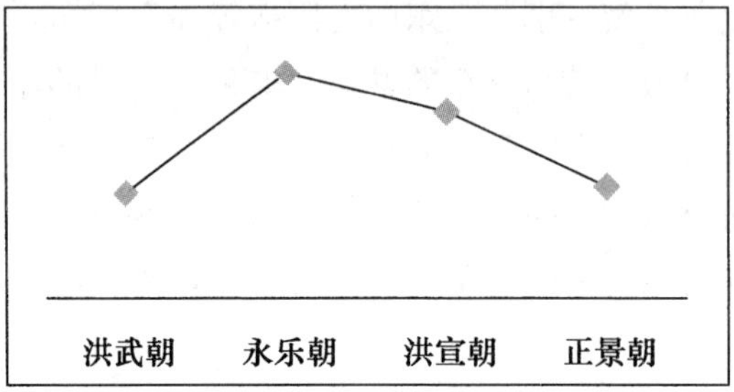

图9-5　明朝前期高丽、朝鲜礼仪型遣使比例

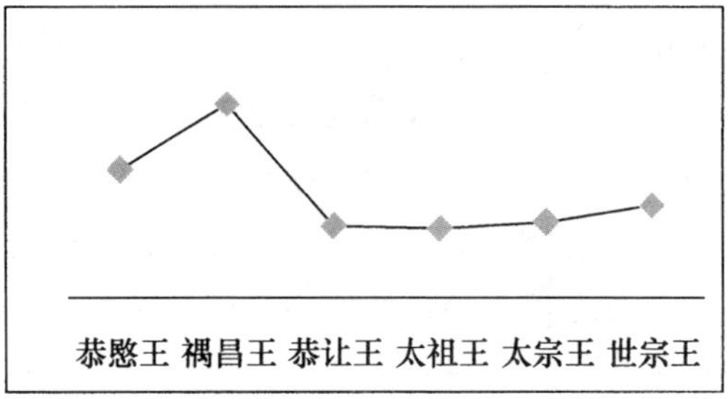

图9-6　明朝前期高丽、朝鲜主动型遣使比例

注：明建文帝和朝鲜定宗王因在位时间短、使臣数量少而未作为研究对象。

元朝利用高昂的武力成本大范围扩张而所得过于稀少的深刻教训使得明太祖放松了对周边国家的直接控制，只要对方履行朝贡礼仪形式即视为臣服，而各国是否接受朝贡则取决于自身选择，像日本不愿意接受这种制度，明朝也没有以武力相逼。为了将更多的精力投诸北边防御体系建设，明太祖尽量避免卷入任何可能有损自身国力的他国政治、军事斗争中去，也减少了对他国内政的“指手画脚”。整个洪武朝，明太祖对待高丽、朝鲜的方式都在践行其所倡导的“不征”“不干涉”外交原则。

明太祖不愿介入东国内政事务，但东国活动若涉及明朝则必加干预。

高丽杀害明使，明太祖施以却贡，长时间的却贡客观上造成了禑王政权对明遣使的高度自主性，遣与不遣，何种事由，明朝均不理会。禑王政权在明与北元之间“自主”衡量、选择宗主国的过程中与明朝不断疏远，双方能够再次确立封贡关系，只是出于各自战略政策的选择，实际上并无深入往来。这种建立在薄弱的外交基础上的国家关系毫无牢固性可言，所以解决东北故元势力之后，尚在封贡关系下的高丽就发起针对明朝的军事行动，只是我们尚不清楚明朝对此事的具体反应。李成桂主政时期，朝鲜招抚女真、北拓疆域的活动都与明朝发生了冲突，明太祖坚持“不征”的同时施以持续的外交压力，这虽不能改变朝鲜的既定政策，却也在一定程度上延缓了朝鲜拓疆进程。

明太祖经历丽、鲜五王，双方关系呈现较大起伏，但他对两国关系的控制力始终保持在一个适度的基准点，从而奠定了有明一朝对朝鲜关系的政治基调，且只在永乐时有过短暂突破。明成祖登基之后就立即表现出对明鲜关系的强烈控制意向。朝鲜作为第一个进贺朱棣登基的藩国而倍受礼遇，但永乐朝在处理诸如推刷漫散军、招徕女真、拓展边疆等东北事务时是强势作为的，并没有因为与朝鲜的关系而束手束脚。洪宣以后，明朝统治者无法继续维持永乐朝的强势局面，采取外交收缩，其目标就是回归到“洪武基点”。由图 9－5 可以看出，至正统时，明朝对两国关系的控制力度大致回到了洪武水平。与洪武朝不同的是，正统时期对朝鲜的猜疑、指责大为减少，温和的邦交政策使两国关系处于稳定和睦状态。

随着明朝主控力的放松以及“德绥”政策的实施，朝鲜民族意识亦不断增长。世宗王李祹是朝鲜史上最具开拓精神的国王之一，其在位三十余年，历事明代三帝，一直深受信任。在其统治时期，朝鲜内外稳定，国家经济实力增强，军事作战能力有所提高，世宗王继位之初针对对马岛倭寇发动了“己亥东征”，又于宣德八年、正统二年两次征讨女真部族，朝鲜民族意识也在战争中进一步增强。世宗王积极向明朝表达政治诉求，奏请金银代贡、蠲减耕牛贸易、限制宦使买卖等都获得准许。土木堡之变时，朝鲜将明朝战马交易数量由二三万匹降至五千，又出于自保考虑拒绝了明朝征兵要求，彻底摆脱了永乐朝形成的亦步亦趋的外交境况。特别是在女真问题上，朝鲜动用武力迫使女真北迁，又派兵进驻部分空留区域，陆续建立起沿江四郡六镇，这一过程竟然没有与明朝产生严重摩擦，可说是朝鲜外交史上罕见的。需要强调的是，朝鲜民族意识的增强并非要脱离藩属地位，事大保国仍然是其对明政策核心，只不过经历了元朝的政治操控、永乐朝的极度被动后，朝鲜希望在事大的前提条件下为本国争取更多利益。

四、明朝遣使的内涵分析

洪武、永乐时期，明朝积极对外遣使主要是诏告登基，招徕朝贡，以彰显政权的合法性及天下共主的地位，永乐之后，明朝将一般诏敕事务交由入贡使臣代为传达，诸如新帝登基、册封国王等重大事项才专门遣使。由此而言，明朝礼仪型遣使就成为我们判断明朝对他国态度的一项政治标准，至于影响明朝遣使的根本因素仍是边防安全。

古代中原王朝，即使是在强盛时期，其对外政策的制定也是首先出于边防安全的考虑，“中国安危，系于边陲统驭之得失。而中国之绥服边陲部落，亦实为国家争取生存保护封疆不得已之自卫，非穷兵黩武、好大喜功、专以务远略臣异域为快者也”①，这虽是论述清代边疆部族与中原政权间的关系，却也能借此理解明朝在与接壤外邦交涉时的种种倾向。对于朝贡，明朝采取“来者不拒，去者不追”的不治主义态度，而对于册封，明朝格外慎重，像李成桂，明太祖认为其“首尾凡弑王氏四王”，不合礼制，始终不予诰印，建文首次册封朝鲜也是经过认真考察的。不过洪武、建文册封时的“匆忙”也是显而易见的，毕竟明朝在选择册封对象时依然秉承着传统的御疆思维，即“有选择地册封若干在当地相对强大而有影响的国家，作为控制或者影响一个地区的战略支撑点”②，明朝早就认识到了朝鲜半岛作为“战略支撑点”的价值所在，明朝前期就充分利用封贡手段处理与朝鲜半岛关系以保障东北问题的解决以及辽东边防的稳定。

明朝建立时并未完全拥有天下，元朝主力尚存，明太祖担心高丽可能会为故元反攻中原提供军事援助，遂高度重视与高丽的关系，不仅册封恭愍王，国内诸大事，如封藩诸子、颁定新制、战事捷报等均遣使通告高丽，因此恭愍王时期，明朝向高丽遣使颇为频繁。恭愍王遇弑后，明太祖对高丽的态度发生转变，礼仪型遣使骤减。当时明朝对北元战事陷入胶着状态，转而先解决南方故元势力，待洪武十五年明军击溃据守云南的十余万元军后才将东北问题提上日程。为减轻出兵纳哈出的后顾之忧，明

① 陈芳芝．清代边制述略．燕京学报，1948（34）：151-156.

② 韩昇．东亚世界形成史论．上海：复旦大学出版社，2009：38.

太祖恢复对高丽遣使，颁以册封。东北问题解决后，高丽的战略意义迅速下降，加上外交关系恶化，明太祖未再有任何礼仪性遣使。靖难期间，考虑到朝鲜态度很可能影响到战局发展，建文帝对朝鲜的重视程度又急剧提升，先是册封李芳远，使之成为朝鲜建国后第一个正式受到明朝册封的国王，之后再颁九章冕服，待以亲王之礼，以确保朝鲜不支持燕军。

与洪武、建文朝迫于战争压力而积极关注东国相比，明朝统治中心北移后，作为距离国都最近的藩国，朝鲜更是不容忽视。表 9－16 中永乐对朝鲜世宗朝的重视胜于太宗朝，应与当时刚刚迁都北京有一定关系。迁都北京后，朝鲜之于明朝边防安全的现实意义得到了极大的提升，明朝北征蒙古、羁縻女真、防御倭寇都与朝鲜息息相关。永乐朝五征漠北，没有充足的马匹很难取得战场上的主动权，仅永乐朝就与朝鲜交易马匹三万余匹。洪宣以后，明朝北疆日益多事，瓦剌东侵兀良哈、女真，造成东北地区动荡不安，倭寇海上活动也日趋频繁，朝鲜作为牵制女真、日本的重要力量亦被明朝纳入部署防御措施的考虑范围。辽东都司曾言“都司与朝鲜一体，辽东有声息，则报诸贵国，贵国有声息，则通诸都司，相为表里，万世之幸也”①。明朝前期与朝鲜以交换情报的方式展开边防合作，朝鲜多次将倭寇动态汇报给明朝，明朝也数次将女真欲兴兵侵扰的消息告知朝鲜，令其严防戒备。总体而言，明朝将朝鲜视为疆圉藩屏，对朝鲜的重视程度则与东北一域面临的边防压力成正比，到土木堡之变时，辽东出现的问题尚未对明政权造成严重威胁，所以正统朝对朝鲜的重视程度尚不及洪武初年。

表 9－16　明朝前期向高丽、朝鲜礼仪型遣使比例

<table>
<tr><td colspan="4">洪武</td><td colspan="2">建文</td><td colspan="2">永乐</td><td>洪宣</td><td>正统</td></tr>
<tr><td>高丽
恭愍王</td><td>高丽
禑昌王</td><td>高丽
恭让王</td><td>朝鲜
太祖</td><td>朝鲜
定宗</td><td colspan="2">朝鲜
太宗</td><td colspan="3">朝鲜
世宗</td></tr>
<tr><td rowspan="2">64%</td><td rowspan="2">6%</td><td rowspan="2">0</td><td rowspan="2">0</td><td rowspan="2">0</td><td>23%</td><td>36%</td><td>55%</td><td>39%</td><td>29%</td></tr>
<tr><td colspan="2">33%</td><td colspan="3">42%</td></tr>
<tr><td colspan="4">20%</td><td colspan="2">31%</td><td colspan="2">40%</td><td>39 %</td><td>29%</td></tr>
</table>

注：1. 朝鲜定宗王时明朝仅遣使一次，明使到达时，定宗王已禅位，因此记入太宗王时期。

2. 该表的统计方式并不适用于反映整个明朝对朝鲜的态度。在辽东稳定时期，明朝向朝鲜遣使非常少，礼仪型事务也常由朝鲜使臣代为传达，正统朝颁赐冕服、册封世子皆由朝鲜使臣代为宣敕。

① 朝鲜端宗实录：卷 3：即位年闰九月乙丑条.

本章小结

学者周方银曾从理性选择的角度，将古代东亚秩序解释为朝贡体系中国家动态博弈的结果，“朝贡体制是一种自发秩序，是中央王国与周边邻国相互博弈的一个产物，不能轻易地认为它仅仅是中央王国凭借其实力优势把自身的想法强加到周边邻国的结果”①。本章即从马匹贸易、贡赐价值、遣使内涵三方面尝试分析了双方博弈的过程。

明朝作为宗主国，在与高丽、朝鲜的关系中占据主导地位，高丽、朝鲜不得不随时调整对华政策细节以适应明朝的需求。如高丽、朝鲜并不愿意开展马匹贸易，却又不得不为之，并不断地根据明朝所表现出来的情况来调整其马匹筹措进度，可见其政策的灵活性。在实力不对称的格局下，高丽、朝鲜具有持续不断地提升自身主权、利益等需求，其进献物品价值、遣使任务中无不包含着诸多现实要求。在明朝的概念中，朝贡礼制是对外交往的媒介，但并不意味着明朝就此认为仅仅依靠这种制度就能经营好与藩国之间复杂多变的关系。在实际操作中，明朝以本国利益为根本出发点，不断微调与东国交往的政策，有时明朝也会陷入被动，如洪武朝因金山之役而册封高丽禑王、建文朝因靖难之乱而册封朝鲜太宗王，这都是源于战争压力而做出的改变。

明朝与高丽、朝鲜关系始终是处于动态变化的，只不过明朝与朝鲜关系稳定期较长，容易使我们忽略了轻微的波动。由于利益的不同，国家之间产生分歧与矛盾是必然的事情，但是明朝与朝鲜的关系不断地在新问题出现、解决过程中逐渐发展变化，而且这种变化趋势是良性的，双方矛盾始终没有激化到需要采取“征伐”措施的程度，这种非战争形式的博弈方式将两国关系不断推进到新阶段。

① 周方银. 朝贡体制的均衡分析. 国际政治科学，2011（1）：32.

第十章　结束语

蒙元帝国的建立改变了中国与东亚国家之间的关系，将中国对周边国家的控制力度史无前例地推向顶峰，但蒙元帝国强权的不稳定性也是从一开始就表现出来的，至14世纪中叶，农民起义的大爆发终以摧枯拉朽之势结束了其对中原的统治。随之而来的不仅仅是中国政局的变动，也使东亚国际关系进入一个新的历史时期。今天学界对这个以明朝为主导的东亚秩序冠以多种名称，如朝贡体系、册封体系、天朝礼治体系、华夷秩序等等，多种体系说的出现也表明了明朝与周边国家关系的复杂性，如表10－1所示：

表10－1　古代中国对周边国家的权力资源运用效果的定性评估

次级地缘区域		军事	经济	外交政策	制度	文化
小中华区域	吸引性	中低	高	高	高	高
游牧区域		低	中高	低	中	中
曼陀罗区域		低	高	中	中	中
小中华区域	强制性	中	低	中	中	中
游牧区域		高	低	低	低	低
曼陀罗区域		低	低	低	低	低

注：“小中华区域”指“汉文化圈”和“儒家文化圈”，朝鲜半岛、越南、琉球群岛、日本列岛这些政权的历史文化和制度建设都深受中华文明影响；“游牧区域”涵盖亚洲内陆处于古代中国北部和西部边疆的广大草原和森林地带；“曼陀罗区域”大致与现今东南亚的地缘范围相重合。此表并不包含蒙元时期中国与周边国家的关系。

资料来源：陈康令．试论传统东亚秩序的礼治：一种分析框架．当代亚太，2015（3）．

明清时期中国军事、经济、外交政策、制度、文化方面对周边不同性质国家的影响程度存在较大差异，同属“小中华区域”的朝鲜、安南、琉球、日本所受影响也不相同，因此从任何单一角度进行的审视都无法完全涵盖事实存在的明清中国与东亚国家间关系。即使在各种体系理论中堪称典型代表的明朝与朝鲜关系，在不同时期亦有不同特点，如果将明朝与高丽、朝鲜的关系简单概括，大致可以分为洪武至永乐朝的“威服”（不包含建文时期），洪熙至万历壬辰年前的“德绥”，壬辰以后仍以“德绥”为主，又增加了朝鲜有感于“再造藩邦”之恩的真诚因素，称为“恩服”，朝鲜对明朝的感恩之心态甚至延续至清代，其国内始终弥漫着“尊周思明”[①] 的思绪。仅就明朝前期，即从洪武建国至土木堡之变而言，明朝与朝鲜半岛的关系经历了“威服”“德绥”两个阶段，形成了贯穿明朝大部分时期的双方交往模式，后世虽略有调整，但总体没有发生较大变化。也可以说，至 15 世纪中叶，明朝与朝鲜所形成的关系包含了整个明代与朝鲜外交的全部内涵。

中国由元至明、由乱而治的过程中，与朝鲜半岛的关系先后经历了元丽关系的解体、明丽关系的波折、明鲜关系的磨合才进入了较为稳定状态。元朝末年，元丽关系拉开了变革序幕。高丽进行反元改革，旨在收回部分主权和领土，元朝力图恢复“世祖旧制”的武力干预失败后，不得不政治松绑，转而拉拢高丽以便在必要的时候得到军事援助。高丽在元（北元）与明朝的战局中采取两端外交，与双方都有接触，但均不提供实质性支持，保持观望态度。随着元帝世系瓦解，元丽关系自然解体，但明朝与高丽的关系并没有因此顺利发展，双方根据现实环境变化不断调整着交往细节，当双方均实现令自身满意的“利益最大化”后，两国关系才进入了稳定状态。所谓的“利益最大化”是一个相对概念，即外交关系双方都需要牺牲一小部分利益来换取价值性更大的利益。明朝为了获得政治地位以及边防安全，采取封贡方式与高丽、朝鲜展开交往，在“厚往薄来”的过程中自然要有经济损耗，所以明朝的利益最大化是以册封礼仪怀柔使之不为恶，以朝贡手段固边使之不为乱，保障辽东边境的稳定。高丽、朝鲜由于地缘原因，一直奉行事大保国政策，相较于其他国家对经济利益的追求，高丽、朝鲜更关注政治利益，在不触及政权、疆土等主权的前提下，高丽交纳洪武朝的高额岁贡、朝鲜接受牛马贸易都是为了确保朝贡关系的稳定，维持与明朝的良好关系就是高丽、朝鲜实现固边安邦这项最大利益的保障。

从元末红巾军起义到明朝土木堡之变的百年期间，中国与朝鲜半岛国家关系也从纷乱复杂走向稳定和睦，通过对这一百年间两国交往史实的梳理与分析，我们可以清楚地看到，一国外交政策的制定往往会受到社会历

① 孙卫国. 大明旗号与小中华意识——朝鲜王朝尊周思明问题研究（1637—1800）. 北京：商务印书馆，2007.

史文化传统的影响，被其打上深刻的烙印。同时，面对已经变化的现实环境，也需要因时制宜地进行调整，以顺应新形势的要求。每一个新的历史时期，各国的对外政策都需要将历史与现实进行融合，构建新的国家间关系。这从来都不是一个简单的、可以用单一名词解释的概念，而是一种包含着众多因素、涉及方方面面的多重体系，其影响因素众多且一直呈现动态变化。因此，我们应该以动态变化的眼光，以尊重史实的态度解析复杂多变的国家关系。至于影响因素，就本书研究阶段而言，我们认为影响元明嬗代之际中朝政治关系的主要因素可以概括为四点，即儒家文化的主导性、朝贡制度的纽带性、边防安全的现实性以及国家实力的决定性。

儒家文化的主导性：儒家文化一直影响着古代中国的对外政策。冯友兰曾指出："从古代起，中国人的确十分强调中国（或华夏）与夷狄之分，但是，所着重的分野，不是种族的不同，而是文化的不同……中国人不着重民族意识，正是因为习惯于从'天下'来看问题"，"中国人历来是以文化差异，而不是以民族差异来分自身与外族。中国人的民族意识更多来自文化，而不是来自政治"①。在这种以文化差异为主的华夷观指导下形成的宗藩关系中，藩国"不仅保持独立地位且不需要改变自己的信仰和生活方式。如果有改变，那也主要是行为体自愿、主动吸收和模仿的结果"②。明朝继承了这种传统的宗藩理念，并且比以往任何时代更期待"以夏变夷"的效果，因此明朝积极向外推广儒家文化。可以说，儒家文化或者说朱熹理学对于明朝构建具有独特内涵又不失时代特征的对外关系发挥着主导作用。

明朝希望周边国家奉明正朔，以明帝的年号来记录历史，按时朝贡，明朝则通过派遣使节、颁发册封诏书来承认这些国王的合法地位，并对藩国肩负持危扶颠的责任③。明朝对藩国采取"臣而不治"方式，只寻求象征性的"统"而不期望实际的"治"，只要藩国不公开藐视天朝的权威，明廷对其内政便不予干涉。因此明朝与他国这种宗藩关系的形成不存在强制性，不是建立在武力征服的基础上的。周边国家是否愿意接受朝贡与册封，决定权不在明朝，而是取决于各国自己的姿态。像日本这样不愿意接受封贡制度的国家，明朝也未曾实施过什么有效的措施。因此明朝所建立

① 冯友兰. 中国哲学简史. 赵复三，译. 北京：新世界出版社，2004：163.

② 尚会鹏. 伦人与天下：解读以朝贡体系为核心的古代东亚国际秩序. 国际政治研究，2009（2）：29-43.

③ 罗志田. 后现代主义与中国研究：《怀柔远人》的史学启示. 历史研究，1999（1）：103-119.

起来的封贡范围是一种开放式的，其“扩张和缩小，不取决于周边各民族国家相互之间的对立和斗争，而是取决于中国封建王朝‘德化’力量的大小。它显示出的向外扩张倾向，只是偶发性的现象，并不具有随着时代的进展而继续加速扩张的性质”①。在传统儒家理念的影响下，即使在明朝与朝鲜矛盾最激烈的时候，明朝也只是采用切责和却贡方式，至多是向朝鲜发出出兵讨伐的强烈暗示，但始终未见行动，这与隋、唐、辽、金、元武力解决矛盾冲突的极端方式迥然不同。因此，这种以儒家思想为主导的外交理念就奠定了明朝与朝鲜和平交往的基础，成为明鲜关系稳定发展的重要前提。

朝鲜半岛之高丽长期以佛教作为统治思想，面对中国五代十国、宋辽金元之复杂局面，其对中原王朝的认同感主要基于中原王朝实力对比以及本国边疆安全的现实性。自元朝中期开始，理学思想东传高丽，虽然高丽在事元、事明的抉择中，依然以社稷安危为第一要义，但理学观念的认同开始影响着高丽末年的外交取向，使高丽国内事明士人有了理论支撑。朝鲜作为一个彻底的儒家思想主导的国家，对朱熹理学推崇备至，正如美国学者狄百瑞所说的那样，“朝鲜人采纳新儒学作为一套完整的生活方式以及他们彻底采纳朱熹所提出的种种社会体制和社会实践时那种严肃认真、全心全意的态度——那远远超出了中国人自己所曾做过的任何事”，“新儒学终究是作为一种新的教规而出现的，而朝鲜人对它的反应则带着宗教皈依的许多表现”，“它在有教育修养的朝鲜人中间被接受首先是作为一套学问、伦理规范和精神形式，然后才被确认为一种国家的道统或意识形态。甚至在它正式被采纳之后，它仍继续作为一种创造性的文化力量而不是单纯地作为一种官定的礼仪常规在起作用”②。朝鲜始终坚持着朱熹强调的正统观和华夷观，从这两个角度去衡量，朝鲜对明朝的认同度都是极高的。“朝鲜谨守与明朝的君臣仪制，其君主不称帝只称国王，王妻称王妃，继承人称世子，礼部与朝鲜国王地位平行，文书往来均称‘咨’。虽然朝鲜有自己的王位继承制度，但国王、王妃、王世子等人地位的正式确立必须在明朝施行册封之后”③。不仅仅是现实中的礼仪程序，朝鲜

---

① 崔丕．近代东北亚国际关系史研究．长春：东北师范大学出版社，1992：29.

② 狄百瑞．东亚文明：五个阶段的对话．何冰，何兆武，译．南京：江苏人民出版社，2012：62-63.

③ 陈潮．从中韩关系看古代东亚国际关系的文化基础//韩国研究论丛：第十七辑．北京：世界知识出版社，2007：424-435.

前期所编纂的史书中也体现出东国对君臣名分的坚守。这些史实都表明朝鲜选择以朱熹之纲常伦理、春秋大义作为维护王朝安定的基本措施，进而将朱熹理学内化为统治思想，严守宗藩礼制。

尽管朝鲜学者对儒学经典的诠释与明朝存在一定差异，但同属儒教文化圈的明朝与朝鲜都禀受着理学思想的影响，不存在意识形态的严重冲突，两国有相通的伦理价值观，因此两国外交关系的展开本身也就打上了“儒化”的深刻烙印，儒家思想自身强调的“克己复礼”、追求和睦、与邻为善的内在特性有利于维系外交体系的稳固，从而也维持了两国间相对和平稳定的局面。

朝贡制度的纽带性：朝贡制度非明朝首创，却是在明朝得到完善和发展。明太祖“第一次把贸易系统和进贡体制结合了起来”[①]，“贸易与承认明朝正统权威地位结合起来，确定各国的身份，然后进行贸易，这是一种前所未有的贸易模式，朝贡虽然有着历史的渊源关系，但是，却从来没有一个朝代如此彻底地实行过。或者说从未像在明初这样的大规模进行整合过”[②]。明朝既有片板不得下海之令，又有非入贡不许互市规定，几乎不存在非朝贡关系的对外交流，由此，朝贡礼制成为和平时期各国与明朝开展交往的必要前提。

由于明朝在东亚的全面领先地位，尤其是富庶的经济所产生的贸易吸引力，大部分时候周边国家主动接受朝贡制度，是希望由此获得贸易权利并享受到明朝馈赠的各种经济利益。虽然对于东南亚国家来说，朝贡制度只提供了一些贸易机会，并没有带来多少政治影响，但以朝贡为中心的东亚体系也并非完全是“根据一厢情愿的中国文献演绎出来”的虚幻体制[③]。李云泉认为“在广义上的东亚范围内，某一局部论证并不能代替另一局部的论证。若以明清与朝鲜、越南、琉球的关系为例，凸显更多的则是朝贡制度实的一面”[④]，并且朝鲜、安南的朝贡中对政治价值的追求可

---

① 牟复礼，崔瑞德. 剑桥中国明代史：上卷. 张书生，等译. 北京：中国社会科学出版社，1992：185.

② 万明. 15世纪中国与东亚贸易关系的建构//明史研究：第8辑. 合肥：黄山书社，2003：164-184.

③ 庄国土. 略论朝贡制度的虚幻：以古代中国与东南亚的朝贡关系为例. 南洋问题研究，2005（3）：1-8.

④ 李云泉. 话语、视角与方法：近年来明清朝贡体制研究的几个问题. 中国边疆史地研究，2014，24（2）：1-10.

能超过对经济利益的渴望①。对高丽、朝鲜来说，以“藩邦”自居，谨守“臣节”，愿意接受明朝的册封，而此册封的意义如何理解还有待进一步深入，但是也不能只以中国方面的理解为唯一答案，更应关注接受者是如何主观理解与诠释这种礼制符号的，“在当时的历史脉络中，君臣关系不能以主奴关系视之……至少不是在武力威胁下的屈辱……或许，向中国朝贡并接受册封，这个礼的过程，主要不在意味今天所谓的政治支配，而是借由这个仪式而能进入到文明国家之列”②。朝鲜可能就是如此，“通过与中国的同质化，形成与其他周边国家的差距，提高自身在东亚文明共同体内的地位；希望通过与强大中国的政治联合，确保国家安全；借着天子的权威，获得政权的正统性，提高支配效率”③。朝鲜半岛儒学与中国具有同源性，理学又成为明朝与朝鲜的统治思想，那么朝鲜对于册封、朝贡的理解应与明朝十分接近。

朝贡是明朝与朝鲜半岛交往的媒介，并不意味着两国关系的维系仅仅依靠朝贡礼制就可以实现了，两国都是在利用朝贡来达成自己的政治目标。朝鲜借助朝贡获得明朝册封，享受亲王之礼遇，使得朝鲜政治权力获得某种程度的正统性、合法性及稳定性。又以朝贡同明朝保持密切联系，以开展贸易、输入文化科技等活动，促进社会发展。朝鲜重视朝贡固然是出于经济利益、道德价值的考虑，但根本目的仍是实现固边安邦，希望通过对朝贡关系的经营确保政权稳固和边防安全，即“事大保国”。为此，朝鲜积极参与到朝贡制度的建设中去，今天我们所看到的明朝与朝鲜之间的贡期、贡物、贡使等制度之完备，无不体现着朝鲜作为朝贡制度的执行者和完善者的双重身份。对明朝来说，与朝鲜的朝贡往来主要是追求朝贡

① 学者陈文源的《明朝与安南关系研究》显示，明越关系中，贸易与朝贡是分离的。越南经常性的贡品中金银器皿所占比重很大，而明朝的回赐物品却多以丝织品为主，越南方面并不是“薄来”，中国也并不是“厚往”。从依托朝贡行为进行合法贸易的维度看，支持越南进行朝贡附带性贸易的证据并不多，而民间边境的走私贸易却比较活跃。韩国学者全海宗的《清代韩中朝贡关系考》中有相似的结论，如“中国皇帝赠赐朝鲜国王及家族的物品价值同朝鲜交纳中国的岁币和方物相比，前者不及后者的十分之一”，“典型的朝贡关系不仅没有给朝鲜带来经济利益，反而造成莫大损失”，“朝贡关系不仅给朝鲜带来经济损失，而且存在着使清朝蒙受一些经济损失的可能性”，因此“从国家经济利益角度来看，显然无法找出建立和维持典型的朝贡制度存在的意义”。

② 甘怀真．东亚、儒学与王权——东亚儒家经典诠释传统研究的一面向//台湾“中央研究院”．上古中国的形成、内涵与边境第四次读书月会中报告，2004：15.

③ 郑容和．从周边视角来看朝贡关系——朝鲜王朝对朝贡体系的认识和利用．国际政治研究，2006（1）：87.

的政治、边防意义，即通过册封朝贡礼制维系宗主国地位以及东北边疆的稳定。

整体而言，明朝与朝鲜的交往中，朝贡起到了基础纽带作用，明朝通过朝贡礼制来判断朝鲜的行为，符合礼制则交往，违背礼制则却贡，通贡与否就成为我们判断明朝与朝鲜关系正常与否的首要标准。当海晏河清之际，朝鲜朝贡频繁表明了其在贸易、文化等领域对明朝的依赖；兵连祸结之时，频繁的朝贡往来就意味着两国具有战略层面的合作倾向。当然明鲜之间的交往不仅限于朝贡，但是如果没有朝贡所形成的良好关系，其他形式的交往也是难以顺利实现的。总之，贡赐往来的良好发展有利于两国关系保持长期的稳定与密切。

边防安全的现实性：学界专家无论以何种视角审视明朝的对外政策，边防安全的现实因素都没有被忽略。“费正清和邓嗣禹都认为，朝贡体系有着广泛而重要的经济基础，也被中国用于自我防卫的政治目的，是中国开展国际关系与对外交往的媒介。李云泉认为，在北部游牧强敌和海疆安全压力下，中国维持朝贡体系更多的是出于‘绥边睦邻’的现实需要，经济上的‘厚往薄来’为的是安定周边。陈志刚认为，朝贡体系是中国建立的以保证中国边疆军事安全为核心的国家战略防御体系，中国对与朝贡方之间的战争往往采取军事中立与外交和解的策略。张锋认为，中国建立朝贡体系既有政治合法性的需求，也有自身的安全考虑；而他国的朝贡目的，则包括了安全、自治和经济等诸多考虑。”①

明朝朝贡国众多而获得册封者较少，即明朝对藩国册封带有明显的选择性，受册封者多是对明朝边防安全具有重要意义的国家。明朝希望实现“守中治边、守在四夷”理想的同时也不得不鉴于历史上周边国家对中原王朝的多次侵扰而对他国保持相当的军事戒备和防御力量。因此我们看到，明朝一方面与周边国家、民族保持和平交往，并在政治、经济、文化领域对他们进行扶植，助其发展；另一方面，明朝不断在军事领域加强对他们的监控与防范，甚或采取军事行动。

朝鲜半岛对于明朝辽东稳定具有重要的战略意义，为了确保朝鲜的

① 张健. 古代东亚朝贡体系中的相互认可机制研究. 上海：上海外国语大学硕士论文，2013. 相应的学者观点可分别参考李云泉的《朝贡制度的理论渊源与时代特征》（《中国边疆史地研究》2006 年第 3 期）、陈志刚的《中国古代封贡体系的本质属性：中原王朝陆基性国土防御体系》（收录于陈尚胜主编《中国传统对外关系的思想、制度与政策》，济南：山东大学出版社，2007：157）、张锋的《解构朝贡体系》（《国际政治科学》2010 年第 2 期）。

“藩屏”作用，明朝对于单纯的朝鲜内政、内乱极少干预，使朝鲜在内政方面始终保留着独立自主，至于朝鲜与其他国家（指日本）、民族（主要指女真）之间的攻伐，明朝往往采取一种外交上推动和解、军事上中立的策略，其目的即是保证朝鲜政权安稳，不为乱，不为患。

朝鲜半岛是连接亚洲大陆和日本列岛的天然通道，战略位置十分重要，但其人口、国力却一直称不上强大，这样的现实决定了“朝鲜半岛的历史发展一直笼罩在大国影响的阴霾之下，大国因素对于一个国家内政、外交的影响从来没有像在朝鲜那样深刻”①，究其根本，这与中国大陆少数民族政权兴起之时东国往往面临被征伐的命运相关，“几乎是每个在中国大陆兴起的、礼治体系以外的少数民族集团，在征服汉族和中国的过程中（特别是在攻势的开始的早期），总是要冲击朝鲜半岛的”②。因此，朝鲜半岛国家的对外政策出发点首先要保证自身的国家安全，他们不能像日本那样，以天然海洋屏障断绝与中国王朝的联系也可以自保，而是必须与中国发生联系，并且要时刻关注中国王朝的情况，以即时趋利避害。

中国王朝不断更替，朝鲜半岛国家的事大对象随之不断调整，由此也就决定了其对华政策始终具有很强的功利性和战略性的现实主义传统，这在中国处于朝代更替之时尤其明显。当辽以其强大的实力威胁着北宋和高丽的国家安全时，高丽向辽称臣是出于对自己利益的考虑，但也并非一味地顺从辽朝，而是始终从自己的利害关系出发，巧妙地利用辽宋两巨头之间的矛盾推行实利主义外交③。元明对峙局面，对于已经在四百年间目睹了中国多次王朝兴废的高丽来说依然是十分重要的问题，外交政策上的任何一次失误，都有可能导致国家危机，高丽再次采取两端外交，不拒绝与任何一方往来，也不为任何一方提供实际支持，以保证自身宗庙安全。随着明朝与朝鲜交往的深入，朝鲜君臣确信明朝不会觊觎半岛领土而主动征伐，来自“大国”的社稷威胁基本消失，而明朝统治层也普遍认为“朝鲜无害于明朝”，明朝和朝鲜在边防安全方面都给予对方高度信任，这就成为两国关系长期稳定的现实基础。至于明朝与朝鲜之间的女真、日本问题，始终是导致两国相互防范的重要原因，但不可否认的是，随着女真、日本威胁的日益严重，明朝与朝鲜增强合作以减轻“北虏南倭”之患也逐

① 蔡建．大韩帝国与中国的外交关系 1897—1910．上海：复旦大学博士论文，2004：1.

② 黄枝连．朝鲜的儒化情境构造——朝鲜王朝与满清王朝的关系形态论．北京：中国人民大学出版社，1995：137.

③ 朴今海．试论中世纪高丽与辽、宋之间的关系．延边大学学报，1998（4）：62-65.

渐成为双方的共识。

总之，明朝为了获得政治地位以及边防安全而有选择地册封了朝鲜半岛的统治者，实现了“以朝贡手段怀柔使其不为恶，以册封礼仪固边使其不为乱”的目的。朝鲜本就将“事大保国”作为对华交往目标，更希望将两国间的分歧与矛盾在非战的形式下解决。双方都奉行“不启边衅”的外交态度，从而使两国交往建立在和平的基础之上，并在长期防范与适度合作中稳定发展。

国家实力的决定性：一个国家确定对外目标的前提就是要正确认识国际环境，正确估量自身力量，做出恰当的选择。14 世纪中期到 15 世纪中期，中国与朝鲜半岛关系的发展过程清楚地表明了国家利益乃是一国决定外交政策和行为的根本原因，而国家实力直接影响了其对外政策的具体实施效果。

元朝对中原统治的一百年间，始终没有出现类似文景、贞观那样的盛世，元世祖忽必烈创建了广阔的中国版图却没有留下完善的治理基础，元中期统治者也未能利用天下太平的时机创造更多建设性变化。至元顺帝时期，历史积弊已充分表现出来，统治集团内部矛盾错综复杂，社会经济严重恶化，军队作战能力急剧衰退，由此导致国内起义此起彼伏，严重制约了元朝处理对外事务的精力。周边朝贡国纷纷背离，就连最恭顺的高丽也趁机脱离元朝的直接控制，当元廷武力干涉失败后也不得不将交往模式从强权控制向传统朝贡形式转化，确保高丽不为乱。

明朝初年，百废待兴，国内尚有反对势力需要清除，北方蒙古势力不可小觑，鉴于内外形势及国力的限制，明太祖选择“不征”“不干涉”政策来处理与周边国家的关系是适合当时国情的。之后明朝经济不断发展，社会持续繁荣，国力逐步增强，依然将“德化”原则运用于处理对外关系上，其实就是要“凭借文化优势，依托国内的政治原则和道德理念去建立国际道德与价值准则，建构国际体系，谋求长期安定的国际环境”①。当我们一直强调明朝采取“德化”政策的儒家思想根源时，却常常忽略了当时明朝所面临的现实因素，即明朝经营对外关系受北疆防御能力牵制之事实。加拿大学者江忆恩就指出，“在明代大多数时期里，蒙古构成了明代帝王与政策制定者面对的主要安全威胁。它的重要性超过了南部与西南边陲非汉族人民的起义与叛乱，也超过了为患于东部与东南沿海的海盗与倭

① 韩昇．东亚世界形成史论．上海：复旦大学出版社，2009：27.

寇。除了在王朝最后几十年中与东北满族的战争超过其他外部安全事务外，与蒙古的冲突一直困扰着明朝统治者”①。受北疆政策的影响，明朝在经济繁荣、国力增强的情况下也只能采取比较保守的对外政策，以期实现“不启边衅”的对外目标。

和平时期，明朝之于高丽、朝鲜关系的主导地位是全方位的，既包括军事、经济实力，也包括外化为先进制度的文化吸引力。动荡时期，高丽、朝鲜就会时刻关注着明朝的实力变化，以判断是否能为其带来应有的安全感。高丽、朝鲜因国力弱小，长期奉行事大政策，目标就是固边保国，虽偶有“挑衅”，但基本上未脱离朝贡的轨道。东国选择“事大”对象的首要条件就是“大国”，那么“大国”实力就是两国关系的决定因素。元朝凭借强大的军事实力主导着与高丽的关系，当元末式微之时，高丽立即实施反元活动。元明对峙之时，高丽对元之向背随中原战局而变化。当明朝国力尚可之时，明朝的地位不容挑战，朝鲜无力也不愿意与之对抗，并且保持与明朝的良好关系还可以获得较多政治、经济利益；当明朝国力衰败，再多的仁义、诚信等儒家理念以及怀柔措施，再先进的文化制度，再厚重的“再造藩邦”之恩，也不足以将朝鲜揽至入怀，像朝鲜这样的朝贡典范也不得不臣服于经济文化落后但军事实力强盛且严重威胁朝鲜社稷的后金，曾经稳固的明鲜关系丝毫经不起现实的碰撞，伴随着昔日强大的明朝一同逝去。

---

① 江忆恩. 文化现实主义：中国历史中的战略文化与大战略. 朱中博，郭树勇，译. 北京：人民出版社，2015：179.

参考文献

一、古籍

大明律. 早稻田大学图书馆藏享保八年（1723）刊行本.

大明集礼. 文渊阁四库全书本.

元史. 北京：中华书局，1976.

龙飞御天歌//韩国国语国文学资料丛书. 首尔：亚细亚文化社，1973.

礼部志稿. 文渊阁四库全书本.

永乐大典. 北京：中华书局，1986.

辽东志. 辽海丛书本. 沈阳：辽沈书社，1986.

全辽志. 辽海丛书本. 沈阳：辽沈书社，1986.

明一统志. 文渊阁四库全书本.

明太祖文集. 文渊阁四库全书本.

明史. 北京：中华书局，1974.

明实录. 影印台湾“中研院”史语所校勘本，1982.

明朝开国文献. 台北：学生书局，1964.

经国大典. 影印奎章阁藏万历四十一年（1613）九月刻本.

续日本纪//国史大系：第二卷. 东京：经济杂志社，1901.

韩国国史编纂委员会. 朝鲜王朝实录，1986.

丁若庸. 与犹堂全书//韩国文集丛刊：第 286 册. 首尔：景仁文化社，1990.

（万历）大明会典. 续修四库全书本. 上海：上海古籍出版社，2002.

万表. 皇明经济文录. 中国文献珍本丛刊. 全国图书馆文献缩微复制中心出版，2003.

王文锦. 礼记译解. 北京：中华书局，2001.

王世贞. 弇山堂别集. 北京：中华书局，1985.

王圻. 续文献通考. 北京：现代出版社，1986.

王国维. 元高丽纪事. 台北：广文书局，1972.

王绅. 续志斋集. 文渊阁四库全书本.

乌斯道. 春草斋集. 文渊阁四库全书本.

卞季良. 春亭先生文集//韩国文集丛刊：第 8 册. 首尔：景仁文化社，1990.

尹愭. 无名子集诗稿//韩国文集丛刊：第 256 册. 首尔：景仁文化社，1990.

末松保和. 训读吏文//吏文：吏文辑览附. 京都大学图书馆藏本.

正祖. 弘斋全书//韩国文集丛刊：第 267 册. 首尔：景仁文化社，1990.

（正德）大明会典. 文渊阁四库全书本.

申光洙. 石北先生文集//韩国文集丛刊：第 231 册. 首尔：景仁文化社，1990.

申叔舟，等. 国朝五礼仪. 早稻田大学图书馆五味均平藏本.

申贤. 华师海全//域外汉籍珍本文库：集部第 10 册. 重庆：西南师范大学出版社，2011.

申钦. 象村稿//韩国文集丛刊：第 72 册. 首尔：景仁文化社，1990.

田禄生. 壄隐先生逸稿//韩国文集丛刊：第 3 册. 首尔：景仁文化社，1990.

史鸣皋. 象山县志. 乾隆二十三年（1758）刊本.

丘濬. 大学衍义补. 文渊阁四库全书本.

白文宝. 淡庵逸集//韩国文集丛刊：第 3 册. 首尔：景仁文化社，1990.

吉再. 吉冶集//韩国文集丛刊：第 7 册. 首尔：景仁文化社，1990.

朴大容，等. 增补文献备考. 日本国立国会图书馆藏隆熙二年（1908）刊本.

朴世采. 南溪集外集//韩国文集丛刊：第 142 册. 首尔：景仁文化社，1990.

权近. 阳村先生文集//韩国文集丛刊：第 7 册. 首尔：景仁文化社，1990.

权遇. 梅轩集//韩国文集丛刊续：第 1 册. 首尔：景仁文化社，2005.

权衡. 庚申外史//学海类编：第 27 册. 扬州：广陵书社，2007.

权鼈. 海东杂录. 大东野乘本. 京城：朝鲜古书刊行会，1911.

成伣. 慵斋丛话. 大东野乘本. 京城：朝鲜古书刊行会，1909.

成海应. 研经斋全集//韩国文集丛刊：第 275 册. 首尔：景仁文化社，1990.

成海应. 研经斋全集外集//韩国文集丛刊：第 275 册. 首尔：景仁文化社，1990.

成海应. 研经斋全集续集//韩国文集丛刊：第 275 册. 首尔：景仁文化社，1990.

朱熹. 资治通鉴纲目. 文渊阁四库全书本.

刘向. 说苑校证. 向宗鲁，校证. 北京：中华书局，1987.

刘佶. 北巡私记. 续修四库全书本. 上海：上海古籍出版社，2002.

安鼎福. 东史纲目. 京城：朝鲜古书刊行会，1915.

许筠. 惺翁覆瓿稿//韩国文集丛刊：第 74 册. 首尔：景仁文化社，1990.

阮元. 十三经注疏：春秋公羊传注疏. 北京：中华书局，1980.

严从简. 殊域周咨录. 余思黎，点校. 北京：中华书局，1993.

李廷馣. 四留斋集//韩国文集丛刊：第 51 册. 首尔：景仁文化社，1990.

李齐贤. 益斋乱稿//韩国文集丛刊：第 2 册. 首尔：景仁文化社，1990.

李肯翊. 燃藜室记述. 京城：朝鲜古书刊行会，1913.

李学逵. 洛下生集//韩国文集丛刊：第 290 册. 首尔：景仁文化社，1990.

李承召. 三滩先生集//韩国文集丛刊：第 11 册. 首尔：景仁文化社，1990.

李奎报. 东国李相国全集//韩国文集丛刊：第 1 册. 首尔：景仁文化社，1990.

李珥. 栗谷全书//韩国文集丛刊：第 44 册. 首尔：景仁文化社，1990.

李晬光. 芝峰类说. 京城：朝鲜古书刊行会，1916.

李詹. 双梅堂先生箧藏文集//韩国文集丛刊：第 6 册. 首尔：景仁文化社，1990.

李滉. 退溪先生文集//韩国文集丛刊：第 29 册. 首尔：景仁文化社，1990.

李滉. 退溪先生续集//韩国文集丛刊：第 31 册. 首尔：景仁文化社，1990.

李德懋. 青庄馆全书//韩国文集丛刊：第 258 册. 首尔：景仁文化社，1990.

李穑. 牧隐诗稿//韩国文集丛刊：第 4 册. 首尔：景仁文化社，1990.

李穑. 牧隐文稿//韩国文集丛刊：第 5 册. 首尔：景仁文化社，1990.

李瀷. 星湖僿说类选. 京城：朝鲜古书刊行会，1915.

吴讷. 文章辨体序说；文体明辨序说. 北京：人民文学出版社，1998.

吴莱. 渊颖集. 四部丛刊初编本. 上海：上海书店出版社，1989.

利玛窦日记. 何高济，等译. 南宁：广西大学出版社，2001.

佚名. 荒徼通考. 玄览堂丛书续集本. 南京：中央图书馆，1947.

佚名. 朝鲜史略. 文渊阁四库全书本.

余继登. 典故纪闻. 顾思，点校. 北京：中华书局，1981.

谷应泰. 明史纪事本末. 北京：中华书局，1977.

沈光世. 休翁集//韩国文集丛刊：第 84 册. 首尔：景仁文化社，1990.

沈光世. 海东乐府. 大东野乘本. 京城：朝鲜古书刊行会，1911.

沈德符. 万历野获编. 元明史料笔记丛刊本. 北京：中华书局，1997.

宋濂. 文宪集. 文渊阁四库全书本.

宋濂. 宋文宪公集. 四部备要校刊本. 上海：中华书局 [年代不详].

张维. 溪谷集//韩国文集丛刊：第 92 册. 首尔：景仁文化社，1990.

张镜心. 驭交纪. 丛书集成初编本. 北京：中华书局，1985.

陆颙. 颐光先生外集. 北京图书馆古籍珍本丛刊本. 北京：北京图书馆，1988.

陈子龙. 皇明经世文编. 北京：中华书局，1962.

陈邦瞻. 元史纪事本末. 北京：中华书局，1979.

陈鼎. 东林列传. 文渊阁四库全书本.

欧阳修. 新五代史. 北京：中华书局，1974.

金庆门. 通文馆志. 早稻田大学图书馆乐浪书斋藏本.

金时让. 紫海笔谈. 大东野乘本. 京城：朝鲜古书刊行会，1911.

金坵. 止浦先生文集//韩国文集丛刊：第 2 册. 首尔：景仁文化社，1990.

金宗瑞. 高丽史节要. 影印奎章阁藏本.

郑斗卿. 东溟先生集//韩国文集丛刊：第 100 册. 首尔：景仁文化社，1990.

郑晓. 皇明四夷考. 国学文库本. 武汉：崇文书局，1933.

郑梦周. 圃隐集//韩国文集丛刊：第 5 册. 首尔：景仁文化社，1990.

郑道传. 三峰集//韩国文集丛刊：第 5 册. 首尔：景仁文化社，1990.

郑麟趾，等. 高丽史. 影印奎章阁藏本.

河仑. 浩亭集//韩国文集丛刊：第 6 册. 首尔：景仁文化社，1990.

赵庆男. 历代要览. 大东野乘本. 京城：朝鲜古书刊行会，1909.

赵观彬. 悔轩集//韩国文集丛刊：第 211 册. 首尔：景仁文化社，1990.

赵宪. 重峰集//韩国文集丛刊：第 54 册. 首尔：景仁文化社，1990.

赵浚. 松堂先生文集//韩国文集丛刊：第 6 册. 首尔：景仁文化社，1990.

南在. 龟亭遗稿//韩国文集丛刊：第 6 册. 首尔：景仁文化社，1990.

南有容. 雷渊集//韩国文集丛刊：第 217 册. 首尔：景仁文化社，1990.

俞文隽. 自著//韩国文集丛刊：第 249 册. 首尔：景仁文化社，1990.

姜再恒. 立斋遗稿//韩国文集丛刊：第 210 册. 首尔：景仁文化社，1990.

洪汝河. 木斋文集//韩国文集丛刊：第 124 册. 首尔：景仁文化社，1990.

姚燧. 牧庵集. 四部丛刊初编本. 上海：上海书店，1989.

柏朗嘉宾蒙古行纪. 耿昇，何高济，译. 北京：中华书局，1985.

夏燮. 明通鉴. 北京：中华书局，1980.

倪谦. 朝鲜纪事. 丛书集成初编本. 上海：商务印书馆，1937.

徐居正. 东文选. 京城：朝鲜古书刊行会，1914.

徐居正. 笔苑杂记. 大东野乘本. 京城：朝鲜古书刊行会，1909.

徐居正. 四佳集//韩国文集丛刊：第 11 册. 首尔：景仁文化社，1990.

徐荣辅，沈象奎. 万机要览. 早稻田大学图书馆乐浪书斋藏本.

高岱. 鸿猷录. 上海：上海古籍出版社，1992.

海滨野史. 建州私志//潘喆，等. 清入关前史料选辑：第一辑. 北京：中国人民大学出版社，1984.

黄景源. 江汉集//韩国文集丛刊：第 224 册. 首尔：景仁文化社，1990.

崔锡鼎. 明谷集//韩国文集丛刊：第 154 册. 首尔：景仁文化社，1990.

崔缚. 锦南集//韩国文集丛刊：第 16 册. 首尔：景仁文化社，1990.

梁诚之. 讷斋集//韩国文集丛刊：第 9 册. 首尔：景仁文化社，1990.

屠寄. 蒙兀儿史记. 上海：上海古籍出版社，1989.

焦竑. 国朝献征录. 续修四库全书本. 上海：上海古籍出版社，2002.

焦循. 孟子正义. 北京：中华书局，1987.

雷礼. 国朝列卿纪. 台北：文海出版社，1988.

慎懋赏. 四夷广记. 玄览堂丛书续集本. 南京：中央图书馆，1947.

熊鸣岐. 昭代王章. 玄览堂丛书初集本. 台北：正中书局，1981.

黎崱. 安南志略. 文渊阁四库全书本.

魏焕. 皇明九边考. 中华文史丛书本. 北京：华文出版社，1969.

瞿九思. 万历武功录. 续修四库全书本. 上海：上海古籍出版社，2002.

二、研究著作

万明. 明代中外关系史论稿. 北京：中国社会科学出版社，2011.

王家范. 中国历史通论. 上海：华东师范大学出版社，2000.

王颋. 圣王肇业——中、韩、日关系考. 上海：学林出版社，1998.

王臻. 朝鲜前期与明建州女真关系研究. 北京：中国文史出版社，2005.

内藤湖南．支那上古史．東京：弘文堂書房，1944.

乌云高娃．元朝与高丽关系研究．兰州：兰州大学出版社，2011.

末松保和．高麗朝史と朝鮮朝史．東京：吉川弘文館，1997.

甘怀真．皇权、礼仪与经典诠释：中国古代政治史研究．上海：华东师范大学出版社，2008.

卢启铉．高丽外交史．紫荆，金荣国，译．延边：延边大学出版社，2002.

叶泉宏．明代前期中韩国交之研究（一三六八——一四八八）．台北：商务印书馆，1991.

丛佩远．中国东北史．长春：吉林文史出版社，1998.

冯友兰．中国哲学简史．赵复三，译．北京：新世界出版社，2004.

朴元熇．明初朝鮮關係史 研究．首尔：一潮阁，2002.

全海宗．中韩关系史论集．全善姬，译．北京：中国社会科学出版社，1997.

刘厚琴．日本韩国的儒学研究．北京：中华书局，2003.

刘谦．明辽东镇长城及防御考．北京：文物出版社，1989.

刘德斌．国际关系史．北京：高等教育出版社，2003.

关文发，颜广文．明代政治制度研究．北京：中国社会科学出版社，1995.

江忆恩．文化现实主义：中国历史中的战略文化与大战略．朱中博，郭树勇，译．北京：人民出版社，2015.

孙卫国．大明旗号与小中华意识——朝鲜王朝尊周思明问题研究（1637—1800）．北京：商务印书馆，2007.

牟复礼，崔瑞德．剑桥中国明代史：上卷．张书生，等译．北京：中国社会科学出版社，1992.

李元淳，崔柄宪，韩永愚．韩国史．詹卓颖，译．台北：幼狮文化事业股份有限公司，1987.

李云泉．朝贡制度史论．北京：新华出版社，2004.

李光璧．明代御倭战争．上海：上海人民出版社，1956.

李健才．明代东北．沈阳：辽宁人民出版社，1986.

李基白．韩国史新论．厉帆，译．北京：国际文化出版公司，1994.

杨军，张乃和．东亚史——从史前到 20 世纪末．长春：长春出版社，2006.

杨旸．明代东北疆域研究．长春：吉林人民出版社，2008.

杨伯峻．孟子译注．北京：中华书局，2005.

杨昭全，韩俊光．中朝关系简史．沈阳：辽宁民族出版社，1992.

杨昭全．中国—朝鲜·韩国文化交流史（Ⅳ）．北京：昆仑出版社，2004.

杨通方．中韩古代关系史论．北京：中国社会科学出版社，1996.

邱炫煜．明帝国与南海诸蕃国关系的演变．台北：兰台出版社，1995.

何亚伟．怀柔远人——马嘎尔尼使华的礼仪冲突．邓常春，译．北京：社会科学文献出版社，2002.

狄百瑞．东亚文明：五个阶段的对话．何冰，何兆武，译．南京：江苏人民出版社，2012.

张士尊．明代辽东边疆研究．长春：吉林人民出版社，2002.

张存武．清韩宗藩贸易（1637—1894）．台北：台湾“中央研究院”近代史研究所，1985.

陆俊元．地缘政治的本质与规律．北京：时事出版社，2005.

陈学霖．明代人物与传说．香港：香港中文大学出版社，1997.

陈学霖．明代人物与史料．香港：香港中文大学出版社，2001.

范中义，仝晰纲．明代倭寇史略．北京：中华书局，2004.

范永聪．事大与保国——元明之际的中韩关系．香港：香港教育图书公司，2009.

杰弗里·巴勒克拉夫．当代史学主要趋势．杨豫，译．上海：上海译文出版社，1987.

金应忠，倪世雄．国际关系理论比较研究（修订本）．北京：中国社会科学出版社，2003.

金忠烈．高丽儒学思想史．台北：东大图书公司，1991.

郑红英．朝鲜初期与明朝政治关系演变研究．北京：社会科学文献出版社，2015.

南义鉉．明代遼東支配政策研究．春川：강원대학교출판부（韩国江原大学出版部），2008.

威廉森·默里，等．缔造战略：统治者、国家与战争．时殷弘，等译．北京：世界知识出版社，2004.

信夫清三郎．日本外交史．天津社会科学院日本问题研究所，译．北京：商务印书馆，1980.

姜龙范，刘子敏. 明代中朝关系史. 哈尔滨：黑龙江朝鲜民族出版社，1999.

津田左右吉. 津田左右吉全集. 东京：岩波书店，1964.

徐玉虎. 明代琉球国王对外关系之研究. 台北：学生书局，1982.

陶文钊. 费正清集. 林海，等译. 天津：天津人民出版社，1992.

堀敏一. 隋唐帝国与东亚. 韩昇，等编译. 昆明：云南人民出版社，2002.

黄枝连. 天朝礼治体系研究：亚洲的华夏秩序——中国与亚洲国家关系形态论. 北京：中国人民大学出版社，1992.

黄枝连. 东亚的礼仪世界——中国封建王朝与朝鲜半岛关系形态论. 北京：中国人民大学出版社，1994.

黄枝连. 朝鲜的儒化情境构造——朝鲜王朝与满清王朝的关系形态论. 北京：中国人民大学出版社，1995.

黄俊杰. 东亚儒学：经典与诠释的辩证. 台北：台湾大学出版中心，2007.

萧启庆. 元代史新探. 台北：新文丰出版公司，1983.

曹永年. 蒙古民族通史：第三卷. 呼和浩特：内蒙古大学出版社，1993.

崔丕. 近代东北亚国际关系史研究. 长春：东北师范大学出版社，1992.

崔根德. 韩国儒学思想研究. 北京：学苑出版社，1998.

崔瑞德，牟复礼. 剑桥中国明代史：下卷. 杨品泉，等译. 北京：中国社会科学出版社，2006.

琴章泰. 韩国儒学思想史. 韩梅，译. 北京：中国社会科学出版社，2011.

葛剑雄. 统一与分裂：中国历史的启示. 上海：上海三联书店，1994.

蒋非非，王小甫. 中韩关系史：古代卷. 北京：社会科学文献出版社，1998.

韩国国史编纂委员会. 韩国史：第八、第九. 1974，1981.

韩国国史编纂委员会. 신편한국사（新编韩国史），2002.

韩国哲学会. 韩国哲学史：中卷. 龚荣灿，译. 北京：社会科学文献出版社，1996.

韩昇. 东亚世界形成史论. 上海：复旦大学出版社，2009.

训民正音. 韩梅，译. 北京：世界图书出版社，2008.

傅海波，崔瑞德. 剑桥中国辽西夏金元史. 史卫民，等译. 北京：中国社会科学出版社，1998.

滨下武志. 近代中国的国际契机：朝贡贸易体系与近代亚洲经济圈. 朱荫贵，等译. 北京：中国社会科学出版社，1999.

谭其骧，等. 中国历史地图集. 北京：中国地图出版社，1982.

谭其骧. 中国历史地图集释文汇编（东北卷）. 北京：中央民族学院出版社，1988.

薛虹，等. 中国东北通史. 长春：吉林文史出版社，1991.

魏志江. 中韩关系史研究. 广州：中山大学出版社，2006.

魏琰琰，张玉坤，王琳峰. 明长城辽东镇防御体系与军事聚落. 北京：中国建筑工业出版社，2018.

三、学术论文

丁利. 制度激励、博弈均衡与社会正义. 中国社会科学，2016（4）：135-158.

刁书仁. 论元末明初中国与高丽、朝鲜的边界之争. 北华大学学报（社会科学版），2001（1）：51-55.

刁书仁. 明前期中朝东段边界的变化. 史学集刊，2000（2）：22-27.

于晓光. 元末明初高丽“两端”外交原因初探. 东岳论丛，2006（1）：140-143.

于晓光. 明朝与朝鲜围绕女真问题的交涉研究（1368年—1619年）. 济南：山东大学博士论文，2006.

于默颖. 明代蒙古研究——以明蒙双边政策及明朝对蒙古的防御为中心. 呼和浩特：内蒙古大学博士论文，2004.

万明. 15世纪中国与东亚贸易关系的建构//明史研究：第8辑. 合肥：黄山书社，2003：164-184.

万明. 明代外交观念的演进——明太祖诏令文书所见之天下国家观. 古代文明，2010，4（2）：71-88.

万明. 明代外交模式及其特征考论——兼论外交特征形成与北方游牧民族的关系. 中国史研究，2010（4）：27-57.

万明. 明代初年中国与东亚关系新审视. 学术月刊，2009，41（8）：127-134.

山根幸夫. 明代倭寇问题研究. 邱明，译. 黄淮学刊（社会科学版），1992（1）：78-116.

马克·曼考尔. 清代朝贡制度新解//费正清. 中国的世界秩序：传统中国的对外关系. 杜继东，译. 北京：中国社会科学出版社，2010：58-80.

王伟. 明前期士大夫主体意识研究（1368—1457）. 长春：东北师范大学博士论文，2011.

王传奇. 试析李氏朝鲜“事大”政策本质之变化. 前沿，2010（16）：124-128.

王剑. 纳哈出盘踞辽东时明朝与高丽的关系. 中国边疆史地研究，2006，16（4）：103-112.

王颋. 鲜祖效变——威化岛回军事件新考//王颋. 驾泽抟云——中外关系史地研究. 海口：南方出版社，2003：274-290.

王赓武. 明初中国与东南亚的关系：背景分析//费正清. 中国的世界秩序——传统中国的对外关系. 杜继东，译. 北京：中国社会科学出版社，2010：29-57.

王薇，林杰. 论中朝两国间最早的谈判贸易——兼及明惠帝的对朝政策. 天津师范大学学报（社会科学版），2003（2）：23-27.

方東仁. 東寧府置廢小考. 關東史學，1984（2）：71-83.

方骏. 元初亚洲征伐战争的对外影响//元史及民族史研究集刊：第十四辑. 海口：南方出版社，2001：66-79.

尹瑢均. 朱子學の傳來とその影響に就いて//尹瑢均. 尹文學士遺稾. 京城：朝鮮印刷，1933：1-79.

末松保和. 麗末鮮初に於ける對明關係//末松保和. 青丘史草. 東京：笠井出版印刷社，1965：295-486.

甘怀真. 东亚儒学与王权——东亚儒家经典诠释传统研究的一面向//台湾“中央研究院”.“上古中国的形成、内涵与边境”第四次读书月会中报告，2004.

北島万次. 永樂帝期における朝鮮國王の冊封と交易//田中健夫. 前近代の日本と東アジア. 東京：吉川弘文館，1995.

叶泉宏. 权近与朱元璋——朝鲜王朝事大外交的重要转折. 韩国学

报，2000（16）：1－15.

叶泉宏. 郑梦周与朝鲜事大交邻政策的渊源. 韩国学报，1998（15）：97－114.

叶泉宏. 偰氏家族与丽末鲜初之中韩关系. 韩国学报，1993（12）：59－79.

田中健夫. 东亚国际交往关系格局的形成和发展//中外关系史译丛：第2辑. 上海：上海译文出版社，1995：127－158.

白玉敬. 朝鮮前期 譯官의 性格에대한一考察. 이대사원（梨大史苑），1988（22/23）：415--450.

邢丽菊：儒学与社会转型期的新旧对决——以丽末鲜初的社会转型为例. 管子学刊，2010（3）：76－82.

朴元熇. 永樂年間 明과朝鮮間의女眞問題. 亞細亞研究，1990，33（2）：237－258.

朴元熇. 明靖难之役和朝鲜//明史研究：第1辑. 合肥：黄山书社，1991：227－247.

朴元熇. 宣德年間（1425—1435）明과朝鮮間의建州女眞. 亞細亞研究，1992，35（2）：135－160.

朴成柱. 麗末鮮初 遣明使 연구：對明活動과認識을中心으로. 首尔：韩国东国大学硕士论文，1996.

朴延华. 关于双城总管府的设置与收复//朝鲜・韩国历史研究：第十二辑. 延边：延边大学出版社，2012：52－64.

朴今海. 试论中世纪高丽与辽、宋之间的关系. 延边大学学报（社会科学版），1998（4）：62－65.

朴容淑. 恭愍王代의對外關係. 釜大史學，1971（2）：1－32.

朴鴻圭. 朱子學と朝鮮建國－鄭道伝を中心に－. 國家學會雜誌，1996，109（11/12）：106－172.

朴鴻圭. 朱子學과朝鮮建國－高麗末期 朱子學의受容과適用－. 亞細亞研究，2000，43（1）：215－242.

西嶋定生. 東アジア世界と冊封体制——六～八世紀の東アジア—//中国古代国家と東アジア世界. 東京：東京大學出版会，1983.

有井智德. 就十四、十五世纪的倭寇谈中韩关系//中韩关系史研讨会论文集. 台北：韩国研究学会，1983：143－161.

达力扎布. 北元初期史实略述. 内蒙古社会科学（文史哲版），1990

(5)：51-59.

朱亚非. 明初以德睦邻与劝和息争//中外关系史论文集：第 14 辑. 兰州：甘肃人民出版社，2010：19-30.

朱莉丽. 围绕“己亥东征”的朝日交涉及其背后的明朝因素//韩国研究论丛：第三十辑. 北京：社会科学文献出版社，2015：40-55.

伍跃. 外交的理念与外交的现实——以朱元璋对“不征国”朝鲜的政策为中心//陈尚胜. 儒家文明与中韩传统关系. 济南：山东大学出版社，2008.

伍跃. 高丽使臣郑梦周的南京之行//明史研究论丛：第 9 辑. 北京：紫禁城出版社，2011：31-49.

任振镐. 性理学在韩国的传入与发展. 文教资料，1997（6）：129-138.

庄国土. 略论朝贡制度的虚幻：以古代中国与东南亚的朝贡关系为例. 南洋问题研究，2005（3）：1-8.

刘子敏，姜龙范. 明代建文朝同李氏朝鲜的友好交往. 延边大学学报（社会科学版），1999（2）：76-80.

刘江永. 东亚大国关系格局演变及内在规律探析. 河南大学学报（社会科学版），2005（1）：81-84.

池内宏. 鮮初の東北境と女真との関係（1～4）//滿鮮地理歷史研究報告：第贰，第肆，第伍，第柒. 東京：東京帝国大學文学部，1924，1926.

池内宏. 高麗末に於ける明及び北元との關係//滿鮮史研究：中世第三册. 東京：吉川弘文館，1963：265-360.

池内宏. 高麗辛禑朝に於ける鐵嶺問題//滿鮮史研究：中世第三册. 東京：吉川弘文館，1963：235-264.

池内宏. 高麗恭愍王の元に對する反抗の運動//滿鮮史研究：中世第三册. 東京：吉川弘文館，1963：175-196.

池内宏. 高麗恭愍王朝の東寧府征伐に就いての考. 東洋學報，1918，8（2）：1-44.

安贞姬. 朝鮮初期의事大論. 역사교육（历史教育），1997（64）：1-33.

许振兴. 洪武朝明与朝鲜半岛政权的关系. 东方文化，1994，32（1）.

孙卫国. 论事大主义与朝鲜王朝对明关系. 南开学报（哲学社会科学版），2002（4）：66-72.

孙卫国. 略论明初与丽末之中韩关系//韩国学论文集：第六辑. 北京：新华出版社，1997：33-41.

孙承喆. 朝鲜朝 事大交隣政策의成立과그性格；朝鲜朝 對外政策史 研究試論//溪村閔丙河教授停年紀念 史學論叢，1988：327-358.

李云泉. 话语、视角与方法：近年来明清朝贡体制研究的几个问题. 中国边疆史地研究，2014，24（2）：1-10.

李云泉. 朝贡制度的理论渊源与时代特征. 中国边疆史地研究，2006，16（3）：37-42.

李存熙. 朝鮮前期의對明 書冊貿易一輸入面을中心으로-. 震檀學報，1978（44）：53-78.

李花子. 明初铁岭设卫之谜//韩国学论文集：第十六辑. 沈阳：辽宁民族出版社，2007：18-26.

李花子. 高丽末朝鲜初对公险镇的历史记忆//新视野下的中外关系史. 兰州：甘肃人民出版社，2010：31-49.

李岭. 元顺帝企图避乱济州岛发微//北大史学：16. 北京：北京大学出版社，2011：346-355.

李岭. 明朝、高丽的贡马之争与明丽关系. 内蒙古大学学报（哲学社会科学版），2012，44（6）：100-106.

李命美. 恭愍王代후반親明정책의한배경：몽골복속기권력구조에대한트라우마（恭愍王后期亲明政策的背景：蒙古隶属期权力结构的创伤）. 史學研究，2014（113）：83-124.

李治安. 元代及明前期社会变动初探. 中国史研究，2005（增刊）：83-98.

李相協. 朝鮮前期 北方徙民의性格과實相. 成大史林，1997（12/13）：157-184.

李炫熙. 鮮初 向化野人 拾穗：初期 對野人 交隣策의一班. 首尔：韩国高丽大学硕士论文，1963.

李新峰. 明前期赴朝鲜使臣丛考//明清论丛：第4辑. 北京：紫禁城出版社，2003.

李新峰：恭愍王后期明高丽关系与明蒙战局//朝国学论文集：第七辑. 北京：新华出版社，1998：306-312.

杨艳秋.《大明会典》《明史》与朝鲜辨诬——以朝鲜王朝宗系辨诬和“仁祖反正”辨诬为中心. 南开学报（哲学社会科学版），2010（2）：79-91.

오수연（吴秀妍，音译）. 麗末鮮初 趙胖의對明외교활동. 韓國人物史研究，2013（20）：139-178.

오기승（吴基胜，音译）. 高麗末 東寧府의形態 變遷과高麗 流移民. 역사민속학（韩国历史民俗），2014（46）：91-129.

吴大昕. 朝鲜己亥东征与明朝望海埚之役——15 世纪初东亚秩序形成期的“明朝征日”因素. 外国问题研究，2017（1）：44-52.

吴宗祿. 朝鮮初期의國防論. 震檀學報，1998（86）：137-155.

何平立. 略论明代马政衰败及对国防影响. 军事历史研究，2005（1）：98-103.

何芳川. “华夷秩序”论. 北京大学学报（哲学社会科学版），1998，35（6）：30-45.

宋炳基. 世宗朝의平安道 移民에對하여. 首尔：韩国高丽大学硕士论文，1964.

宋炯. 元代的征东行省. 广西社会科学，2002（5）：207-209.

张士尊. 高丽与北元关系对明与高丽关系的影响. 绥化师专学报，1997，17（1）：48-50.

张岱玉. 元朝魏王家族史事钩稽. 内蒙古大学学报（哲学社会科学版），2011（5）：5-9.

张奕善. 明帝国与南海政略//张奕善. 东南亚史研究论集. 台北：学生书局，1976：1-112.

张海英. 14—18 世纪中朝民间贸易与商人. 社会科学，2016（3）：139-148.

张锋. 解构朝贡体系. 国际政治科学，2010（2）：33-62.

张德信，松浦章. 一部研究中朝关系的重要史料——《朝天录》评价之一权近《奉使录》. 史学集刊，1999（3）：70-75.

陈文石. 明代前期辽东的边防（洪武四年—正统十四年）//“中研院”历史语言研究所集刊论文类编（历史编，明清卷三）. 北京：中华书局，2009：2383-2385.

陈文源. 明朝与安南关系研究. 广州：暨南大学博士论文，2005.

陈志刚. 中国古代封贡体系的本质属性：中原王朝陆基国土防御体系//陈尚胜. 中国传统对外关系的思想、制度与政策. 济南：山东大学出版社，2007.

陈芳芝. 清代边制述略. 燕京学报，1948（34）：151-156.

陈时龙. 明代的敕和敕谕. 故宫学刊，2015，13（2）：170-182.

陈尚胜. 论明太祖对外政策的变化及失败. 社会科学战线，1991

(2)：158-162.

陈尚胜. 论宣德至弘治时期（1426—1505）明朝对外政策的收缩. 山东大学学报（哲学社会科学版），1994（2）：80-87.

陈尚胜. 偰长寿与高丽、朝鲜王朝的对明外交//第七届明史国际学术讨论会论文集. 长春：东北师范大学出版社，1999：508-516.

陈尚胜. 东亚海域前期倭寇与朝贡体系的防控功能. 中国边疆史地研究，2017，27（1）：15-28.

陈高华. 元朝与高丽的海上交通//陈高华. 元史研究新论. 上海：上海社会科学院出版社，2005：360-375.

陈康令. 试论传统东亚秩序的礼治：一种分析框架. 当代亚太，2015（3）：29-59.

陈潮. 传统的华夷国际秩序与中韩宗藩关系//韩国研究论丛：第二辑. 上海：上海人民出版社，1996：209-246.

陈潮. 从中韩关系看古代东亚国际关系的文化基础//韩国研究论丛：第十七辑. 北京：世界知识出版社，2007：424-435.

林金树. 明代洪武年间中朝两国政治游戏中的官方贸易. 大连大学学报，2007（1）：1-11.

尚会鹏. 伦人与天下：解读以朝贡体系为核心的古代东亚国际秩序. 国际政治研究，2009（2）：29-43.

罗志田. 后现代主义与中国研究：《怀柔远人》的史学启示. 历史研究，1999（1）：103-119.

和田清. 明初の满洲経略//和田清. 東亜史研究. 東京：東洋文庫，1955：260-477.

金九镇. 朝鲜 前期 韓・中關係史의試論－朝鮮과明의使行과그性格에대하여-.홍익사학（弘益史学），1990（4）：3-62.

金九镇. 朝鮮前期 對女眞關係와女眞社會의實態. 東洋學，1984（14）：513-527.

金九镇. 麗・元의領土紛爭과그歸屬問題；元代에있어서高麗本土와東寧府・雙城總管府・耽羅總管府의分離政策을 중심으로.국사관논총（国史馆论丛），1989（7）：65-92.

金丙錄. 조선초기金宗瑞의六鎭開拓에關한考察. 首尔：韩国成均馆大学硕士论文，1996.

金龍德. 鐵嶺衛考//金龍德. 韓國制度史研究. 首尔：一潮閣，1983.

金周显．恭愍王代 反元運動에관한一考察一性理學의役割을中心으로-．庆山：韩国大邱大学硕士论文，1985．

金顺子．麗末鮮初 對元·對明關係 研究．首尔：韩国延世大学博士论文，1999．

金炳镇．14世纪—17世纪中叶朝鲜对明和日本贸易关系史研究．延边：延边大学博士论文，2005．

金惠苑．麗元王室通婚의成立과特徵；元公主出身王妃의家系를중심으로．梨大史苑，1989（24/25）：163-212．

金渭显．高丽与明之间的贡马问题//韩国学论文集：第七辑．北京：新华出版社，1998．

金暻绿．조선초기귀화정책（歸化政策）과조명관계（朝明關係）．역사와현실（历史与现实），2012（83）：213-247．

金鲜浩．14世紀末 蒙·麗關係와東北亞 政勢變化．江原史學，1996（12）：95-107．

周方银．朝贡体制的均衡分析．国际政治科学，2011（1）：29-58．

郑容和．从周边视角来看朝贡关系——朝鲜王朝对朝贡体系的认识和利用．国际政治研究，2006（1）：72-87．

宝音德力根．15世纪中叶前的北元可汗世系及政局//蒙古史研究：第六辑．内蒙古大学蒙古史研究室，2000：131-155．

孟古托力．蒙元与高丽关系述论．北方文物，2000（4）：60-69．

赵现海．洪武初年明、北元、高丽的地缘政治格局．古代文明，2010（1）：90-97．

赵秉崑．达鲁花赤考述．北方文物，1995（4）：64-72．

赵南旭．麗末鮮初 朱子學派의政治意識에관한 研究．退溪學論叢，1996，2：27-72．

赵轶峰．明前期皇帝的即位诏——从洪武到正统．求是学刊，2011，38（1）：141-147．

南都泳．麗末鮮初 馬政上으로본對明關係．東國史學，1963（6）：26-74．

柳在春．麗末鮮初朝·明간女眞귀속경쟁과그意義．韓日關係史研究，2012（42）：37-80．

姜性文．朝鮮初期 六鎭 開拓의國防史的 意義．軍史，2001（42）：95-124．

姜性文. 朝鮮初期 漫散軍의流入과送還 問題//竹堂李炫熙教授華甲紀念 韓國史學論叢，1997：181-202.

洪荣义. 恭愍王 初期 改革政治와政治勢力의推移（下）—元年·5年의改革方案을中心으로：上、下. 史學研究，1990（42）：45-88；1992（43/44）：117-156.

宮崎市定. 洪武から永樂へ：初期明朝政権の性格. 東洋史研究，1965，27（4）：1-23.

桂栖鹏. 谈明初中朝交往中的两位使者——偰长寿、偰斯. 民族研究，1995（5）：65-70.

殷雪征. 明朝与朝鲜的礼仪之争. 济南：山东大学博士论文，2015.

高荣盛. 元代中缅关系略述//元史及北方民族史研究集刊：第十二、十三期合刊. 南京：南京大学历史系元史研究室，1990：29-36.

高荣盛. 关于蒙古征服动因及其“天下观”的思考//元史及民族与边疆研究集刊：第十九辑. 上海：上海古籍出版社，2007：1-12.

高柄翊. 高丽忠宣王拥立元武宗事件. 蒙古学信息，2002（3）：12-16.

高柄翊. 麗代 征東行省의研究：上、下. 歷史學報，1961（14）：45-76；1962（19）：121-197.

高艳林. 嘉靖时期中朝关系的新阶段. 西北师大学报（社会科学版），2008，45（2）：32-35.

唐丰姣. 洪武至宣德时期明朝对蒙古的经略. 北京：中央民族大学博士论文，2010.

黄雲龍. 高麗 恭愍王代의對元·明關係. 東國史學，1980（14）：1-14.

黄时鉴. 元代的对外政策与中外文化交流//中外关系史论丛：第三辑. 北京：世界知识出版社，1991：27-49.

黄修志. 十六世纪朝鲜与明朝之间的“宗系辩诬”与历史书写. 外国问题研究，2017（4）：18-31.

曹中屏. 高丽时期的儒学与丽末中韩关系//陈尚胜. 儒家文明与中韩传统关系. 济南：山东大学出版社，2008.

崔竹山. 试论世宗时期朝鲜与中国的关系. 延边：延边大学硕士论文，2007.

崔坚. 试论建文帝时期明与朝鲜的关系. 延边：延边大学硕士论文，2010.

崔岩. 朝鲜王朝官修《高丽史》与中华传统史学. 西北师大学报（社

会科学版)，2012，49 (4)：42-46.

梁晨，董浩，李中青. 量化数据库与历史研究. 历史研究，2015 (2)：113-129.

董万仑. 建州女真定居阿木河研究. 黑龙江民族丛刊，1990 (3)：61-66.

韩东育. "华夷秩序"的东亚构架与自解体内情. 东北师大学报（哲学社会科学版)，2008 (1)：45-54.

韩成周. 朝鮮初期 朝・明 二重受職女眞人의兩屬問題. 朝鮮時代史學報，2007 (40)：5-43.

闵贤九. 高麗 恭愍王代의「誅奇轍功臣」에대한檢討；反元的 改革政治의主導勢力//李基白先生古稀紀念韓國史學論叢（上）——古代篇・高麗時代篇，1994：900-929.

闵贤九. 高麗 恭愍王의反元的 改革政治에대한一考察；背景과發端. 震檀學報，1989 (68)：49-78.

喻常森. 试论朝贡制度的演变. 南洋问题研究，2000 (1)：55-65.

程尼娜. 元代朝鲜半岛征东行省研究. 社会科学战线，2006 (6)：157-162.

程尼娜. 元代对蒙古东道诸王统辖研究. 辽宁师范大学学报（社会科学版)，2004，27 (5)：115-118.

楼宇烈. 东方理学宗祖 淑世儒林楷模——郑梦周与韩国性理学//徐远和，卞崇道. 风流与和魂——东方哲学与文化丛书. 沈阳：沈阳出版社，1997.

詹杭伦，杜慧月.《辽海编》与倪谦出使朝鲜考述. 北京化工大学学报（社会科学版)，2007 (1)：32-38.

蔡建. 大韩帝国与中国的外交关系 1897—1910. 上海：复旦大学博士论文，2004.

蔡美彪. 明代蒙古与大元国号. 南开学报（哲学社会科学版)，1992 (1)：43-51.

稻葉岩吉. 鐵嶺衛の位置を疑ふ. 青丘學叢，1934 (18)：120-122.

薛磊. 元代双城总管府刍议. 中国历史地理论丛，2007，22 (3)：87-91.

藤田明良.「蘭秀山の乱」と東アジアの海域世界 ——14 世紀の舟山群島と高麗・日本—. 歴史学研究，1997 (698).

簿音湖. 买的里八剌与脱古思帖木儿. 黑龙江民族丛刊，2003 (4)：66-68.

附录　1351—1450年中朝关系大事年表

1351年　元至正十一年　高丽忠定王三年

八月，元朝册封王祺为高丽国王，即恭愍王，忠定王逊位。

十二月，恭愍王与鲁国公主自元大都回到高丽。

1352年　元至正十二年　高丽恭愍王元年

九月，高丽爆发赵日新之乱，奇辕被杀，恭愍王诛杀赵氏及其党羽。

1353年　元至正十三年　高丽恭愍王二年

五月，高丽首次于元皇后诞日进献礼物。

七月，元朝遣使高丽告以册封爱猷识理答腊为太子，乃丽籍奇皇后所出。

1354年　元至正十四年　高丽恭愍王三年

六月，元朝向高丽征将四十、兵二千以助高邮之战，“所召皆将相之有名望者，且精兵锐卒皆从征，宿卫虚弱”。

1355年　元至正十五年　高丽恭愍王四年

正月，元朝诏告诛韩山童、韩咬儿。

元廷加封鲁国公主及恭愍王。

五月，高丽征南万户权谦、元颢、印珰自元还，称“南乱日盛”。

1356年　元至正十六年　高丽恭愍王五年

五月，高丽发生“丙申政变”，恭愍王诛杀奇辙等，罢征东行中书省理问所。

六月，高丽军渡鸭绿江攻破婆娑府等三站，停用至正年号。元朝囚高丽节日使，声言以八十万兵来讨。

七月，高丽恢复本国旧有官职，出兵双城，收复咸州以北州镇。

元廷遣魏王太子、撒迪罕等到达高丽。

十月，元使撒迪罕复至高丽，高丽遣使解释诛杀奇辙原因，双方和解，高丽恢复节日进献。

1357年　元至正十七年　　高丽恭愍王六年

七月，江浙省丞相遣使至高丽。

1358年　元至正十八年　　高丽恭愍王七年

五月，方国珍遣使至高丽。

七月，张士诚、丁文彬遣使至高丽，高丽回聘。

1359年　元至正十九年　　高丽恭愍王八年

二月，红巾军移文于高丽，宣称“慨念生民，久陷于胡，倡义举兵，恢复中原”。

四月，张士诚、丁文彬遣使至高丽。

七月，张士诚遣使至高丽。

八月，方国珍遣使至高丽。

十二月，红巾军四万人渡鸭绿江，攻陷高丽义州、西京。

1360年　元至正二十年　　高丽恭愍王九年

三月，高丽遣使入元告平红巾军，至辽阳路梗未达。

张士诚遣使至高丽。

四月，高丽遣使报聘张士诚。

七月，张士诚使至高丽，高丽复遣使报聘。

1361年　元至正二十一年　　高丽恭愍王十年

三月，张士诚、淮南省右丞王晟遣使至高丽。

七月，张士诚遣使至高丽。

九月，高丽遣使入元贺道路复通。

十月，红巾军十万余众渡鸭绿江，攻陷王京，恭愍王南下忠州避难。

1362年　元至正二十二年　　高丽恭愍王十一年

正月，高丽大破红巾军，获元帝玉玺、金银铜印等物，红巾军退回鸭绿江之北。

二月，纳哈出占据沈阳之地。

六月，高丽遣使入元献方物、告平红巾军、献所获玉玺等。

七月，张士诚遣使至高丽。

八月，元朝赐高丽国王衣酒，要求夹攻盖州、海州红巾军余党。

十二月，元廷欲立德兴君塔思帖木儿为高丽国王。

1363年　元至正二十三年　　高丽恭愍王十二年

三月，高丽遣使入元呈递陈情表，劝说元廷放弃改立国王的决议。

闰三月，金镛等人行刺恭愍王，未成功，伏诛。

四月，张士诚遣使至高丽。

五月，高丽诸臣联名呈请元朝放弃改立。

七月，元使李家奴赍递位诏至高丽。

十二月，德兴君塔思帖木儿屯兵辽东。

是岁，高丽遣使聘于方国珍。

1364年　元至正二十四年　　高丽恭愍王十三年

正月，德兴君率一万元兵渡鸭绿江围义州，旋即败退辽东。

四月，张士诚、淮南朱平章遣使至高丽，高丽亦遣使报聘。

六月，方国珍遣使至高丽。

七月，张士诚遣使至高丽。

十月，元廷诏恭愍王复位，并槛送崔濡。高丽恢复节日朝贺。

1365年　元至正二十五年　　高丽恭愍王十四年

正月，高丽请求元朝执送德兴君，被拒绝。

二月，高丽恭愍王后、元鲁国公主去世。

三月，元朝册封恭愍王为太尉。

四月，张士诚遣使至高丽。

高丽向皇太子、扩廓帖木儿、沈王进献礼物。

八月，方国珍遣使至高丽。

九月，皇太子遣使赐恭愍王衣酒。

十月，方国珍遣使至高丽。

闰十月，元廷诏告皇太子讨平孛罗帖木儿，以伯撒里为太师右丞相，扩廓帖木儿为太傅左丞相。

1366年　元至正二十六年　　高丽恭愍王十五年

三月，高丽报聘扩廓帖木儿，贺皇太子定难还都。

五月，高丽报聘扩廓帖木儿。

八月，沈王脱脱不花遣使至高丽。

十一月，河南王扩廓帖木儿遣使至高丽。

1367年　元至正二十七年　　高丽恭愍王十六年

正月，元朝追谥忠惠、忠穆、忠定、伯颜忽都公主、宝塔实里公主、亦怜真班公主。

二月，元顺帝赐恭愍王彩帛锦绢，欲避乱济洲。

九月，元廷诏告罢扩廓帖木儿，命皇太子总天下兵马。

1368年 元至正二十八年 明洪武元年 高丽恭愍王十七年

正月，明朝建立，定都南京。

九月，高丽获悉元室奔逃上都，议通大明。

十月，高丽遣使入元贺千秋节。

十一月，元廷遣使至高丽，诏“分命诸将，以图恢复”。

高丽遣使入北元贺正旦。

十二月，明朝遣偰斯前往高丽通报建国。

1369年 明洪武二年 高丽恭愍王十八年

三月，北元封恭愍王为右丞相。

高丽遣使谢恩兼贺圣节，路梗未达。

四月，明使偰斯到达高丽。

五月，高丽停用至正年号，遣使贺洪武登基。

六月，明朝遣使送还高丽人口一百六十五人。

八月，高丽遣使前往明朝贺圣节、千秋节、正朝。

北元使至高丽。

1370年 明洪武三年 高丽恭愍王十九年

正月，高丽军队渡鸭绿江，北攻东宁府。

四月，明朝遣道士徐师昊来祭祀山川。

元顺帝病逝于应昌，明军取得应昌大捷。爱猷识理答腊逃往和林，继皇帝位，是为元昭宗，年号宣光。

五月，应昌之役消息传至高丽。

明使偰斯至高丽颁诏册封恭愍王。

六月，明廷诏告封诸子、颁科举程式，要求高丽协助缉拿兰秀山叛民。

七月，明廷诏告应昌大捷。

高丽行洪武年号，纳前元所授金印。

八月，高丽军队渡鸭绿江再次攻伐东宁府。

高丽遣使入明贺圣节。

九月，高丽遣使入明贺正旦。

北元遣使至高丽。

1371年 明洪武四年 高丽恭愍王二十年

四月，明朝招降辽阳行省平章刘益等人。

七月，明朝于辽阳城设辽东卫指挥使司，总辖辽东诸卫。

高丽遣使入明贺圣节、千秋节、正旦。

九月，高丽军队渡鸭绿江攻伐五老山城。

1372年　明洪武五年　高丽恭愍王二十一年

正月，于山不花、纳哈出、高家奴等攻打高丽泥城、江界等处。

二月，胡拔都等攻打高丽泥城、江界等处。

三月，高丽将辽东故元势力侵扰之事告知定辽卫。

高丽遣使入明贺平蜀，请子弟入学。

四月，高丽以耽罗叛乱，遣使入明，请讨伐。

五月，明朝送陈理、明升等人至高丽安置。

明宦使孙内侍死于高丽。

是年，明军岭北之役失利，陷入与北元的拉锯战。

1373年　明洪武六年　高丽恭愍王二十二年

二月，北元遣使至高丽。

六月，明朝敕书至高丽，指责高丽打探明军情报、交结纳哈出。

1374年　明洪武七年　高丽恭愍王二十三年

二月，高丽请求由辽东入明朝贡，被拒绝。

四月，明朝派林密、蔡斌至高丽选马。

九月，恭愍王遇弑，十岁禑王继位。

十一月，高丽遣使入明告讣、请承袭，明使林密、蔡斌同行，护送官金义中途杀蔡斌，执林密前往纳哈出处，告讣使逃回。

十二月，高丽遣使入元告讣。

1375年　明洪武八年　高丽禑王元年

正月，高丽遣使入明告讣、请承袭，使臣被扣留。

三月，北元遣使至高丽，告册封沈王脱脱不花为高丽国王，并派兵护送沈王至辽东，高丽予以武力反击。

1376年　明洪武九年　高丽禑王二年

十月，北元遣使至高丽，称若高丽称臣将不再坚持立沈王，高丽遂决定转侍北元，请求册封。

1377年　明洪武十年　高丽禑王三年

二月，北元册封禑王，高丽行宣光年号。

七月，北元要求高丽夹攻定辽卫，后者拖延不出兵。

十一月、十二月，高丽遣使入北元贺节日。

1378年　明洪武十一年　高丽禑王四年

三月，高丽派遣周谊出使明朝。

明朝放还部分被扣留的高丽使臣。

七月，北元诏告昭宗去世，脱古思帖木儿继位。

九月，高丽复行洪武年号。

1379年　明洪武十二年　高丽禑王五年

三月，明朝遣使前往高丽，明使行至辽东甜水站，听闻高丽仍结交北元，中途折还。

六月，北元诏告改元天元，高丽进贺。明朝就此牒责高丽。

1380年　明洪武十三年　高丽禑王六年

二月，北元册封禑王为太尉，高丽遣使入北元贺节日、谢册命。

四月，高丽派周谊出使明朝，被留在南京任职。

1381年　明洪武十四年　高丽禑王七年

七月，明朝在所搭救的高丽海难者行李中见有"洪武"年号文字，厚慰遣还。

十月，高丽遣使前往明朝贺正，至辽东不纳而还。

十一月，高丽遣使前往明朝进献马匹，至辽东不纳而还。

1382年　明洪武十五年　高丽禑王八年

四月，高丽遣使进岁贡，至辽东不纳而还。

七月，明朝平定云南，将故元梁王家人安置于耽罗。

十一月，高丽遣使赴明贺正、请承袭，至辽东不纳而还。

1383年　明洪武十六年　高丽禑王九年

正月，辽东都司责问高丽与纳哈出交往之事。

八月，高丽遣使赴明贺圣节、千秋节、请谥、请承袭，使臣过期而至，被明廷下法司。

十一月，高丽遣使赴明贺正，使臣被扣留在南京。

1384年　明洪武十七年　高丽禑王十年

五月，高丽请求蠲减岁贡金银数额，获准许。

七月，高丽遣使至明朝贺圣节、千秋节、请承袭。

十月，明朝允许于义州互市。

北元遣使前往高丽，中途回还。

闰十月，高丽遣使至明朝献岁贡、贺正旦。

1385年　明洪武十八年　高丽禑王十一年

四月，明朝放还被扣留的高丽使臣，恢复朝聘。

五月，高丽遣使谢恩、请承袭，明朝同意册封。

十月，明朝遣使册封高丽禑王。

1386年　明洪武十九年　高丽禑王十二年

二月，高丽请求减少岁贡，明朝要求三年贡马五十匹即可。

六月，高丽遣使入明贺圣节、千秋节。

九月，高丽遣使入明贺正旦。

十一月，明朝向高丽买马五千匹。

十二月，明朝向高丽买马三千匹，并要求高丽刷还沈阳军户四万人。

1387年　明洪武二十年　高丽禑王十三年

二月，高丽遣使赴明廷申辩沈阳避乱军民并无四万户之众。

明朝赐高丽冠服。

正月至八月，明军北征纳哈出，纳哈出出降。

九月，明朝向高丽购买耕牛五千七百头。

是年九月至次年四月，明朝征伐塞外故元势力，高丽使臣至辽东均不纳。

1388年　明洪武二十一年　高丽禑王十四年

三月，明朝颁诏铁岭立卫，高丽遣使陈情。

四月，高丽停用洪武年号、恢复胡服，欲出兵辽东。

明军于捕鱼儿海大败元军，不久脱古思帖木儿为属下所弑，蒙古陷入分裂。

五月，李成桂威化岛回军，囚禑王，立其子为国王。

六月，高丽恢复洪武年号。

七月，高丽奏禑王逊位，请昌王袭封，兼奏崔莹攻辽之罪。

十月，高丽李穑入明贺正、请王官监国、请子弟入学。

十一月，高丽请求让昌王亲朝，明朝拒绝。

1389年　明洪武二十二年　高丽昌王元年（恭让王元年）

二月，高丽奏诛崔莹。

六月，高丽请求让昌王亲朝，使臣带回所谓的“责异姓为王”诏。

十一月，高丽奏恭让王即位。

1390年　明洪武二十三年　高丽恭让王二年

二月，高丽遣使陈慰鲁王之丧。

1391年　明洪武二十四年　高丽恭让王三年

四月，明朝要求买马一万匹。

九月，高丽世子王奭入明贺正。

1392年　明洪武二十五年　高丽恭让王三年（朝鲜太祖元年）

七月，李成桂自立为王，遣使明朝通报建国。

九月，朝鲜陈慰皇太子丧。

十一月，朝鲜贺正朝兼贺封皇太孙。

十二月，明太祖定李氏国号为朝鲜。

1393年　明洪武二十六年　朝鲜太祖二年

五月，明朝斥责朝鲜招诱女真，实施却贡，拒绝朝鲜使臣入境。

十二月，明朝质问朝鲜人冒充倭寇劫掠明朝沿海之事。

1394年　明洪武二十七年　朝鲜太祖三年

正月，明朝遣使斥责朝鲜派遣间谍打探情报。

四月，明朝要求易马一万匹。

六月，朝鲜派李芳远出使明朝，间谍风波平息，恢复朝聘。

1395年　明洪武二十八年　朝鲜太祖四年

十月，朝鲜遣使贺正，因表笺中有“轻薄戏侮”之辞，使臣被扣留。

十一月，朝鲜遣使请册封，因表笺中“引用纣事”，使臣被扣留。

1396年　明洪武二十九年　朝鲜太祖五年

五月，明朝遣使前来缉拿“表笺事件”相关人员，并要求“作亲”。

1397年　明洪武三十年　朝鲜太祖六年

年初，朝鲜权近应对得当，明太祖赐御制诗，表笺风波平息。

四月，明朝停作亲之事。

1398年　明洪武三十一年　朝鲜太祖七年

二月，郑道传将东北面女真驻地进行规划，以期纳入朝鲜版图。

四月，明朝五军都督府及兵部奏请攻伐朝鲜，明太祖加以斥责却贡。

六月，明太祖朱元璋去世。

七月，李成桂因王室内乱而禅位。

1399年　明建文元年　朝鲜定宗元年

正月，朝鲜进贺建文帝登基。

是年，明朝靖难之役爆发。

1400 年　明建文二年　朝鲜定宗二年

八月，朝鲜遣使贺圣节。

九月，朝鲜遣使贺正旦，兼请诰印。

十一月，明朝派遣陆颙前往朝鲜赐赏、考察动向。

朝鲜定宗王禅位于李芳远，遣使奏禀明朝。

1401 年　明建文三年　朝鲜太宗元年

六月，明朝册封李芳远。

九月，明朝要求易马一万匹。

1402 年　明建文四年　朝鲜太宗二年

二月，明朝赐朝鲜九章冕服。

三月，朝鲜奏本国地狭马少，难以易换一万匹。

六月，建文兵败，朱棣登基。

十月，朝鲜进贺朱棣登基，成为第一个入贺藩国，并重新申请册封。

1403 年　明永乐元年　朝鲜太宗三年

正月，明使至朝鲜招还靖难期间逃散的辽东军民。

四月，明朝册封李芳远。

八月，明朝以追封明太祖、马皇后而颁诏朝鲜。

十月，明朝赐朝鲜国王、世子冕服及书籍。

辽东都司发咨文要求朝鲜协助推刷靖难期间漫散军民。

1404 年　明永乐二年　朝鲜太宗四年

三月，明朝放还洪武朝被扣留的朝鲜使臣并赐书籍。

四月，明朝要求贸易耕牛一万头。

五月，明朝索要十一处女真人口，朝鲜遣使申辩十处女真人的归属问题，明朝将十处女真划归朝鲜。

九月，朝鲜贺正兼请封世子。

1405 年　明永乐三年　朝鲜太宗五年

三月，明朝要求朝鲜派人随同明使招谕猛哥帖木儿。

四月，明朝遣使至朝鲜挑选“火者”。

五月，朝鲜申辩猛哥帖木儿属本国，遭明朝驳斥。

九月，朝鲜督送猛哥帖木儿赴明廷。

1406 年　明永乐四年　朝鲜太宗六年

三月，明朝要求朝鲜进献白纸并继续推刷靖难期间漫散人口。

四月，明朝要求朝鲜进献铜佛像，护送猛哥帖木儿家属，并赐朝鲜药材、书籍。

七月，朝鲜管送猛哥帖木儿家眷至建州卫。

十月，明朝因朝鲜进献铜佛事赐朝鲜国王珠宝、布匹、书籍。

1407年　明永乐五年　　朝鲜太宗七年

正月，明朝督促朝鲜推刷漫散军。

四月，明朝要求易马三千匹。

五月，明朝诏告平安南。

九月，朝鲜派世子前往明朝贺正旦。

1408年　明永乐六年　　朝鲜太宗八年

二月，明朝督促朝鲜推刷漫散军。

四月，明朝赐赏兼选贡女。

朝鲜谢恩兼进献纯白纸一万张。

九月，明朝赐谥朝鲜太祖李成桂。

十一月，朝鲜进献纯白纸六千张。

1409年　明永乐七年　　朝鲜太宗九年

正月，朝鲜贺正并移咨礼部请求“金银代贡”，未成功。

闰四月，明朝允许朝鲜使臣自陆路朝贡。

五月，明朝遣使至朝鲜挑选贡女。

八月，明朝允许朝鲜使臣购买药材。

十月，明朝要求易马一万匹。

1410年　明永乐八年　　朝鲜太宗十年

三月，朝鲜奏杀毛怜卫指挥使把儿逊等因。

四月，朝鲜奏兀良哈、兀狄哈、吾都里侵扰，致使边境不宁。

十月，明朝送马价并赐赏。

朝鲜籍皇妃权氏去世。

1411年　明永乐九年　　朝鲜太宗十一年

三月，朝鲜决定南迁祖陵，废置庆源府。

八月，明朝赐药材，并求写佛经纸张。

1412年　明永乐十年　　朝鲜太宗十二年

五月，明朝允许朝鲜以本国习俗祭祀祖庙、山川。

七月，朝鲜并祀箕子、檀君。

1413年　明永乐十一年　　朝鲜太宗十三年

四月，朝鲜遣使钦问起居。

1414 年　明永乐十二年　　朝鲜太宗十四年
六月，朝鲜遣使钦问起居。
八月，朝鲜遣使钦问起居。
十月，朝鲜遣使贺明廷平定北方。
1415 年　明永乐十三年　　朝鲜太宗十五年
十月，明朝赐《针灸铜人图》。
1416 年　明永乐十四年　　朝鲜太宗十六年
十月，朝鲜遣使钦问起居。
1417 年　明永乐十五年　　朝鲜太宗十七年
闰五月，朝鲜遣使钦问起居。
七月，明朝遣使至朝鲜挑选贡女。
十二月，明朝以贡女事颁赐赏。
1418 年　明永乐十六年　　朝鲜太宗十八年
五月，明朝赐书籍。
六月，朝鲜遣使谢恩，兼奏请改封三子李祹为世子。
八月，朝鲜太宗王李芳远逊位，世宗王李祹即位。
九月，明朝同意改封世子并赐书籍。
朝鲜奏告世宗王嗣位。
1419 年　明永乐十七年　　朝鲜世宗元年
正月，明朝同意世宗王嗣位。
明朝要求朝鲜进献白纸、“火者”。
八月，朝鲜因明朝同意世宗王继位，派敬宁君李裶前去谢恩。
十月，朝鲜奏定宗王去世。
1420 年　明永乐十八年　　朝鲜世宗二年
正月，朝鲜进献厚纸三万五千张等，乞免金银贡献，未成功。
四月，明朝遣使祭定宗王。
1421 年　明永乐十九年　　朝鲜世宗三年
九月，明朝要求易马一万匹。
朝鲜请求册封世子。
1422 年　明永乐二十年　　朝鲜世宗四年
五月，朝鲜奏太宗王李芳远去世。
朝鲜遣使钦问起居。
十一月，朝鲜遣使贺平定北方。

1423年　明永乐二十一年　　朝鲜世宗五年
四月，明朝遣使吊太宗李芳远之丧。
八月，明朝册封朝鲜世子，并要求易马一万匹。
十一月，朝鲜遣使贺平定北方。
1424年　明永乐二十二年　　朝鲜世宗六年
六月，朝鲜遣使钦问起居。
十月，明朝诏告太宗去世、朱高炽登基。
1425年　明洪熙元年　　朝鲜世宗七年
正月，朝鲜进献纯白厚纸二万五千张、石灯盏二十事。
二月，明朝遣使颁赏。
五月，明朝遣使致祭权妃之兄。
闰七月，明朝诏告仁宗去世、朱瞻基登基。
1426年　明宣德元年　　朝鲜世宗八年
三月，明朝遣使至朝鲜挑选贡女。
十一月，明朝赐书籍。
1427年　明宣德二年　　朝鲜世宗九年
二月，明朝要求易马五千匹。
四月，明朝遣使至朝鲜挑选贡女。
明朝敕朝鲜国王世子免进贺。
八月，朝鲜进献鹰子。
十月，朝鲜进献海东青。
十二月，朝鲜进献海东青。
1428年　明宣德三年　　朝鲜世宗十年
正月，朝鲜进贺明宣宗诞皇太子。
四月，明朝诏告册封皇太子。
七月，明朝求朝鲜进献贡女、“火者”、鹰犬。
朝鲜请赐世子冠服。
十二月，朝鲜进贺平定北方。
1429年　明宣德四年　　朝鲜世宗十一年
五月，明朝赐朝鲜国王彩币等，并要求进献使女、鹰犬等。
八月，朝鲜奏请免贡金银，明朝同意。
1430年　明宣德五年　　朝鲜世宗十二年
七月，明朝遣使赐赏朝鲜国王。

1431 年　明宣德六年　朝鲜世宗十三年

七月，明朝遣人前往毛怜卫捕海青，要求朝鲜协助，提供供给。

1432 年　明宣德七年　朝鲜世宗十四年

五月，明朝要求易耕牛一万头，朝鲜奏请蠲减至六千头。

六月，明朝遣人前往长白山捕猎，要求朝鲜接济粮草。

1433 年　明宣德八年　朝鲜世宗十五年

三月，朝鲜出兵攻打女真李满住部。

四月，朝鲜奏报杨木塔兀与野人女真勾结共同作乱。

闰八月，明朝遣使颁敕，要求朝鲜与女真和睦相处。

九月，朝鲜奏请子弟入国子监或辽东乡校，明朝拒绝。

十月，明朝颁赏赐，要求进献婢女、鹰犬。

1434 年　明宣德九年　朝鲜世宗十六年

五月，明朝要求女真、朝鲜送还所掳对方人口、牛马。

1435 年　明宣德十年　朝鲜世宗十七年

三月，明朝遣使颁登基诏。

四月，明朝送还部分朝鲜贡女。

八月，朝鲜遣使奏请胡三省音注《资治通鉴》等书籍。

十一月，朝鲜请求征伐李满住部，明朝未同意。

1436 年　明正统元年　朝鲜世宗十八年

二月，明朝告知朝鲜防备野人女真侵扰。

十二月，朝鲜奏“东八站”问题，请改贡道，明朝未同意。

1437 年　明正统二年　朝鲜世宗十九年

是岁，朝鲜再次进攻李满住部，后者应自行迁到了浑江上游。

1438 年　明正统三年　朝鲜世宗二十年

正月，朝鲜遣使奏请改贡道以避女真骚扰，明朝未同意。

1439 年　明正统四年　朝鲜世宗二十一年

三月，朝鲜奏请让凡察、童仓仍于阿木河安旧业，不要迁至李满住处。

八月，明朝以女真将劫掠，告知朝鲜戒备。

1440 年　明正统五年　朝鲜世宗二十二年

七月，朝鲜奏凡察、童仓迁至婆猪江之事。

十一月，朝鲜贺正使臣在东八站遭劫，请求辽东都司发兵护送。

1441 年　明正统六年　朝鲜世宗二十三年

正月，朝鲜奏请让凡察等迁回旧居。

三月，明朝以女真将侵扰，告知朝鲜戒备。

十二月，明朝遣使召集朝鲜境内女真众人，面询其去留意愿。

1442年　明正统七年　　朝鲜世宗二十四年

五月，朝鲜遣使奏瓦剌招降之事。

八月，明朝以太皇太后张氏去世，移咨朝鲜。

1443年　明正统八年　　朝鲜世宗二十五年

七月，明朝所获倭船内有朝鲜人，要求朝鲜勘察真假，并斥责朝鲜边将私下与倭寇贸易之事。

十二月，朝鲜奏请冠冕。

1444年　明正统九年　　朝鲜世宗二十六年

二月，朝鲜捕获多次侵扰明境、劫掠官船的倭寇。

五月，朝鲜押送倭首二名入京师。

1445年　明正统十年　　朝鲜世宗二十七年

正月，朝鲜押送倭人一名入京师。

1446年　明正统十一年　　朝鲜世宗二十八年

五月，朝鲜奏请世子冠冕。

1447年　明正统十二年　　朝鲜世宗二十九年

二月，朝鲜遣通事于辽东，报倭寇二三月间将入寇明朝沿海。

闰四月，朝鲜遣通事于辽东，告入朝火者亲丧，兼打探鞑靼声息。

1448年　明正统十三年　　朝鲜世宗三十年

九月，朝鲜奏日本遣使至朝鲜，希望转达赴明朝进贡之事。

1449年　明正统十四年　　朝鲜世宗三十一年

八月，明英宗北征瓦剌，于土木堡兵败遭擒。

九月，明朝向朝鲜征兵十万。

朝鲜奏请免征兵。

十月，明朝要求易马二三万匹。

1450年　明景泰元年　　朝鲜世宗三十二年

正月，朝鲜奏禀难以筹备二三万马匹。

闰正月，明朝派倪谦前往朝鲜颁登基诏兼解释国变。

二月，朝鲜世宗王去世，遣使赴明告讣、请谥、请承袭。

八月，明朝册封李珦为朝鲜国王。

九月，朝鲜进贺太上皇（明英宗）还朝。

图书在版编目（CIP）数据

元明嬗代之际中朝政治关系变迁研究 / 屈广燕著.
--北京：中国人民大学出版社，2021.3
国家社科基金后期资助项目
ISBN 978-7-300-29035-5

Ⅰ.①元… Ⅱ.①屈… Ⅲ.①中朝关系-国际关系史-研究-元代②中朝关系-国际关系史-研究-明代
Ⅳ.①D829.312

中国版本图书馆 CIP 数据核字（2021）第 032985 号

国家社科基金后期资助项目
元明嬗代之际中朝政治关系变迁研究
屈广燕　著
Yuan-Ming Shandai zhi Ji Zhongchao Zhengzhi Guanxi Bianqian Yanjiu

出版发行	中国人民大学出版社		
社　　址	北京中关村大街 31 号	**邮政编码**	100080
电　　话	010－62511242（总编室）		010－62511770（质管部）
	010－82501766（邮购部）		010－62514148（门市部）
	010－62515195（发行公司）		010－62515275（盗版举报）
网　　址	http://www.crup.com.cn		
经　　销	新华书店		
印　　刷	北京玺诚印务有限公司		
规　　格	165 mm×238 mm　16 开本	**版　　次**	2021 年 3 月第 1 版
印　　张	19.5 插页 2	**印　　次**	2021 年 3 月第 1 次印刷
字　　数	323 000	**定　　价**	69.00 元

版权所有　侵权必究　　印装差错　负责调换